福州闽都文化研究会简介

福州闽都文化研究会是经中共福州市委批准，并经民政部门审批成立的具有独立法人的社团组织，是以挖掘、研究、弘扬优秀闽都文化为己任的研究机构。该会自2011年成立以来编撰、出版了一系列刊物及学术专著，先后举办了"闽都文化论坛"等一系列有影响的活动，为推动闽都文化繁荣发展做出了积极贡献。

第九届"闽都文化论坛"论文集
《闽都文化与世界遗产》编委会名单

主　任：练知轩　徐启源
副主任：陈伙金　林　山
编　委：高　翔　汪征鲁　卢美松　赵麟斌
　　　　陈思源　黄文山　陈水娣　薛　菁
　　　　刘小敏　郭志杰　林秀玉　单　南
　　　　王　坚　何　玲　李铁生

闽都文化丛书
福州闽都文化研究会

闽都文化

与朱子理学

福州闽都文化研究会 编

海峡出版发行集团 | 海峡文艺出版社

图书在版编目(CIP)数据

闽都文化与朱子理学/福州闽都文化研究会编.—福州:海峡文艺出版社,2023.9
(闽都文化丛书)
ISBN 978-7-5550-3355-4

Ⅰ.①闽… Ⅱ.①福… Ⅲ.①地方文化－文化史－福州－文集②朱熹(1130－1200)－理学－文集 Ⅳ.①K295.71－53②B244.75－53

中国国家版本馆 CIP 数据核字(2023)第 092046 号

闽都文化与朱子理学

福州闽都文化研究会　编

出 版 人	林　滨
责任编辑	林可莘
出版发行	海峡文艺出版社
经　　销	福建新华发行(集团)有限责任公司
社　　址	福州市东水路 76 号 14 层
发 行 部	0591－87536797
印　　刷	福州凯达印务有限公司
地　　址	福州市金山红江路 2 号浦上工业园 B 区 47 号楼
开　　本	720 毫米×1010 毫米　1/16
字　　数	440 千字
印　　张	30.25
版　　次	2023 年 9 月第 1 版
印　　次	2023 年 9 月第 1 次印刷
书　　号	ISBN 978-7-5550-3355-4
定　　价	68.00 元

如发现印装质量问题,请寄承印厂调换

目 录

1	浅析洛学闽学化之学术理路	\薛　菁
16	论勉斋中庸学——以体用阐发《中庸》	\孙汉生
31	朱熹、李贽与严复思想比较与思考	\苏振芳
40	朱子家训与范文正公家训之比较	\谢重光
48	试析李光地论"学"及对程朱为学思想的承继与发展	\叶茂樟
65	赓续朱子文化的重要途径——研学实践	\彭俊芳　李冰洁　袁书琪
78	朱子文化融入闽都研学的当代价值	\董山静
86	闽人弘扬与发展"闽学"责无旁贷	\郭　震
98	朱子文化深远影响闽都文化的发展	\徐鹤苹　陈　桑
105	林之奇、朱熹对"五福"文化的基本解读	\方彦寿
115	圣贤视角下福州朱子文化传播的创新逻辑	\李海文
125	朱熹在福州晋安的诗歌创作	\黄高宪
134	朱熹与梁克家关系考略	\林振礼
146	朱熹与三坊七巷历史名人的交往	\吴　燕
154	朱熹福州行迹述略	\范丽琴
173	浅论朱熹在福州讲学的主要遗迹	\肖忠生
180	长乐理学家及朱子门人	\刘传标
208	朱熹在福州的门生弟子及部分遗迹	\黄荣春
227	朱熹福清行迹列考	\郑松波　毛胤云
241	闽县尚干七里的朱熹行迹遗风	\林友华　刘长锋
250	论朱熹理学思想影响下的闽都古建筑	\章宇华
262	朱熹在福州的摩崖题刻及其文化价值	\戴显群　戴晚晴
271	历史烟雨中的朱熹和书院	\陈明光
278	浅谈福州书院文化及其相地分析	\孙　燕

290　试论朱熹与古田九斋 \ 潘　群

295　林用中：朱熹的古田籍高弟与畏友 \ 游友基

306　明代一统志所载朱熹与福州关系史料考 \ 刘　涛

327　朱熹与地方志关系初探 \ 郭进绍

336　朱熹设计的民间社会自治制度的历史影响及特点 \ 甘满堂

354　试论朱熹的抗灾理论与实践及其福州情节 \ 徐心希

370　黄榦与高峰书院 \ 黄家鹏

383　论黄榦的纲运实践及其改革思想 \ 赖　晨

393　论黄榦对酒务的整顿 \ 赖浩然

405　论黄榦的赈荒救灾 \ 李玉林

417　朱子祭祀礼仪探源 \ 郑　炜

426　从《洗冤集录》看朱熹对宋慈法治思想的影响 \ 林　宇

435　论朱子文化对福州建设山水城市的影响 \ 李善旺

449　全域旅游视角下的朱子文化与福州长乐晦翁岩景区可持续融合发展研究 \ 黄鹤权

460　关于以朱子文化为代表打造闽都文化国际品牌的思路与建议
　　　　　　　　　　　　　　　　　　　　　　　　\ 毛立平

475　后记

浅析洛学闽学化之学术理路

薛 菁

摘 要 洛学和闽学是宋代理学的学术流派。北宋程颢、程颐二兄弟首创以"天理"为核心的理学体系，开程朱理学之先河。其后，杨时师从二程，"倡道东南"，开闽学之先，再传罗从彦，三传李侗，"南剑三先生"对理本论、理气论、理一分殊、格物致知等问题的阐发，使洛学得以传承光大。至南宋，朱熹拜师李侗后，集周敦颐以下北宋以来理学之大成，创立闽学，理学的发展达到顶峰。以二程为代表的洛学和以朱熹为代表的闽学是一脉相承的，朱熹理学源自洛学，是闽学化了的洛学。从学术理路而言，洛学之闽学化由杨时开其端，罗从彦和李侗继之学脉，至朱熹最终完成，此即闽学形成与确立的过程。

关键词 洛学 闽学 性理 南剑三先生 延平四贤

众所周知，宋朝理学有四个主要学派——濂、洛、关、闽。其中，洛学的创始人程颢、程颐兄弟（二程）建立了以"天理"为核心的理学体系，成为理学之奠基者。以朱熹为代表的闽学是理学的集大成，代表了理学的最高水平。以二程洛学和闽学是一脉相承的，理学亦被称作程朱理学，成为北宋到南宋在学统传递上的主流学派。

从洛学到闽学，是洛学自身发展的一种必然趋势，也是洛学闽学化的过程。这一过程由杨时开其端，中经罗从彦和李侗，至朱熹最终完成。

具体言之，杨时师从二程，"倡道东南"，成为"南渡洛学大宗"；①罗从彦师事杨时，"在杨门独得其传"；②李侗受业于罗从彦，高扬道南指诀"以求安身之要"；③尽得罗从彦所传之精奥。此三人被称为"南剑三先生"。④绍兴二十三年（1153）朱熹拜师李侗后，阐发洛学，"洞明要道，……道统所传，始有所归矣"。⑤黄宗羲说："龟山（杨时）三传得朱子，而其道益光。"⑥朱子亦称自己在学术思想上直溯二程，其曰："天运循环，无往不复。宋德隆盛，治教休明。于是河南程氏两夫子出，而有以接乎孟氏之传……虽以熹之不敏，亦幸私淑而与有闻焉。"⑦

关于闽学与洛学之传承关系，学者多有提及。真德秀说："二程之学，龟山得之而南传之豫章罗氏，罗氏传之延平李氏，李氏传之考亭朱氏，此一派也。"⑧清人张伯行曰："独推先生（杨时）之学最纯，先生之道最笃，其上接濂洛之传，下开罗（豫章）、李（延平）、考亭（朱熹）之绪者。"⑨清代学者王梓材《宋元学案补遗》说："自龟山而豫章为一传，自豫章而延平为再传，自延平而朱子为三传。《序录》谓文靖四传而得朱子，盖统四先生言之。"这是说，二程洛学由杨时南传到福建，经罗从彦、李侗之继承及朱熹之发展演变，逐渐形成了一个新的学派——闽学。杨、罗、李、朱亦享"延平四贤"之誉。闽学创立的过程，实为洛学闽学化的过程。闽学的确立，意味着洛学闽学化的完成，两宋理学的发展臻于鼎盛。本文拟对洛学闽学化之学术理路加以辨析，以期有裨于闽学（理学）之研究。

---

① 全祖望：《宋元学案·龟山学案》"按语"。
② 黄宗羲：《宋元学案·豫章学案》。
③ 李侗：《初见罗豫章先生书》。
④ 陈振孙：《直斋书录解题》。在著录罗从彦的《遵尧录》中称："从彦师事杨时，而李侗师事罗从彦，所谓南剑三先生者也。"（陈振孙：《直斋书录解题》（卷5），上海古籍出版社1987年版，第167页。）
⑤ 《延平答问》"补"。
⑥ 《宋元学案·豫章学案》。
⑦ 朱熹：《四书章句集注》。
⑧ 真德秀：《西山读书记》（卷31）。
⑨ 张伯行：《杨龟山先生集序》，《杨龟山集》。

一、天理论

"天理"一词最早出自《庄子·天运》篇："夫至乐者,先应之以人事,顺之以天理,行之于五德。"此"天理"指的是自然规律、自然法则,是从道的层面说的。《礼记·乐记》中亦有："人生而静,天之性也。感于物而动,性之欲也。物至知知,然后好恶形焉。好恶无节于内,知诱于外,不能反躬,天理灭矣。夫物之感人无穷,而人之好恶无节,则是物至而人化物也,人化物也者,灭天理而穷人欲者也。"此处的"天理",是指社会的伦理原则或人类的道德准则。但是,将"天理"上升为哲学的最高范畴,以之作为宇宙的本原、作为自然界和人类社会的最高原则,则始于二程。如程颢所言:"吾学虽有所受,天理二字却是自家体贴出来的。"① 从此,"天理"具有了哲学本体论的意义,"天理论"亦成为二程所创洛学体系的基本命题与最大特色。

二程说:"天者,理也。"② 其无所不在,不生不灭,不增不减,"不为尧存,不为桀亡。人得之者,故大行不加,穷居不损"。③ 宇宙间万事万物皆派生于"理",并受制于"理","万物皆出于理",④"天下物皆可以理照。有物必有则,一物须有一理。"⑤ 在二程那里,"理"或"天理"就是天地万物的最高存在和主宰,是宇宙的本体。值得注意的是,二程着重讨论的仍然是人伦道德问题,并没有就"天地万物之源"展开全面论述,周敦颐的"无极太极"说并未纳入其思想体系。

程门四大弟子之一杨时(1053—1135)是二程洛学向朱熹闽学过渡中的一位重要人物。宋神宗元丰四年(1081),29岁的杨时被授为徐州司法。当时,河南二程明道先生(程颢)与伊川(程颐)在河南创立洛学,名播四方,颇具影响。杨时闻知,遂放弃为官的机会,与建安(今闽北

---

① 《外书》(卷12)。
② 《遗书》(卷11)。
③ 《遗书》(卷2上)。
④ 《遗书》(卷2上)。
⑤ 《遗书》(卷18)。

建瓯)游定夫(游酢)绕道颖昌(今许昌市),拜程颢为师,在当时拜师问学的人中,吕大临、谢良佐、游酢、杨时成就最突出,被称为"程门四大弟子"。杨时则是程颢最为得意的门生,杨时学成返闽时,程颢出门相送,感慨地说:"吾道南矣"。①杨时学成之后回到南方,不负程其师所望,传学讲道,成了理学南渡的鼻祖。清人全祖望称"龟山独邀耆寿,遂为南渡大宗,晦庵,南轩,东莱皆其所出",②充分肯定了他在洛学传播过程中的作用。杨时也被称为"程氏正宗"。

杨时继承二程的"理本论"学说,认为"理"主宰世界万物,属于哲学的最高范畴,具有唯一性,"盖天下只是一理"。③同时,杨时还将周敦颐的"无极而太极"的思想加以发挥,将"天理"称为"太极",并以太极的玄妙来表达理的悉备,认为太极就是自然之理。他说:"既有太极,便有上下,有上下,便有左右前后,有左右前后四方,便是四维,皆自然之理也。"④李侗进一步发展了这一思想,其结合二程以来的"天理论"和周敦颐的"太极图说",用"理"去分析"太极"化生万物,认为太极是万物之本原,其谓:"'太极动而生阳',至理之源,只是动静阖辟。至于终万物、始万物,亦只是此理一贯也。到得二气交感,化生万物时,又就是人物上推,亦只是此理……又就人身上推寻,至于见得大本达道处,又衮同此理……在天地只是理也。"⑤其太极——理——二气——万物的宇宙成物之生成路线显而易见。这一思想对朱熹影响至深。

在朱熹的哲学思想中,"太极"是其核心和基石。其谓:"太极只是个理字。"⑥"太极之义,正谓理之极致耳。"⑦"总天地万物之理,便是太极。""太极只是一个极好至善底道理。"⑧在朱熹看来,天地万物

---

① 《宋史》(卷428)《道学传二·杨时传》。
② 《宋元学案·龟山学案》。
③ 《余杭所闻》,《龟山集》(卷13)。
④ 《语录四·南都所闻》,《龟山集》(卷13)。
⑤ 《朱子全书》,上海古籍出版社2002年版,第329页。
⑥ 《朱子语类》(卷1)。
⑦ 《朱文正公集·答程可久》。
⑧ 《朱子语类》(卷94)。

都以太极为根底，都出自太极："这个太极，是个大底物事。四方上下曰宇，古往今来曰宙。无一个物似宇样大，四方去无极，上下去无极，是多少大。无一个物似宙样长，亘古亘今，往来不穷。自己心下，须常认得这意思。"①其以"无形而有理"解释"无极而太极"，曰："谓著无极字便有虚无好高之弊，则未知尊兄所谓太极，是有形器之物耶？无形器之物耶？若果无形而但有理，则无极即是无形，太极即是有理明矣。"②在此处，朱熹将太极与宇宙合二而一，在自己的哲学体系中将"太极"与最根本的"理"等同起来，"太极"因此具有的宇宙本体的意义。冯友兰先生评述道："所有之理之全体，我们亦可以之为一全而思之。此全即是太极。所有众理之全，即是所有众极之全，总括众极，故曰太极。"③

　　二程虽是周敦颐的学生，他们继承了周敦颐的道德性命说，却对其"无极太极"说只字未提。朱熹出于建立理学体系的需要，继承、发展和改造了周敦颐的太极说，提出"太极阴阳"说，把"太极"说成是整个自然和社会的精神本体，是宇宙的最高本体，这就大大发展了二程的"天下只是一个理"的思想，并克服了二程只侧重于人伦道德之理的局限性。毫无疑问，朱熹将"太极"理学化，实现了对周敦颐太极思想的继承和改造，在理论的深层次上完成了"理"或"天理"学说的系统化、哲理化论证，"太极"成为他理学思想体系的本体论根基，使天理论具备了坚实的哲学基础。这既是对二程学说的发展，也是对洛学的完善，更为闽学奠定了理论基础。有学者说："朱熹太极思想的主要内容可以从本体论、生成论、价值论三个层面进行探究。从本体论上讲，太极是阴阳变易之理，朱熹以'理'训'太极'，将太极本体化，这是第一层含义；从生成论上看，太极是宇宙生成之源，朱熹从'气'的层面解释天地万物产生的源头，这是第二层含义；从价值论的角度来说，太极是至善的表德，朱

---

① 《朱子语类》（卷94）。
② 《晦庵集》（卷36）。
③ 冯友兰：《新理学》，《三松堂全集》（第4卷），河南人民出版社2001年版，第36页。

熹用理一分殊来打通'太极'与'人'之性的分野,这是第三层含义。"①

二、理气论

"气"是中国哲学系统中一个极为重要且独具特色的概念,不同时期不同哲学家对其解读都存在巨大的差异。

二程在建立自己的哲学本体论体系的时候,是把"理"与"气"作为一对哲学基本范畴提出来的,认为"理"是宇宙万事万物的本原,"气"是生成万物的质料,"理"不能直接生物,必须通过"气"产生万物。所谓"生于万物者,乃天之气也。"又谓:"阴阳,气也","五行,气也","气行满天地间",天地间普遍存在着阴阳五行之气,"万物之始,气化而已"。②在理与气关系上,二程认为"理"先"气"后,"有理则有气,有气则有数。行鬼神者,数也。数,气之用也。"③所以,"气是形而下者,道(理)是形而上者。"④"心所感通者,只是理也……若言涉于形声之类,则是气也。"⑤二程的气化论是在理本论的哲学体系里展开,企图解决和回答在理本论的前提下,物质世界是如何生成、运动、变化的问题,对后世朱熹的理气论影响很大。

在朱熹之前,张载建立了以"气"为本体的唯物论哲学。其在探索世界本原问题的过程中发现:"凡可状,皆有也;凡有,皆象也;凡象,皆气也。"认为一切有形有象的事物都是由"气"构成的。在继承和发展古代"太虚"的基础上,他提出了"太虚即气""气为本体"的唯物主义宇宙观,其曰:"太虚无形,气之本体;其聚其散,变化之客形尔。"⑥他还用"幽、明"来形容气之"聚、散","气聚则离明得施而有形,气不聚则离明不得施而无形。"⑦张载说的气之"聚散",即指无形之气与

---

① 范昊阳:《朱熹太极思想研究》,郑州大学硕士学位论文,2021年。
② 《粹言》(卷2)。
③ 《经说》(卷1)。
④ 《遗书》(卷15)。
⑤ 《遗书》(卷2下)。
⑥ 《正蒙·太和》。
⑦ 《正蒙·太和》。

有形之物的相互转化。其言"由太虚，有天之名；由气化，有道之名；合虚与气，有性之名；合性与知觉，有心之名。"①此即张载哲学体系的概念层次、逻辑架构和理论纲领所在。然而，张载坚持以"气"为世界万物的本原，却没有把理作为一个重要范畴来讨论，更没有明确提出理气关系问题。

无论是张载气本体论，还是二程理本体论，他们主要关心宇宙的本原是"气"还是"理"的问题，而对于理气关系这一理学的基本问题（也是哲学的基本问题）尚未深入讨论和解决。朱熹则是第一个全面系统地讨论和解决理气关系问题的哲学家。

朱熹以二程思想为基础，同时又汲取并改造了张载关于气的理论，提出了系统的理气论。所谓汲取，系指朱熹也以为气构成了有形的宇宙、天地、万物及人类社会。所谓改造，系指其又不认为气是宇宙的本源，而认为气是由太极亦即理派生出，从而提出了理在气先的理气二元结构。朱熹以为："天地之间，有理有气。理也者，形而上之道也，生物之本也；气也者，形而下之器也，生物之具也。"②又谓："阳变阴合，而生水火木金土。阴阳气也，生此五行之质。天地生物，五行独先……天地之间，何事而非五行？五行阴阳七者滚合，便是生物底材料。"③在朱熹看来，"理"是创造万物的根本，"气"是聚合万物的材料；"理"是形而上者，"气"是形而下者。一句话，"理"是第一性的，"气"是第二性的。正所谓："有是理便有是气，但理是本，而今且从理上说气。""但是他为主，我为客，他较长久，我得之不久耳。"④这就从根本上改造了张载的学说。

朱熹同时认为，理与气之间存在着既不相离又不相杂的关系。人、物之生，有理有气，二者缺一不可。气是理的"挂搭处""安顿处""附着处"。朱熹说："若无此气，此理如何顿放。"⑤"无是气，则是理亦

---

① 《正蒙·太和》。
② 《朱文公文集》（卷58）。
③ 《朱子语类》（卷94）。
④ 《朱子语类》（卷1）。
⑤ 《朱子语类》（卷4）。

无挂搭处。""若气不结聚时,理亦无所附着。"①因此,"气"是宇宙间最原始的物质,无始无终,它充斥天地之间。由于"气"的流行,便生出天地万物。但是,气化流行,又离不开理,在气凝聚为人、物的过程中,理亦同时赋予其中。"盖气则能凝结造作,理却无情意、无计度、无造作,只此气凝聚处,理便在其中。且如天地间,人物草木禽兽,其生也莫不有种,定不会无种。子白地生出一个物事,这个都是气。若理则只是个净洁空阔底世界,无形迹,他却不会造作。气则能酝酿凝聚生物也"。②

朱熹的理气论为解决哲学基本问题开辟了一条新的途径,在宋明理学中,哲学基本问题就是通过理气关系问题表现出来的。冯友兰在《中国哲学史新编》中说,朱熹讲理气并不是凭空讲的,他对于具体事物作逻辑分析,发现它们都有两个方面,一个是性,一个是形,再从这两个方面追究其来源,得出"理"和"气"这一对范畴。③

三、理一分殊

"理一分殊"在宋代新儒家思想中有十分重要的地位。其既是本体论,又是认识论。作为本体论,其力图表现在发生学上之宇宙及世界万物形成的过程,以及在本体论上宇宙与世界万物结构的顺序。作为认识论,其又是认识的途径与方法。在哲学范畴上,"理一分殊"还反映了共性与个性、统一性与多样性这两组对立统一的哲学范畴。

程颐将"理一分殊"作为哲学概念正式提出缘于其与高足杨时关于张载《西铭》主旨问题的讨论。

《西铭》是张载《正蒙·乾称篇》中的一篇文章,其以精练的语言论述儒家伦理道德中关于仁孝的问题,曰:"乾称父,坤称母;予兹藐焉,乃混然中处。故天地之塞,吾其体;天地之率,吾其性。民吾同胞,物吾与也。大君者,吾父母宗子;其大臣,宗子之家相也。尊高年,所以

---

① 《朱子语类》(卷1)。
② 《朱子语类》(卷1)。
③ 冯友兰:《中国哲学史新编》(下卷),人民出版社2007年版,第156页。

长其长；慈孤弱，所以幼吾幼，圣其合德，贤其秀也。"①杨时在谈论《西铭》时则认为，张载的"民胞物与"思想是"言体而不及用，恐其流于兼爱。"②

程颐在回复杨时的疑惑时高度肯定《西铭》，明确了提出了"理一分殊"，并以为此为该文之主旨。其云："《西铭》明'理一分殊'，墨氏则二本而无分。老幼及人，理一也；爱无差等，本二也。分殊之蔽，私胜而失仁；无分之罪，兼爱而无义。分立而推理一，以止私胜之流，仁之方也；无别而迷兼爱，至于无父之极，义之贼也。子比而同之，过矣。且谓'言体而不及用'，彼则使人推而行之，本为用也，反顾不及，不亦异乎？"③

当然，这里是以道德论的角度来阐述理一分殊的，甚至把它与孟子的性善论相提并论："西铭之为书，推理以存义，扩前圣之所未发，与孟子性善养气之论同功。"④杨时接受了其师"天下之物，理一而分殊"的观点。所不同的是，他更强调"分殊"："天下之志万殊，理则一也。"⑤他还从伦理观上阐述"理一"是体、"分殊"是用的关系，二者不可分割。他说："所谓分殊，犹孟子'亲亲而仁民，仁民而爱物'。其分不同，故所施不能无差等。或曰，如是，则体用果离而为二矣。曰，用未尝离体也。且以一身观之，四体百骸皆具，所谓体也。至其用处，则履不可加之于首，冠不可纳之于足，则即体而言，分在其中矣。"⑥他甚至将"理一分殊"的关系与"仁和义"的关系联系起来，说："理一而分殊，故圣人称物而平施之，兹所以为仁之至，义之尽也。何谓称物，亲疏远近各当其分，所谓称也；何谓平施，所以施之其心一也，所谓平也。"⑦又曰："天下万物，理

---

① 张载：《张载集》，中华书局1978年版，第62页。
② 《龟山集》（卷16）《寄伊川先生》。
③ 《二程集》（卷9）《答杨时论西铭书》。
④ 《二程集》（卷9）《答杨时论西铭书》。
⑤ 《周易程氏传》（卷1）。
⑥ 《杨龟山先生集》（卷11）。
⑦ 《书一答伊川先生》，《龟山集》（卷16）。

一分殊，知其理一，所以为仁；知其分殊，所以为义。"① 在这里，杨时通过强调"分殊"之用，实现儒家伦理现实化为人们生活的准则。

李侗对杨时的这一思想做了进一步的阐述。他说："要见一视同仁气象，却不难，须是理会分殊，虽毫发不可失，方是儒者气象。"② 受杨时影响，李侗也特别强调"分殊"，而且对分殊的认识要细致，做到"毫发不可失"，并以之区分其他学说的标志。他说："吾儒之学，所以异于异端者，理一分殊也。理不患其不一，所难者分殊耳。此其要也。"③ "若概以理一，而不察其分之殊，此学者所以流于疑似乱真之说而不自知也。"④ 这种强调对分殊的"理会"，实质上使得"理一分殊"说已超出对伦理观做本体论证明的意义，而具有了"穷理"的认识论意义，促进了本体论与认识论的统一。

这种尤重"分殊"的思想对朱熹后来"格物穷理"论思想的发展起了很大的影响作用，朱熹"格物"论说的核心思想就是强调从个别的、具体的事物之理，即"分殊"之理的考究，以达到对世界"一理"的认识，也就是从"分殊"之理上升到对普遍"一理"的认识过程，这不能不说是李侗"理一分殊"说重"分殊"思想对朱熹的影响。

在继承程颐、杨时、李侗这一思想的基础上，朱熹提出"万物各具一理，而万理同出一源"。此处的"源"即是"太极"。他说："伊川说得好，曰，理一分殊。合万物而言，只是一个理；及在人，则又各自有一个理。"⑤ "盖以乾为父，以坤为母，有生之类，无物不然，所谓理一也。而人生，血脉之属，各亲其亲，各子其子，则其分亦安得而不殊哉！"⑥ 他还用佛学中"月印万川"来阐明"太极"理一分殊之内涵。其曰："本只是一太极，而万物各有禀受，又自各全具一太极尔。如月在天，只一而

---

① 朱熹：《朱子全书》，上海古籍出版社2002年版，第332页。
② 朱熹：《朱子全书》，上海古籍出版社2002年版，第324页。
③ 《宋元学案·豫章学案》。
④ 《宋史》（卷428）《道学传二·李侗传》。
⑤ 《朱子语类》（卷1）。
⑥ 《西铭注》。

已，及散在江湖，则随处可见，不可谓月已分矣。"①正所谓："天下之理未尝不一，而语其分则未尝不殊。此自然之势也。"②对朱熹而言，"理一分殊"表达的是普遍的同一性、统一性与具体的差别性、多样性。可以说，天下事物都存在"理一分殊"的关系。也就是说，天下之理只有一个，有如天上的月；分散在万物的理众殊，有如水面的月。月和水月，理一与分殊，是相互统摄，相容的。这就是朱熹的"理一分殊"说。他又说："'万一各正，大小有定'，言万个是一个，一个是万个。盖统体是一太极，然又一物各具一太极。"③这就是说，在天地万物之上有一太极，它在形而上的绝对真空里存在；而每一事物又各具一太极，它就在每个事物之中，即所谓"人人有一太极，物物有一太极"。④"太极非是别为一物，即阴阳而在阴阳，即五行而在五行，即万物而在万物，只是一个理而已。因其极至，故名曰太极。"⑤

从张载到二程，经杨时和李侗，再到朱熹，"理一分殊"思想由自发到自觉，由具体到抽象，最后被朱熹创造性地发挥成一个系统而完满的哲学命题。如果说，"理一分殊"只是在程颐和杨时讨论张载《西铭》时提出的一个命题，只是具有伦理学的意义，那么，在朱子哲学中，"理一分殊"则上升到了本体论的高度。朱子的"太极"概念不仅指的是"理"，更是总包天地万物之理，而且"人人一太极，物物一太极"。

钱穆认为，朱子所获延平者有三大纲，"一曰须与日用人生上融会。一曰须看古圣经义。又一曰理一分殊，所难不在理一处，乃在分殊处。朱子循此三番教言，自加寻究，而不自限于默坐澄心之一项工夫上，则诚可谓妙得师门之传矣。"⑥可以说，李侗对朱熹思想的影响，为朱熹"接伊洛之渊源，开海滨之邹鲁"⑦奠定了思想基础。

---

① 《朱子语类》（卷94）。
② 《中庸或问》。
③ 《朱子语类》（卷94）。
④ 《朱子语类》（卷94）。
⑤ 《朱子语类》（卷94）。
⑥ 钱穆：《朱子新学案》，巴蜀书社1986年，第762页。
⑦ 泉州《朱子祠碑刻》，今存于开元寺内。

四、格物致知

"格物致知"是儒家哲学中关于认识论的命题,亦为程朱理学中最有特色的一个命题,且贯穿朱熹整个思想体系。从某种意义上说,朱熹哲学的特点正在于格物致知之学,它不仅是认识论,而且还是方法论。

"格物致知"语出《礼记·大学》:"致知在格物,物格而后知至。"但《礼记·大学》并未对其做具体阐释,其他先秦典籍中亦未见此语,因此引发了后世对其具体含义的争论。程颢对"格物"的解释是:"致知在格物。格,至也。或以格为止物,是本矣。"① 程颐说:"致知在格物。格犹穷也,物犹理也,犹曰穷其理而已也。穷其理,然后足以致知,不穷则不能致也。格物者适道之始,欲思格物,则固已近道矣。"② 至于"穷理",二程说:"凡一物上有一理,须是穷致其理。穷理亦多端:或读书讲明义理;或论古今人物,别其是非;或应接事物而处其当,皆穷理也。"③ 何以做到格物穷理? 二程说:"格物者,格、至也,物者、凡事皆物也,欲以穷至物理也。""格物穷理,非是要尽穷天下之物,但于一事上穷尽,其他可以类推。"④

杨时一系的学者较之其他二程后学更为重视格物致知学说的研讨与发挥。

杨时说:"致知必先于格物,格物而后知至,知至斯知止矣,此其序也。"⑤ "致知格物,盖言致知当极尽物理也。理有不尽,则天下之物皆足以乱吾之知。"⑥ 面对这一有限性与无限性的矛盾,杨时提出的解决办法是"反身而诚,则举天下之物在我矣"。⑦ "无诚意,虽有其道不

---

① 《二程集》,中华书局 1981 年,第 84 页。
② 《遗书》(卷 25)。
③ 《二程集》,中华书局 1981 年,第 188 页。
④ 《二程集》,中华书局 1981 年,第 188 页。
⑤ 《龟山集》(卷 21)。
⑥ 《龟山集》(卷 19)。
⑦ 《龟山集》(卷 18)。

能行也。"① 杨时强调"反身而诚"来进行格物工夫，明显存在着把外求的格物工夫与内省的明心涵养相结合的倾向。

继杨时之后，罗从彦一本其师龟山先生倡导的静默内省的心法，强调"以静为宗"，专主静坐穷理，提倡运用"观心"的方法，静中体认天理。其诗有云："性地栽培恐易芜，是非理欲谨于初。"即天理存在于性未发之初。又云："静处观心尘不染，闲中稽古意尤深。周诚程敬应粗会，奥理休从此外寻。"② 朱熹说："龟山倡道东南，士之游其门者甚众，然潜思力行，任重诣极如仲素，一人而已。"③ 清代学者张伯行也说："先生（罗从彦）之学，传之者李延平也。常教延平静中看喜怒哀乐未发时作何气象，盖以寂然不动之中，而天下万事万物之理，莫不由是而出。故必操存涵养，以为应事接物之本。此龟山心法，深得伊洛之传者也。"④

李侗师承罗从彦，提倡"默坐澄心，体认天理"，他说："学问之道不在多言，但默坐澄心，体认天理，若见虽一毫私欲之发，亦自退听矣。久久用力于此，庶几渐明，讲学始有力也。"⑤ 这是一种认识天理的方法。对此朱熹谓："李先生教人，大抵令于静中体认大本未发时气象分明，即处事应物自然中节，此乃龟山门下相传指诀。"⑥ 他还提出，"为学之初，且当常存此心，勿为它事所胜。凡遇一事，即当且就此事反复推寻，以究穷理，待此一事融释脱落，然后循序少进，而别穷一事。如此积累之多，胸中自当有洒然处，常存此心，勿为他事所胜，即欲虑非僻之念，自不作矣。"⑦ 所谓"融释"，是对认识对象的透彻理解，与程颐所说的"贯通"相似。朱熹极为推崇这一认知，说："旧见李先生说，理会文字，须令一件融释了后，方更理会一件。融释二字下得极好，此亦伊川所谓今日格一件，明日又格一件，格得多了，自然脱然有贯通处。此亦是他

---

① 《龟山集》（卷21）。
② 《罗豫章先生集》（卷12）。
③ 《宋史》（卷428）《道学传二 罗从彦传》。
④ 《豫章文集》"卷首"，张伯行《豫章文集序》。
⑤ 《延平问答·与刘平甫书》。
⑥ 《朱文公文集》（卷40）。
⑦ 《李延平集》（卷3）《延平答问后录》。

真曾经历来，便说得如此分明。今若一件未能融释，而又欲理会一件，则第二件又不了。推之万事，事事不了。何益？"①而且，李侗的"融释"说是借助于对每一事物的"反复推寻"，通过每一量自身质的飞跃，认识该事物的特殊本质，进而推之万事，"融释"万物，从而解决认识过程中一与万的矛盾。显然，"融释"说比"贯通"说前进了一步，深化和完善了格物致知说。尤值一提者，李侗所谓"反复推寻""循序少进""积累之多""自然有洒然处"与朱熹的"即物穷理""用力之久""一旦豁然贯通"等只是文字表述不同而已。足见其对朱熹思想之影响。

朱熹继承和发展了二程及"南剑三先生"的"格物致知"思想。在朱熹看来，程颐提出了格物致知说，但并没有提出系统的理论，故"间尝窃取程子之意以补之"。他说："所谓致知在格物者，言欲致吾之知，在即物而穷其理也。盖人心之灵，莫不有知；而天下之物，莫不有理；惟于理有未穷，故其知有不尽也。是以《大学》始教，必使学者即凡天下之物莫不因其已知之理而益穷之，以求至乎其极。至于用力之久，而一旦豁然贯通焉，则众物之表里精粗无不到，而吾心之全体大用无不明矣。此谓格物，此谓知之至也。"②朱熹的这段文字集中地阐述了他以"格物致知"为核心的认识论和方法论。所谓"格物只是就一物上穷尽一物之理，致知便只是穷得物理尽后我之知识亦无不尽处，若推此知识而致之也。"③他又说："致，推极也；知，犹识也。推极吾之知识，欲其所知无不尽也。格，至也；物，犹事也。穷至事物之理，欲其极处无不到也。"④按照这个解释，"致知"是推极吾心之知而无不尽，"格物"是穷至事物之理而不到。"格物"是就事物之理而言，"致知"则是就"格物"的主体即人而言的，"格物"与"致知"的关系应该是："格物"是"致知"的手段，而"致知"则是"格物"的目的与结果。"格物"是"致知"的手段，因而朱子强调要获得内心之知，就必须通过格外物来求得，通过格外物

---

① 《延平问答补录》。
② 朱熹：《四书章句集注》，中华书局1983年版，第6—7页。
③ 《答黄子耕》（5），《文集》（卷51）。
④ 《大学章句》"第一章"。

之理，来推极内心之知。此即"致知""格物"以及二者的关系。按照朱熹的说法，格物致知的终极目标是要达到"众物之表里精粗无不到，而吾心之全体大用无不明"。①为此必须经过一番"积累"工夫，即通过"用力之久"的渐进积累，达到"豁然贯通"。由积累到贯通的过程是认识由量变到质变、由感性认识到理性认识的过程。据此可见，朱熹的"格物"说，实际上提出了一条向外求知的方法，即他所说的"即物而穷其理"，②在"穷理"之前，加上"即物"以释"格物"，这是朱熹的创见，也是对程颐思想的重要补充和发展。因此，朱熹是真正发展"格物致知"思想并形成系统理论的理学家。

总括上述，作为理学初步完成的洛学，其对后来闽学的影响至巨。第一，其对闽学宇宙本体论提供了更为详尽的蓝图。这便是，以理为世界的本源，建立了理、气的二级架构，以理为形而上之道，气为形而下之器。理生气，气生万物。第二，传承了自周敦颐、张载以来的理一分殊的辩证思想。第三，全面继承和发展了二程"格物致知"的认识论。③

朱熹作为理学集大成者，绝不仅仅继承和发展了二程，他兼采众说，"综罗百代"，将太极、理气、理一分殊、格物致知等融为一体，全面继承和发展了理学思想，从而建立起一个庞大的、具有完备理论形态的理学思想体系，可说是对北宋以来的理学思潮进行了一次全面总结。

钱穆在《朱子新学案》中说："在中国历史上，前古有孔子，近古有朱子。旷观全史，恐无第三人堪与伦比。自有朱子，而后孔子以下之儒学，乃重获新生机，发挥新精神，直迄于今。"④

我国当代著名的哲学史家张岱年先生说："朱熹综合周、张、二程的学说，加以扩充发展，更建立了博大宏伟的体系，达到当时世界范围内的哲学理论的最高水平。"⑤

---

① 朱熹：《大学章句》，《四书集注》，岳麓书社1987年版，第11页。
② 朱熹：《大学章句》，《四书集注》，岳麓书社1987年版，第11页。
③ 汪征鲁：《闽文化新论》，中国社会科学出版社2011年版，第253—254页。
④ 钱穆：《朱子新学案》，第1页。
⑤ 武夷山朱熹研究中心编：《朱子学新论·序》，《朱子学新论》，上海三联1991年版，第1页。

闽都文化与朱子理学

论勉斋中庸学

——以体用阐发《中庸》

孙汉生

摘 要 从勉斋先生黄榦诠释《中庸》所用的哲学范畴"体用"入手,比较勉斋与朱子解《中庸》方法论之异同,考察勉斋中庸学学术见解,进而帮助今人理解中庸之道,可以进一步认识勉斋在传承、弘扬朱子理学方面的贡献。

关键词 勉斋先生 朱子,《中庸》 体用 三达德 诚

黄榦,是南宋时期福州大儒,是朱子大弟子和女婿;他对于继承、传播朱子理学,厥功甚伟,号称"朱学干城";他护翼《四书集注》,阐发儒学道统,将朱子纳入道统,参与朱子《仪礼经传通解》的编纂。学界对以上专题已有一定的研究。

本人通过有限的搜索发现,黄榦研究总体而言多停留在宏观面上,具体的微观阐发尚不多,更不深入,比如黄榦护翼四书的具体文本,未见学界阐释。本人读《宋元学案》之《勉斋学案》,发现所录黄榦文章,除《圣贤道统传授总叙说》之外,最重要的就是《中庸总论》《中庸总说》两篇。黄榦传世著作有几十万字,而提要钩玄的《宋元学案》专于论《中庸》就收两篇,可见编纂者黄宗羲之独具只眼。

《中庸》研究在黄榦的学术思想中确实具有更为重要的地位,其号"勉斋"就与《中庸》有关:

嘉定五年（1212）知新淦县事。漕使杨公楫延先生于东湖书院讲《中庸》之第四章。先生尝言，江西诸公有言，学不必讲，可以一傲而至圣贤之域。为申此章以辨之，始有"勉斋"之号。初，文公诀别之书，有勉学之语，故先生因以自号。①

"勉斋"之号，精神内核虽然来自朱子临终勉学遗训，但黄榦直到六十岁为新淦知县时，讲《中庸》于东湖书院，有感于学界不学，而开始自号，意以《中庸》第四章内容诫勉诸生：道之不行，知（智）者过之，愚者不及；人莫不饮食，而鲜能知味。欲知道之味，唯有勤勉学习，才能渐趋中庸之境。

黄榦认为，《中庸》之书，脉络相通，首尾相应，而朱子的《中庸章句》《中庸或问》虽然能帮助学习者晓文通义，但是其体例是"章分句析"，普通读者可能"不得一篇之旨，则无以得子思著书之意"②，故作《中庸总论》《中庸总说》③两篇，解说、总括《中庸》的主题思想。《黄文肃勉斋公文集》有《读中庸纲领》提纲挈领解说《中庸》，还有多篇答问语录亦是讲解《中庸》；书信《复叶味道》（《宋元学案》亦采录）几乎全是谈中庸之道的体用问题，足见黄榦对《中庸》的特别重视。而《中庸》在中国思想史上占据核心地位。④故而梳理一下勉斋中庸之学，对于理解朱子，理解理学，甚而理解中国哲学思想，具有一定的意义。

一、朱子、勉斋讲《中庸》着眼点之异同

勉斋解说《中庸》当然不会超出朱子之藩篱，"辄述其遗意而言之"

---

① 《勉斋先生黄文肃公年谱》，家藏珍本《黄文肃勉斋公文集》，第535页。
② 《中庸总论》，《宋元学案·勉斋学案》（卷六十三），北京：中华书局2018年版，第2024页。
③ 见家藏珍本《黄文肃勉斋公文集》（卷二十三、卷二十六），《中庸总说》题为《中庸续说》。
④ 陈赟：《中庸的思想》初版自序引法国学者弗朗索瓦·于连观点，杭州：浙江大学出版社，2017年版。

（黄榦《中庸总论》），只是将分散在《中庸章句》《中庸或问》等著作里的观点加以汇总、梳理、归纳，但是，不同的人总是有不同的思维特征和个性色彩，不可能是完全一模一样的复制，总是在自觉或不自觉地发挥和创新。

朱子解《中庸》，其《中庸章句》的主题主线是"天道""人道"，虽也常用体用概念，但主要在首章，讲解"性"与"道"、"中"与"和"运用"体用"概念，后面偶尔运用。《章句》第20章起每章都点明是"言天道"，或"言人道"：第20、21章，总言天道、人道；第22、24、26、30、31、32章，"言天道"，其中第31章"言小德"，第32章"言大德敦化，天道极致"；第23、25、27、28、29章"言人道"。

而勉斋诠释《中庸》，以"体用"这一对哲学范畴作为一以贯之的主线，寻绎、提炼、发挥《中庸》及朱子《中庸章句》《中庸或问》的思想。

勉斋认为，《中庸》乃言道之体用之书。"道之在天下，一体一用而已。体则一本，用则万殊"[①]，而《中庸》正是言道之书。勉斋以体用寻抽绎《中庸》意脉，《中庸总论》云：

> 窃谓此书皆言道之体用。
>
> 子思之著书，所以必言夫道之体用者，知道有体用，则一动一静，皆天理自然之妙，而无一毫人为之私也。
>
> 虽皆以体用为言，然首章则言道之在天，由体以见于用。末章则言人之适道，由用而归于体也。
>
> 知道之有体，则凡术数辞章非道也；有用，则虚无寂灭非道也。（《宋元学案·勉斋学案》）

可见，在勉斋看来，《中庸》是一部关于道的体用的书，全书从头到尾，都是讲道之体用；从体用可以甄别道与非道：从体而言，就本质看，术数、辞章属于末技，最多是演道之方、载道之器，属于用的范畴，

---

① 《复叶味道》，《宋元学案·勉斋学案》，第2029页。

还不一定是道体之用，可能是歪门邪道之用；从用而言，从社会功能看，道学（理学）之道有别于佛老虚无寂灭之道，因为虚无寂灭的学说、观念对于社会、人生并无实用，甚至有害无益。这是有针对性地、旗帜鲜明地捍卫以朱子为代表的道学。

体用，是中国哲学史上一个重要范畴，按照今日学术界通常的解释，体，是世界的本原、本体、实体、内在本质；用是体的外显、表象、属性、功能、效用。"体用"概念萌生于先秦，成熟、流行于两宋，为儒道佛三家通用。①

北宋以来理学家特别喜言"体用"，例如朱子解说太极有言："在阴阳言，则用在阳而体在阴，然动静无端，阴阳无始，不可分先后。"并作生动譬喻以明之："假如耳便是体，听便是用。"②朱子《大学章句》第五章以"全体大用"概念释格物致知之义，"尝窃取程子之意以补之曰：《大学》始教，必使学者即凡天下之物，莫不因其已知之理而益穷之，以求至乎其极。至于用力之久，而一旦豁然贯通焉，则众物之表里精粗无不到，而吾心之全体大用无不明矣。"朱人求教授认为，"全体大用"思想是朱子哲学的基本精神，在思想史上具有重要的意义。全体大用指明德，指"心具众理而应万事"。全体指"心具众理"，大用指"应万事"。③

著名学者、北大教授杨立华说："体用问题不讲清楚，朱子的其他概念的理解将全部是含糊和笼统的。"④黄榦恰好抓住"体用"这一关键概念，承接朱子思想，以之为核心范畴加以发挥，诠解《中庸》和《中庸章句》，可谓深中肯綮，能更加明晰地阐释、传播朱子理学思想。

---

① 参考张立文：《中国哲学范畴发展史（天道篇）》，中国人民大学出版社1988年版。
② 《朱子语类》（卷一），《朱子全书》（第14册），上海古籍出版社、安徽教育出版社2010年版，第113、116页。
③ 朱人求：《朱子全体大用观及其发展演变》，《哲学研究》2015年第11期。
④ 杨立华：《宋明理学十五讲》，北京大学出版社2015年版，第196页。

二、关于《中庸》体用关系

勉斋《中庸总论》设问：

《中庸》言体用，既分为二矣。程子之言"性即气，气即性，道亦器，器亦道"，则何以别其为体用乎？

勉斋自答：

> 程子有言，"体用一源，显微无间"。自理而观，体未尝不包乎用，"冲漠无朕，万象森然已具"之类是也；自物而言，用未尝不具乎体，"一阴一阳之谓道，形色天性"之类是也。

程颐在《易传序》中讲："至微者理也，至著者象也。体用一源，显微无间。"①

朱子仔细玩味程子此言，极为赞赏，继而说：

> 盖自理而言，则即体而用在其中，所谓一源也；自象而言，则即显而微不能外，所谓无间也。②
>
> 体用一源，体虽无迹，中已有用。显微无间者，显中便具微。天地未有，万物已具，此是体中有用。天地既立，此理亦存，此是显中有微。③

朱子《中庸或问》中运用"体用一源"原理分析"中和"问题：

> 中和果为二物乎？曰：观其一体一用之名，则安得不二？察其一体一用之实，则此为彼体，彼为此用，如耳目之能视听，视听之

---

① 程颐：《易传序》，《二程集》，中华书局2016年版，第689页。
② 《答汪尚书》，《朱文公文集》（卷三十），《朱子全书》（第21册），第1307页。
③ 《朱子语类》（卷六十七），《朱子全书》（第16册），第2221页。

由耳目，初非有二物也。①

勉斋与程朱一脉相承，论曰：

> 新安朱先生禀资高明，厉志刚毅，深潜默识，笃信力行，"体用一源，显微无间"之旨超然独悟，而又条画演绎以示后学。②

黄榦正是因朱子之"条画演绎"而体悟到朱子对"体用一源，显微无间"之旨的超然独悟，从而运用到对《中庸》及《中庸章句》的诠释、传播上。《中庸总论》曰："上天之载，无声无臭，则用即体，体即用，造道之极至也。"此意是体用合一，体用相谐，则达到最高境界。

勉斋以太极、阴阳原理来分析体用相对而角色互为的关系：

明道云："天下之物，无独必有对。"易有太极，易即阴阳也，太极何尝在阴阳之先？是生两仪，何尝生一而后生二。尝窃谓太极不可名状，因阴阳而后见。一动一静，一昼一夜，以至于一生一死，一呼一吸，无往而非二也。因阴阳之二，而反求之太极，所以为阴阳者，亦不出于二也。如是，二者，道之体也。然二也，各有本末，各有终始，故二分为四，而五行立矣。体用一源，显微无间，要当以是观之，塞天地，贯古今，无往不然。③

勉斋在《中庸总论》中言及太极、阴阳，明确体用，体中又有体用，用中也有体用：

> 太极者，道之体也；阴阳五行、男女万物者，道之用也。
> 太极之静而阴，体也；太极之动而阳，用也。

---

① 《朱子全书》（第6册），第559页。
② 《鄂州州学四贤堂记》，家藏珍本《黄文肃勉斋公文集》（卷十八），第192页。
③ 《复杨志仁》，《宋元学案·勉斋学案》第2032页。

朱子亦云"无无对者"[①]，勉斋无疑是承程朱衣钵，在学术上接着讲，抓住"体用"这一"对"来解析《中庸》及朱子的中庸学，是抓住了本质和要害。杨立华说："所有对中，最重要、最根本的是体用。"[②]

三、《中庸》体用之合与分

从上文可知，"体用一源、显微无间"，是不可分的，但是为了讲解与理解之便，学者有时合而言之，有时又分而言之。勉斋讲《中庸》亦是如此。

《中庸》首章是全篇纲领，是中庸之道的哲学基础和天命人性的出发点。其文曰："天命之谓性，率性之谓道，修道之谓教。喜怒哀乐之未发，谓之中；发而皆中节，谓之和。中也者，天下之大本；和也者，天下之达道。致中和，天地位焉，万物育焉。"勉斋以体用及其分合分析之，要言不烦：

> （《中庸》）首言性与道，则性为体而道为用矣。次言中与和，则中为体而和为用矣。又言中庸，则合体用而言，又无适而非中庸也。
>
> 知体用为二（分），则操存省察，皆不可以不用其力；知体用合一，则从容中道，皆无所用其力也。（《中庸总论》）

如何能体用合一？勉斋又曰：

> 即人事之当然，察天命之本然，加之以操存持养，则动容周旋，无适而不由于斯道之中矣。[③]

再看朱子如何解说《中庸》首章，可以知道勉斋的因承与发挥。

---

① 《答胡广仲》，《朱子全书》（第22册），第1904页。
② 杨立华：《宋明理学十五讲》，第197页。
③ 《鄂州州学四贤堂记》，家藏珍本《黄文肃勉斋公文集》（卷十八），第192页。

朱子《中庸章句》注：

　　大本者，天命之性，天下之理皆由此出，道之体也；达道者，循性之谓，天下古今所共由，道之用也。其一体一用虽有动静之殊，然必其体立而后有以行，则其实亦非两事也。

朱子《中庸或问》曰：

　　天命云者，实理之原也。性在其物之实体，道其当然之实用，而教也者，又因其体用之实而品节之也。
　　中和云者，所以状此实理之体用也。
　　未发之大本，则取不偏不倚之名；于已发而时中，则取无过无不及之义。二义（未发、已发）虽殊，而实相为体用。
　　谓之中者，所以状性之德，道之体也，以其天地万物之理，无所不该，故曰天下之大本。谓之和者，所以著情之正，道之用也，以其古今人物之所共由，故曰天下之达道。盖天命之性，纯粹至善，而具于人心者，其体用之全，本皆如此，不以圣愚而有加损也。
　　中庸之中，实兼体用。①

　　综合朱子、勉斋师徒的诠释，从体用角度我们可以如此理解：中庸之道是体用无间、浑然合一的境界，天性（天命之性）为体，外显（发）为人情是用，操存省察，品节持养，则从容中道，不偏不倚，无过无不及，致中和、安天地、育万物，这是一个体用圆融的过程和境界。朱子、勉斋揭示了中庸之道的人性基础（体）和后天修为（用）的合一："天命之性，纯粹至善"，"察天命之本然，加之以操存持养"。
　　虽然在客观事理上体用无间，但在学术上，学者还需分体用而言。朱子云：

---

① 《朱子全书》（第6册），第594、548、558页。

《中庸》首章言"中""和"之所以异,一则为大本,一则为达道。是虽有善辨者,不能合之而为一矣。故伊川先生云:"大本言其体,达道言其用。体用自殊,安得不为二乎?"学者须是于未发已发之际识得一一分明,然后可以言体用一源。然亦只是一源耳,体用之不同,则固自若也。①

也许是朱子强调体用不同的影响,勉斋在《中庸总论》中用了更多笔墨对体用分而言之,而不同于朱子将天道、人道分而言之。

"自道不远人以下,则皆指用以明体;自言诚以下,则皆因体以明用。"联系《中庸》上下文看,"指用以明体"包含第13章至第20章的后两节"言诚"之前的内容,具体涉及以下问题:第13章,道不远人、伐柯不远、忠恕、君子道四、庸德庸言;第14章,素位而行;第15章,譬如行远必自迩、妻子好合;第16章,鬼神之为德;第17章,舜其大孝,德为圣人,尊为天子;第18—19章,文王、武王、周公、宗庙之事;第20章,为政、修身、五达道、三达德、九经、诚。"因体以明用"则包含第20章后两段的言诚以后,直至第26章的内容,皆是关于"诚"的问题。

"仲尼一章,言圣人尽道之体用。"这是第30章,内容是祖述尧舜宪章文武,小德大德,四时、万物、天地之所以为大。朱子《章句》说"此言天地之道",但从理而言,皆是天理,所以朱子又说本章"言天道也"。天道,实天地之道,是自然之道,若勉斋以体用理解,天是用,地为体。理学先驱邵雍有言:"天主用,地主体;圣人主用,百姓主体,故日用而不知。"②

"至圣,则足以全道之用;至诚,则足以全道之体。"从第17至第26章,先说至圣,后说至诚。第31章言天下至圣,朱子《中庸章句》曰"言小德之川流";第32章言天下之至诚,朱子曰"言大德之敦化",二

---

① 《答吕伯恭问龟山中庸》,《晦庵先生朱文公文集》(卷三十五),《朱子全书》(第21册),第1521页。
② 邵雍:《观物外篇》,《邵雍集》,中华书局2016年版,第161页。

者皆是天道。勉斋为什么说至诚全体？朱子《中庸章句》第22章可以帮助我们理解："惟天下至诚，为能尽其性（天命），谓圣人之德之实，天下莫能加耶。"而朱子、勉斋的观点也许来自道学祖师周敦颐的《通书》："诚者，圣人之本。大哉乾元，万物资始，诚之源也。圣，诚而已。诚，无为；几善恶。"朱子解曰："诚者，至实而无妄之谓，天所赋、物所受之正理也。人皆有之，而圣人之所以圣者，无他焉，以其独能全此而已。此书与《太极图》相表里。诚即所谓太极也。"① 勉斋极为推崇《通书》，视为"可上接《语》《孟》"。②

"大哉圣人之道一章，总言道之体用。"这是第27章，内容是：发育万物，峻极于天；礼仪三百，威仪三千；尊德性道问学，致广大尽精微。

"末言上天之载无声无臭，则用即体，体即用，造道之极至也。言人之适道，由用而归于体。"这是说最后一章，第33章，九九归一，体用无间，臻于极致。

《中庸总论》还对一些具体两相待的命题做了体用范畴分析，有的，朱子也已经分析过体用，更多的是没有，或小有不同。

勉斋曰："又言费与隐，则分体用而言，隐为体，费为用矣。"后文又以花木及其生长之理作具体解释："道之见于用者，费也；其所以为是用者，隐也。费，犹木之华叶，可见者也；隐，犹花叶之有生理，不可见者也。"枝繁叶茂之可见，为"费"，是为用；生物原理不可见，为"隐"，但理关根本，则为体。这是接着朱子说的，《中庸章句》释"君子之道费而隐"：费，用之广也。隐，体之微也。《朱子或问》："道之用广，而其体则微密而不可见，所谓费而隐也。又引《诗》以明之，曰鸢飞戾天，鱼跃于渊，所以言道之体用，上下昭著，而无所不在也。"③

关于忠恕，勉斋曰："忠即体，恕即用也。"

关于孟子之"四端"，勉斋曰："恻隐、羞恶、辞让、是非，道之用；仁义礼智，道之体。"

---

① 《周敦颐集》，中华书局2018年版，第13—16页。
② 朱熹《论通书》，见《周子通书》，上海古籍出版社2020年版，第80页。
③ 《朱子全书》（第6册），第569—570页。

"维天之命,於穆不已",道之体;"乾道变化,各正性命",道之用。大德敦化,道之体也;小德川流,道之用也。

朱子《中庸章句》则曰:

> 所以不害不悖者,小德之川流,所以并育并行者,大德之敦化。大德者,万殊之本;小德者,全体之分。
>
> 小德之川流,大德之敦化,隐也。然大德之中,小德已具;小德之中,大德固存,此又体用之未尝相离也。
>
> 发育万物,峻极于天,道之体也;礼仪三百,威仪三千,道之用也。

另外在致友人书信中也有谈及《中庸》体用问题。《复叶味道》:

> 语大语小,则全指用而言,毕竟语大底是全体,语小底是用。天命谓性是未发,毕竟是体;率性谓道是人所常行,毕竟是用。大德而敦化,毕竟是体;小德而川流,毕竟是用。[1]

《勉斋语录》收录勉斋答学生问,也多涉及《中庸》体用问题。勉斋曰:

> 道有小大,德亦有小大。发育万物,峻极于天,是道之大;礼仪三百,威仪三千,是道之小。尊德性道中庸,是做德之大者;道问学尽精微,是做德之小者。[2]

勉斋认为,尊德性是体,道问学是用。应该也是因承朱子之意:"尊德性,尽乎道体之大也;道问学,尽乎道体之细也。"

---

[1]《宋元学案·勉斋学案》,第2030页。
[2] 家藏珍本《黄文肃勉斋公文集》,第514页。

四、智仁勇诚，以全体用

朱子《中庸章句》曰："诚"是《中庸》"一篇之枢纽"。勉斋《中庸总论》很好地诠释朱子之意：

> 其所以用功而全夫道之体用者，则戒惧谨独，与夫知仁勇三者，及夫诚之一言而已，是则一篇之大指也。至圣，则足以全道之用矣；至诚，则足以全道之体矣。

"全"，在这里可以理解为成全，发挥到极致。当然，"诚"不能单打独斗去成全道之体用，须与三达德智仁勇并肩作战。朱子《中庸章句》20章云：

> 达道虽人所共由，然无三德，则无以行之。达德虽人所同得，然一有不诚，则人欲间之，而德非其德矣。
>
> 知（智），所以知此（五达道：父子有亲、君臣有义、夫妇有别、长幼有序、朋友有信）；仁，所以体此；勇，所以强此。
>
> 困知、勉行者，勇也。

朱子的意思是，须有智慧和仁爱，才能懂得、体会到"道"，须有困而好学、勉力前行之勇，才能做到。朱子在《中庸章句》第九章阐述三达德与中庸的关系：

> 三者亦知（智）仁勇之事，天下之至难也，然不必其合于中庸，则质之近似者，皆能以力为之。若中庸，则虽不必皆如三者之难、然非义精仁熟而无一毫人欲之私者，不能及也。三者难而易，中庸易而难，此民之所以鲜能也。

三达德不等于达到中庸境界，关键还有一个私欲问题，实际是一个诚的问题。如果按照勉斋的体用分析法，是因为三达德终究是用，而诚是体，因为诚是性之实体，天之道也。《中庸》第20章到第26章用大量笔墨作了阐述。《中庸》云："诚身有道，不明乎善，不诚乎身矣。诚者，天之道也；诚之者，人之道也。诚者不勉而中，不思而得，从容中道，圣人也。"

朱子《中庸章句》做了注解，朱子《中庸或问》又有申说：

> 诚者，真实无妄，实而已矣。天命云者，实理之原也。性在其物之实体，道其当然之实用，而教也者，又因其体用之实而品节之也。戒谨恐惧而谨其独焉，所以实乎此理之实也。中和云者，所以状此实理之体用也。天地位，万物育，则所以极此实理之功效也。中庸云者，实理之适可而平常者也。①

> 惟圣人气质清纯，浑然天理，初无人欲之私以病之，是以仁则表里皆仁，而无一毫之不仁，义则表里皆义，而无一毫之不义。其为德也，固举天下之善而无一事之或遗，而其为善也，又极天下之实而无一毫之不满，此其所以不勉不思，从容中道，而动容周旋，莫不中礼也。

> 人生天地之间，禀天地之气，其体即天地之体，其心即天地之心，以理而言，是岂有二物哉？故凡天下之事，虽若人之所为，而其所以为之者，莫非天地之所为也。又况圣人纯于义理，而无人欲之私，则其所以代天而理物者，乃以天地之心，而赞天地之化，尤不见其有彼此之间也。但分殊之状，人莫不知，而理一之致，多或未察。②

朱子根据《中庸》诠释了什么是"诚"，又为何诚是"天之道"，惟圣人天然具备，而普通人"诚之"之道是"教也者，又因其体用之实而品节之也"。据朱子之意可知，诚，乃实体实用，"修道之谓教"乃实体实用之调节，以达中和，实现天地位、万物育之功效。

---

① 《朱子全书》（第6册），第591、594页。
② 《朱子全书》（第6册），第592、595—596页。

— 28 —

勉斋的《中庸总说》对《中庸》及朱子的解说，又做发挥：

> （子思）作为《中庸》之书，其提挈纲维，开示蕴奥，则如言道之体用者，亦既明且尽矣。以其本考之：首言戒惧谨独，次言知仁勇三德，末言诚之一字。又因天道人道之分，以见天下之理无不实，欲人实用其力，以全天理之实也。此即子思子所以教人之大旨也。曰戒惧谨独者，静存动察之功。能若是，则吾之具是性而体是道者，固已得之矣。又曰知仁勇者，致知力行之功也。若能是，则由性以达夫道者，举合乎中庸，而无过、不及之差也。曰诚者，则由人以进夫天，圣贤之极致也。

作为普通人，追求圣贤之极致，"诚之"之道，须先明乎善，须致知力行，智仁勇与诚多管齐下，相辅相成。懂得什么是善，才能做到诚；要懂得善，须静存动察、格物致知，以成全、发挥道之体用。

中庸之道是圣贤之极致，常人是很少能达到的。勉斋从《中庸》文本和朱子注解，感受子思之所忧：常人难以做到无过无不及。子思正因此而作《中庸》，提示戒惧谨独、知仁勇诚修炼门径，希望帮助更多的人能够达到。

朱子云："盖天命之性，纯粹至善，而具于人心者，其体用之全，本皆如此，不以圣愚而有加损也。"体用之全的人性基础是天赋人人性本善。但这是理想中的应然状态，而实际上，人们"静而不知所以存之，则天理昧而大本有所不立；动而不知所以节之，则人欲肆而达道有所不行矣"[①]。惟君子戒谨恐惧，于隐微幽独之际，守常不失。朱子解"中庸"之"庸"为"平常"，即守此之常，实际是"天下之大本"。

勉斋《中庸总论》：

> 朱先生以诚之一字为此篇之枢纽，示人切矣。戒惧谨独、知仁

---

① 《朱子全书》（第6册），第559页。

勇之德，与夫诚之一言，所以全道之体用者。天命之性，率性之道，人之所固有而无不善者。将有过、不及之患，而明之行之而未至夫诚，则未足以造夫道也。是则子思子之所忧也。若昔圣贤所以立教垂世，不过欲人全其固有而无不善者。

知（智）仁勇与诚，是成全道的体用之条件，性、道本之于天然，天然固有，无不善，以诚行之，则近中庸之道；而不能达到，是因为过，或不及。过，或不及，是因为"未至夫诚"，不能"全道之体"，不能"全道之用"。诚，是实，是成，是全，是成全、发挥。

《中庸》第24章说："诚者，非自成己而已，所以成物也。成己，仁也；成物，知（智）也。"朱子《中庸章句》注曰："诚虽所以成己，然既有以自成，则自然及物，而道亦行于彼矣。仁者体之存，知者用之发，是皆吾性之固有，而无内外之殊。"联系朱子有说诚即实，则有实己实物之意。《朱子语类》卷62讲："中是道理之模样，诚是道理之实处，中即诚矣。"朱子这些道理，勉斋以诚"全夫道之体用"概之，是哲学的升华。

勉斋除作《中庸总论》《中庸总说》（《中庸续说》）之外，在各书院讲学，更多的还是以朱子《中庸章句》为本，一段一段讲解，"章分句析"。《黄文肃勉斋公文集》有《读中庸纲领》，将《中庸》全篇分为六段，最后总结曰："戒惧谨独，知仁勇诚，此八字括尽中庸大旨。"[①]

---

① 家藏珍本《黄文肃勉斋公文集》，第513页。

朱熹、李贽与严复思想比较与思考

苏振芳

摘 要 历史名人是时代文化积淀的产物。他们之所以能被铭刻在历史的丰碑上代代相传,既有个人的魅力,也有时势造就的机遇。福建历史上人才辈出、代有英才,这些名人包括思想家、文学家、史学家、教育家、军事家、艺术家、民族英雄……他们的影响范围,小至地方社会,大至王朝国家,成为地方文化宝库的重要资源,也成为福建文化底蕴厚实的基石,对凝聚人心具有不可估量的作用。福建在中国封建社会后期和近代,出现过朱熹、李贽和严复三位很有代表性的人物。研究这三位代表,发掘其文化内涵,对福建文化建设具有重要的促进作用。

关键词 朱熹 李贽 严复 思想 比较

一、朱熹、李贽、严复是福建三位历史性的代表人物

1. 朱熹

朱熹是中国宋代大儒,理学集大成者。他的学说,从宋末历元明至清的七百年间,一直被奉为官方文化。无论其正负面影响,都遍及全国,至深且巨。

朱熹继承周敦颐、二程,兼采释、道各家思想,形成了一个庞大的哲学体系。这一体系的核心范畴是"理",或称"道""太极"。

朱子的宇宙观,是以周敦颐的《太极图说》为本,而融合邵雍、张载与二程之说,而提出一个"理"和"气"。他认为宇宙万物都有一个

"理"的存在,这个客观的"理"就是"太极"。"人人有一太极,物物有一太极"而"太极只是极好至善的道理",及至表现而为具体的形象,则有赖于"气",曰:"理也者,形而上之道也,生物之本,气也者,形而下之器也,生物之具也。"由此而解释到人身的形成,"理"与"气"合构而成人,而"气"中之"理",即人之"性"。他又认为气有清浊,禀气清者,为圣人;禀气浊者,为愚人。人之所以明德修身,就是用来涤除此"浊气"。

朱熹所谓的理,有几方面互相联系的含义。第一,理是先于自然现象和社会现象的形而上者。第二,理是事物的规律。第三,理是伦理道德的基本准则。朱熹又称理为太极,是天地万物之理的总体,即总万理的那个理。"太极只是一个理字。"太极既包括万物之理,万物便可分别体现整个太极。这便是人人有一太极,物物有一太极。每一个人和物都以抽象的理作为它存在的根据,每一个人和物都具有完整的理,即理一分殊。气是朱熹哲学体系中仅次于理的第二位的范畴。它是形而下者,是有情、有状、有迹的;它具有凝聚、造作等特性。它是铸成万物的质料。天下万物都是理和质料相统一的产物。朱熹认为理和气的关系有主有次。理生气并寓于气中,理为主,为先,是第一性的,气为客,为后,是第二性。

根据上述原则,朱子乃提出"穷理以致其知","反躬以践其实"的主张。他认为修养的目的在于"存天理,去人欲"。方法便是要在"持敬"与"致知"方面用力。"持敬"所以专心致志,"致知"在于"格物",即"物而穷其理,穷理以故其知"。若能将宇宙事物一一研究,用力既久,自能豁然贯通。至此时,则万物之理皆在吾性中,"众物之表里精粗无不到,吾心之全体大用无不明"。

2. 李贽

李贽以孔孟传统儒学的"异端"而自居,对封建的男尊女卑、假道学、社会腐败、贪官污吏,大加痛斥批判,主张"革故鼎新",反对思想禁锢。

李贽在反对政治腐败和宋明理学的过程中,形成了他的政治思想,主要有：第一，主张个性解放，思想自由。李贽终生为争取个性解放和思想自由而斗争。他蔑视传统权威，敢于批判权威。第二，提倡人类平等。李贽认为，按照万物一体的原理，社会上根本不存在高下贵贱的区别。老百姓并不卑下，自有其值得尊贵的地方；侯王贵族并不高贵，也有其卑贱的地方。第三，反对封建礼教。李贽还对被封建统治者奉为金科玉律的儒家经典进行抨击，认为儒家经典的六经，如《论语》《孟子》并不都是圣人之言，是经过后人吹捧拔高形成的，不能当作万年不变的真理。他反对歧视妇女，主张婚姻自由，热情歌颂卓文君和司马相如恋爱的故事。第四，反对理学空谈，提倡功利主义。李贽揭露道学家的丑恶面目，指出他们都是伪君子，仁义道德不过是掩盖他们卑鄙龌龊的假面具。针对正统理学家的"存天理灭人欲"的命题，他提出"穿衣吃饭，即是人伦物理"的主张，认为"理"，就在百姓的日常生活当中，对正统思想提出了挑战。第五，"至道无为"的政治理想。针对明王朝的腐败政治，李贽提出了"至道无为、至治无声、至教无言"的政治理想。他认为人类社会之所以常常发生动乱，是统治者对社会生活干涉的结果。他理想的"至人之治"则是"因乎人者也"，顺乎自然，顺乎世俗民情，即"因其政不易其俗，顺其性不拂其能"，对人类的社会生活不干涉或少干涉。

李贽是晚明浪漫思潮中的先驱者，是一位批判理学的"勇士"。李贽提倡个性解放，宣扬众生地位平等，这是带有民主启蒙性质的萌芽思想文化。

3. 严复

严复是中国近代启蒙思想家、翻译家、教育家，是中国近代史上向西方国家寻找真理的"先进的中国人"之一。严复系统地将西方的社会学、政治学、政治经济学、哲学和自然科学介绍到中国，是中国20世纪最重要启蒙译著。

严复的思想成就，主要包含在两类成果中：一是他自撰的政论文章；二是他所翻译的一系列西方哲学社会科学名著。其中尤以后者为典型。在严复看来，他翻译西方著作的目的，绝不在"汽机兵械"及"天算格致",而是要直探资本主义社会的命脉所在,所以,他不仅翻译和介绍了西方资产阶级的古典政治经济学说、社会学说等,还介绍了西方政治、哲学思想和自然科学的新成就。这样,严复的翻译,其意义不仅超过明末徐光启、李之藻等对西方天文水利知识的介绍;同时也超过洋务派、维新派有选择的支离破碎的译书活动。不仅如此,在严复一生所翻译的170多万字的西方著作中,约有十分之一的内容是他自己撰写的按语,它们或对名物做诠释;或对原书观念做补充与纠正;或对国内外实际问题提出见解,突出地反映着严复的政治倾向,强烈地表现着他的政治态度和主张,体现了严复的爱国热情与思想精华,特别值得重视。

严复具有突出的政治热情。他最主要的著述活动,都可以视为通过文字表现出来的政治斗争方式。这一点,不仅在他的自撰文章中有表现,就是从他所翻译的著作序言、译例、按语中,也可以明显看出。在具体的政治主张方面,严复的思想可概括为如下几点。

第一,主张变法维新。这一认识主要体现于他1895年发表于《直报》的《论世变之亟》《原强》《救亡决论》和《辟韩》四篇震动一时的政论,以及1898年出版的译著《天演论》中。认识论和方法论,以及"旧学"的主要内容,包括宋学义理、汉学考据和辞章等加以全面的否定,同时将西方经济、学术等思想理论大致系统地介绍进来。

第二,在哲学思想方面,严复的历史功绩主要在于两个方面:一是宣传进化论,二是提倡唯物论。从哲学发展史的角度来看,主张进化发展,提倡变法维新,无疑对中国传统哲学中"天不变,道亦不变"的概念做了根本的否定;与进化论相关的"人定胜天"的认识,也在充实、发挥中国古代哲学积极因素的基础上,具有了更多的唯物主义的倾向。为了推行维新主张,严复还针对清末流行的"中学为体,西学为用"的主张,提出了"体用为二"的原则。他认为,体与用应是一个问题的两个方面,是不能分开的。"体用者,即一物而言之也。有牛之体,则有负重之用,有马之体,则有致远之用。未闻以牛为体以马为用者也……故中学有中学之体用,西学有西学之体用,分之则两立,合之则两亡。"从理论上看,严复的这种认识并不完全正确,但在当时,却在反对洋务派名为新政,实则妥协投降的"中体西用"观方面，起到了积极的作用；同时也为资产阶级世界观和政治制度在中国的广泛传播，提供了积极的思想基础。

但与此同时，严复的唯物主义观点并不彻底。当他批判唯心论时，又说外力作用决定着事物的发展，从而陷入机械唯物论；当他自觉地表明自己的哲学观点时，又往往回避唯物主义和唯心主义两条路线的对立，而以一个超然者自居，采取了中间派的态度，说自己是一个不可知论者；当他尖锐地批判陆、王心学并攻击封建主义的旧学时，他要求人的主观认识符合于客观实际；而当他声言自己是不可知论者时，便背弃了这个基本立场，说客观实际虽然存在，但人的主观认识是否最后能够符合于客观实际，那就不是人所能知道的了。所以，尽管他坚持着外物是客观的存在，并且是人的感官意识所由发生的原因，即他所谓"有外因，始生内我"，然而，只要他认可"因果同否，必不可知"，就转向了唯心主义。这表现出严复在反对旧学斗争中的软弱性。

第三，在经济学方面，严复是介绍资产阶级古典学派经济理论到中国来的第一人，也是介绍资产阶级庸俗经济学到中国来的第一人。他的经济思想，主要体现于《原富》的翻译之中。

第四，在学术研究的方法上，严复对于西方逻辑学最为着意，这就是他所谓"于学术则黜伪而存真"的科学方法。他在自己的著作及译作中对此均有涉及，还专门翻译了约翰·穆勒的《名学》及耶芳斯的《名学浅说》两部逻辑学专著，并撰成逻辑学著作《政治讲义》。然而，严复丝毫不能逾越历史所许可的范围，来发挥他的智慧和才能。半封建半殖民地的中国社会环境，以及他所代表的中国新兴资产阶级两面性的特点，不能不在他的身上打下深刻的烙印。这一点限制着严复在近代思想史领域取得更大的成就，为近代中国的历史进程做出更大的贡献。

严复留学英国，接受了西方的民主、科学文化。他将西方的自然科学、文化和社会政治学说介绍到中国，并以近代西方文化为参照，对中国传统文化进行一次深刻的清理和反思，在中国近代文化文化史上，开辟了一个崭新的历史时期。

二、朱熹、李贽、严复对中国文化发展的重大影响

从儒学发展方面来看，朱熹集理学之大成。朱熹是中国封建时代儒家的主要代表人物之一。学术上造诣最深、影响最大的是朱熹。他的学术文化，在中国元明清三代，一直是封建统治阶级的官方文化，标志着封建社会意识形态的更趋完备。他总结了以往的文化，尤其是宋代理学文化，建立了庞大的理学体系，成为宋代理学之大成，其功绩为后世所称道，其文化被尊奉为官学，而其本身则与孔子圣人并提，称为"朱子"。

李贽作为中国16世纪伟大的启蒙思想家、文学家、评论家、史学家，敏锐地洞察时代的矛盾和社会发展趋势，以非凡的超前意识和过人胆识，深刻地认真反省中国传统文化，探索人生真谛，致力于从道德理想主义到经验主义的理性重建。

李贽在思想文化、史学文化、道德伦理文化、经济政治文化、文艺美学文化和宗教文化诸方面的理论创造，不仅超迈前古，也远远超过了他的同时代人。他的富于自由精神的文化和新兴气锐的言论，不仅使他成为晚明中国早期启蒙思潮的文化旗帜和一代思想文化巨人，而且对于晚清文化解放运动、日本明治维新、五四新文化运动都产生了深刻影响。

李贽进步的历史观表现为三点。第一，不以孔子是非为是非。李贽对《六经》《论语》《孟子》表示了极大的轻蔑，认为这些著作是当时懵懂弟子，迂阔门徒随笔记录，大半非圣人之言，即使是圣人之言，也只是一时所发之药石，不能成为"万事之言论"。第二，反对历史保守主义，主张"与世推移"的历史发展观。"夫是非之争也，如岁时行，昼夜更迭，不相一也。昨日是而今日非也，而可遽以定本行商法哉？"他提出"于世推移，其道必尔"的主张，认为春秋替三代，战国代春秋都是一种正常的历史发展现象。第三，民本思想。虽然孟子早就提出"民为贵，君为轻，社稷次之"的主张，当在历代统治者中，实际均未成为一种政治实践。而李贽大胆提出"天之立君，本以为民"的主张，表现出对专制皇权的不满，成为明末清初启蒙思想家民本思想的先导。

严复"求新声于异邦",引进了西方文化、自然科学和社会政治学说,对中国传统文化进行彻底的"价值重估"。

严复作为20世纪初中国学术史上激进的启蒙文化家,他对传统社会文化的近代转型以及本土化的社会学体系的构建,这一时代赋予的重大历史课题极为关注。他在近代社会学文化嬗变中的开拓与守成,为我们考察传统社会文化在近代的转换提供了独特的视角。对严复社会学文化进行研究,有助于我们从严复为代表的时代典型人物身上透视近代中国传统社会文化被迫向近代转型这一坷坎不平的历史道路,以及近代国人在"西方社会学中国化""传统社会文化近代化"历程中多舛的命运。

三、朱熹、李贽、严复思想变化的现代启示

1.如何看待传统文化创新

有学者指出,朱熹是一面中国传统文化的一面镜子。从春秋的孔子到南宋的朱熹,这两位儒家文化的伟人,是中华文明历史长河中的两个巨浪。泰山和武夷,在传统文化漫长的历程上矗起了两座辉映天宇的丰碑。华夏民族传统的伦理道德、心理结构、价值观念、生活方式,乃至文化性格等,就是在从孔子到朱子的"路漫漫其修远兮"的文化历史进程中,逐渐地积淀、凝聚、成型的。弘扬我国传统文化,理所当然要科学整理和批判总结朱熹留下的一份文化遗产。朱熹的思想,对中国社会的发展是有独特贡献的,特别是精神人文方面,更是为我们构筑起了一个道德框架,但历史形态向来就是这样,一种理论思想达到一定的高度,总会面临着来自四方的驳斥、挑拣。

朱熹的思想体系,既继承了孔孟儒学和北宋理学之精华,又融合了佛、道的思辨文化,可谓综合了古今文化,在初建时,是活跃的、有生命力的新文化。随着历史的发展,朱熹文化所赖以产生的时代背景已失去了原有的意义和价值。特别是进入明清之际,我国资本主义萌芽在封建制度内部成长,社会、经济和文化都发生了巨大变化,而理学体系数百年不变,没有创新,必然有僵化的成分,如何化僵化而走向创新,需要认真地探讨。

明末，李贽批判程朱理学，而且改造了它，在一定程度上反映了时代的要求。李贽的进步文化充满着革新意识和批判精神，在中国文化文化史占有十分重要的地位，影响深远，至今仍然具有重要启迪和借鉴意义。

严复的社会变革思想，对中国近代文化名人投身于新文化运动，也提供了强大的精神食粮，开启了渴求进步的知识分子探索救国真理的方向，影响了整整一代知识分子的成长。严复以他在哲学、政治、经济、伦理等方面的广泛著述，有效地批判了封建专制主义及洋务派的新政，同时开启了介绍资本主义文明的一个新阶段。他的思想成分包含着"黜伪崇真""更革心思"的宝贵精神，亦有着提倡民主自由以反对君主专制的改革因素。除此而外，严复在法律、教育、史学诸方面，也都有自己的看法，这些认识来源于西方资产阶级思想营养，又体现着严复对中国文化的深入了解。今天看来，这些看法仍有其学术价值。比如他强调法治以及真理面前人人平等，控制人口增长，注重人口素质，彻底解放妇女，维护思想自由和言论自由等。从这个意义上说，严复对中西文化交流的功绩是巨大的。虽然从今天的角度来看，他仅仅为此搭起了一座便桥，然而这座便桥却开辟了一条通向西方又立足于中国现实的崭新道路，这是完全可以肯定的，他不愧为一个先进的中国知识分子。然而，他从思想上一开始就以改良主义为宗旨，以"物竞天择，储能择实"为渐变的张本，所以不但不赞成革命派的行动，而且不赞成变法派的政变。他虽然批判洋务派"大抵皆务增其新，而未尝一言变旧"，但只以天演为"时进之义"，强调"愈愚"为救国之根本。由此可知，严复的变法论实在是很温和的改良主义，而他的君主立宪的主张，甚至比之康梁更缺乏实践的能力与勇气。王蘧常所说"先生之为人，但能坐而言而不能起行者也"（《严几道年谱》），深刻地说明了严复在理论认识与实践活动中的特点。

2.如何对待传统文化和外来文化？

在中国传统文化上，严复是对中西文化进行比较研究的最早的中国人之一。他对中国传统文化的批判改造，主要以西方近代文化为基本依据。西方文化的科学性、实证性、逻辑性与中国文化的人文性、实践性、现世性有很大差别，也就是说，从人类思维的宏观特征看，中国传统文化并不是应该抛弃的，而是有其独到价值的。所以，严复用西方近代文化评判、裁剪中国传统文化，在很大程度上破坏了中国传统文化的价值体系。因此，如何吸收外来文化而不使本土文化丧失其特有价值，严复对中西的文化的比较研究给我们以启迪。

3. 中国传统文化如何近代转型

严复之所以以著译的方式来系统地介绍赫胥黎的社会进化论思想，有三个目的：一是在于能够方便人们的理解接受。当时国人对接受西方的理论和学说还存在定的语言和思维的差异，因此需要做一些必要的变动和改造。二是为了打破国人的一种偏见，由于受五千年传统文化的影响，当时读书人心中有一种很深的偏见，即认为中国道德文化天下第一，西学只是形而下的象数之学比较发达。严复认为通过这种方式进行著译，可以使国人了解到，西学也有深邃精密的形而上学。

从李贽到严复的过程，也正是包括中国传统文化在内的整个传统文化向近代转型的时期。

中国传统文化近代转型，一方面所依凭的"已有的文化材料"，一个比较切近的前缘，便是明清之际的早期启蒙思想（如李贽、黄宗羲和王夫之等人的思想）。中国近代思想家多求之于"晚明遗献"。另一方面则是严复等人所提倡的"新学""西学"。当时，民主与科学开始成为近代文化中最核心和最基本的价值观念。这种来自中国传统文化的内部因素和来自近代西方国家文明冲击的外部因素所形成的合力，共同推动了中国传统文化的近代转型。

参考文献

[1] 朱熹：《孟子·尽心下》，《四书章句集注》，《朱子全书》（第六册），上海古籍出版社、安徽教育出版社2002年版。

[2] 李贽：《李贽文集》（共七卷），社会科学文献出版社2000年版。

[3] 苏中立、涂光久主编：《百年严复》，福建人民出版社2011年版。

闽都文化与朱子理学

朱子家训与范文正公家训之比较

谢重光

摘 要 北宋名臣范仲淹,南宋理学大家朱熹,都有家训传世,教导勖勉了本族子孙,至今仍对华夏儿女有重大教化作用,诚为中华传统文化的瑰宝。把两位大儒的家训理解透彻,承传其中的精义,是我们学习和继承中华文化优秀传统的重要工作。本文提炼了两部家训的共同精神,指出了两部家训的不同特点,还分析了造成两部家训不同特点的社会历史原因,并就对这两部家训进行整理、鉴别和转化,继承其合理内核提出了自己的意见。

关键词 朱熹 范仲淹 家训 比较 整理

范仲淹是北宋名臣,主持了庆历新政,是一代大儒。其家训突出义字,主旨在于纠正五代以来礼义沦丧之弊。朱熹是南宋名臣,集理学之大成,也是一代大儒。其家训突出三纲五常,是理学占据主流的反映。两位大儒,范仲淹谥号文正,朱熹谥号文,后世都称为文公。两位文公都有家训传世,不但教导勖勉了本族子孙,对于全体华夏儿女都起了莫大的教化作用,诚为中华传统文化的瑰宝。

把两位大儒的家训理解透彻,承传其中的精义,是我们学习和继承中华文化优秀传统的重要工作,意义重大而深远。

一、两部家训的大体内容

范仲淹有《文正公集》传世,但其家训并未收入此"集"。现在我们见到的范仲淹家训,有《范文正公家训百字铭》《范文正公训子弟语》等不同的版本,出自晚近各地范氏的族谱、家谱,文字互有出入,雅俗程度不一;从韵文押韵的角度来看,押的并不是宋代已经流行的平水韵,甚至也不完全合乎现代汉语音韵,应该不是范仲淹家训的原文,而是后世子孙传抄、整理的文本,文字和音韵上的问题,应是传抄、整理过程出的差错。但是各地流行版本大同小异,必有较早的文字依据,大体上还是反映了范仲淹家训的基本面貌。现据网络所见流传比较广泛、为多数人认同的版本,将《范文正公家训百字铭》与《范文正公训子弟语》全文迻录于下:

范文正公家训百字铭

孝道当竭力,忠勇表丹诚;兄弟互相助,慈悲无边境。勤读圣贤书,尊师如重亲。礼仪勿疏狂,逊让敦睦邻。敬长与怀幼,怜恤孤寡贫。谦恭尚廉洁,绝戒骄傲情。字纸莫乱废,须报五谷恩。作事循天理,博爱惜生灵。处世行八德,修身率祖神。儿孙坚心守,成家种义根。

范文正公训子弟语

天理莫违,为人不易。居家莫逸,民生在勤。祖德莫烬,创业艰难。家庭莫偏,易起衅端。闻电莫怕,不做恶事。奴婢莫凌,一样是人。兄弟莫欺,同气连枝。钱财莫轻,勤苦得来。妇言莫听,明理者少。时风莫趋,易入下流。交友莫滥,须要识人。饮酒莫狂,伤身之物。耕读莫懒,起家之本。奢华莫学,自取贫穷。妄想莫起,想亦无益。美色莫迷,报应甚速。待人莫刻,一个恕字。作事莫霸,众怒难犯。女色莫溺,汝心安乎。淫书莫看,譬如吃砒。立身莫歪,子孙看样。果报莫疑,眼前悟出。降惊莫损,及早回头。淫念莫萌,怕有报应。暗室莫愧,君子独慎。国法莫玩,政令森严。祖宗莫忘,子孙有用。父母莫忤,身从何来。子弟莫纵,害他一世。故旧莫疏,祖父之交。邻里莫绝,互相照应。本业莫抛,所靠何事。匪人莫近,

容易伤生。正人莫远,急难可靠。非分莫做,受辱惹祸。官司莫打,赢也是空。盘算莫凶,食报子孙。意气莫使,后悔何及。贫穷莫怨,小富由勤。童年莫荡,蒙以养正。淫事莫藏,害尔子孙。言语其尖,可以折福。讼事莫管,害人不浅。杀生莫多,也是一命。富贵莫美,积德悠久。贫苦莫轻,你想当初。字纸莫弃,世间之宝。五谷莫贱,养命之原。

朱熹距今时代较近,朱氏宗族组织也比较完善,所以《朱子家训》保存比较完好。今据《紫阳朱氏宗谱》,将其原文迻录于下:

朱子家训

君之所贵者,仁也。臣之所贵者,忠也。父之所贵者,慈也。子之所贵者,孝也。兄之所贵者,友也。弟之所贵者,恭也。夫之所贵者,和也。妇之所贵者,柔也。事师长贵乎礼也,交朋友贵乎信也。

见老者,敬之;见幼者,爱之。有德者,年虽下于我,我必尊之;不肖者,年虽高于我,我必远之。慎勿谈人之短,切莫矜己之长。仇者以义解之,怨者以直报之,随所遇而安之。人有小过,含容而忍之;人有大过,以理而谕之。勿以善小而不为,勿以恶小而为之。人有恶,则掩之;人有善,则扬之。

处世无私仇,治家无私法。勿损人而利己,勿妒贤而嫉能。勿称忿而报横逆,勿非礼而害物命。见不义之财勿取,遇合理之事则从。诗书不可不读,礼义不可不知。子孙不可不教,童仆不可不恤。斯文不可不敬,患难不可不扶。守我之分者,礼也;听我之命者,天也。人能如是,天必相之。此乃日用常行之道,若衣服之于身体,饮食之于口腹,不可一日无也,可不慎哉!

二、两部家训的共同精神

范仲淹、朱熹两位都是一代大儒，其立身行事要遵循儒家的纲常礼教，其对子孙族人的训诲，也必然要合乎儒家礼教的规范，这是范、朱两部家训共同的基本精神。从具体文本来看，《范文正公家训百字铭》强调"处世行八德"，这八德就是"孝悌忠信礼义廉耻"，是儒家理想中完善人格的根本，也是儒家士大夫立身处世的指南。这八德，不但为范氏《范文正公家训百字铭》所强调，也体现于《范文正公训子弟语》和《朱子家训》中。

例如，《范文正公训子弟语》中讲的"祖宗莫忘""父母莫忤"，就是"孝"；"兄弟莫欺"是"悌"；"国法莫玩，政令森严"，属于"忠"的范畴；"暗室莫愧，君子独慎""正人莫远，急难可靠"属于"信"的范畴；至于"礼"，其精神贯穿《范文正公训子弟语》的全部，比较直接相关的，例如"天理莫违""家庭莫偏""待人莫刻""作事莫霸""君子独慎"（按：应为"慎独"）"非分莫做"等，都体现了封建时代的"礼"。"奴婢莫凌""故旧莫疏""邻里莫绝"等，则体现了为人的"义"。"奢华莫学""居家莫逸，民生在勤""祖德莫烬，创业艰难""钱财莫轻，勤苦得来"而"本业莫抛""贫穷莫怨，小富由勤""童年莫荡，蒙以养正""富贵莫羡""贫苦莫轻""五谷莫贱"，都是廉的具体表现。最后一个"耻"字，是"知耻"的意思。"时风莫趋，易入下流""妄想莫起""美色莫迷""淫书莫看""淫念莫萌"，都是知耻。

《朱子家训》的基本精神，也契合"八德"的范畴，只是"廉耻"一项，讲得少些。"子之所贵者，孝也"，说的是"孝"；"兄之所贵者，友也。弟之所贵者，恭也"，说的是"悌"；"臣之所贵者，忠也"，说的是"忠"；"交朋友贵乎信也"，说的是"信"；"事师长贵乎礼也""勿非礼而害物命""礼义不可不知""守我之分者，礼也"，以及处理好君臣、父子、兄弟、夫妇、朋友、长幼等人际关系的所有格言，都是"礼"；"仇者以义解之，怨者以直报之，随所遇而安之。人有小过，含容而忍之；人有大过，以理而谕之""见不义之财勿取""患难不可不扶"，都属于"义"。

"八德"是儒家士大夫共同的价值观,也是范仲淹、朱熹乃至其他先贤训诲子孙后代的共同取向。虽然,范、朱两部家训在具体表述方面,以及对于"八德"各义项的轻重方面,会略有不同,但维护封建纲常,传承和发扬儒家"八德",确实是它们之间共同的基本精神。

三、两部家训的不同特点

由于时代不同,个人性格和素养有异,范仲淹家训与朱子家训也有明显的不同特点。择要而言,范仲淹比较重义,朱熹比较重礼;范仲淹信佛,朱熹信天命;而范仲淹强调的勤俭廉洁,朱子家训是比较忽视的。

范仲淹的信佛,与他的成长经历相关。

范仲淹年少时曾在山东长白山礼泉寺读书,与寺僧接触较多,受的熏染也大。长大后继承了晋唐间不少士大夫的习惯,喜与佛门高僧大德交游。曾问道于琅玡慧觉禅师,且有偈赠予禅师:"连朝共话释疑团,岂谓浮生半日闲。直欲与师闲到老,尽取识性入玄关。" 还有记载说他留心佛典,诵《金刚经》"辄有冥契"。①

宋仁宗景祐四年(1037),范仲淹出守鄱阳,仰慕古禅师道风,多次拜访问道。古禅师曾寄偈相勉:"丈夫各负冲天气,莫认虚名污自身。撒手直须千圣外,纤尘不尽眼中翳。"②先生还与圆悟禅师相善,并且勉其参方行脚。圆悟禅师在先生的劝勉下,遍参诸方,卒成大器。庆历初年,范仲淹奉命宣抚河东,于旅途间,得故经一卷,名曰《十六阿罗汉因果识见颂》③,因细读其书,于教理深有会心。

如此经历,使范仲淹能以大儒的身份,而保有对佛教的深厚感情。传说他事亲至孝,其母亲去世后,他请僧人诵经,孝心感应观世音菩萨助念。借菩萨之力,母亲得以超升天界。又传范仲淹一生莅任所到之地,必造寺度僧,兴崇三宝。晚年时曾舍宅为寺,名为天平寺,并延请浮山

---

① (清)钱唐俍亭和尚净挺缉,秀州息波道人成源订:《学佛考训》(卷7)。
② (清)钱唐俍亭和尚净挺缉,秀州息波道人成源订:《学佛考训》(卷7),《嘉兴藏》。
③ 唐阇那多迦译:《十六罗汉因果识见颂并序》,收入《续藏经》。

法远禅师住持。又据（清）济能《角虎集》记载，先生"常修净业，以养圣胎"。临终之日，先生对家人说："吾昨夜梦池中莲花皆作金色，即当随师西去矣。"

以上传说和记载，虽然难以征信，但应非完全捕风捉影，还是有范仲淹亲近佛教的基本事实在。因此，他的《范文正公训子弟语》中含有"果报莫疑，眼前悟出""淫念莫萌，怕有报应""美色莫迷，报应甚速""杀生莫多，也是一命""官司莫打，赢也是空"之类体现佛教因果报应、万物皆空思想的内容，就毫不足怪了。

形成鲜明对照的是，在《朱子家训》中，完全找不到与佛教色空和果报思想相关的内容。虽然，朱熹的思想受佛教禅宗思想影响很深，但他在暗暗吸取了禅宗思想的养分后，却持坚决排佛的立场。作为对子弟、族人和后世指明处世之道的《家训》，当然不可能出现或暗含受到佛教思想影响的字眼。因此，是否带有佛教思想色彩，是范、朱两位文公《家训》的最大不同之处。

另外，范仲淹《范文正公训子弟语》谈义、谈廉的内容多，也与范仲淹的人生经历相关。范仲淹幼年丧父，母亲改嫁长山朱氏，他一度曾改姓朱。有此贫困、坎坷的经历，使他更刻苦自励，更注重清廉自守，做人更重义气。据说他少年寄寓寺院读书时，有一次偶然发现寺中地窖内藏有金子，虽然家贫，却不动声色，覆之不取。等到后来贵显时，才对僧人言及此事，取金修寺。其高尚品格，犹如莲花出淤泥而不染，自小出类拔萃。长大之后，有一次在苏州购得一处叫"南园"的地方，已盖好房子，准备入住。一位风水先生说居于此地"必踵出公卿"。范仲淹说："吾家有其贵，孰若天下之士咸受教育于此，贵将无已焉。" 于是舍宅为义学。据说这就是范仲淹兴办义庄、义学的由来。贵显之后，虽然俸禄丰厚，居家却极为节俭惜福，一如贫士。"非宾客不重肉，妻子衣食仅能自充。而好施予，置义庄里中，以赡族人。"[①] "虽位高禄厚，而贫终其身。殁之日，身无以为殓，子无以为丧。惟以施贫活族之义遗其子

---

① （清）毕沅：《续资治通鉴》（卷52）。

而已。"①范仲淹之重义、重视照顾宗族,一至于此!他"以施贫活族之义遗其子",包含身教和言教两个方面。身教是他自身的模范行事,言教则是他对于子弟的训诲,其《范文正公训子弟语》中反复强调义和廉,体现的就是他对于子弟、族人的言教。

朱子的时代,理学已经完全成熟。他本人集理学思想之大成,有一套完整的纲常理论,重视心性探讨,主张格物致知。在理论探讨的同时,也很重视实践,重视以其理论化民成俗。因此,他的家训对于三纲五常的训诲比较完整系统,而不偏重于三纲五常的某一义项。我们在其家训中看不到对于义和廉的特别强调,不足为奇。

四、传承范、朱家训的精华,必须有鉴别,有转化

范、朱家训都是我国优秀传统文化的组成部分,我们在新时代传承优秀传统文化,必须重视对这两部家训的整理、鉴别和转化。我们要认识到,这两位大贤,毕竟是封建时代的人物,其思想当然也打下了封建社会的烙印。因此,我们对其家训精华的传承,不是全盘吸收,而是有鉴别,有选择,有扬弃,有转化。对于贯穿两部家训的"孝悌忠信礼义廉耻"八德,我们不能按照旧时的标准盲目行事,而要注进新时代的内容。譬如"孝",我们需要继承的是对于父母、祖先的尊与敬,尽作为子弟、后人的责任,但不可能是老莱子娱亲、王祥卧冰、孟宗哭笋式的愚孝,也不可能一味的"顺",未必要讲究为亲者讳之类的教条。"义"也不可能是无是非、无原则的"为朋友两肋插刀",而要理解为做人要正直、诚信、慷慨、大方、友爱,在不违背大原则的前提下尽量帮助朋友、同事和相关群众,见义勇为。如此等等,对于"八德"的所有义项,都必须进行合理的了解和转化、吸收、传承。

至于像范仲淹《范文正公训子弟语》中浸润着佛教思想的内容,更要进行严格的鉴别和扬弃。"淫念莫萌""美色莫迷"当然正确,必须遵守,但不是因为"怕有报应";"杀生莫多",也不是因为"也是一命",而是

---

① (宋)钱公辅:《范文正义田记》,引自《古今图书集成》"明伦汇编家范典"。

基于人类的和平、友爱、尊重人权的崇高理念。对于侵犯人民、侵犯国家的敌人，则不能因为"也是一命"而姑息纵容。"官司莫打"则要看情况，可以化解的矛盾应该好好化解，为了维护合法权益则敢于勇敢地使用法制的武器，敢于诉诸法律。

对于朱子家训的内容，当然也要与鉴别与扬弃，不能全盘接受。例如其敬天命思想，所谓"听我之命者，天也。人能如是，天必相之"，所称之天命，也是神秘的，唯心的，不能盲从。但是若把其"天""天命"转化为大自然规律、大自然的意志，把敬天命转化为必须按自然规律办事，则仍有其积极的意义，可以促进我们与大自然和谐相处，指导我们的工作不能违背自然规律。

以上所述，只是举例而言。挂一漏万，在所难免。应该强调的是，无论对于范、朱两位文公的家训，还是其他先贤及各姓各族的家训，乃至《三字经》《弟子规》《增广贤文》《幼学琼林》之类的文化遗产，都要有一个认真整理、鉴别、吸收、扬弃、转化、传承的过程。在这个方面，还有许多工作要做。任重道远，我们应该共同努力。

闽都文化与朱子理学

试析李光地论"学"及对程朱为学思想的承继与发展

叶茂樟

摘 要 作为清初著名的政治家和思想家,李光地论"学"是其思想的重要组成部分。李光地论"学"内容丰富,除了主要论述读书之道外,还涉及士人的品质修养和学术态度等方面。李光地感于学术风气的败坏,试图匡正时弊,引领、开创一代新的学风,其论"学"内容实质上是对孔孟、朱熹等儒家为学思想的继承与发展。可以说,李光地不仅是政治家和思想家,还是一位伟大的教育家,他的论"学"思想处处闪耀着作为教育家的真知灼见。

关键词 李光地 论"学" 内容与特色

清初政治家和理学名臣李光地一生著述甚多,然而对其学术地位的评价久有争议,撇开"儒林巨擘"[①]"学博而精"[②]和"纸尾之学"[③]"不学无术"[④]这些过于绝对的观点,实事求是地说,李光地的思想和学术主张确实有许多过人之处,因此,我们今天研究李光地的思想和文化仍然具有许多历史价值和现实意义。《榕村语录》和《榕村续语录》作为李光地思想言行的真实记录,是研究李光地的重要资料。这里,就两部语

---

① 《四库全书》(总目卷九十四)。
② 徐世昌:《清儒学案》(卷四十),《安溪学案》。
③ 全望祖:《鲒绮亭集外编》(卷四十四),《答诸生问榕村学术帖子》。
④ 张舜徽:《清人文集别录》(卷三)。

录中李光地论"学"思想做一浅析，透过李光地论"学"，我们不仅看到了一个活生生的有思想、有个性的李光地，也让我们感受到了作为一个思想家的李光地的伟大。从某种程度上说，李光地不仅是政治家和理学家，还是一位伟大的教育家，他的论"学"思想处处闪耀着作为教育家的真知灼见。

李光地论"学"思想其实在《榕村全集》首卷《观澜录》"学经"部分就有论述。而在《榕村语录》和《榕村续语录》中，论"学"思想除了散见于首卷"经书总论"和"大学"章节外，《榕村语录》卷二十三和卷二十四、《榕村续语录》卷十六则直接以"学"为标题，以三卷的巨大篇幅专门论述为"学"之道。可以说，李光地论"学"在《榕村语录》和《榕村续语录》中占有重要地位，它是李光地文化的重要组成部分。李光地论"学"内容广泛，除了主要论述读书之道外，还涉及士人的品质修养和学术态度等方方面面，以下试做分析。

一、李光地论"学"思想的内涵

（一）居敬持志

这里，"居敬持志"中的"敬"是敬畏的意思，即恭敬、不放肆，同时，"敬"又通"静"，所谓"心静自然诚"。"居敬"就是要从内心中严格尊崇礼法，专一有恒，特别是要排除杂念，不受外界诱惑。"持志"是指要树立远大的理想，立定学圣贤之道、修身复性的志向，才能真正取得学习的成效。"居敬持志"本是"朱子读书六法"之一。朱熹继承了程颐"涵养须用敬，进学则在致知"之说。李光地则在程颐和朱熹基础上赋予"居敬持志"新的内涵。他认为，"居敬持志"是一个人立身处事之本，读书也不例外。"程子提出'敬'字，便是救苦救难第一丹头。敬则神存，不敬则神亡。神存则生，神亡则死。"[1]"敬跪'唤醒'二字最好，一唤醒起来，便是东方日出气象。"[2]这就是说，是否做到"居敬"事关学习的

---

[1] 李光地：《榕村语录》（卷之二十三）"学一"。
[2] 李光地：《榕村语录》（卷之二十三）"学一"。

成败。因此,治学一定要常怀"敬畏"之心,因为"'进'字从理上发出,心和气平,就是俗语一个'怕'字,故恭人曰温温,德隅曰抑抑。"①

对于"持志",李光地认为,立志并非可有可无的事情,"志立则神日生,要在提撕之力"。②纵观那些圣贤从小就有远大的志向,"夫子十五志学,便是志到'从心所欲,不逾矩'田地。二程十四五岁便锐然欲学圣人,便是要学到二程田地。立志成德,一以贯之。"而且,一个人的成就大小与他的志向大小息息相关,志大则成就大,反之亦然。"偈云:'学道须是铁汉,着手心头便判,直取无上菩提,一切是非莫管。'这就是我们所说的'发大愿力',也就是'立志'。愿力发得大,即悟亦悟得快,修亦修得到。朱子有云:'书不记,熟读可记;义不精,细思可精。惟有志不立,直是无着力处。'即是此意。"③

（二）忠信虚心

"忠信"本出自《论语·卫灵公》:"言忠信,行笃敬,虽蛮貊之邦,行矣。言不忠信,行不笃敬,虽州里,行乎哉?"其义为忠诚老实,也就是说做人要忠于国家和人民,对人要言而有信。这是对读书人的修养而言的。李光地非常重视读书人的品质修养,他认为"忠信"为治学之本,甚至是一个人立身处事的全部,"无此便诸事无根"。而一个人具备了"忠信"的品质,就应该积极进取,"倘不博学考问,推广扩充到尽处,孔子亦放他作第二等人。"④

朱熹曾经说过:"学者读书,须是敛身正坐,缓视微吟,虚心涵泳。"这里所谓的"虚心",是指读书时要谦虚谨慎,虚怀若谷,精心思虑,仔细体会书中的意思,不要先入为主,牵强附会。即使读书中有了新的见解和体会,也应暂且放在一边,"益更读书以来新见"。在李光地看来,历史上,许多有才能的人都缺乏"虚心"这种良好的品质。他们自以为身份高贵,才气盖人,凡事动不动就下断语,其实却谬误百出。反之,只

---

① 李光地:《榕村语录》（卷之二十三）"学一"。
② 李光地:《榕村语录》（卷之二十三）"学一"。
③ 李光地:《榕村语录》（卷之二十三）"学一"。
④ 李光地:《榕村语录》（卷之二十三）"学一"。

要自己谦虚谨慎,"得之于心,就是不得工夫读书,亦日日进,禁他不得。'逝者如斯夫,不舍昼夜'。他心道流行,所谓'源头活水'也。"①因此,"人心虚则明,明则虚,虚以受善,便可到明。惟其真知,自然服善。学问之事,以道为主,不当论年齿之大小,官爵之尊卑。"②为此,李光地还举例说明:"王阳明尚有古义,当日泰州王心斋方廿余岁,阳明已封伯,心斋见之,抗宾主礼,谈三日而心斋服,四拜为师。后数日,心斋又不服,阳明于是还之四拜,仍为宾主。后心斋又大服,乃复拜为师。吾乡张净峰谏武宗,在午门外晒五日,罢归,过谒阳明。净峰年亦廿余,相见亦抗宾主礼,数日卒不服,阳明亦听之。"③这种将个人品质修养与治学之道结合起来的观点,是超时代、具有积极意义的,可见李光地作为一位思想家的远见卓识。

(三)厚积薄发

知识离不开积累。积累本身有一个渐进的过程,只有耐着性子,循序渐进,温故知新,方能牢固。世上没有真正的天才,"人于书有一见便晓者,天下之弃材也。"④"凡瓜果时候未到,纵将他煮烂,他终是生。人只知春生夏长秋收之为功,不知成物却全在冬。五谷至秋已成矣,若当下便将他下地作种,终是不好,毕竟收过冬,生意才足。人见其已入仓,以为既死,不知他生意在内,自己收束坚固,以完其性。可知贞下起元之理,一丝不错。凡学问工夫,火候未到时,勉强为之,终是欠缺。"⑤因此,没有经过"今日格一物,明日格一物"渐进过程的积累,知识必然空疏,此时如果急功近利,忙着著书立说,妄图"流芳百世","所作的不成物事",只能浪得虚名,"若著一部书,天下家传户诵,心里却暗暗晓得有不妥处,更是为累"却悔之晚矣。⑥那么,什么时候可以著书立说呢?读书犹如烹调美味,"如用武火将物煮熟,却要用慢火煨,

---

① 李光地:《榕村语录》(卷之二十三)"学一"。
② 李光地:《榕村语录》(卷之二十三)"学一"。
③ 李光地:《榕村语录》(卷之二十三)"学一"。
④ 李光地:《榕村语录》(卷之二十三)"学一"。
⑤ 李光地:《榕村语录》(卷之二十四)"学二"。
⑥ 李光地:《榕村语录》(卷之二十四)"学二"。

滋味才入，方得他烂"。① "读书已是见得如此，却行脉在那里，久之写出方好。不但错处须候其开悟，即是处亦须候其烂熟，烂熟后，向人解说，听者不待吾言之毕，而已自领悟。到此时候，一笔写出，自然枝叶渣滓尽去，不消多著言语，而义旨朗然矣。"②

李光地关于治学应该厚积薄发的观点，显然是有感而发的，因为他清楚地看到世人急功近利的行为："刻板印书如此便当，河汉、唐人都想不到？然因此流布得广，反将书本看得容易，不以为宝。"③ "今人作文字及选文字，都要多，某却另一癖性，只要少。又人都要传世，某只要惬心方快活。"④ 这种华而不实的学术风气，如果得到不及时、有效的纠正，必将害国害民，后患无穷。

（四）宁专勿博

北宋诗人黄庭坚曾经写过两句诗"读书欲精不欲博，用心欲专不欲杂"，以此告诫人们读书要精要专，不宜贪多求全，以至不求甚解，囫囵吞枣。确实，治学不在于你读了多少书，而在于你真正理解、掌握了多少知识。如果不能真正掌握知识，即使你阅书汗牛充栋，也百无一用。"有人说《十三经》《廿一史》皆看过，只是不记得。总是他立意要看完经史，便不能记。何也？为其泛也，非切己要读，如何能记？天下书原读不尽。虚斋云，'欲为一代经纶手，须读数篇要紧书'，书读要紧者方好。文中子云：'不广求故得，不杂学故明。'"⑤ 要知道，无所不能的人实在一无所能，无所不专的专家实在是一无所专。

李光地对此深有体会。他十八九岁时，除经书外，才看一部《性理》。就这一部《性理》，也看得糊里糊涂，"茫不知其端"。但李光地清楚知道"专一"的重要性，"天上繁星万有一千五百二十，若凑起来，比月还大，只因月是专圆一物，所以月光比星大别。又如百十灯火，因散开了，

---

① 李光地：《榕村语录》（卷之二十三）"学二"。
② 李光地：《榕村语录》（卷之二十三）"学二"。
③ 李光地：《榕村语录》（卷之二十三）"学二"。
④ 李光地：《榕村语录》（卷之二十三）"学二"。
⑤ 李光地：《榕村语录》（卷之二十三）"学二"。

反不如一火把之光。"①他还从历代先贤的成长中找到佐证："自汉以来的学问，务博而不精，圣贤无是也，太公只一卷《丹书》，箕子只一篇《洪范》，朱子读一部《大学》，难道别的道理文字，他都不晓？然得力只在此。"②当然，李光地所"专"的是儒家经典，他认为，"惟《四书》《五经》中这点性命之理，讲切思索，直似胎包中带来的一般。此之谓'法嗣'。人好读异书，便是大病。书有何异？《四书》《五经》，如饥食渴饮、祖宗父母一般，终身相对，岂有厌时！"③

（五）寻根问底

"读书要搜根，搜得根便不会忘。将那一部书分类纂过，又随章札记，复全部串解，得其主意便记得。某向看三角法，过而辄忘，后得其一线穿下之根，便再不忘。某于《河图》《洛书》，搜得其根，放下空空洞洞，一提起千头万绪，无不了然。孔明当日独观大意，今人解作草略，便不是。大意者，却精英根源也。杜工部读书难字过，便不屑记难字。如扬子云，乃是要采其精英。"④

"搜根"，本是一个围棋术语，这里的意思是"寻根究底"，即追问一件事情的缘由，同时，还具有"线索""梗概"的意思。也就是说，读书既要提纲挈领，又要追根究底，对于自己不理解的问题一定要弄明白，不能置之不理。凡事有根，"根"是做学问的基础。"草木无根，岂能开花结实？学问无根，不有心得，却不相干。功名亦然。圣贤事业，须从方寸流出，虽做得一匡九合，夫子犹谓其器小。此根即是天地之根。"⑤搜得"根"，从事物的根源上寻求，则不仅可以抓住事物的脉络，理清头绪，而且记得牢，掌握得快。"某年十八，手纂《性理》一部；十九，手纂《四书》一部；二十，手纂《易经》一部。凡某家某家如何说，皆一一能记，至今以为根基。不然虽闲时熟思，从何思起。"⑥反之，则抓不到

---

① 李光地：《榕村语录》（卷之二十三）"学二"。
② 李光地：《榕村语录》（卷之二十三）"学二"。
③ 李光地：《榕村语录》（卷之二十三）"学二"。
④ 李光地：《榕村语录》（卷之二十三）"学二"。
⑤ 李光地：《榕村续语录》（卷十六）"学"。
⑥ 李光地：《榕村续语录》（卷十六）"学"。

问题的关键,"朱子讥永嘉学问,说王道,不说孔子,只说文中子;说霸道,不说管仲,只说王猛。其实不寻到源头,连这半截亦不识得尽。既讲周、程、张、朱,不寻到孔孟,亦不能尽周、程、张、朱。既不见其疏漏处,定亦不知其精到处。"①

(六)业精于勤

韩愈《进学解》:"业精于勤,荒于嬉;行成于思,毁于随。"古人云:"不劳而获黄粱梦。"读书犹如农人种田,一分耕耘,一分收获,"《四书》《六经》及濂、洛、关、闽之书,人须终身艺之,如农夫之终岁而艺五谷也。艺五谷者,每种必尽其勤,方其尽力如此,不知有彼也。"一勤天下无难事——"读书的读书,做事的做事。为人教子弟,虽非已事,然勤劳上通于天,也有感应处。"②辛勤的付出,才有收获的喜悦,也更懂得珍惜。"如富贵家儿生来便有得用,他看钱物天然不爱惜;惟辛勤成家,便一草一木,爱之护之。读书从勤苦中得些滋味,自然不肯放下。往往见人家子弟,一见便晓,多无成就。"③

李光地对当世浅尝辄止、不求甚解却又急功近利的治学行为深恶痛绝:"有人赠予以武侯文集者,其搜集可云勤矣,而错误甚多。"④他非常推崇清初历算家梅文鼎、思想家顾炎武两人耕耘不止的治学态度,认为"如今著书不错者,唯梅定九、顾宁人两公耳。此两人书,必传于后世无疑。今人用心之多而勤,亦无有及之者。宁人妻不娶,子不生,仆仆道路,风雨寒暑不辍。梅定老客予家,见其无一刻暇,虽无事时,掩户一室中如伏气,无非思历算之事"。⑤

(七)持之以恒

治学是一件劳心费力又费时的苦差事。成功需要努力,需要时间的历练,没有人可以一蹴而就。因此,治学要有一种坚持不懈、持之以恒

---

① 李光地:《榕村语录》(卷之二十四)"学二"。
② 李光地:《榕村语录》(卷之二十四)"学二"。
③ 李光地:《榕村语录》(卷之二十四)"学二"。
④ 李光地:《榕村续语录》(卷十六)"学"。
⑤ 李光地:《榕村续语录》(卷十六)"学"。

的精神,一颗持恒精进的心,能够忍受人生的种种不如意,忍受功名利禄的诱惑和寂寞、孤独的等待。功夫不负有心人,"凡人有十年着紧工夫,其声光气焰断然不同"。①

李光地以国手下棋、思想家顾炎武及自己的弟弟耜卿为例,可谓用心良苦。"国手于棋,亦终身之事,他刻刻不能离棋。可见一艺成名,也要至诚无息,若有一日放得下,便非第一流的本事。尧、舜已将天下让与人,自己尚是'敕天之命,惟时惟几',一息尚存,此志不容少懈。人的学问,总要不断,这是一点真源,有源之物便会大。"② "读书博学强记,日有课程,数十年不间断,当年吴下顾亭林、今四舍弟耜卿,皆曾下此工夫。亭林《十三经》尽皆背诵,每年用三个月温理,余月用以知新;其议论简要有裁剪,未见其匹。耜卿亦能背诵《十三经》而略通其义,可不谓贤乎!"③李光地还用仙人修炼、母鸡孵蛋设喻,说明持之以恒的道理:"仙家明日成仙,今日尚不知,总是要工夫不歇,如鸡抱子,呆呆地只抱在那里,火候一刻不到,不能得他出来。"④坚持不懈的努力,最终的收获或许与预想的有所差距,但是,这总比碌碌无为、浑浑噩噩的人生来得强,正如朱熹所言:"成得无上天仙固好,不尔,就是地仙亦强似虚生浪死。"⑤

(八)学贵有疑

孔孟之道、程朱理学是中国封建社会的指导思想。李光地对此却有自己独特的理解。他一方面致力于维护孔孟之道作为封建正统意识形态的权威地位,视"《四书》《五经》,如饥食渴饮、祖宗父母一般";另一方面,他又认为不应该拘泥于圣贤之语,而应该"言孔孟所未言,解默契孔孟所欲言之意,行孔孟所未行,而吻合孔孟必行之事。"⑥为此,李光地提出要敢于怀疑的治学主张。他说:"读书最怕是无疑。道理本

---

① 李光地:《榕村语录》(卷之二十三)"学一"。
② 李光地:《榕村语录》(卷之二十三)"学一"。
③ 李光地:《榕村语录》(卷之二十四)"学二"。
④ 李光地:《榕村语录》(卷之二十三)"学一"。
⑤ 李光地:《榕村语录》(卷之二十三)"学一"。
⑥ 吕坤:《呻吟语》。

平常，看去不过如此，其实进一层又一层。"①

李光地反对过于崇拜、神化圣人。在他看来，圣人也有不足之处，他的思想和言行也并非尽善尽美。"圣人亦有所不知，只是他不知的就不说。如'夏礼吾能言之，杞不足征；殷礼吾能言之，宋不足征'。他原晓得，因征便歇了。"②"圣贤有似不近人情处。朱子断妓女，施以严刑，判使从良，其实罪不关妓女也。人至今以为口实，朱子彼时宁过于严。孔子将景公梨园子弟付之极刑，太公蒙面杀妲己，何妨同道。"③在李光地的这些评论中，圣人的一些言行还不如普通人，但圣人的优点在于能够"一日三省吾身"，"兢兢业业，自强不息"④。这对于破除对历代圣贤迷信乃至顶礼膜拜的态度，树立对"圣人"、学术权威敢于怀疑、说"不"的精神，进而创新发展学术具有不可忽视的作用。

（九）经世致用

许多学者把明亡的历史教训归结为"蹈虚空谈"，鉴于此，李光地竭力主张治学要务实，要为现实服务。他提出"灭空疏之学，倡经世致用"的学术主张，认为："读书何须多，要在力行。果能行圣贤一二语，便足矣。"⑤"学之切于治道如此，为学与治道为一，帝王之学与儒生之学为一，皆是穷性命之原。研精微之归；究'六经'之旨，周当世之务。"⑥这种书不在读而在其能"周当世之务"将"为学与治道"合二为一的治学观点，无疑对于开拓新的学风具有积极意义。

李光地对杨名时"立志居敬，致知力行"的授徒之法非常欣赏。然而，他又认为，"立志居敬"与"致知力行"紧密联系，缺一不可。"然徒主敬而不能致知力行，如宋之高孝，鸡鸣肃衣冠而起，做得甚事？"⑦而"知"和"行"犹如人的眼睛和脚，缺一不可。眼睛看着路，脚才好走路，

---

① 李光地：《榕村语录》（卷之一）"经书总论"。
② 李光地：《榕村语录》（卷之一）"经书总论"。
③ 李光地：《榕村语录》（卷之十九）"宋六子二"。
④ 李光地：《榕村语录》（卷七）"中庸一"。
⑤ 李光地：《榕村语录》（卷之二十三）"学一"。
⑥ 李光地：《榕村全集》（卷十）进读书笔录及论说序记杂文序。
⑦ 李光地：《榕村续语录》（卷十六）"学"。

一边看，一边走，两者互不相碍，各得其所。哪有"先看几日路，不干脚事；到走路，又不干眼事之理？"①李光地一生提倡实学，自己也身体力行地研究实学。他声称"吾学大纲有三：一曰存实心；二曰明实理；三曰行实事"。②他特别强调"学者所当学者不止六艺，如天文、地理、形胜、农桑、医药、河渠、兵法、政事、算学，皆切实用当学"③，这样才不至于脱离实际，也避免一些学者热衷科举，而不重视学问现实效应的毛病。他还建议读书人不宜局限于个人的小圈子，而应该融入广阔的社会，多读"无字书"，读万卷书，行万里路，收获将会更大。他说，"出门之功甚大，闭户用功，何尝不好？到底出门闻见广。使某不见顾宁人、梅定九，如何得知音韵、历算之详？"④

（十）心无旁笃

"心无旁笃"的内涵与"居敬持志"的"居敬"有类似之处。因李光地在这方面论述较多，这里特加以强调。李光地认为，读书要取得成效，一定要专心致志，心无旁笃。"盖人读书不怕身顽，怕心顽。有声色货利，终身沉溺其中，一肯回头，便能直入者。若口不绝吟，足不出户，经年诵背，终身无成者，以其坐驰也。"⑤"心为诸事之根"，读书以心为本，如果不把读书当一回事，不往心里去，即使再勤劳也无所益。就像拉磨的驴，虽然身在其中，日夜不辍，但却"心道不行"。"心里通透一点，便为功甚大。"⑥读书让心灵变得通透明白，把"心磨得可用"，这便是"源头活水"，是做好一切事情的基础。

"心无旁笃"需要内外兼修，身心俱到。内在的涵泳与外在的努力相结合，会产生巨大的力量，促使你追逐无穷的知识。这种热情"如渴饥到十二分，滴水颗米，俱如甘露；如仙丹，立刻便要吞在肚里。那有

---

① 李光地：《榕村语录》（卷之二十三）"学一"。
② 李光地：《榕村语录》（卷之二十三）"学一"。
③ 李光地：《榕村全集》（卷之十）进读书笔录及论说序记杂文序。
④ 李光地：《榕村语录》（卷之二十四）"学二"。
⑤ 李光地：《榕村续语录》（卷之十六）"学"。
⑥ 李光地：《榕村语录》（卷之二十四）"学二"。

不消融滋益精气之理。"①李光地还以丹药、谷物的消化吸收为例，说明掌握知识需要内外兼修的道理："某谓即有外丹，亦须内丹就，方能服得外丹，不然消化他不得。内丹就一团阳气，如火之然，不拘金石，皆能消化，方有益。即如谷食，须是脾气好，方能成精液，畏气血。若不消化，便都成病。读书亦然，须要融洽，不然撑肠挂肚，便为害。"②

（十一）熟能生巧

刘勰《文心雕龙·知音》："操千曲而后晓声，观千剑而后识器。"俗话说："台上十分钟，台下十年功。"高超的技艺来源于反复的学习和训练。李光地对此深有同感，他通过时人事例及自己的亲身实践诠释了"熟能生巧"的道理。他说："学问须是熟，梅定九于历算，四十年工夫，尚不能熟。读书不熟，终不得力。魏伯阳所谓'千周万遍'也。读书着不得一点为人的心，着此便断根，虽孜孜穷年，无益也。"③"予向学筹算，亦能对卷明白，掩卷便忘。无他，只是生耳。人一能之，已百之，人十能之，已千之，虽愚柔必明强矣。顷予之三四番，便熟些，不忘了。梅定九只是盘算的熟，所以古人说仁要熟，义要精。熟便精，精便神，熟能生巧。"④

在李光地看来，读古人诗书，如果没有读上五遍、七遍，就急着更换书籍，基本只能是强作解事。五遍、七遍过后，语句能读得上口，能够理解辞意，才算真正读懂。就好像交朋友，如果没有交谈过五次、七次，就无法了解朋友的为人。因此，读书不在多，而在于你是否真正理解透彻。而要学有所得，"精熟一部经书，荆斯用之不尽。若要酝酿深厚，毕竟是多读多通方得，'沈浸醲郁'四字最妙。"⑤李光地对"读书千遍，其意自见"有深刻感受。"某初读《参同契》，了无入处，用此法试之，熟后遂见得其中自有条理。初读《大司乐》亦然，用此法又有入处。

---

① 李光地：《榕村语录》（卷之二十四）"学二"。
② 李光地：《榕村语录》（卷之二十四）"学二"。
③ 李光地：《榕村语录》（卷之二十四）"学二"。
④ 李光地：《榕村续语录》（卷之十六）"学"。
⑤ 李光地：《榕村语录》（卷之二十四）"学二"。

乃知此言果丹诀也。人做大司成，只纠合有志读经者，且不要管他别样，只教他将一部经一面读一面想，用功到千遍，再问他所得便好。"①

（十二）细读精思

学有所获，这是阅读的最终目的。书籍浩如烟海，知识无穷无尽，而人的生命有限。以有限的生命面对无穷的知识，"莫若就我所能为、所能知者，求个着实"。②而"人无所得，虽读得《三通》，高谈雄辩，证佐纷罗，其归如掬冰然，初非不盈把，渐掬渐消，至于无有。所以读书以实得为主"。③怎样才能学有所获呢？细读精思是非常重要的。李光地认为良好的治学传统已经遭到破坏，其原因就在于"一知半解者"，一知半解者比无知者来得更可怕。这些人"十分中晓得九分"，对于"那一分不解"又不敢提出疑问，只是主观臆断地推测，结果谬误百出，后人又以讹传讹。因此，读书不细，实在是害人害己。李光地以王阳明著述为例，"王阳明为王守溪作传，最表章他的《性说》。《性说》中引孔子语，云：'心之神明谓之性，以为吾止以孔子为断。'不知原文乃'谓之圣'，非'谓之性'也。记不确，又不去查，落笔便成笑话。"④

细读精思就是"须将作者之意发明出来，及考订其本之同异，文义之是否，字字不放过，方算得看这部书"。⑤细读精思不能停留于得地名、人名等这些空洞、琐碎的概念，"即如《孟子》，五个人倒忘了三个，都不妨。若如《大学》中八条目，《中庸》中九经，忘了一件，如何是个学者？"⑥细读精思就是要着眼于细处、要紧处，反复阅读，要有自己独特的见解，不人云亦云。"要通一经，须将那一经《注疏》细看，再将《大全》细看。莫先存一驳他的心，亦莫先存一向他的心。虚公共心，就文论理，觉得那一说是，或两说都不是，我不妨另有一意。看来看去，务求稳当，

---

① 李光地：《榕村语录》（卷之二十四）"学二"。
② 李光地：《榕村语录》（卷之二十四）"学二"。
③ 李光地：《榕村语录》（卷之二十四）"学二"。
④ 李光地：《榕村语录》（卷之二十四）"学二"。
⑤ 李光地：《榕村语录》（卷之二十四）"学二"。
⑥ 李光地：《榕村语录》（卷之二十四）"学二"。

磨到熟后,便可名此一经。"①

总之,李光地论"学"内容广泛,除了以上所列举之外,还有:读书要有整体意识,"注一部书不容易,若单就一字一句解,有何难?须将一部书看成一串,若不能如此,三行外便另成一意,与前矛盾。解至后,便与前相背,自己亦不解所谓矣"②;眼过千遍,不如手过一遍,"凡书目过口过,总不如手过。盖手动则心必随之,虽览诵二十篇,不如钞撮一次之功多也"③;点评不宜多,"圈所读书,文不可多,宁可以次而加。多圈,譬如冒滥名器,贤者不显。"④等等。这些都让我们真切地感受到一位读书家深邃的思考,限于篇幅这里不再展开。

二、李光地论"学"思想的特色

(一)匡正时弊,有感而发,针对性强

宋明以来,"世之学者,或失疏陋,或失驰骛,或失隐怪而拘迂,矧急功名,营利禄,圇风气,好辨难耶!"(《〈先正读书诀〉序》)"今专门之学甚少,古来官制、田赋、冠服、地理之类,皆无精详可据之书。"⑤在李光地看来,明代士人不仅喜好空谈,急功近利,而且读书态度、方法上也有问题。"汉以来的学问,务博而不精,圣贤无是也。"⑥"今人作文字及选文字,都要多……又人都要传世。""明时儒者,皆欲样样学到,不肯将这一件透,再学那一件,所以不好。"⑦李光地认为,"明人读书不及唐宋人。"原因有二:明人视程朱理学为思想和学术至尊,高于汉、唐,于是不读汉、唐人书,但又不能透彻理解宋人书;其二,即使读汉、唐人书,也只是浅尝辄止,浮于表面,"却只猎取一点词采,

---

① 李光地:《榕村语录》(卷之二十四)"学二"。
② 李光地:《榕村续语录》(卷之十六)"学"。
③ 李光地:《榕村续语录》(卷之十六)"学"。
④ 李光地:《榕村续语录》(卷之十六)"学"。
⑤ 李光地:《榕村语录》(卷之二十四)"学二"。
⑥ 李光地:《榕村语录》(卷之二十四)"学二"。
⑦ 李光地:《榕村续语录》(卷之十六)"学"。

为文字之用，与义理不相干。"①结果，反而一无所得。这种空疏、虚诞的学风，是导致明朝灭亡的重要原因，也为明末清初的许多学者所痛心疾首。正是感于社会风气的败坏，李光地论"学"才具有很强的现实意义，起着匡正时弊的作用。

李光地试图开创回归读书本位、经世致用的新一代学风。他非常重视生命的品位和价值，鄙薄功名富贵，反复强调读书在个体生命中所处的重要地位。他说："若闲散度日，过后未免悔恨，惟用工读书，便心无不安处。"②"'朝闻夕死'一章，吃紧唤醒人也。人生功名富贵，过去辄子孙昌炽，固有定数，若加意营谋，必更得祸败。只于我生道理明白透彻，有可信心处，少少许便足。当下能到一个是处，是要紧事。"③显示了李光地作为一位思想家的精神高度。

（二）善于以事实和形象说理，寓意深刻

《榕村语录》和《榕村续语录》是李光地与门人弟子讲学生活的忠实记录。李光地作为身居高位的政治家和经纶满腹的思想家，其论"学"思想并没有过多的说教，而是以善于通过具体事例及生动形象的比拟来说明道理，目的明确，又寓意深刻。如讲到如何增强记忆力时，李光地认为应该精选一部书反复理解、阅读，达到滚瓜烂熟的地步，然后以此为"根"，触类旁通。为此，他以领兵和交朋友设喻，"如领兵十万，一样看待，便不得一兵之力；如交朋友，全无亲疏厚薄，便不得一友之助，领兵必有几百亲兵死士，交友必有一二意气肝胆，便此外皆可得用。何也？我所亲者又有所亲，因类相感，无不通彻。"④

又如李光地谈到孔子的"切问而近思"时，他说，人在近处就能明白的道理，偏偏舍近而求远，永远没有明白的时候；而远处不明白的事理，一定要从近处、自身方面找原因。"譬如天地鬼神，高深幽微，无论见得未必是，即是了亦难信。惟就自己身上体贴，合着的便是，合不

---

① 李光地：《榕村语录》（卷之二十四）"学二"。
② 李光地：《榕村语录》（卷之二十三）"学一"。
③ 李光地：《榕村语录》（卷之二十三）"学一"。
④ 李光地：《榕村语录》（卷之二十四）"学二"。

着的便不是。万物皆备于我,天地鬼神不可通之理,都要从人身上体贴方亲切。"①天地鬼神神秘莫测,谁也没有见过,求神不如求己。在封建时代,说这些话是需要勇气的。而语言中形象的比喻、真切的感情,句句说到人的心坎中,自然而然地引发读者的共鸣。

三、李光地论"学"思想在教育史上的地位

(一)对孔孟、程朱等儒家为学思想的继承与发展

自封建科举制度问世以来,士人便将读书、应考与做官紧紧联系在一起。儒家经义则成了科举考试的内容。元代,更开启了《四书》试士的先例。明清时期科考以《四书》文句为题,规定文章格式为八股,而解释必须依照朱熹的《四书集注》"为宗"。这样,士人除集中研读《四书》及《四书集注》外,再无须问津其他书籍。理学名臣李光地思想上一直视孔孟儒学、程朱理学为规臬,他的论"学"思想不可避免地带着浓厚的儒学色彩,特别是"朱学"色彩。可以说,李光地论"学"其实论的是儒家经典《四书》《五经》的治学之道。在他看来,《四书》是读书人最好的精神食粮,"看得《四书》淡而无味,就有些明白,亦以为不足奇。所以高者谈性命,卑者工词赋。岂知《四书》中,青红碧绿,何所不有,其味至味也。不知其味者,保得他讲的性命必不是性命,学的词赋必不成词赋。"②

长期以来,那些儒家圣贤、大师们除了建立以尊卑等级的"仁"为核心的思想体系外,还提出了诸多以培养封建社会"孝子忠臣"为学之道。纵观李光地论"学"的内容,其中不少是对孔孟、程朱等为学思想的诠释、发展和引申,并多以这些儒家圣贤事迹为佐证的。如:"'毋不敬'是持养,'思无邪'是谨独。"③"读书只要心里明白,便是'源头活水'。昆仑一脉,处处贯注,放乎四海。有本者如是。"④"达磨

---

① 李光地:《榕村语录》(卷之二十三)"学一"。
② 李光地:《榕村语录》(卷之二十四)"学二"。
③ 李光地:《榕村语录》(卷之二十三)"学一"。
④ 李光地:《榕村语录》(卷之二十四)"学二"。

一老臕，对着壁坐了九年，几夺吾儒之席。胡安定在泰山读书十余年，其后学徒之盛遍天下。伊川于周子犹呼其字，独安定必曰先生。"①等等。

李光地论"学"还是"朱子读书六法"的继承与发展。朱熹的弟子曾经把其为学之道归结为"朱子读书六法"："循序渐进，熟读静思，虚心涵泳，切己体察，着紧用力，居敬持志。"李光地论"学"中处处有"朱子读书六法"的痕迹。当然，李光地并非简单地拾人牙慧，其中有许多自己独立思考的见解，是对朱子读书思想的继承和发展。如："朱子尝言：'始学须静坐'，又言：'不可偏求之静。'当合两条之指而深思之，其义始备。"②"为毕须步步踏着阶梯，得尺主尺，得寸主寸。朱子言子静门徒仰视霄汉，此当为戒。"③等等。

（二）奠定了李光地作为思想家和教育家的基础

李光地是清朝康熙年间杰出的政治家和思想家。作为政治家，他在平息三藩之乱、统一台湾、治理水患和澄清吏治等方面，对巩固统一的多民族国家，促进经济发展和文化繁荣，做出了重要贡献；作为思想家，他的经学成就、理学思想、民本主义的政治思想，在清初思想史上具有重要地位，成就了他"理学名臣"的称号。但对于他的教育思想，尤其是他的论"学"思想后人却少有问津。从现有资料来看，除了清人所编的《先正读书诀》中大量辑录李光地读书方法之外，其他尚未有对其治学思想的论述。确实，从某种程度上说，李光地称不上一位合格的教育家，因为他没有像孔子、朱熹一样开馆授徒具有长期的教育实践，也没有提出系统、严格的教学思想与方法。他更多的作为在于维护国家安定统一、发展经济的政治成就和奠定清初思想统治的理学思想。但是，李光地论"学"思想真切地表明，李光地对于修身、读书和治学等方面是有自己独到的见解和思考的。这些见解和思考，不仅促使他不遗余力地奖掖学术、发展教育，也构成了李光地思想文化的重要组成部分。李光地论"学"思想是对孔孟、程朱等儒家为学思想的继承与发展，在古代教

---

① 李光地：《榕村语录》（卷之二十三）"学一"。
② 李光地：《榕村语录》（卷之二十三）"学一"。
③ 李光地：《榕村语录》（卷之二十三）"学一"。

育史上具有承前启后的作用。彰扬圣人之学救治世教风俗,古为今用,这种论"学"思想永远具有普世价值。正是从这个意义上说,我们称李光地是一位伟大的思想家和教育家,这并非无缘由的过溢之辞。

赓续朱子文化的重要途径——研学实践

彭俊芳　李冰洁　袁书琪

摘　要　新时代，对朱子文化的认识已提升到中华主流传统文化的层次，闽学作为理学最重要的代表，也是国学最重要的代表之一。中华优秀传统文化的传承和弘扬，必须从新一代中小学生做起，而作为新时代我国教育改革与发展的重要举措之一的研学实践课程，就是赓续朱子文化的必要而重要的途径。朱子文化优秀传统的构成，与我国教育改革要求和研学实践的内容有着密切的关联。要从研学视角明确朱子文化特性、价值和地位，进而明确其探究、开发和利用的方式。朱子文化的研学实践，应遵循时代性、区域性、正向性、综合性等原则，朱子文化研学实践要制定课程标准，编制研学用书，建设研学实践基地，配置研学资源。研学实践也为朱子文化的文化创意、文化旅游的发展打好基础。

关键词　朱子文化　赓续　途径　研学实践

2021年3月22日，习近平总书记考察武夷山朱熹园时指出，要推动中华优秀传统文化创造性转化、创新性发展，以时代精神激活中华优秀传统文化的生命力。要把坚持马克思主义同弘扬中华优秀传统文化有机结合起来，坚定不移走中国特色社会主义道路。面对当前中国和世界百年未有之大变局，要坚持马克思主义中国化，坚持习近平新时代中国特色社会主义思想，坚持中国特色社会主义道路，创造社会主义先进文化，如何将代表中华传统文化主流的朱子文化显化、活化、外化，就是新时代我国文化建设的重大课题和工程。朱熹生于福建，逝于福建，享年71岁，66年活动在福建。显然，福建理应在朱子文化保护、传承、弘扬中担当重任。以朱熹为核心的理学主要在福建完善成熟，"闽学"就成了理学的代名词。而福州历来是八闽首府，朱熹传播理学和建设书院的重点也放在闽都福州。朱熹生平中有10次在福州活动的记录，早在12岁时随父游历福州并拜师，到66岁将福州作为避难、讲学重地，及游历地，留下多处文化遗产。因此，闽都福州在朱子文化传承与创新中，更要有不亚于闽北的担当。由于以往的种种原因，民众国学素养偏低，成为中华优秀传统文化赓续的障碍。放眼未来，朱子文化的传承必须从娃娃抓起。朱熹本身就是伟大的教育家，将践行理学与教书育人紧密结合。进入新时代，我国基础教育改革与发展遵循习近平总书记在全国教育大会上的指示精神，十分重视继承和弘扬中华优秀传统文化。综上，本文谨从朱子文化赓续的必要和可行途径——我国中小学近年来教育改革所倡导的研学实践这一独特视角展开讨论。

一、朱子文化优秀传统与新时代研学实践

朱熹是宋元以来新儒学的领军人物，朱子文化的重大贡献在于中华文化元典的集大成，挽救和创新了国学，避免了中华文明的中断和外来文化的反客为主，同时还吸纳了外来文化的精华，反过来对世界文化产生了重大影响，甚至深刻影响了西方近代文化的产生与发展。可见，继承和弘扬中华优秀传统文化，首先就要传承和弘扬朱子文化。近年来，我国相继出台的高中阶段和义务教育阶段的新课程都强调继承和弘扬中华优秀传统文化，[①]于是，关注朱子文化优秀传统与我国基础教育改革与发展方向的内在联系，以及与基础教育新课程所聚焦的核心素养、所倡导的研学实践的关联，无疑意义重大。这些关联简要见表1所示。

---

① 李昕. 试论朱子文化的时代新价值 [J]. 福建论坛（人文社会科学版），2018，12:35-41，1671-8402。

表1 朱子文化优秀传统与基础教育课程修订方向及研学实践的关联

朱子文化优秀传统	基础教育课程修订方向	中国学生发展核心素养	研学实践宗旨功能
国家精神支柱、维护国家、爱国爱民	国家意志、国家安全、家国情怀	国家认同	了解国情、国家认同、国家发展
批判吸纳佛学、影响世界文化	国际理解、国际视野	国际理解	国际视野
社会责任感、治国平天下	社会责任感、有理想有担当	社会责任、责任担当	社会责任感、责任担当
以民为本、民族凝聚力	自豪感、自信心、民族团结	人文情怀	人文类研学旅行、中国人自豪感
社会秩序、法律、长治久安	法治意识	社会责任	社会公德、法治观念
朴素辩证唯物观、中国"科学种子"	科学精神、崇尚真知	科学精神、理性思维	科技类研学旅行、技术应用
近代科学立足点、欧洲自然科学理论基础	启智增慧	批判质疑、勇于探究、技术应用	科研机构研学基地
新儒学、创新性、包容性 知行合一、身体力行、明经笃行	强化实践性、创新精神 知行合一	实践创新	实践性原则、学会做人做事、体验类研学旅行、创意物化、实践创新意识
历代国家课程、科举考试标准、创办书院、弟子成才、熟读精思、体察实际、顽强毅力	学会学习、乐学善学、勤于思考、有本领	学会学习、乐学善学、勤于反思、问题解决	开阔眼界、解决实际问题、服务于学习、深入思考、学会科学研究、反思体悟
天人合一、重视自然界秩序	生态文明观、生命安全与健康意识、人与自然生命共同体	健康生活、珍爱生命、健全人格	服务于生活、自然、社会和自我之间联系的认识、独立生活、心理健康环境教育

表1充分显示朱子文化与我国教育，特别是研学实践之间紧密关联、十分契合的关系，全面系统地表现在以下几点：(1)国家意识和家国情怀，朱子文化十分关注维护国家、治国理政，具有强烈的爱国情感。著名理学

学者，处于宋代国家社会的大变局中，不是关门研究学术，而都是报国、治国、救国的杰出人才，也正因为这样，朱子文化成为国家精神支柱。新时代面临百年未有之大变局，我国教育改革与发展突显国家意志、国家认同、国家安全，而研学实践正是广泛深入了解国情和国家发展，真正加深国家认同的必由之路。①（2）国际理解和国际视野。朱子文化具有开放性，既不闭关自守，又有强大的文化自信，因此而能吸纳外来文化精华，创新传统文化，反过来对世界文化产生重大影响。新时代我国教育的重要课题之一，也是要处理好中外文化的关系，而要正确放眼世界，树立正确的国际视野，只有到深化改革、扩大开放的社会上去研学实践，才能实现。（3）社会责任及其担当。朱子文化具有强烈的社会责任感和治国平天下的担当，新时代我国教育突出有理想、有本领、有担当的育人目标，对此一脉相承，研学实践的重要目的之一，就是要走进社会，感悟应有的社会责任，锻炼有担当的意志品格。（4）人文情怀与民本思想。朱子文化有浓厚的人文关怀思想，特别是继承孟子的民本思想，朱熹为官当政就多次为民众利益而弹劾权贵，同时也重视民族凝聚力对国家稳定的作用。新时代我国教育也强调爱国爱民、人文情怀，研学实践专门有人文一类。（5）科学精神与科技应用。朱子文化不只关乎哲理与社会的关系，同时也关乎哲理与科学的关系，朱熹本人就将一些自然科学问题作为先行先试的探索。理学的哲学本质虽然是客观唯心主义的，但朱子文化中也蕴涵朴素唯物主义辩证法的元素，且被西方学界推崇为近代科学的思想基础。新时代我国教育崇尚科学精神，但要特别注意西方学界关于近现代科学均源于西方的误导，作为理学代表的闽学学界就有不少科学技术创新，研学实践有科技一类，可对中国科技史作广泛深入的探索。（6）知行合一与实践创新。朱子文化重视明经笃行，倡导身体力行。这与新时代我国教育特别重视知行合一、强化实践与创新契合度很高，而研学实践就是实践创新的主要渠道。（7）劝学兴学与深思反思。朱子文化的一大部分就在于教育办学，朱熹为人师表，闽学大批学者都堪称"师模"，理学的学术成果能成为历史上的

---

① 戎章榕．感悟朱子文化厚植家国情怀[J]．海峡教育研究，2019，3:22-26。

国家课程和科举考试的标准，在于其倡导的熟读精品、体察实际、顽强毅力等精神的历代传承。我国教育改革和学生发展素养的构建，与朱子文化的精神一脉相承。而研学实践正是要突破课堂教学中存在的积弊，实现实际问题导向，提供深入思考、反思体悟的平台。（8）天人合一与健康生活。朱子文化赓续孔子天人合一思想，重视人与自然的和谐。新时代我国教育发展特别重视生态文明观培养，落实人与自然生命共同体的观念，研学实践对于培育身心健康及其与自然环境和谐协调理念，促进学生独立生活，健康生活负有不可或缺的功能。

二、研学视角下的朱子文化特性、价值与地位探讨

本文中的研学，全称是"研学实践"，相当于2016年教育部及发改委、财政部、公安部、交通运输部、旅游局等11个部门推出的"研学旅行"，是2017年教育部出台的中小学综合实践活动纲要中最有效的校外综合实践活动，也符合教育部近年来陆续批准设置的"研学实践"基地和营地的提法。由此，研学实践已成为中小学各学段的必修课程，成为完成各学段学业和升学的必修课程与要求，正在全国推进的"新高考"实施"两依据一参考"新方案，研学实践提供"一参考"的学习业绩。本文关注研学视角下朱子文化的特性、价值与地位，是在面向全国乃至世界的视域下来探讨的。

在研学视角下，朱子文化的特性、价值与地位见表2所示。

表2 研学视角下朱子文化的特性、价值与地位

特性	价值	地位
客观唯心主义的本质性	探究理学对于封建社会纲常的影响；评价天理与物质世界关系的各种学说	宋以来中国古代历史发展的哲理基础
朴素唯物主义的辩证法	探索格物致知的科学方法影响	中国古代科学思想方法的体现
中华古代传统文化的集成性	综合分析作为中华古代文化元典的构成与形成	中国封建社会中后期的主流文化

续表

特性	价值	地位
经世致用的实践性	研究国学学术探索与社会实践的结合	国家发展的强有力精神支柱和思想
海纳百川的开放性	比较儒学与佛学等中外文化的交融	世界尤其东亚文化史上有重大影响
承上启下的赓续性	探究维持中华文明持续发展的机制	世界上唯一没有中断的伟大文明的保障
国家法定的教育性	分析作为统一国家课程与考试的内容要求	元朝以来国家教育与考试制度的依据

由表2可见，（1）朱子文化的根本特性是哲学上的客观唯心主义，这是中国主流哲学思想发展的一个阶段性标志，探究其本质属性特别有助于解释中国古代后半期的社会历史发展进程，不但有助于高年级学生哲学、历史学等的学习，也有助于低年级学生加深对中国古代后半期社会发展的了解，还有助于中小学生入门国学探究。（2）朱子理学虽然本质上是唯心主义的，但其中也发展了一些朴素唯物主义辩证法的元素，这对于有些人一贯认为近代科学思想方法只属于西方的偏见有矫正作用，格物致知的科学精神是近年来推广的中国学生发展核心素养之一，让学生发现中国古代哲学思想中的科学精神是学生研学的重要目标。（3）朱子文化博大精深，是中国古代学术的集大成者，汇集了中国古代诸子百家的学术精华，成为中华主流传统文化，研学视野宽广，可以从中体悟文化精华的整合提升。（4）朱子文化并非书生空谈，在很大程度上提升了中国传统学术的经世致用性能，通过研学实践，可以体验学术成果如何在社会实践中应用，提高研学成果的实用价值。（5）朱子文化特别具有海纳百川的开放性，扬弃外来佛学等文化的利弊，尤其是将外来文化中国化的做法很值得研学借鉴，让学生体验开放的中华文化的生命力和活力。（6）朱子文化具有承接改造早期儒学等传统文化和启发近现代中华文化发展的赓续性，通过研学可以了解中国作为世界文明古国，

为什么是唯一传统没有中断的文明大国的内在机制,增强传承弘扬中华文明的意识和能力。(7)朱子同孔子一样不仅是学者,还是教育家,朱子理学经过曲折发展,最终被国家所认可,元代诏定朱子的《四书集注》为科举考试的依据,清代将《朱子大全》颁行全国,南宋至清朱子典籍一直是法定的国家教科书,研学除了了解古代教育与考试的内容之外,还可以了解课程和考试制度的发展。总之,厘清朱子文化的特性、价值和地位,可以明确朱子文化研学的重大价值和方向。

朱子文化的特性决定了其重大的文化价值,但如果只是将其文化价值转化为文旅价值,是远远不够的,无论是国内还是境外旅游市场,当前对朱子文化的需求和可理解可接受程度还不高。由于国内游客的国学基础尚偏低,对朱子文化的鉴赏能力尚有限,从朱子文化对外传播的条件来看,话语基础也还不够。进入新时代,尤其是近几年我国高中阶段和义务教育阶段的课程相继进行重大修订,今年正是教育部将全面推广高中新课程和颁布义务教育新课程作为工作要务的关键节点,而无论是高中还是义务教育的课程都增加了统一的前言,在强调党和国家关于"培养什么人、怎样培养人、为谁培养人"和"培根铸魂、启智增慧"的要求下,将"中华优秀传统文化"作为"重大主题教育",要求"有机融入课程、增强课程思想性"。所以,将朱子文化价值转化为研学价值,有利于赓续中华文化元典的战略任务从新一代中小学生的教育做起,具有支持中华民族伟大复兴的重大意义。朱子文化的活化传承与中小学生的研学实践相互需要,相辅相成。

三、研学视角下闽学文化的探究、开发和利用

西方某些人一直将中华文明视为大陆文明、农耕文明,与西方文明相比是落后保守的文明。历史的事实是,中华文明不只发源于中原,福建并非是早期荒无人烟之地。福建从闽越文化开始,就也是中华文明发祥地之一。唐宋以来,中原地区天灾人祸增多,生态环境退化,中华民族的人口、经济、文化乃至政治都出现重心南移的趋势。尤其是宋代理学融合了传统儒学与外来佛学等的精华,因时制宜地对儒学进行了改革

创新,形成了新国学主体,又由于理学最重要的代表人物朱熹一生主要活动都在福建,于是在某种意义上,福建学术界就是理学的主要发祥地,闽学也就代表了理学。要注意闽学内涵与外延,关注理学在福建正式形成前后,闽学从地域文化发展成为国学的主流,闽学代表理学不但在全国传播,还远播海外。所以,朱子文化的传承与发扬,福建的重要地位不容置疑,在研学的视角下,探讨闽学的传承、弘扬和开发,是福建成为全国研学重地的主要理由之一。闽学的代表性人物及其业绩的研学内容参看表3所示。

表3 闽学代表人物研学资源举凡

名人	事迹	研学内容
杨时	"程门立雪"四大弟子之一,学成南归程颢"吾道南矣",将乐抢救编辑二程著作,为官直谏、办案、水利、救灾	理学难移的历史地理背景,二程名篇选读,政绩与理学关系评析
游酢	求学、学成同杨时,著名词人	理学探究同杨时,词鉴赏及与理学关系评析
罗从彦	南平人,迁沙县,师从杨时,著《诗解》《中庸论》,理学讲学	名篇解读,理学发展探究
陈襄	闽侯人,北宋理学先驱,"海滨四先生"之首,开明经笃行先风,为官疏浚运河、教种水稻,推荐程颐太学师长	早期闽学探索,明经笃行探究,所推荐苏颂的科技成就研究
郑穆	福州人,北宋理学先驱,"海滨四先生"之一,任宋二王侍讲,福州文儒坊因其得名,门人上千	闽学讲学探索,文儒坊与理学传播关系探究
李纲	邵武人,两宋抗金名臣,爱国词文多,著《靖康传信录》《梁溪词》	闽学与家国情怀关系探究
蔡襄	仙游人,北宋名臣,翰林学士,文学家、书法家、茶学家,著《茶录》《荔枝谱》	闽学与政绩关系探究,制茶、品茶、体悟,首创果树分类学探索
张伯玉	建瓯人,知福州使称"榕城",兴学育才	闽学育人探究,闽学与生态关系探索

由表3可见,除朱熹外,以朱子文化为代表的理学的许多重要人物都在福建,表3还只是略举一二。而闽学一些名人,其业绩并不限于理

学的建设，但却都与理学思想相关。从表3所举的例子可以看出，闽学代表人物事迹的研学价值很高，主要体现在：（1）理学源流探索，不能就朱子文化论朱子文化，要溯源理学思想缘起的代表人与事，把握住两个重要节点，一是程颢所谓"吾道南矣"的闽学兴起，二是主要在福建治学传播的朱熹对新儒学的集大成，从而逐步加深对闽学的理解。（2）闽学经世致用、明理笃行的调研，经典著述容易收集，但要真正解读到位，还要了解闽学代表性人物如何将理论转化为社会实践、改造社会。理学有一批专事学问的代表人物，在代表作和教育方面贡献巨大，但按照当前教育改革中强调素养是"做得怎么样"，而不只是"学到了什么"，则理论联系实际方能真正传承和践行理学之精华，一批不只讲究学问还讲求实效的闽学名人的言行正是研学的宝贵资源，且"笃行"的事迹需要研学中开展调研，未必是现成的资源，更有利于研学的体悟与知行合一。（3）闽学与政治的关联，不只通过闽学代表人物的政见，更要通过收集、研究闽学代表人物从政将学术转化为政绩的过程，落实研学目的，尤其要研究国家战略层面的政见政绩，突出爱国情操和报国业绩。（4）闽学与科技的关联，以朱子文化为代表的理学含有朴素唯物主义和辩证法，这些科学精神的研学元素必须通过闽学代表人物的实践方能显现，特别是在水利、劝农、城市绿化、茶学、果树分类等方面有很大的研学，乃至劳动教育的空间。表3虽然只列出一些典型案例，但可以启示大量闽学学者的研学资源有待发掘，使研学过程兼有资源建设功能，形成"滚雪球"的效应。

四、朱子文化研学课程的建设

朱子文化所蕴含的丰富的研学元素和深刻的研学价值，都必须通过朱子文化的课程化可能显化和活化。教育部对于方兴未艾的研学市场上的乱象有过针对性的批评，研学实践活动的初级阶段"只旅不学""只行不研"等现象比较突出，有商业化操作把研学旅行变成旅游的，有形式主义地将课堂上满堂灌模式搬到研学过程中的，要从根本上清除这些乱象，必须将研学实践活动课程化、规范化，以高质量有竞争力的研学

课程杜绝商业化炒作，以高素养的经过研学课程培训的师资队伍确保研学实践的发展走上正轨。朱子文化比较深奥，时代背景与现代教育有较大的差距，朱子文化的研学，课程化更显得重要。本文尝试提出朱子文化研学课程建设的原则与措施如下。

（一）朱子文化研学课程建设原则

本文所探讨的朱子文化研学课程仅指在福建省范围内的朱子文化研学课程，鉴于朱子文化的形成与发展主要在福建省，所以在福建开发朱子文化研学课程，不只面向福建省的研学实践主体，而是服务于全国乃至海外的研学实践需求。基于这样的考虑，本文提出朱子文化研学课程建设原则如下。

1.时代性原则

朱子文化是历史的，传承弘扬朱子文化则是要从新时代社会文化和教育发展的需要出发。一方面，朱子文化研学可以历史唯物主义观点客观看待历史上朱子文化的价值，用朱子文化解释史实。另一方面，朱子文化研学要选择性评价和选用符合当代我国教育发展需要的内容，加以传承和弘扬。二者的研学目的既一脉相承，又有时代的差异。

2.地域性原则

朱子文化研学选择实践地点时要遵循地域性原则。朱熹经过一生的努力，完善理学，使闽学不但成为福建的理学，而且成为中国新儒学的代表。朱子文化研学的受众广泛，遍及全国，乃至海外，尤其是东亚。而朱子文化研学基地的选择也是有讲究的，在福建境内主线应从朱熹出生地尤溪到武夷山，再南下福州和泉州，沿线可以建设朱子文化研学基地，侧重探究不同时期朱子文化的特点和功能。

3.正向性原则

朱子文化应视为以朱熹为代表的理学文化，广泛涉及朱熹师辈、同辈、弟子等共同建设的理学文化。要传承和弘扬的朱子文化应当是以朱子为代表的理学中的正能量，即称得上"文明"的优秀传统文化。受历史条件与个性的影响，朱熹所言所行并非都是正能量。在本质上看，朱子文化的实质还是客观唯心主义的。朱子文化研学，主要是对理学正能量的传承和弘扬，对于高龄学段而言，研学内容也可以是负面的，用作辩证批判研究，也具有研学价值。

4.综合性原则

朱子文化研学无疑与历史学科关系密切，但要特别注意避免局限于历史学科范畴的片面性。研学实践是跨学科综合性的课程。朱子文化的哲理层面广博而深刻，思政学科的马克思主义哲学认识论具有较高的研学指导价值。历史上前人都已注意到朱熹出生地、研究地、讲学地、为政地等的地理环境对朱子文化形成和发展的影响，地理学科对此有较高的研学基础价值。

朱熹等理学学者的学术语言精湛，文学语言审美价值高，语文学科具有较高的研学基础价值。朱子文化典籍具有与西方学术对话的水平，高龄学段研学中可以参考一些外文文献，看看历史上曾经有的东风西渐风气。物理、生物、化学等学科则对朱子文化中的自然观研学具有参考价值。现代信息技术对于朱子文化研学的信息收集、分析、储存、应用有较大的作用。

（二）朱子文化研学课程建设措施

1.课程目标的制定

朱子文化研学实践的课程化首先是要制定课程目标，保证纲举目张。目标的制定要依据新时代我国中小学课程新方案、新标准，参照中国学生发展核心素养的结构，参考相关学科核心素养。首要目标应当从"为谁培养人"出发，即从社会参与方面着眼，特别要突出国家认同层面的研学目标，进而辐射到国际理解和社会参与；要一改现成知识介绍的方式，着力培养实践和创新能力，可以融入劳动教育元素，强调做中学、问题导向和技术应用，通过研学实践培养"有本领"的人才。其次是要培养文化基础，人文底蕴和科学精神都不应当是灌输被动接受的，而要在研学实践中积累和形成。基于前两大方面的素养培育，再制定自主发展方面的目标，从社会参与和文化奠基的研学实践中学会正确的学习和生活方式。

2. 研学用书的编制

朱子文化博大精深，仅用一些市面上流行的研学小册子、研学作业本等不能奏效，必须编制全面系统的朱子文化研学用书。针对不同的学段，采用不同的内容和体例。小学学段的研学内容主要是家国情怀、国际交流、社会参与、科学发现、知行合一、学习习惯、自然规律等；初中学段研学内容主要是国家认同、国际视野、社会责任感、科学观点、身体力行、格物致知、天人合一等；高中学段的研学内容主要是国家意志、国际理解、责任担当、科学精神、明经笃行、学习方式、生态文明理念等。无论哪些内容，研学用书的体例主要是创设情境和布置任务，而并非研学结论，更不是现成成果模板。小学学段多点生活情境，初中学段多点社会情境，高中学段多点学术情境。任务的呈现也由简入繁、由浅入深，学业要求由低向高。要避免拘泥于一地一事，要能覆盖朱子文化的全貌。①

3. 实践基地的建设

朱子文化的研学不可没有实践基地的依托。实践基地的建设是要提供大量的研学资源、研学情境、实践场所、实践对象，乃至交流条件和赛事条件。从福建省内地域上看，尤溪、武夷山（辐射建阳）和福州是三个主要基地选址。尤溪要建设的不只是朱熹故居的遗址，而应扩大为朱熹故里的环境。武夷山不只是要复原朱熹学术研究和讲学阶段的情境，还要复原朱熹拜师学习阶段的情境，以及朱熹晚年炉火纯青时的教育情境。福州不只是依托朱熹及其弟子建设的书院遗址，而要依托朱熹游历各地的遗迹，并将二者之间的学术关联显示出来。考虑到高龄学段出省研学的可能性，可以与河南和湘赣浙共建研学基地，构建理学研学全过程的基地网络。②

4. 研学资源的配置

朱子文化研学，除了研学用书之外，还需要大量的研学资源的建

---

① 王文生. 朱子文化教材分析与思考 [J]. 朱子文化 2020, 1:50-55。
② 刘丹丹，黄安民. 福建省朱子文化旅游开发研究 [J]. 武夷学院学报，2018, 37(4):9-15。

设。①其中的核心资源应当是朱熹创新的《四书》。此外，还有《五经》。朱熹其他著作于研学重要者。一方面要有原著复印件，可供研学导师或高校学生参考，另一方面要有适用不同学段的译本。还要配备理学，尤其是闽学名人的相关文选。除了典籍之外，研学资源还包括相关的历史背景资料、名人名事资料。特别还要选备一批国外传承和译介理学文化的文献。为了突出朱子文化的教育功能，应配备理学指导下我国国家层面课程、教材、考试的发展资料和文物复制品。研学资源还包括历史上和现当代名人对朱子文化的译介，例如毛泽东同志对理学贡献的评价和送给日本前首相田中角荣的国礼《楚辞集注》。作为闽学的地理历史背景，也需要资料，纠正一些福建地处偏远落后的偏见，显示闽越地区本是强盛诸侯国，宋元以来中国经济文化政治重心南移的背景。上述资源还有各地朱子文化的研究机构、学术期刊，以及朱熹生平踪迹所在地，朱子文化保护区规划等，均可以应用现代信息技术建设资料库和可视化虚拟情境软件库。

近日，习近平总书记又强调把中国文明历史研究引向深入，推动增强历史自觉坚定文化自信。

朱子文化的传承弘扬已成为中华民族优秀传统文化传承弘扬的重任，这一重大任务历史地落在福建的文化界和教育界，朱子文化研学实践不只促进国家新一代人国学素养的形成，而且也为朱子文化创意产业、文旅产业的发展打下重要的基础，研学实践是朱子文化显化、外化、活化的最有效的途径，值得引起学术界、教育界、文旅界的普遍关注和通力合作。

---

① 廖斌. 朱子文化的创新转化与高校实践育人体系建构研究[J]. 文化学刊，2019，8:142-147。

闽都文化与朱子理学

朱子文化融入闽都研学的当代价值

董山静

摘 要 优秀传统文化是中华民族的瑰宝，是青少年品德教育、行为养成、行动规范最好的教育资源。朱子一生有六十多年的时间在福建生活，其中到过福州十多次，他以毕生精力对中国古代文化做了全面的整理，蕴含着丰富的哲学思想、人文精神、教化思想、道德理念，是闽都文化最核心的价值观的重要源泉，也是在打响闽都文化国际品牌的坚实根基。闽都研学以朱子文化为基础，利用好闽都文化显性资源，以"修身、齐家"为主旨，带领青少年在行走的课堂里浏览、观赏、观察；引导青少年进行闽都文化品读、评论、实践。青少年正处于成长的关键时期，通过融入朱子文化，正确培养青少年的道德观和价值观是至关重要的。

关键词 朱子文化 闽都研学 青少年 当代价值

当代社会我们正在大力推进文化建设，努力构建社会主义核心价值观，深入挖掘包含朱子文化和闽都文化在内的中华优秀传统文化所蕴含的世界观、人文精神和道德规范，从而努力实现创造性转化和创新性发展。闽都研学是行走的课堂，具有重要的文化价值。现实的生活场景，有助于青少年从社会环境中学习知识，印证课本所学。研学导师是知识培养的引导者，学校组织的春秋游和社会实践的户外活动，就是让青少年能够亲身体验到学习的技能与知识，在户外活动及生活中学习，成为推动知识培养和提高个人素养的重要媒介。在校外或户外研学让青少年能够在较为轻松与自主的情景中学习成长，必然有助于科学教育与青少年综合素质的提高。

一、朱子文化与闽都文化研学的内涵

在长期的历史进程中，在中华文明的光照下，朱子在福建创建了朱子文化这一传统儒家的集大成思想和具有鲜明地域特色的社会精神体系。八百多年来的发展与积淀，朱子文化已成为福建传统人文社会最基本的文化内核之一，也是闽都文化浓墨重彩的重要历史文脉。

福州作为福建政治、经济文化中心，儒、佛、道文化气氛浓烈。南宋理学家朱熹受北宋闽学先驱"五先生"，即陈襄、郑穆、刘彝、周希孟、陈烈思想的影响。朱熹和他的弟子及崇拜者在福州和周边建有十多所书院，如福州城区的紫阳书院、竹林书院、贤场书院、高峰书院、龙津书院、濂江书院、闽侯吟翠书院、长乐龙峰书院、罗源文公书院、连江丹阳书院和闽清梅溪书院等。朱熹常来福州讲学。在他病逝后，其女婿黄榦继续积极传播推广朱熹理学，为朱子文化在元代的盛行做出巨大的贡献。

2019年6月8日，福建省文化和旅游厅在福州三坊七巷举行2019年"文化和自然遗产日"系列活动，公布第六批福建省非物质文化遗产代表性项目。近几年来，我省各地市民俗学会、朱子文化研究会整理、编纂、推行了朱子四礼（朱子成年礼、朱子敬师礼、朱子婚礼、朱子祭祀礼），使朱子非物质文化遗产得到活化传承。朱子家礼·祭祀礼于2017年成为省级非物质文化遗产。非遗文化为创造多元学习情境提供了很好的素材。青少年体验朱子为后人建立的礼仪教化和礼教秩序，更以最贴近朱子礼仪文化的表述方式，重走朱子之路，从参访文化古迹中，感受与体悟朱熹遗留给后人的礼教文化。

中国家训史上较有影响力的《朱子家训》，是家喻户晓的家训。"君之所贵者，仁也。臣之所贵者，忠也。父之所贵者，慈也。子之所贵者，孝也。兄之所贵者，友也。弟之所贵者，恭也。夫之所贵者，和也。妇之所贵者，柔也。事师长贵乎礼也，交朋友贵乎信也。"1699年，康熙南巡时听闻《朱子家训》后，将其带回京内作为教育皇子的重要读物，并

将其写为对联勉励官员的子女。从这些方面足以看出《朱子家训》的重要性及受欢迎的程度，也是亲情存续的文化支撑。青少年在品读《礼书》《朱子家训》时，就会发现其用意很深。简简单单的骈文对人的教导却涉及生活大大小小的各个方面，包括社交、安全、为人处世等，最终目的是培养正大光明、具有崇高理想信念和对社会有用的人。朱子提倡读书应"熟读精思，反复体验"，主张格物致知，将其所学的知识融入日常生活，并进行实践。今天的研学，通过情境学习，与古人的情感相联系，以当代人的感受与古人的思绪相交融，以当代人的认知与古人对话，营造感同身受的研学氛围。

二、朱子文化融入闽都研学的时代性

从朱熹所创办的书院里可以看到追求自身修养和自我道德的完善。书院对学生、门徒言传身教的是家庭孝悌之道、见利思义之理，口传心授的是立志、博学、审问、慎思、明辨、时习及笃行，循序渐进的书香之气，熏习和温养的是"温、良、恭、俭、让"的儒雅气质，"志于道、据于德、依于仁、游于艺"的教育理念，培养出来的是修身齐家治国平天下的儒家治世栋梁之材。这些都是今天闽都研学课程定制的重要内容。

（一）为人之道。"如何为人、怎样为人"在中华文化中一直占据举足轻重的地位，直到今天依然强调对青少年的道德规范教育，强调怎样为人。在青少年时养成的习惯与心性往往会影响自己一生，因此朱熹理学就心、性、情与理及其相互的关系做了全面的阐发，建立了精致、完整的心性学说。人性是"天命之性"与"气质之性"的统一，天命之性是专指理言，是至善的；气质之性则以理与气杂而言，有善有不善。与此相联系的是"道心—人心"论。道心需要通过人心来安顿。而闽都文化的人文精神"海纳百川，有容乃大"，形容福州宏伟气魄与巨大容量，它所容纳的维度十分宽泛，但缺少具体指向与个性色彩，因此朱子文化融入闽都研学充实了具体内容，实现了实践与弘扬，充分凸显了闽都文化的人文内涵与个性特征。冰心曾说过："有个性，才会有生命。"

人生在世，面对复杂的社会，不可避免地会呈现出多面性。但是，为人处世，与写文章或拍电影的道理是一样的，每个人都有其鲜明的原则或标签。《朱子家训》提到做人要留有余地，不管做什么事都要给自己和别人留有一定的退路；提出要懂得知足，不应该在得到之后还想要得到更多。这就要求青少年把握好做事的分寸，同时控制好欲望。《朱子家训》有"守我之分者，礼也；听我之命者，天也。人能如是，天必相之。"译为白话文就是：坚守做人的本分，这是"礼"的基本准则；听从命运的安排，遵循自然规律，这是上天赋予我们的使命。能做到这些，上天也一定会帮助他。如闽都研学课程设计主题《探索朱子理学》，安排在书院里上课，穿汉服体验朱子拜师礼、礼祭朱子、诵读朱子经典名著、星空夜话等环节，就是感受朱子理学文化。

为俭之道。习近平总书记强调："切实培养节约习惯，在全社会营造浪费可耻、节约为荣的氛围。"勤俭节约一直是中华民族的优良传统，也是安邦定国的重要法宝。朱熹有次去看望次女朱兑，但女儿家境贫困，"家贫市远无兼味"，实在端不出什么像样的菜肴。无奈之下，女儿只好摘了几根香葱做成清汤，然后又煮了一碗麦饭。进餐时，女儿望着桌上的葱汤麦饭，眼噙愧泪。饭罢，朱熹挥笔写下了"葱汤麦饭两相宜，葱暖丹田麦疗饥。莫道儒家风味薄，隔邻犹有未炊时。"大意是葱汤麦饭对身体都很有补益，莫嫌这两样东西粗淡一般，因为说不定其他人家连饭都吃不上呢。从这首诗的故事背景看出大儒朱熹粗茶淡饭，崇尚俭朴。他在《童蒙须知》中言："凡饮食，有则食之，无则不可思索；但粥饭充饥，不可阙。"所以，历代学者以"君子固穷"颂扬之。"一粥一饭，当思来之不易；半丝半缕，恒念物力维艰"，要尊重别人的劳动果实，懂得现在的一切都不是轻而易举得来的。

其实青少年生活习惯的养成都是童年时家庭教育及其他方面的教育影响的，往往在小时候养成的质朴习惯会伴其一生。"由俭入奢易，由奢入俭难"讲的就是这个道理。一旦青少年养成奢靡的生活习惯，再想改变就十分困难的。养成了质朴的习惯后，要帮助子女将这种生活习惯一直保持下去。如果青少年从小就养成了以身作则的节俭习惯，那么长

大后他们就会以自己的实际行动作为教育其后代节俭的标准,这样教育会更具有说服力。如闽都研学课程设计主题《溯源传统文化,体验传统农耕》,从寻访古村落(福州、闽侯、闽清、连江、长乐、罗源)、体验农耕生活、学做文公菜、我爱记诗词、户外拓展等环节,感受朱子家国情怀与生态意识。

为学之道。朱子很重视学习的自主性:"读书是自家读书,为学是自家为学,不干别人一线事,别人助自家不得。"他认为做学问要靠自己主观努力,以积极的态度去掌握知识或寻求真理。"师友之功,但能示于始,而正之于终尔",老师在教学过程中,虽然占有重要地位,但终不能代替学生的作用。老师只是一个引路人,在学生开始学习时给予引导指点,在一个阶段学习完成时,检查学生学习是否正确,是否有成效,给予适当的评价、证明和裁断;当学生遇到困难时,老师要适时启发,一同商量。"为学之道,莫先于穷理;穷理之要,必先于读书。"朱子认为做学问,最首要的是深入探求规律;要想探求规律,关键还在于读书;读书与穷理、为学环环相扣。穷理就是探究事物的规律,而要探究规律就必须深入思考,只有思考才能揭开事物表面现象隐藏下的本质规律。

朱子认为学习的途径有两条,一是通过间接途径学习,包括学习前人的经验;二是从直接从实践中学习。无论是哪种学习途径,最终要有所得并且不断进步,都需要在累积的基础上,深入思考,总结经验,然后才能推陈出新,发扬光大。因此,任何学习都离不开思考。无论是社会科学,还是自然科学,各门学科都是一个庞大而繁杂的系统,要想掌握真谛、融会贯通,必须下大力气,勤学苦读,深入思考。《朱子家训》提出:"诗书不可不读,礼义不可不知。子孙不可不教,童仆不可不恤,斯文不可不敬,患难不可不扶。"在朱子看来,只有饱读诗书,深明礼义,才能提高个体的修养;对家庭而言,只有注重读书传家,讲究斯文,才有可能传之后世而不失家风。其次才是读书的要领。朱子在教育方面非常注重实践,也强调要用情用心,多教育多体恤。

朱子一生游历讲学,著有《易本义启蒙》《蓍卦考误》《诗集传》《大学中庸章句或问》《论语孟子集注》《太极图通书西铭解》《楚辞集注辩证》《韩文考异》《晦庵集》。另编有《论孟集议》《孟子指要》《中庸辑略》《孝经刊误》《小学书》《通鉴纲目》《宋名臣言行录》《家礼》《近思录》《河南程氏遗书》《伊洛渊源录》等100多部文集。他自幼勤奋好学，立志要做圣人。朱子文化融入闽都研学，如课程设计主题《朱子之路》，安排在书院及户外移动教学，财商、智商、情商、逆商都是青少年成长的必备。在课程探索中，通过任务解决的形式，综合能力得到全面的锻炼。

三、闽都研学传承朱子文化的当代价值

目前，在"双减"的政策下，国家大力支持研学游的发展，并首次明确了中小学研学旅行"乡土乡情"的内涵，这是国家层面上倡导"研学旅行"，并上升到综合素质教育国家战略高度。闽都研学游促进青少年地域文化课程教育价值的回归，也是提高全民素质，促进个体形成自我生成的教育目的的价值观体现，更是对中华优秀传统文化的保护与传承最好的诠释。因此，在今天，闽都研学传承朱子文化具有非比寻常的意义和价值。

（一）文化价值

朱子文化是闽都文化核心之一，也是中华文明的主要思想形态。作为省会城市福州，研究、传播与传承朱子文化是责任与担当。我们不仅可以通过线下行走的课堂——闽都研学游，增进两岸三地的文化互通与友谊，而且可以通过信息技术，以线上研学游的方式满足青少年对朱子文化的了解与传承的需要。采用新媒体平台来呈现有朱子文化特色的闽都文化，并通过影院、电视、互联网等渠道进行传播，在吸引国内外青少年的同时，也是闽都文化传播与输出的一种有效途径，从而让世界了解闽都文化深厚的历史积淀，弘扬优秀传统文化，提高文化认同感。

（二）商业价值

随着我国文旅产业的不断发展，通过闽都研学传承朱子文化是一种创新性研学产品。我们开始认识到助力朱子文化旅游、打造朱子文化旅游品牌的重要性，这也是提升闽都文化影响力的一种方式。闽都研学产

品从"朱子书院之旅""朱子题刻之旅""朱子寻根之旅""朱子文创之旅""追寻朱子足迹"等几个旅游项目方面着手,将朱子文化与福州文旅行业相融合,市场潜力巨大,并将得到市场的回报,为衍生出闽都文化系列的朱子文创产品创造价值。

(三)教育价值

闽都研学游是朱子文化和闽都文化传播的媒介之一,随着时代的进步,增强了青少年对人文精神的追求,尤其研学对于青少年有不可抗拒的魅力。闽都研学与朱子文化相结合,将厚重的闽都文化以具有实景的沉浸式体验表达出来,有助于青少年轻松了解到闽都文化内涵。尤其是青少年,在接触闽都文化过程中,穿越时空与古人对话,自然会受到朱子文化内涵的熏陶。少年强则国强,青少年是国家的未来和希望,从小培养对地方文化的感情和热爱,使其能够自愿地投入到保护与传承闽都文化的过程中来,从而又实现了在参与过程中的教育意义。

(四)艺术价值

闽都研学体验作为一个美学命题,通过审美体验建构人与现实的审美关系。闽都研学是培养青少年在自然、人文环境中的感受能力、生活能力和创造能力的重要内容。如在品读朱子经典作品中感受到古汉语的审美属性,在欣赏摩崖石刻时感受到书法作品里古人的才华,在参观书院时感受到古建筑的精湛,以至于对青少年从"体验——艺术鉴赏——建立世界观"的内在联系中对闽都研学体验的内涵做出阐述,是朱子文化融入闽都文化成功的关键。不同的研学产品可实现不同的艺术价值。做好闽都研学能够反映出闽都文化审美趣味、历史发展及现状、文化传统等,是地域文化形象的代表。庞大的朱子文化遗产资源包含着丰富的文化素材,可以做大做强闽都研学,可与校内艺术教育互补,可丰富和拓展审美教育的理念、方法和途径。

结 语

综上所述,朱子文化融入闽都研学的形式对传播、传承、保护闽都文化、助力闽都文化打造国际品牌具有极其明显的优势和价值。鉴于闽都研学游产业的特点,能够将朱子文化遗产资源快速、及时地与闽都文化进行融合。研学游具有知行合一、回归生活世界、注重综合学习等特点,在朱子文化传承过程中,需要加强研学产品的创新与设计,以便更好地适应时代发展的需要,发挥其重要的时代价值作用。

闽人弘扬与发展"闽学"责无旁贷

郭 震

摘 要 概述朱熹思想从佛老转向理学的过程,阐述朱熹建构理学之主要过程。阐述朱熹理学在中国思想史中的重要地位。阐述"闽学"之缘起及发展过程。总结当前弘扬与发展"闽学"之意义。

关键词 朱熹 理学 思想 闽学

一、朱熹的心路历程

要了解朱熹的思想转变过程,就必须了解他的家庭以及他出生前后的社会背景。朱熹生长于一个走下坡路的士大夫家庭。建炎四年(1130)九月十五日,朱熹生于破败的山城尤溪,取名沈郎。当时朱熹之父朱松避叛兵乱携全家来尤溪寓居在郑氏馆舍中。他世代业儒,从小苦读经书,自以为胸藏经邦治国之道,如今才悟出不过是无用的屠龙之技。在兵荒马乱、内忧外患的年岁,他仅指望朱熹做一名助国家征戍的壮丁而已;但想到金国如日中天,宋朝存亡若线,让朱熹弃儒从军,舍文就武,一种厌战情绪又使他不忍回头多看朱熹一眼。对朱熹命运的这种带有抗金爱国隐痛的思虑,显示着这个婺源朱氏、祝氏两大著姓结合而成的家庭的中衰败落。

朱氏是一个源远流长的望族大姓,但到朱松父朱森时已经家道式微,儒业废坠。朱森、朱松出自吴郡朱氏一支,吴郡朱氏以上,朱族的世系和迁徙荒远难稽。朱松曾叹自己所以操觚学场屋之文的原因说:"某少贱贫，进不能操十百之金贸易取赀，以长雄一乡；退不能求百亩之田于长山大谷之中，躬耕以为养，反顾其家，四壁萧然，沟壑之忧，近在朝夕、途穷势迫，计无所出，乃始挟书操笔，学为世俗所谓举子场屋之文者。"这里活画出了朱森、朱松父子在小地主与自耕农之间上下浮沉的困境。政和八年（1118）朱松以同上舍出身授迪功郎、建州政和县尉。宣和五年到七年（1123—1125）当了一任尤溪县尉，又长久待次在家。到朱熹出生时，他依旧还是一个流落失职的穷官员。后来在朱熹强烈的士大夫思想意识头脑中也较多容纳了一部分自耕农的要求和愿望，就是同他这种破落读书之家的出身有密切关系。①

朱熹出生后金国大兵压境于北方，境内叛军四起，幼年的他便随父四处逃难。辗转于闽北山区，到过福州与临安，所见甚多。绍兴十三年（1143），朱熹十四岁，父朱松逝世。遵父遗嘱，师事崇安胡宪（号籍溪，字原仲）、刘白水（号勉之，字致中）、刘屏山（号子翚，字彦冲），三人也视熹为子侄。刘白水还以女许熹为妻。刘屏山命熹字"元晦"。绍兴十八年（1148），朱熹十九岁，春，朱熹中王佐榜第五甲第九十名进士。廷试题为《创业守文之策》。

朱熹少年就教于五夫里三先生，然而三先生又都是好佛老的理学家，他们又把渗透浓重佛老气的理学思想传授给了朱熹，五代北宋以来古典经学的衰微没落，给佛教和道教的复兴繁盛提供了广大的文化空间；中原沦陷、山河破碎的惊天巨变，又使士大夫们转向佛教和道教的天国寻求精神的慰藉和麻醉，给佛教和道教的滋长泛滥提供了广大的心理空间，佛、道文化作为儒文化的两翼对士大夫的心理结构产生巨大的冲击。

绍兴二十一年（1151），朱熹二十二岁。春，授左迪功郎，任泉州同安县主簿，治绩卓著，公余仍研究"释老之学"。

早在绍兴八年（1138），正是宋开国180周年，宋赵匡胤打下的江山早已被醉生梦死的败家子糟蹋得面目全非。山河破碎，中原涂炭，朱松禁不住对着朱熹感慨叹息说："太祖受命，至今百八十年矣！"这席话在

---

① 束景南：《朱子大传》，福建教育出版社1992年10月版。

闽都文化与朱子理学

朱熹的心中留下了终生难忘的创痛,直到庆元五年(1199)临死前一年,他还在一首哀叹北伐无望的诗中,提到这儿时朱松启发他以"臣子之责"为己任的说教。朱熹一生不变的抗金主战思想受到其父及其在朝廷中的忠臣之熏陶,但其父又崇尚佛老之说,正是在朱松这种严格的理学和经学启蒙教育中,朱熹又受到浓重的佛老思想的熏陶。二程及其弟子的著作本来就杂糅释老之说,其中朱松奉为儒学大本的《中庸》谈性说命,教人敬诚戒惧,同佛教的宣扬,真如佛性、默识坐禅最可比附沟通,成为理学家援佛入儒最好的天然桥梁。朱松的抗金主张得不到朝廷的认可,灰心至极,尝终日打坐"静心"。这些都给其子巨大的影响。

绍兴二十三年(1153),朱熹二十四岁。夏,他徒步数百里,受学于延平李侗。因得承袭二程"洛学"的正统,奠定了朱熹以后学说的基础。这年五月,朱熹带着一身道谦禅气南下赴同安任,这次赴任使他生平第一次有机会寻访闽中大儒,进行学问思想的交流。宋代以来闽地名儒迭出,建宁、南剑、福州、莆田、泉州都成了儒风大盛、人才荟萃之地,朱熹赴任行经的路线特地选择了由建溪南下经建宁、南剑,东沿闽江至福州,再南下经莆田、泉州到同安,一路访学问道,在道盘桓了两个月。这两个月的沿途问学对他后来理学和经学的发展起了深远影响,以至整个改变了他一生的思想道路。

绍兴二十五年(1155),朱熹二十七岁。朱熹奉檄调旁郡,因代者未至,送老幼归里,在泉州候职,批读《孟子》。

年轻时的朱熹,还未建立起后来那么成熟的哲学体系,在儒学与佛学的矛盾中躁动徘徊。他想皈依佛家,潜研释家三昧,却又无法绝圣弃智,断绝七情六欲;他想追求超凡脱尘的"世外法",却又必须脚踏儒教乐地的"世间法";他有佛老的出世思想,却又有违儒家的用世精神。朱熹在泉南佛国沉迷佛老的同时,又面对南宋社会现实不断地进行自我反思,这段时间的反思充满着他在朦胧觉醒之前,儒家自我与佛老自我两个灵魂的搏斗,结果是他怀疑佛老的一面与日俱增,并终于导致了他决定性的转折——"杜鹃夜悟"。

传说当年朱熹在永春剧头埔夜宿驿站,寒夜里听着杜鹃的啼叫苦读

《孟子》，通宵不眠地思索，忽然从程颢的一个解说中顿悟了儒家的"真谛"："事有小大，理却无小大。"宇宙万事万物虽有小大精粗巨细，千差万别，但是它们都贯穿着共同的一理。朱熹顿悟的"真谛"其实就是"理一分殊"，"事有小大"指分殊，"理无小大"指理一。朱熹开始相信了他的老师李侗就分殊上体认理一，即事穷理、循序渐进的思想，而对禅家有理一无分殊的一超直悟产生了怀疑。他自己把这次深山夜读有悟看成是生平耽佛觉醒的开始，杜鹃的啼声对他具有了一种特殊的意义，仿佛是儒家自我猛醒的警钟永远嵌留在他心中，他终于完成了逃禅归儒的转变。也因此他的《宿大剧铺》诗至今脍炙人口：

王事贤劳只自嗤，一官今是五年期。
如何独宿荒山夜，更拥寒衾听子规。

此后的朱子便开启了追根寻源的苦读生涯，为自己日后创建的理学大厦奠定坚实的基础。

二、朱子的学说在中国思想史上的地位

朱熹在泉州读经，是在实践着李侗要他"看圣贤言语""去圣经中求义"的初教，重新认识《论语》《孟子》成了他弃佛崇儒转变的直接契机。但这种觉醒又是以他三四年同安任上的广泛接触社会现实和主县学的反思作为基础，并且也是为他所处的秦桧死后的社会现实环境所促成。同安主管簿事使他看到佛老势力膨胀对国家的威胁和社会的危害，单是闽东福州竟有大小寺院一千五百余所（《淳熙三山志》卷三十三），漳州的寺院田产占全州土地的七分之六（《北溪集》卷二十三）。绍兴二十二年（1152）朝廷派司农寺钟世明来闽中仅仅清理寺观绝产，就每岁得羡钱三十四万缗入左藏库，还在那时朱熹就已致书钟世明，十分吃惊。而朝廷的玩好宣扬佛老，也暴露出他们不过是利用佛老在做世俗的投机交易，赵构就一再大言不惭地向臣下表白说："朕观昔人有恶释氏者，欲非毁其教，绝灭其徒；有喜释氏者，即崇尚其教，信奉其徒。二者皆不得其

中。朕于释氏,但不使其大盛耳。""一夫受田百亩,一夫为僧,即百亩之田不耕矣……朕亦非有意绝之,所以禁度牒者,正恐僧徒多则不耕者众耳。"(《宋会要辑稿》第二百册《道释》一)在开始比较现实的朱熹头脑里,佛老便失掉了它原来救世拯民、成佛成仙的神奇光泽。[①]实际上,释道思想本身也无罪错,只是被统治者作为一剂麻醉剂以控制庶民,以维持其统治地位罢了。

朱熹生活于1130年9月至1200年4月在这个时间段,正是中国经历了数百年之汉唐盛世,转入南宋苟且偷安之时代,耽于安逸的社会必然滋生出世的佛老思想。而在金兵环伺,不断骚扰、偷袭南宋小朝廷的情势下,中华民族面临生死存亡的危难时刻,民族精英势必面临着思想意识脱胎换骨的革新与反思。朱熹正是中华民族在国家危难时刻,谋求思想转型的士大夫中的杰出代表人物。

朱熹21岁步入仕途,仅为官八载,十几次辞官,其余五十年都从教。即使当官,也兼管教育。一生乐于著书立说,创立书院无数,讲学授徒遍及闽、赣、湖、湘诸省。他是理学的集大成者,著述丰富,对中国思想文化有极大的影响。主要著作有:《周易本义》《易学启蒙》《诗集传》《仪礼经传通解》《四书章句集注》《四书或问》《论孟精义》《家礼》《资治通鉴纲目》《八朝名臣言行录》《伊雒渊源录》《绍熙州县释奠仪图》《太极图说解》《通书注》《西铭解》《近思录》《延平答问》《童蒙须知》《小学》《阴符经注》《周易参同契考异》《朱子语类》《楚辞集注》《昌黎先生集考异》《晦庵先生朱文公文集》等。其中《四书章句集注》成为钦定的教科书和科举考试的标准。朱熹是唯一非孔子亲传弟子而享祀孔庙,位列大成殿十二哲者中。

三、朱熹与"闽学"

以朱子学说为代表的"闽学",集濂学、洛学、关学等之大成,在中国文化学术思想史上起到了承前启后的重要作用。自元代以后,朱子

---

① 束景南:《朱子大传》,福建教育出版社1992年10月版。

的地位日隆,"闽学"也因当权者的积极推动,很快冲破了地域的局限,走向全国并占据国家思想意识形态的核心位置,成为元、明、清三朝思想文化的核心。随着社会的不断发展,闽学的内涵在不断地深化扩展。与此同时,闽都文化的品格也在不断地内化提升。经过历史的长期锤炼,形成了闽都文化精湛的特性和博大的精神。①

闽学萌芽于北宋,至南宋由朱熹集大成,之后在元明清继续兴盛并扩大影响,由地域性上升为全国性,成为中国封建社会后期的主流思想。福建被誉为"理学之乡",作为闽学先驱的"海滨四先生"(陈襄、周希孟、郑穆、陈烈)功不可没。他们是闽都倡导宋学、义理之学的前辈,开启闽中学术界经世致用之新风气。陈襄(1017—1080),北宋理学家、"海滨四先生"之首,福州一代儒士典范,字述古,因居古灵,故号古灵先生。福州闽侯人,宋枢密院直学士兼侍读、判尚书都省。身为北宋名臣的陈襄,以其实绩为闽中的理学推广做出了不少贡献,堪称闽中地区提倡理学的早期重要代表之一。周希孟(约1013—1054),字公辟,福州闽侯人,宋国子监四门助教。郑穆(1018—1092),字闳中,福州人,历任宋岐王、嘉王侍讲,拜国子祭酒。福州文儒坊,旧名山阴巷,初名儒林坊,因郑穆居于此,改为文儒坊。陈烈(1012—1087),字季慈,号存古,称季甫先生,福州长乐人,宋太学博士。清代李清馥所著《闽中理学渊源考》专辟一卷为《海滨先生学派》,对海滨四先生的理学倡道之功做了客观评价:"海滨四先生者,忠文陈公襄、助教周公希孟、祭酒郑公宏中、教授陈公季慈,同时倡学于闽者也,闽自唐欧阳四门开人文之先,海滨四先生继之。先哲尝述宋初安定、徂徕、泰山三先生倡学于周程未起之先,功不可忘。若四先生在闽倡学于杨、罗、李、朱未起之日,功亦岂可没哉?"闽学在福州的发端,不可避免地产生了大批以弘扬闽学为己任的福州籍理学家,仅就南宋而言,据《福州府志》记载,有名可考的人物就有陈宋霖、黄榦、刘砥、刘砺、刘玶、林谟、潘炳、陈孔硕等33人。

陈襄考中进士之前,在家乡福建与几个志同道合的学者共同讲学,

---

① 林怡:《闽学脉——从朱熹到严复》,海峡文艺出版社2015年6月版。

加深了彼此之间的友情,增进了对儒家伦理的认同并且一起身体力行。他们坚持弘扬儒家之道,获得了当地一般知识分子的广泛认同,遂共同构成学术团体"海滨四先生",逐渐声名远播并在学术史上留下深远影响。据《宋元学案》记载,以陈襄为主的海滨四先生"以兴学养士为先务,以明经笃行为首选",精研五经,明礼重义,强调"好学以尽心,诚心以尽物,推物以尽理,明理以尽性,和性以尽神",提出了"性""理""诚"等概念,对闽学的发端做出了重要的贡献。陈襄著有《古灵集》25卷等;陈烈著有《孝报经》3卷等;郑穆"性醇谨好学,读书至忘栉沐,进退容止必以礼,门人数千";周希孟"通《五经》,尤邃于《易》"。海滨四先生坚守儒家孔孟之道并为之讲学不辍,逐渐开启了新的儒学传统。蔡襄任福州太守时,专门聘请他们执经讲学,课徒授业。据载,陈襄弟子达1000多人,郑穆门人亦达千数,周希孟弟子700多人,从陈烈学习者亦常数百人。南宋年间,福州百姓在乌石山上建造专祠奉祀"海滨四先生"。[1]

四、"闽学"之缘起及发展

康熙年间"闽学"成词并渐加使用。其外因在于以康熙为首的清廷为了强化对汉族士大夫和汉族社会的有效管控而采取的文化措施。作为最高统治者,康熙认识到朱熹及其学说对汉人,尤其是汉族士大夫文化心理的深刻影响,为了稳定对人口众多的汉族社会的统治,清廷不得不重新重视并倡导以朱熹为代表的理学。康熙、雍正前后器重李光地、蔡世远,他俩都是籍出闽地的理学名臣,康熙间抚闽的张伯行又在闽力倡朱子学,与朝廷所倡遥相呼应。所有这些外部因素,使得以"闽"和"闽学"指称的朱熹及其学说,在康雍之世成为水到渠成的话语现象。此后,学界言"闽学"必关联着朱熹及其学说思想的传承。如乾嘉年间,福州名士林芳春为其宗亲林希五的《古文初集》作序,曰:"一人倡之,必有从而和之者,庶闽学之复兴乎?近日士人以讲习为讳,想皆惩于南宋伪

---

[1] 赵麟斌:《闽文化》,上海远东出版社2018年12月版。

学、明代东林而然。然学之不讲，圣人以为忧，况吾辈乎？且所恶于讲习者，谓其伪也，岂可并其真者而不为乎？吾愿先生为吾闽倡，勿但学八家，而以子朱子为师念念为已。年弥高而德弥劭，他日大集留传，皆曰考亭之嫡派也，岂不美哉？"①

张岱年也指出："朱熹的学说称为闽学，这是因为朱熹的学术活动主要是在福建一带进行的。"

什么是朱熹为代表的"闽学"学术品格呢？我们认为，朱熹的诗句"旧学商量加邃密，新知涵养转深沉"就是"闽学"学术品格最生动的写照。"旧学"和"新知"是"闽学"学理建构的两个组成部分，"闽学"出于"旧学"而成于"新知"。"旧学商量"是对传统的继承、审视、反思；"新知涵养"是在"旧学商量"基础上对"旧学"的突破、超越和新变。因此，在继承"旧学"中力求新变以构建"新知"，做到入旧出新，求真务实，知行合一，这是朱熹"闽学"最为鲜明的学术品格。②

无论是商量旧学，还是涵养新知，以朱熹为代表所建构的"闽学"学术旨趣在于经世致用。朱熹虽然构建了恢宏完备的集大成的"理学"体系，但其学术旨趣完全在于拯救世道人心，因此，"闽学"具有强烈的实践精神。朱熹自己说道："味圣贤之言，以求义理之当，察古今之变，以验得失之几，而必反之身以践其实者，学之正也。"当时朱熹的政敌攻击朱熹说："所谓道学者其说以谨独为能，以践履为高，以正心诚意、克己复礼为事。"可见，将"知"贯彻于"行"，力求在"践履"中做到知行合一，这样的实践精神，也构成了"闽学"鲜明的学术品格。

五、朱熹的人格魅力

朱熹的勤奋好学给人印象深刻。他自述"某少时为学，十六岁便好理学，十七岁便有如今学者见识。""某年十七八时，读《中庸》《大学》，每早起须诵十遍。"他自己把受学于三先生说成是生平最下功夫苦

---

① 林怡：《闽学脉——从朱熹到严复》，海峡文艺出版社2015年6月版。
② 赵麟斌：《福建朱子学·序》，福建人民出版社1986年版。

闽都文化与朱子理学

读并初有所得的时期:"某是自十六七时,下功夫读书,彼时四旁皆无津涯,只自惩地硬着力去做。至今日虽不足道,但当时也是吃了多少辛苦读书。"

在《语类》卷四中他自述:某年十五六时,读《中庸》"人一已百,人十已千"一章,因见吕与叔(大临)解得此段痛快,读之未尝不悚然警厉奋发。臣闻《中庸》"人一能之,已百之;人十能之,已千之。果能此道,虽愚必明,虽柔必强。"而元祐馆职吕大临为之说曰:"君子所以学者,为能变化气质而已。德胜气质,则愚者可进于明,柔者可进于强;不能胜之,则虽有志于学,亦愚不能明,柔不能强而已矣。"

朱熹年轻时,做学问博采众议,初学于五夫里三先生。后又师从胡宪,胡宪带领朱熹由出入老佛到弃佛崇儒,并进而走向湖湘派的思想通道。

绍兴十八年(1148),朱熹十九岁。春,中王佐榜第五甲第九十名进士。

绍兴二十三年(1153),朱熹二十四岁。赴任同安主簿任,他徒步数百里,受学于延平李侗。因得承袭二程"洛学"的正统,奠定了朱熹以后学说的基础。又东沿闽江至福州,再下经莆田、泉州到同安,一路访学问道,在道盘桓了两个月。朱熹在十多岁的年龄便学有所成,中了进士,但他却以别人所以为的功成名就作为起点,与各个学派的代表人物虚心求教,切磋学问,逐渐形成了自己集大成的思想体系。

在同安五年,他尽忠王事,常风尘仆仆奉檄奔走在泉、漳和莆田之间,出没于烟涛野岭,自称"海邑三年吏,勤劳不为身""王事贤劳祇自嗤,一官今是五年期"。但他终于看清这样忠于君事却反使百姓陷入更深的贫穷困苦中:"输尽王租生理微","忠君"又走向了"爱民"的反面。这种痛苦矛盾使他初入仕途便产生了浓重的厌倦官场情绪,发出了"不堪从吏役,憔悴欲归休"的灵魂呻吟。泉州守方滋却大为赏识他治政有绩,在绍兴二十五年(1155)举荐了这个年轻而精明老成的主簿,但朱熹早已生归居田园之念。绍兴二十三年(1153)九月秋事方毕,官府又兴役征民发往郊原时,他在城楼尽心督役,目睹役民还是饥羸不堪,已深感自己身为一县长吏竟无补于民，咏了一首《督役城楼》说："祗役郊原上。唯风一吹衣。仕身谅无补，课督渐饥羸。还忆故园日，策杖田中归。""课督渐饥羸"的矛盾自责已使他无意官场升迁，欲求洁身自退；而这种不求仕途显达，其实流露了他这个以天下为己任的"圣人"对南宋封建衰世，江河日下的惶惧焦灼。他的抱负远远不是做一个询疗地方小病的干吏，所以他在同安只经历了五年宦海浮沉，便自甘退隐，深山奉桐不出。而他却在清苦的授徒讲学中默默铸造自己庞大的理学体系，实现自己以理学良方疗教天下、力挽衰世的"圣人"抱负了。

从微观来说，朱熹在读书做学问这方面，也一脉相承地体现了他"居敬"的态度。他说："大抵观书先须熟读，使其言皆若出于吾之口。继以精思，使其意皆若出于吾之心，然后可以有得尔。至于文义有疑，众说纷错，则亦虚心静虑，勿遽取舍于其间。先使一说自为一说，而随其意之所之，以验其通塞，则其尤无义理者，不待观于他说而先自屈矣。复以众说互相诘难，而求其理之所安，以考其是非，则似是而非者，亦将夺于公论，而无以立矣。大率徐行却立，处静观动，如攻坚木，先其易者而后其节目；如解乱绳，有所不通则姑置而徐理之。此观书之法也。"他的《观书有感·其一》至今仍脍炙人口："半亩方塘一鉴开，天光云影共徘徊。问渠那得清如许？为有源头活水来。"

朱熹勤奋好学的一生，特别是他严谨而认真的读书与做学问的品格深刻地影响了几代闽人。郭柏荫之曾孙郭则沄，曾任北洋政府国务秘书长，著作颇丰。他的《旧德述闻》中提到其曾祖父郭柏荫晚年还乡执掌鳌峰书院时，手抄十三经一事："则沄藏有中承公手钞十三经盖主讲鳌峰书院所书，楷法谨严，犹见垂绅正笏之度"。远堂公在教学之余，一边自编教材，一边仍手抄十三经，（儒家的十三部经书，即《易》《书》《诗》《周礼》《仪礼》《礼记》《左传》《公羊传》《谷梁传》《论语》《孝经》《尔雅》《孟子》）反映了他宣讲儒学之执着与认真。何刚德先生在《客座偶谈》中也曾叙及："余少时闻人言，[①]郭远堂中丞半夜即起钞书，

[①] 郭震：《郭阶三家族史话》，2019年版。

点一支蜡烛,见跛及旦,日以为常。"郭柏荫的四弟郭柏苍自少年起便收集乌石山资料,前后花了五十年时间,撰写了《乌石山志》①。这种一丝不苟的治学态度,都承继于"闽学"开山祖朱子的影响。

郭柏荫也像朱熹一样,以教书育人为己任,一生多次离开官场到地方从教,曾先后出任清源书院与鳌峰书院山长。后来的严复也极力倡导对民众的启蒙教育,这些都是朱熹对后人的重要影响。

结　语

朱熹是中国近古时代最伟大的哲学家,他的学说系统宏大,条理缜密。他始终做到言行一致,绝不违背自己的思想,以朱子学为代表的"闽学"研究历来是中国学术思想史研究的"显学",不乏大家名家,新著迭出,新知迭现。束景南先生指出:"任何一个有活力的民族如不时时反思自己的文化传统,也就不能认识自我,从而也就不能超越传统与自我。如果说朱熹和孔子一样都是中国传统文化的当然代表,那么我们需要重新认识朱子,就正像我们需要重新认识传统与自我一样。"今天,中国社会依然面对着以朱熹为代表的"闽学"学者所关注的一系列问题,比如,如何重建社会秩序和社会道德,如何妥善处理中国与异邦的关系等,对这些现实问题的思考,还需要秉持"持旧"与"新变"兼容、理论与实践一体、知行合一的"闽学"学术品格。②

朱熹在九日山书院讲学时,订出一些条规——"一曰五教之目:父子有亲,君臣有义,夫妇有别,长幼有序,朋友有信;二为学之序:博学、审问、慎思、明辨、笃行;三修身之要:言忠信,行笃敬,惩忿窒欲,迁善改过;四处事之要:正其谊,不谋其利;明其道,不计其功;五接物之要:己所不欲,勿施于人;行有不得,反求诸己等。"这五个条规,实际上已经构成了一套完整的闽学思想体系,也已逐渐深入闽人之心扉。

在源远流长的中国文化的长河大浪中,武夷与朱熹正如泰山与孔

---

① 郭震:《乡贤郭柏苍》,2015年版。
② 林怡:《闽学脉——从朱熹到严复》,海峡文艺出版社2015年6月版。

子，是汹涌卷起的两座洪峰。朱熹的历史功绩不过是完成了一次文化超越，使整个民族完成了一次理性的文化超越，在长达几个世纪的发展中，他的文化思想积淀成为民族的深层心理结构，潜移默化地影响着民族的思维模式、心理习惯、性格气质、生活方式。但是朱熹同时又承袭了传统文化的全部内在矛盾，他建立的新的理学文化体系同样潜伏着内在的历史危机。孔子建立的仁学，先天地包含了两个深刻的内在矛盾：它强调了人的群体价值，而忽视了人的个性价值，这决定了儒家文化不可能包孕有"民主"精神；它强调了人的伦理价值，而忽视了人的认知价值，这又决定了儒家文化先天缺少"科学"精神。朱熹发展孔子这种仁学而建立起一个人本主义的文化体系，也就同时承袭了这两个先天缺陷，他的泛道德主义的人本主义体系便不能不建筑在这样薄弱的文化沙滩上。[1]但是，朱熹的理学体系维持了中华文明的传承，维系了社会的稳定与发展。12世纪前后正是世界思想领域的革新时代，西方世界掀起的"文艺复兴运动"使人们从神权的枷锁下解放出来。人权与独立自主思想的蓬勃发展，引领了社会制度与科学技术之突飞猛进。而在此之前，朱熹不失时机地引领中国思想界从离世之佛老思想向入世的儒学正统转进。仅就此而言，朱文公的革命性工作意义非凡。

朱熹生于尤溪，求学成长于闽北，任职于闽南，授徒遍及闽省。朱子在山河破碎的南宋，仍奋力救黎民于水火，孜孜不倦地缔造他的理学大厦。这对于当前处于困难境地的人们企图"躺平"以图解脱，是一种警醒。朱熹绝大部分的学术活动完成于闽省，他的众多弟子，如黄榦、陈淳完善了他的理学系统。此后弘扬朱子理学之闽人学者接踵而至：宋元易代之陈文龙；明清易代之黄道周、李贽；近代之陈若霖、梁章钜、林则徐、沈葆桢、严复都继承并发扬了朱子学。特别是19世纪末，严复就译著了《群己权界论》，讨论了个人与群体的关系，是对朱子"闽学"革命性的推进。如今，作为闽人，学习与重温他的思想，并开拓进取，意义重大。

---

[1] 束景南：《朱子大传》，福建教育出版社1992年10月版。

闽都文化与朱子理学

朱子文化深远影响闽都文化的发展

徐鹤苹　陈　桑

摘　要　福州是朱熹办书院、讲学授徒、研学、传播其学术的重要区域,又是黄榦等朱熹传人传承道统、普及传播朱子学的乡土故里,朱子文化对福州城市精神、闽都文化影响尤为深远。

关键词　朱熹　黄榦　朱子学　福州城市精神　闽都文化

朱熹是一位博学多识的大学问家,一生学而不厌、诲人不倦,博览经史、治学严谨、著作宏富,在训诂、考证、注释古籍、整理文献资料多方面都有丰富的成果。对天文、地理、律历等自然科学,也进行过广泛的研究。在担任地方官员时,他能体察民情,反对横征暴敛与为富不仁,敢于同贪官污吏和地方豪绅的不法行为作斗争。作为北宋以来宋代理学的集大成者,其所创立的闽学学术体系包含丰富的哲学思想、人文精神、道德理念,被称为朱子文化,是中华优秀传统文化的重要组成部分,对后世影响深远。

福州是朱熹办书院、讲学授徒、研学、传播其学术的重要区域,又是黄榦等朱熹传人努力传承道统、普及传播朱子学的乡土故里,朱子文化对闽都文化、福州城市精神影响尤为深远。

一、福州是朱熹办书院、讲学授徒的重要区域

福州是朱熹办书院、讲学授徒、传播朱子文化的重要区域。朱熹曾多次到福州讲学和游历。

黄荣春编著的《福州摩崖石刻》记述：

在乌石山，天王岭有题名晦翁的"清隐"榜书；先贤石室池畔石上有题名晦翁的"石室清隐"榜书；道山祠壁有题名晦翁的"光风霁月"榜书。

在鼓山，石门南向有晦翁等游鼓山题名；绝顶峰北坡积水池侧有题名晦翁为子直（赵汝愚）书的"天风海涛"榜书；灵源洞蹴鳌桥下西壁有题名晦翁的"寿"榜书。

在于山，朱熹游于山时曾撰《寄题廓然台》诗。

在万安渡，有《格古要论》记载朱熹在此所书"耕云钓月""天光云影"榜书。

在凤丘山，有题名晦翁的"凤丘""鹤林"两处榜书。

城门山东侧，无名氏录刻记述庆元间朱熹、郑湜等59人同入伪学党籍。朱熹避伪学禁时，曾居城门山城顶村郑湜家中。

妙峰山，有题名晦翁的"挹山"榜书。

马尾区，亭江镇长安西岩寺后院悬崖上有题名晦翁的"仙苑"榜书；亭江镇芴山山腰绝壁上"天衢"榜书相传为朱熹所书；闽安镇城隍顶有相传朱熹避伪学禁时游览于此而书的"龙门"榜书。

北峰桂湖，因朱熹曾在距桂湖约10公里的长箕岭贤场讲学，相传桂湖垅头村溪边石刻为朱熹所书。[①]

[①] 黄荣春编著：《福州摩崖石刻》，福建美术出版社1999年12月版，第19、58、99、115、243、310、329、342、351、359、361、362、379、380页。

上述虽尚不完善，但亦足见朱熹对福州山水风光的热忱喜爱，其足迹遍及福州地区的东南西北。

朱熹传播理学不遗余力，身体力行，与其门人在福建各地创办许多书院，讲学论道，质疑问难，发幽阐微，著书立说。朱熹在福州及邻近各县开办或协助创办的书院有：福州紫阳讲堂、竹林书院、贤场书院、高峰书院、濂江书院、龙津书院、长乐龙峰书院、罗源文公书院、闽县吟翠书院、连江丹阳书院、闽清梅溪书院等。紫阳讲堂位于晋安区紫阳村，今存"讲堂胜境"遗迹；马尾区长柄村龙津书院（朱子祠）亦已重修。竹林书院在今晋安区竹屿村，原称"竹林精舍"。陈衍《闽侯县志》曰："朱子作竹林精舍成，遗榦书，有'他时便可请直卿代即讲席'之语。"可证竹林书院为朱熹所办，主讲人为朱熹及弟子黄榦。高峰书院在今福州北峰岭头石牌村，为黄榦所创办。濂江书院在今福州南郊仓山林浦村，朱熹在此讲学并题有"文明气象"四字。朱熹还曾与弟子黄榦在福州北峰长箕岭贤场书院、高峰书院讲学。龙峰书院在今长乐潭头二刘村龙峰岩下，据《万历福州府志》（卷五）载："朱熹避伪学禁来此，二刘（刘砥、刘砺）师之，大书'读书处'三字勒于石。"庆元五年（1045）四月，朱熹《跋刘世南行状》有云："长乐刘砥及其弟砺，相与来学，累年于兹，更历变故，志尚愈坚。"古田林用中、林允中兄弟和宇隅、余范等盛情接待朱熹，朱熹潜居杉洋蓝田书院附近聚星台，因此到该书院及擢秀、螺峰书院讲学，从游者甚众。罗源文公书院在圣水寺，朱熹曾借寺中客堂讲学，后以客堂称文公书院，有朱熹手书"南石古道"四字。闽侯人黄孔光，进士及第，常与朱熹游，筑室吟翠山楼于五虎山下，邀朱熹讲席。梅溪书院在闽清县梅城，清林逸《侯官地方志》说："郑性之少年家贫，得母家倪氏恤，入梅溪书院，师承朱子。"郑性之出生于今闽侯汤院村，传说朱熹到闽清，居住在林学蒙、学履兄弟处（龙门精舍）。①

朱熹在福州的学生有理学名家陈孔硕，考中状元、官至宰辅的郑性

---

① 卢美松主编：《福州通史》，福建人民出版社2017年9月版，第274、275、276页。

之，长乐学者刘砺、刘砥兄弟等，多是朱熹在躲避"伪学禁"，流寓福州各地时入其门下的。

二、黄榦等门人为朱子学的普及和传播奠定了坚实基础

朱子文化的广泛传播，是和朱熹门人的努力分不开的，而其中尤以黄榦为最。

黄榦（1152—1221），字直卿，号勉斋，长乐青山人，出生于福州东郊浦下村，24岁师从朱熹。黄榦后来回忆当初他师从朱熹的情景时说："榦丙申之春，师门始登，诲语谆谆，情犹父兄。春山朝荣，秋堂夜清，或执经于坐隅，或散策于林垧，或谈笑布春容，或切至而叮咛。"黄榦是丙申之春，即1176年春师从朱熹的。

淳熙二年（1175）冬，23岁的黄榦迎风戴雪、一路跋涉来到崇安（今武夷山市）五夫村求见朱熹。可是朱熹刚回婺源祭扫祖墓，不知何时归来。为了随时听候朱熹召见，住在客栈的黄榦晚上睡觉连衣服都不敢脱。一直等到三个月后的第二年春天。朱熹知悉黄榦为了见他，居然在客栈等候了三个月，颇为赞赏黄榦的真心实意。

黄榦十分珍惜在朱熹门下求学的机会，朱熹也十分器重这位高徒，尤为赞赏黄榦安贫乐道、清心寡欲的品行和意纯志坚、刻苦求知精神。师从朱熹门下八年后，朱熹选择黄榦为婿，把最怜爱的小女儿朱兑嫁给了黄榦，实际上也是选择了自己学术和事业的继承人。庆元六年（1200），朱熹临终前，把自己的制服和所写的书，都托付给黄榦。

黄榦牢记朱熹的临终嘱咐，为朱子学的传播和弘扬尽心竭力。整理、研究、纂集、考订朱熹著述，编著《朱文公行状》等；在福州等地创办多所书院，将朱熹考亭书院知行结合、教学研究结合等成功的教学经验引入所办书院，强调学者必须立志为先，循序渐进，自强不息。黄榦在福州地区以及闽北、江西、湖南、湖北等地书院讲学，门人众多，影响很大。[1]

---

[1] 卢美松主编：《福州通史》，福建人民出版社2017年9月版，第276、277、289页。

嘉定十年（1217），黄榦知安庆府。安庆军原首府邻近频遭金兵攻击的光州，且无屏障。黄榦亲自率领文武官员到长江边考察新城地址，动员近万人耗时八个多月，开建了安庆新城"万里长江此封喉，吴楚分疆第一州"的历史。而后辞官归里，在福州讲学授徒，责无旁贷担当起"领袖朱门"的责任。他安贫乐道，任汉阳知军、安庆知府等职归来，因家贫无屋可居，借破庙以栖身之时仍坚持办学，教授生徒。仅在福州，他就创建了云谷书楼和高峰书院，并在栗山草堂、鳌峰精舍、闽县县学，以及于山、乌山等地的民居、寺庙讲过学。栗山草堂在福州怀安县栗山，嘉泰元年（1202），黄榦应林宪卿之邀，在此讲学。及门弟子有朱熹的孙子朱钜、朱钧，以及栗山林氏的一批子弟。云谷书楼在福州乌山法云寺旁，由黄榦建成于嘉定十二年（1219）五月。此前，黄榦从汉阳归，因无屋可居，乃借住城南乌山法云寺，有联自嘲云："投老无家依宝刹，为贫窃粟奉琳宫。"门人弟子毕集于此，乃创云谷书楼讲学，并重修《礼书》。高峰书院在怀安长箕山，建于嘉定十三年（1220）。黄榦的弟子，仅福州及邻府邑的就有两百多人。[1]

黄榦勤勉不倦，或撰写、考订著述，或与弟子们讲论经典、论说理义，培养一批学术成就很高的及门弟子，为朱子学的普及和传播奠定了坚实的基础，对朱子学的发展做出重要贡献，也对闽都文化和福州城市精神产生深远影响。

三、朱子文化对闽都文化发展的深远影响

由于朱熹及其第一传人黄榦等在福州的努力传播，朱子文化对闽都文化产生了深远影响。

（一）福州地区长期崇奉朱子学

朱熹努力在福州办书院、讲学，传播朱子文化。黄榦在福州书院的教学实践，又为朱子学的传播与弘扬，培养了大批人才。在教学实践中，

---

[1] 方彦寿：《闽学与福州书院考述》，《闽都文化研究》（上）海峡文艺出版社2006年12月版，第193页。

黄榦除了把朱熹考亭书院成功的教学经验，如崇奉学派先贤、教学与研究相结合、知与行结合等方法引入福州书院，通过祭祀理学名家，为师生树立可资借鉴的思想上、道德上的楷模；还着重强调学道如登山，学者应立志为先，循序渐进，自强不息，不可半途而废。形成了福州地区、福州书院长期崇奉朱子学的传统，一直延续到清代。明清时期，福州地区还曾出现长乐梁章钜家族等十余代承传理学的世家。

清代，福州最有名的为鳌峰书院、凤池书院、正谊书院、致用书院四大书院。始创于康熙四十六年（1707）的鳌峰书院，创建者为张伯行，康熙四十六年至四十八年（1707—1709）任福建巡抚，是清初著名的理学家、教育家和出版家。所创鳌峰书院以复兴闽学和振兴书院教育为宗旨，仿效朱熹考亭书院崇祀学派先贤之例，在书院内奉祀宋代理学家周敦颐、程颐、程颢、朱熹、张载等理学名家；以朱熹《四书集注》《近思录》等理学著作为教材；编《学规类编》二十七卷，将朱熹《白鹿洞书院揭示》列在首卷，作为书院的学规。鳌峰书院还建有藏书楼，先后积数万卷。张伯行还在鳌峰书院刊刻出版了大量的闽学文献。鳌峰书院首任山长蔡璧，是漳浦籍的名儒。后任历届山长也多为硕学之士。学生也是择优录取。曾培养了林则徐、梁章钜、陈化成等一批杰出人才。[1]

正谊书院是在左宗棠担任闽浙总督时创办的，只有举人才能进入。致用书院是在王文勤担任福建巡抚时办的。[2]

清代福州地区书院甚多，仅市区较著名的书院就有：共学书院、鳌峰书院、凤池书院、正谊书院、致用书院、越山书院、西湖书院、考志书院、道山书院、嵩山书院、正音书院、龙光书院等。至于十邑范围内的书院，那就更多了。其中，既有大型省会书院，也有小型书院。在这些书院中，大多保持着教学与学术切磋、以朱熹等理学名家为楷模的传统。

---

[1] 方彦寿：《闽学与福州书院考述》，《闽都文化研究》（上）海峡文艺出版社2006年12月版，第195、196页。

[2] 池贤仁编：《近代福州及闽东地区社会经济概况》，华艺出版社1992年版，第373页。

（二）促进了福州城市精神的培育

闽都文化是在土著的古闽文化发育尚未健全的时期，就接受外来的越文化，而后又连续受到吴楚文化、中原文化、海外文化的影响，有明显的多元性特征。相伴而生的是闽都文化的包容性。福州人较为宽容，较少排外性，易于接纳外来的事与物，与外来者和平相处。如果说，南宋前这种包容性还处于一种被动接纳的状态，南宋后随着朱子文化的传播，这种包容性逐渐升华、扩展。

朱熹是位博学多识的大学问家、集儒学大成的理学家，还是思想家、哲学家、教育家和诗人，一生学而不厌，诲人不倦，治学严谨，著作宏富，在训诂、考证、注释古籍，整理文献资料等诸方面，都有丰富的成果，对天文、地理、律历等自然科学，也进行过广泛的研究。可谓是，广纳博采、研究精深，"海纳百川，有容乃大"的典范。

朱熹在《大学章句》中指出："所谓致知在格物者，言欲致吾之知，在即物而穷其理。"要想了解事物，获得认识，首先要接触事物，并深入研究它的原理。

朱熹的诗充满哲学思考，给人们智慧启迪。《观书有感》（其一）诗曰："半亩方塘一鉴开，天光云影共徘徊。问渠那得清如许，为有源头活水来。"借景寓理，揭示了深刻的哲理，提醒人们要接受新事物，才能长葆活力，持续前进。《观书有感》（其二）："昨日江边春水生，艨艟巨舰一毛轻。向来枉费推移力，此日中流自在行。"启迪人们观察、研究规律，遵循规律办事，提高办事效率。《春日》："胜日寻芳泗水滨，无边光景一时新。等闲识得东风面，万紫千红总是春。"寓理趣于形象，托意神游泗水这个孔子传道受业的孔门圣地，展示对孔学必将催发生机的坚定信念。《偶成》："少年易学老难成，一寸光阴不可轻。未觉池塘春草梦，阶前梧叶已秋声。"告诫人们，光阴易逝，要珍惜青春时光，努力学习。

朱熹乃广纳博采、得以大成的典范；朱子文化包含丰富的哲学思想、人文精神、道德理念，其在福州广泛、持久的传播，强有力地促进了福州城市精神的培育，深远影响了闽都文化的发展。

林之奇、朱熹对"五福"文化的基本解读

方彦寿

摘 要 "五福"文化是上古先儒治国理政的基本原理《洪范九畴》的重要组成部分。南宋名儒林之奇、朱熹在前贤孔颖达、胡瑗论著的基础上,对其重新进行了解读,从而形成了各自不同的见解。对林之奇的书经学之长,朱熹有所肯定和吸收。朱熹在书经学的研究,对洪范九畴、"五福"文化的理论研究方面,有其重要的贡献。从社会教化和社会治理的角度来说,五福以及与其对应的"六极",又是统治者教化民众、造福或惩戒、恩威并举的利器,体现了朱子学社会治理恩威并举思想的辩证关系。

关键词 林之奇 朱熹 "五福"文化 社会治理 恩威并举

福文化的理论源头,最早可以追溯到儒学典籍《书经·洪范九畴》。《洪范九畴》是上古先儒治国理政的基本原理,"五福"是其中一个重要组成部分。

殷商末年(约前11世纪),周武王举兵伐纣。牧野决战,武王攻入商都朝歌,商朝覆灭。武王建周后,访道太行,向殷商遗民箕子询问殷商灭亡的原因和请教治国理政的道理。

箕子于是便将夏禹传下的《洪范九畴》讲述给武王,史称"箕子明夷"。[①] 其中,后世广泛为人们所知的"五福"即位列《洪范九畴》之九,

---

① 《周易·明夷》六五爻辞:六五,箕子之明夷,利贞。见朱熹《周易本义·周易下经第二》,《朱子全书》(第1册),第64页。

此即流传千古的"五福"的理论来源。"五福"的基本内容:"一曰寿,二曰富,三曰康宁,四曰攸好德,五曰考终命。"其基本含义就是通过寿、富、康宁、好德、善终此"五福",来劝导人向善。与"五福"对举的是"威用六极",其基本内容:"一曰凶短折,二曰疾,三曰忧,四曰贫,五曰恶,六曰弱。"其基本含义是通过夭折、多病、忧愁、贫穷、丑恶、懦弱此"六极",来警示和劝阻人们不要从恶。

显然,要了解"五福"的内涵及其意义,先得从汉唐诸儒的对洪范九畴的阐释说起。此九畴,实为治国理政的一个完整的理论体系。后儒对此有着不同的理解与解读,而以林之奇、朱子为代表的南宋理学家的解读颇具代表性。

一、唐孔颖达与宋初理学家对"五福"的基本解读

《尚书注疏》二十卷,汉代孔安国传,唐代孔颖达疏、陆德明释,《洪范九畴》见载于该书卷十一。九畴的顺序依次为:"初一曰五行,次二曰敬用五事,次三曰农用八政,次四曰协用五纪,次五曰建用皇极,次六曰乂用三德,次七曰明用稽疑,次八曰念用庶征,次九曰飨用五福,威用六极。"①

唐代孔颖达认为:"此畴,以大中为名,故演其大中之义、大中之道。大立其有中。欲使人主先自立其大中,乃以大中教民也。凡行不迁僻,则谓之中。《中庸》所谓从容中道,《论语》允执其中,皆谓此也。九畴为德,皆求大中,是为善之总,故云谓行九畴之义。言九畴之义,皆求得中,非独此畴求大中也。此大中,是人君之大行,故特叙以为一畴耳。"②孔颖达以"大中之义"来概括九畴的主旨,要求"人主"以"大中之道"来教化民众,九畴因此成为教化民众的道德范畴。孔颖达指出,此大中之义、大中之道,与《中庸》所谓"从容中道",《论语》的"允执厥中",有着相辅相成的作用。

---

① (汉)孔安国传,(唐)孔颖达疏、陆德明释:《尚书注疏》(卷十一),《钦定四库全书》。
② (唐)孔颖达《尚书正义》(卷十一)《钦定四库全书》。

九畴之间的相互关系如何？孔颖达特别强调了其五"建用皇极"、其二"敬用五事"、其九"飨用五福"的主要作用。他说："皇，大也；极，中也。施政教，治下民，当使大得其中，无有邪僻。故演之云。"① 何谓大中？孔颖达进一步解释说："大中者，人君为民之主，当大自立其有中之道，以施教于民。当先敬用五事，以敛聚五福之道，用此为教，布与众民，使众民慕而行之。在上能教如此，惟是其众民皆效上所为，无不于汝人君取其中道而行，积久渐以成性，乃更与汝人君以安中之道，言皆化也。若能化如是，凡其众民无有淫过朋党之行，人无有恶相阿比之德，惟皆大为中正之道。言天下众民尽得中也。"② 所谓大中之道，即人君用以教化天下众民的"中正之道"。

孔颖达的正义，在书经学上，对后儒产生了很大的影响。尤其是他把"皇极"解读为"大中"，视为"施政教，治下民"的"大中之道"。此说在南宋朱熹之前，一直在史上占据了主导地位。

下延至宋明理学家，九畴、五福等书经学范畴，是他们十分关注的论题。在北宋初期，以理学家胡瑗为代表。

胡瑗（993—1059），字翼之，泰州如皋（今江苏如皋）人。北宋理学先驱、思想家，世称安定先生，与孙复、石介并称"宋初三先生"。

胡瑗有《洪范口义》上下二卷。原本久佚，四库馆臣从《永乐大典》中辑出。胡瑗对皇极的解读大体沿袭了孔颖达的"大中之道"说法，但他对大中之道的具体表现做了更深一步的阐释。他说："次五曰建用皇极，皇，大；极，中也。言圣人之治天下，建立万事，当用大中之道。所谓道者，何哉？即无偏无党，无反无侧，无有作好，遵王之道；无有作恶，遵王之路是也……故一门之内得其中，则父义、母慈、子孝、兄友、弟恭；朝廷之内得其中，则君义臣忠，四海无滛朋之人，一乡一党则无遗亲，此皇极之道行也。"③ 将此大中之道用之于家，就是父义、母慈、子孝、兄友、弟恭；行之于朝，就是君义臣忠。

---

① （唐）孔颖达《尚书正义》（卷十一）《钦定四库全书》。
② （唐）孔颖达《尚书正义》（卷十一）《钦定四库全书》。
③ （宋）胡瑗：《洪范口义》（卷上），《钦定四库全书》。

他认为，在九畴中，皇极是"万事之祖"，处于"中"的地位。皇极与其余八畴的关系，表现为：

> 故皇极行则五行不相侵，五事不相徇，八政以之成，五纪以之明，三德以之平，卜筮以之灵，庶征以之顺，五福来臻，六极不至矣。然皇极独不言数者，何也？盖皇极者，万事之所祖，无所不利，故不言数。以此观之，包括九畴总兼万事，未有不本于皇极而行也，故处于中焉。①

对"五福"与"六极"的作用，胡瑗认为："以五福者，天下之民所共欲，故王者用是五福之道劝民，慕而归之，以趋于治也；六极者，天下之民所共恶也，王者用是六极之道威民，畏而惧之，以避其乱焉。是五福六极，莫非圣人用人以为天下之数，故曰次九。曰向用五福，威用六极，然次于九畴之末者，何也？首陈五行，是圣人法天地以为德，渐次为治，故天时顺而休征至，则五行皆得其性矣。庶征即叙则政教之成败著焉，故彝伦叙而政教成，则五福之道彰，彝伦败而政教悖，则六极之报应。五福者，君子之吉，成德也；六极者，人道之穷也。如是，则王道终始，斯可见矣，故因而终于九畴焉。"②

总之，以"五福"之道劝民向善，使民众慕而归之，天下就能趋于治；以"六极"之道威民远恶，使民众畏而惧之，天下就能避其乱。

二、林之奇对"五福"的基本解读

林之奇（1112—1176），字少颖，号拙斋，世称三山先生，侯官（今福州）人，传载《宋史》卷四三四。林之奇是南宋福建名儒，著名理学家，以研究书经学而知名于当世。他曾从浙东名儒"大东莱"吕本中学。吕教之以广大为心，以践履为实。在吕氏门下称为高弟。

---

① （宋）胡瑗：《洪范口义》（卷上），《钦定四库全书》。
② （宋）胡瑗：《洪范口义》（卷上），《钦定四库全书》。

林之奇的对九畴的看法与胡瑗有所不同。他认为九畴的先后之序，"各有定体"。如果说"圣人之意，谓皇极，行九畴之义理。五行资乎五事，正五事，赖乎皇极"，那么，皇极就应该列在九畴之首。"今其彝伦之序，先之以五行，次之以五事，次之以八政、五纪，然后及于皇极而说者，乃谓皇极为九畴之主，岂不谬哉？"所以，他认为，"皇极居中，可以包括上下，此说尤不可取。九畴以序而言，不以数而言之。"①也就是说，九畴的重要性，与九畴的先后排列之序有关。应以九畴的先后排列之序来定夺，即所谓"各有定体"。②

对"五福"之说，林之奇认为，如果能"使民享五福之庆，而不知有六极"，这是国家治理所应该追求的重大成果和终极目标，故列之于九畴的最后。在九畴中，排列于第九的"五福"最为特殊，"其畴一而有二，名曰五福，曰六极。"③一曰寿，至于五曰考终命，此五福之目也。一曰凶短折，至于六曰弱，此六极之目也。

对"五福"，林之奇也有自己的不同见解。对寿，先儒解读为可以活到一百二十岁，林之奇认为"寿者，止是终其天命，而不中道夭也"④即可。对富，"先儒以谓财业之备，亦不必然。足于衣食是富也。"⑤康宁者，他引用北宋孙元忠的话说，"以谓形康而心宁"。⑥也就是说，康宁不仅仅是外在生活的安逸，更是内心的安宁。攸好德，"所好者德也"，指的是对美好道德的追求。考终命，他不同意将此解读为"终其天年"。而采用以北宋泉州吕惠卿的说法："考，所谓父母全，而生之子全，而归之者也。"⑦这就将考终命从传统的个体终其天年，转移到对上下几代人的生命传承与香火的延续上。对考终命，林之奇还引用曾子的另一种

---

① （宋）林之奇《尚书全解》（卷二十四），《钦定四库全书》。
② （宋）林之奇《尚书全解》（卷二十四），《钦定四库全书》。
③ （宋）林之奇《尚书全解》（卷二十五），《钦定四库全书》。
④ （宋）林之奇《尚书全解》（卷二十五），《钦定四库全书》。
⑤ （宋）林之奇《尚书全解》（卷二十五），《钦定四库全书》。
⑥ （宋）林之奇《尚书全解》（卷二十五），《钦定四库全书》。
⑦ （宋）林之奇《尚书全解》（卷二十四），《钦定四库全书》。

说法,即以"成"来解读"考"。他说:"考,成也,成其终则无亏矣。"①如果以终其天命来解读考终命,那就与五福之首的"寿"没什么区别了!

林之奇认为,此"五福""皆人情之所大欲也。王者安天下,本于人情,故其五事敬八政,用五纪,协皇极,建三德,又稽疑明则休征至,而五福被于民。"②此为他对九畴与五福之间的内在联系的基本揭示。他引用北宋张晦之《洪范解》的观点说:"民舒泰则各尽其寿,乐业则各得其富,无疾忧所以康宁,知礼逊所以攸好德,不死于征战、不陷于刑戮,所以考终命,此说是也。盖此所论五福,非谓一人之身也,统天下之人而言之也。举天下之人而皆受福之报,则国家有无穷之休矣。"③

与"五福"对举的是所谓"六极"。他认为,"六极者,五福之反也。若天下皆受五福,则不可不以六极为鉴戒。兢兢业业,唯恐斯民之一失其所也。凶短折者,非正命而死也,若颜子之死,则非谓凶短折,盖尽其道而死也。疾者,疾疠之类。忧者,不得乐其生。贫者,困于财。恶,先儒以谓丑陋。弱,先儒以谓尪劣。"④

林之奇是后来成为朱熹的掌门弟子黄榦的理学启蒙之师,在福建早期理学传播史上,有着承上启下的重要作用。绍兴二十三年(1153),年方23岁的朱熹在初入仕途,赴同安主簿任经由福州时,曾专程拜访过他,听他解读《书经》。据朱熹后来的回忆,他在书院讲学时,对他弟子们说,解说《书经》,"惟三山林少颖向某说得最好"。他认为,林氏《尚书全解》,除了不够简练之外,在内容方面有很多长处。所以,朱熹的弟子光泽李相祖作《书说》初稿成,请朱熹提意见,朱熹批评说:"三山林少颖说亦多可取,乃不见编入,何耶?"⑤由此可见对林之奇的推重。

---

① (宋)林之奇《尚书全解》(卷二十四),《钦定四库全书》。
② (宋)林之奇《尚书全解》(卷二十五),《钦定四库全书》。
③ (宋)林之奇《尚书全解》(卷二十五),《钦定四库全书》。
④ (宋)林之奇《尚书全解》(卷二十五),《钦定四库全书》。
⑤ (宋)朱熹:《晦庵先生朱文公文集》(卷五十八)《答谢成之》,《朱子全书》(第23册),上海古籍出版社、安徽教育出版社2002年版,第2754页。

三、朱熹对"五福"的基本解读

朱熹是理学的集大成者。在书经学的研究，对洪范九畴、五福的理论研究和福文化的实践等方面，都有其重要的贡献。

朱子认为："《洪范》一篇，首尾都是归从'皇极'上去。盖人君以一身为至极之标准，最是不易。又须'敛是五福'，所以敛聚五福，以为建极之本。又须是敬五事，顺五行，厚八政，协五纪，以结裹箇'皇极'。又须乂三德，使事物之接，刚柔之辨，须区处教合宜。稽疑便是考之于神，庶征是验之于天，五福是体之于人。这下许多，是维持这'皇极'。"[①] 所谓"首尾都是归从皇极"，是将"皇极"视为《洪范》九畴的纲领，在九畴中，皇极居于统领和中心的地位。其余若干包括"五福"等范畴，都围绕"皇极"而展开，并且维持'皇极'的中心统领地位。

他不同意"孔氏传训'皇极'为'大中'"，且对"诸儒皆祖其说"的现象提出不同的看法。除了在各地讲学中，反复强调这一观点之外，还专门撰写了著名的《皇极辨》一文。本文开篇，即对以"《洛书》九数而五居中，《洪范》九畴而皇极居五"来论证"皇极"为"大中"的传统学说提出质疑。舍此之外，他另辟蹊径。他说："余独尝以经之文义语脉求之，而有以知其必不然也。盖皇者，君之称也；极者，至极之义，标准之名，常在物之中央，而四外望之以取正焉者也。故以极为在中之准的则可，而便训极为中则不可。"[②]

通过对《洪范》经之文义语脉的分析和解读，朱熹认为，"皇极"中的"皇"是指君主而言，"极"是指标准。他说："若箕子之言，有曰'皇建其有极'云者，则以言夫人君以其一身而立至极之标准于天下也。"[③] 这对传统的以"大中"来解读"皇极"，可以说是一个根本的颠覆。陈来

---

① （宋）黎靖德编：《朱子语类》（卷七十九），中华书局1986年版，第2048页。
② （宋）朱熹：《晦庵先生朱文公文集》（卷七十二）《皇极辨》，《朱子全书》第24册，第3454页。
③ （宋）朱熹：《晦庵先生朱文公文集》（卷七十二）《皇极辨》，《朱子全书》第24册，第3454页。

认为：

首先，"皇极"中的"皇"是指君主而言，皇权本身并不能成为标准，君主只有按儒家思想修身正身，他的行为才能成为天下的根本标准。所以朱熹的皇极思想是对皇权的道德限制，而不是对皇权的无条件声张，这是朱熹皇极说的政治思想本质，与后世鼓吹皇权的皇极说不同。其次，作为标准的极常常树立在物的中央，四方周围都以它为标准而取正。所以，极的位置常常在中央，但极的意思并不是中，极的意思是根本标准；特别是，如果照孔安国的说法，用大替代皇，用中替代极，下文的"惟皇作极"就变成"惟大作中"，文义就完全不通了，因此以"大中"解释皇极是不正确的。总之，在概念上，朱子认为"中"是"极"所蟲立的位置，不是"极"的本义，极的本义只能是最根本的标准。反对以中为极是朱子的基本立场。①

皇极与九畴其他方面又是什么关系？朱熹认为，皇极"既居天下之至中，则必有天下之纯德，而后可以立至极之标准。"②诚如陈来所言，朱熹在此所强调的是，"极"是最根本的标准，而"立"此"至极之标准"的，必须要有"天下之纯德"，此纯德何在？即在九畴之中。故朱熹说："故必顺五行、敬五事以修其身，厚八政、协五纪以齐其政，然后至极之标准卓然有以立乎天下之至中，使夫面内而环观者莫不于是而取则焉。"③何谓"面内"？即面向九畴之内；何谓"环观"？即立足皇极，依次将列于皇极之前的五行、五事、八政、五纪，和列于皇极之后的三德、稽疑、庶征、五福环绕着皇极这一中心运行。按朱熹所要求的"敬五事，顺五行，厚八政，协五纪，以结裹箇'皇极'。又须乂三德，使事物之接，

---

① 陈来：《一破千古之惑》——朱子对〈洪范〉皇极说的解释》，《北京大学学报》（哲学社会科学版）2013年3月第50卷第2期。
② （宋）朱熹：《晦庵先生朱文公文集》卷七十二《皇极辨》，《朱子全书》（第24册），第3454页。
③ （宋）朱熹：《晦庵先生朱文公文集》（卷七十二）《皇极辨》，《朱子全书》（第24册），第3454页。

刚柔之辨，须区处教合宜。稽疑便是考之于神，庶征是验之于天，五福是体之于人。这下许多，是维持这'皇极'。"①由此可知，所谓"面内而环观"，其目的是为了"结裹箇皇极""维持这皇极"。

具体到皇极与五福的关系，朱熹与其弟子蔡沈、后学真德秀曾从多方面加以阐释。其中最重要的，是从社会教化的角度来说，"五福"以及与其对应的"六极"，又是人君教化民众、造福或惩戒、恩威并举的利器。

当有学生问"五福"与"六极"的关系，朱子答曰："民之'五福'，人君当向之；民之'六极'，人君当畏之。"②"人君所向用'五福'，所威用'六极'，此曾南丰所说。诸儒所说，惟此说好。"③所谓向，朱门后学真德秀解读为"慕"，即向慕。人君以福泽浸润天下，引导万民追求五福；所谓威，是"畏"，即以六极、六种惩罚手段加以惩治，使人君产生敬畏和恐惧。此为朱子学社会治理恩威并举思想的辩证关系的体现。

朱门弟子蔡沈、后学真德秀对朱子的福文化思想做了进一步的发挥。

蔡沈阐释皇极与五福的辩证关系，认为"极者，福之本；福者，极之效。极之所建，福之所集也。"皇极，作为人君治理天下的最根本标准，也是推行"五福"的根本；而是否能福泽天下，福润苍生，则是检验人君治理天下的得失成败之效。所以"人君集福于上，非厚其身而已，用敷其福以与庶民，使人人观感而化，所谓敷锡也。当时之民，亦皆于君之极，与之保守，不敢失坠，所谓锡保也。言皇极君民，所以相与者如此也。"④

真德秀将此纳入其所建构的大学之道帝王之学之中。他说："皇极建则举世之人皆被其泽而五福应之，故尧舜之民无不仁且寿者，此人君

---

① （宋）黎靖德编：《朱子语类》（卷七十九），中华书局1986年版，第2048页。
② （宋）黎靖德编：《朱子语类》（卷七十九），中华书局1986年版，第2051页。
③ （宋）黎靖德编：《朱子语类》（卷七十九），中华书局1986年版，第2041页。
④ （宋）蔡沈：《书集传》（卷四），《朱子全书》（外编本），华东师范大学出版社2010年版，第147—148页。

之所当向慕也，故曰向用五福。皇极不建则举世之人皆蒙其祸，而六极随之，故桀纣之民无不鄙且夭者，此人君之所当畏惧也，故曰威用六极。《洪范》九畴，六十有五字尔，而天道人事无不该焉，原其本皆自人君一身始。此武王之问箕子之言，所以为万世蓍龟也。"[1]真德秀此说，与先儒诸如宋初胡瑗的说法有所不同。胡瑗是以"五福"之道劝民向善，使民众慕而归之，天下就能趋于治；以"六极"之道威民远恶，使民众畏而惧之，天下就能避其乱。真德秀将胡瑗的劝民向善、威民远恶的主语"民"，转变为"人君"，无形之中，已将传统的"五福六极"之说，融入他所精心建构和"衍义"的"帝王之学"思想体系之中。这对朱熹的"正君心"的政治学说，是一个拓展和有益的补充。

总之，"五福"文化是上古先儒治国理政的基本原理。南宋名儒林之奇、朱熹在前贤孔颖达、胡瑗论著的基础上，对其重新进行了解读，从而形成了各自不同的见解。朱熹在书经学的研究，对洪范九畴、五福文化及其对应的"六极"等的理论研究，从社会教化和社会治理的角度来说，是统治者教化民众、造福或惩戒、恩威并举的利器，体现了朱子学社会治理恩威并举思想的辩证关系。

---

[1] （宋）真德秀撰、朱人求点校：《大学衍义》（卷二），华东师范大学出版社2010年版，第35页。

圣贤视角下福州朱子文化传播的创新逻辑

李海文

摘 要 面对传统地缘弱势和全球文化的冲击，福州朱子文化传播是值得不断追问的一大话题，其传播创新势在必行。把朱子重新置于圣贤视角进行审视，返本开新，是回应现实召唤、挖掘既有潜能和创新传播路径的逻辑起点。福州朱子文化传播升级的现实召唤，一是福州朱子文化在现代大众中存在"认知空白"，二是圣贤文化传播有利于赋能福州的区域发展。朱子的德智超群造就其圣贤性，其圣贤性造就文化的可供性，从而为"圣贤"突破"乡贤"地域框架认知提供了可能。以朱子文化遗产造就"非常规媒介"开辟传播新路径，一是"文旅"为媒，整合福州朱子景观遗产，提升可见性；二是"圣贤"为媒，以朱子思想遗产修身养性，塑造"新圣贤"；三是"非遗"为媒，联合开展朱子系列的非遗活动，增强具身性。

关键词 圣贤 朱子文化 传播 福州

2021年3月，习近平总书记到武夷山朱熹园考察时指出："我们要特别重视挖掘中华五千年文明中的精华，弘扬优秀传统文化，把其中的精华同马克思主义立场观点方法结合起来，坚定不移走中国特色社会主义道路。"习近平总书记高度重视朱子文化对中华文明的重要意义，为朱子文化传播迎来一个新契机。福建全省上下传承弘扬朱子文化，福州应有何作为？福州传播朱子文化的实然和应然又是如何？笔者围绕这些问题，尝试探究其传播创新之道。

一、何以必要：福州朱子文化传播升级的现实召唤

朱子文化是我国重要的文化遗产，传播朱子文化已是共识，无须赘言。重点是在现代福州的时空语境之下，如何重新认识、挖掘、传播朱子文化，形成一种具有操作性的新知。从中微观而言，福州朱子文化传播升级面临以下两项须需。

1. 福州朱子文化在现代大众中存在"认知空白"

说起闽都文化，人们通常想到的是三坊七巷、马尾船政、林则徐、三山两塔一条江、鼓山、闽剧、温泉、寿山石、昙石山文化遗址、青云山等，而朱子文化往往在常人的认知之外。倘若提起朱子文化，民众知之甚少，而且容易招致反问：朱子跟福州有关系吗？实际上，朱子文化包含于中原文化，而中原文化是闽都文化的重要组成部分。朱子不仅十多次来榕，（如表1）会见文士诗友，留下许多圣贤遗迹遗产，而且四大弟子之一兼女婿黄榦（福州人）是闽学主要传播者和奠基人。福州朱子文化影响可谓深远巨大，如"海滨邹鲁"美誉的形成与其有着密切关系。朱子不仅曾书写"海滨邹鲁"四个大字悬挂在福州西关谯楼上，而且来福州开堂讲学带动书院建设，培养学生，促使文教昌盛。时至当下，福州朱子文化受到有意无意的忽视或者遮蔽，集体记忆难以谈起。

表1　朱熹来榕主要年表

次数	日期	年龄	主要事迹
第一次	绍兴十二年（1142）九月	12岁	随父拜访程迈、张元幹、傅自得等人
第二次	绍兴二十二年（1152）五月	22岁	拜访李椅、林之奇、刘藻、任文荐等
第三次	绍兴二十六年（1156）十二月	26岁	携家北归，途经福州，拜会吕祖谦
第四次	绍兴三十二年（1162）	32岁	谋差失败，帮助汪应宸办理政事
第五次	隆兴二年（1164）二月	34岁	向汪应宸问安
第六次	隆兴二年（1164）四月	34岁	受汪应宸之邀商讨政事

续表

次数	日期	年龄	主要事迹
第七次	淳熙十年（1183）八月	53岁	赴泉州吊傅自得过福州，讲学扬道
第八次	淳熙十四年（1187）正月	54岁	下莆田吊陈俊卿，路过福州
第九次	淳熙十五年（1188）	58岁	寓居连江县宝林寺，集众讲学
第十次	绍熙元年（1190）十一月	60岁	游福州，受邀写序作诗
第十一次	庆元三年（1197）	67岁	吊丧黄榦之母

福州朱子文化传播升级不仅仅是为了破解其在现代大众中的"认知空白"，而且还在于知情意行的转化，推动地域文化传播，推动区域的社会治理，乃至推动地方社会的综合发展。

2. 圣贤文化传播有利于赋能福州的区域发展

自古以来，文治是社会乃至国家治理的重要方式。通过弘扬中华优秀传统文化，推动乡村振兴、城市发展是我们国家的一大方略。中华优秀传统文化包含圣贤文化，人们崇圣尊贤，古有贤良政治，今有人才兴国。圣贤文化推动社会治理不会天然实现，需要加以传播人为勾连。传播不仅是信息的传递，还是意义的共享和社会秩序的建构。党的十八大以来，福州发展较快，取得了一定成绩，但也面临发展的瓶颈。与杭州、广州等周边省会相比，福州的发展还有巨大的提升空间。福州入唐以来人文开始荟萃，圣贤文化愈发浓厚，如古代的闽中三绝、海滨四先生（闽中四先生）、闽中十才子、闽中二徐（晋安二徐），近代的三坊七巷名人等。但这些圣贤绝大部分为本地乡贤，成就及其影响局限于某一方面。而朱子是外来贤达，成就及其影响巨大，然而福州对此未能得到正视和足够重视，更遑论利用朱子文化推动福州的区域发展了。

二、何以可能：以"圣贤"突破"乡贤"地域框架认知

朱子虽非福州乡贤，具有地缘弱势，但与福州具有较多的联系，形

成了福州朱子文化。同时，朱子个人造诣（学术与道德）极高，对社会影响极大，日益受到世人推崇，从乡贤位列至圣贤，朱子文化具有了共享性。

1. 朱子的德智超群造就其圣贤性

何为圣贤？从字面而言，圣贤即圣人与贤人统称。圣人通常是指"品格最高尚、智慧最高超的人物"①，正如司马光所言"才德全尽谓之圣人"②。贤人是"有才德的人"③，段位次于圣人；从地域分布来讲分为两种，即乡间有"乡贤"，城市里有"贤达"④。因此，可以说圣贤是"道德和智能完善的人"⑤。在道德方面，朱熹为官清正廉洁，嫉贪如仇，忧世恤民，勤俭节约。在智能方面，朱熹是伟大的思想家、哲学家、教育家，对经学、史学、文学、乐律以至自然科学都有贡献。他是宋代儒学的代表人物，是理学的集大成者。从其人事实出发，朱子德智超群，位列圣贤无疑。

朱熹虽有遭遇些许非议，但日渐被后人以圣贤视之。明建阳知县黄国琦在《册府元龟》（1642年刻印）"卷首"言"乃宋贤朱熹等讲道之乡"，朱熹位列宋朝贤士。清初学者陆陇其就曾说："朱子之意即圣人之意"，并认为"今之学者无他，亦尊朱子而已"。⑥清代理学名臣李光地论起学术起源是说"近不敢背于程朱，远不敢违于孔孟"⑦，把朱子与圣人孔孟同日而语。康熙皇帝曾亲自拟定褒扬朱子功绩的对联，即"集大成而绪千百年绝传之学，开愚蒙而立亿万世一定之归"，认为朱子是承上启下

---

① 中国社会科学院语言研究所词典编辑室编：《现代汉语词典（第7版）》，商务印书馆2016年版，第1174页。
② （宋）司马光：《资治通鉴·周纪一》，顾长安整理，万卷出版公司2009年版，第7页。
③ 中国社会科学院语言研究所词典编辑室编：《现代汉语词典（第7版）》，商务印书馆2016年版，第1420页。
④ 楼宇烈：《"乡贤文化"漫谈》，《中国文化研究》2017年第2期。
⑤ 徐光春：《汲取圣贤文化精华 促进先进文化建设》《史学月刊》2007年第一期，第5—8页。
⑥ （清）陆陇其：《三鱼汤文集》（卷五）//《答同年臧子介书》、《答嘉善李子乔》。
⑦ （清）李光地：《进读书笔录及论说序记杂文序》//《榕村全集》（卷10）。

的万世师表。钱穆先生认为"在中国历史上，前古有孔子，近古有朱子。此两人，皆在中国学术思想史及中国文化史上发出莫大声光，留下莫大影响。旷观全史，恐无第三人堪与伦比"①，把朱子与孔子视为无第三人堪比的文化明珠。现代历史学家蔡尚思曾赋诗"东周出孔丘，南宋有朱熹；中国古文化，泰山与武夷"，同样把朱子推崇至与孔子并列。联合国教科文组织在评定武夷山文化遗产时，最重视的是朱熹理学思想，称之为"后孔子主义"。②从他人整体评论出发，对朱子的褒远胜于贬，位列圣贤也应无疑。朱子虽然大半生在南宋武夷山乡间讲学传道，但已不是一时一地的乡贤名士，而是如同孔子一般成为后世具有普遍认可性的圣贤。

2. 朱子的圣贤性造就文化的可供性

朱子不仅仅是江西婺源、福建三明以及南平的乡贤，同时也是福州、厦门、泉州、漳州以及浙江台州等地的外来贤达，宦迹横跨闽、浙、赣、湘，是中国乃至朝、韩、日、越南等国可以共尊共享的圣贤。乡贤往往看成某地域独享的文化资源，产生排他性；而圣贤是天下人可共享的文化资源，具有包容性。例如，夏禹、孔子、韩愈、妈祖、苏轼等，成为许多地方共享资源。大禹不仅在汉族文化中位列"三皇五帝"，而且羌族视之为鼻祖，潮州之人视为水神祭拜，非遗"禹的传说"分布于武汉、汶川、高密、禹城等多地，文化得以共享传播。近代马克思虽为德国人士，但在中国、朝鲜等国得到尊崇，文化同样得以共享传播。圣贤文化本质是卓越文化遗产，从"一地私有"走向"天下公有"并无不可跨越的鸿沟。从古至今，不少城市利用卓越文化遗产打造成为本地文化的新名片，如肇庆的包公文化、河池的于成龙文化等，甚至创造了新品牌，如石家庄的龙山蜡像馆、杭州的东方文化园等。

朱子文化是朱子留给全人类的共同财富，具有"民有、民享、民治"的公共性，正如尤溪县博物馆对朱子的介绍："朱子学不仅是中国的，

---

① 钱穆：《朱子新学案》（第1册），九州出版社2011年版，第1页。
② 程经华：《经华联梦》，中国文史出版社2006年版，第452页。

也是世界的。"除了公共性,朱子文化还有丰富性。就从福州而言,朱子在榕留下了诸多遗址遗迹,与其思想著作等构成了丰富的文化遗产。朱子因其圣贤性,在内容、关系等层面造就了其文化的可供性。因此,创新传播朱子文化既要从地域出发,又要跳出地域,把朱子文化融入更大的文化环境之中。

三、何以可为：以朱子文化遗产造就"非常规媒介"

朱子文化遍布八闽,在榕留下一批遗迹遗产。福州作为省府,是朱子文化的重要节点,不仅可以而且应该大力传播朱子文化。除了在大众传媒和新媒体等常规媒介着力之外,还要创新媒介认知,积极开发非常规媒介。

1. "文旅"为媒：整合福州朱子景观遗产,提升可见性

谈到传播,人们往往联想到"新闻""媒体"等关键词。诚然,地域文化传播主渠道是新闻传播媒介(报刊、广电、网络、新媒体等),但其他非常规渠道亦不可忽视。在法国媒介学者雷吉斯·德布雷看来,媒介是"在特定技术和社会条件下,象征传递和流通的手段的集合"。[①] 人口迁徙、商贸往来、旅游活动、地方高校、交通工具及其设施等都是地域文化传播的媒介。从2019年华夏地域文化传播研究来看,非常规媒介占有重要一笔。[②] 以旅游活动为例,对于来客而言,他们接触某一旅游地的地域文化具有直接性、互动性和即时性的特点,能够直观体验当地文化,成为价值的评判者和传播的二传手；对于去客,可谓是居住地的"文化大使",本身都是自媒体,他们携带地域文化,直接实施各种传播活动,如人际传播、群体传播等。正如2017年国家主席习近平向联合国世界旅游组织第22届全体大会致贺词,其中指出"旅游是不同国家、不同文化交流互鉴的重要渠道"。

---

① [法]雷吉斯·德布雷：《普通媒介学教程》,陈卫星、王杨译,清华大学出版社2014年版,第4页。

② 李海文：《2019年华夏地域文化传播研究》,《福建工程学院学报》2020年第2期。

朱子十多次来榕，避祸游学、专程讲学、探亲访友、修订文稿等，留下的许多文化遗迹遗产。例如，朱子在"福州志石鼓、乌石"①，在西湖有诗文《游西湖》，在鼓山与师友赵汝愚题壁诗歌，在北峰有诗《题莲花峰》两首，踏足书院有紫阳讲堂、竹林书院、贤场书院、高峰书院、濂江书院、龙津书院等。闽清、福清、长乐、连江、屏南等福州十邑也有不少朱子文化的零珠碎玉（见表2）。"迹之所存，德之所寓"，人们往往仰慕圣贤遗迹。时至今日，这些地方总体闲散零碎，需要加以考古、修复、整合、完善，即串珠成链，形成具有可见性的景观链。实际上朱子文化不乏突出的遗产价值，倘若以文化景观遗产加以整合，并与其他省市联合文旅化，面貌必将为之一新。正如习近平总书记所说，"要让更多文物和文化遗产活起来"②，"要坚持以文塑旅、以旅彰文，推动文化和旅游融合发展"。③总之，以遗产化打牢福州朱子文化基础，从遗产升级到资产，必定会受到社会资本的有力驱动。通过文旅活动，传播朱子文化。

表2　福州朱子文化遗迹遗址（不完全统计）

序号	区县	遗迹遗址
1	鼓楼	乌山题刻、朱子祠
2	晋安	紫阳书院讲堂胜境、竹林境、牛岗山题刻、鼓山题刻、仁山题刻
3	仓山	城门濂江书院
4	马尾	长柄朱子祠、亭江题刻、闽安题刻
5	长乐	晦翁岩、德成岩
6	福清	韶溪草堂紫阳朱先生书院、南岭题刻

---

① （清）沈瑜庆、陈衍：《福建通志》//《福建列传》（卷十二）：《临海·朱熹传》（第62册），江苏广陵古籍刻印社1986年版，第39页。
② 《把中国文明历史研究引向深入　推动增强历史自觉坚定文化自信》，《人民日报》2022年5月29日，第1版。
③ 习近平：《在教育文化卫生体育领域专家代表座谈会上的讲话》，《人民日报》2020年9月23日，第2版。

续表

序号	区县	遗迹遗址
7	闽侯	吟翠山楼、朱子楼遗址
8	闽清	梅溪坪、后峰、朱山等题刻
9	连江	丹阳宝林寺、朱子祠
10	永泰	嵩口题刻、石鼎峰题刻
11	罗源	圣水寺

2."圣贤"为媒：以朱子思想遗产修身养性，塑造"新圣贤"

文化传播不仅包括共时性的横向传播，即空间扩布，也包括历时性的纵向传播，即传承。人在哪里，阵地就在哪里，传播就在哪里，人是"文化传播的终极介质"①从跨越时空来看，"圣贤"以己为媒，影响了诸多后人。在朱子故里三明尤溪，"尤自大儒笃生以来，士颇知学，户有诵，家有弦，彬彬然风雅是尚"②。南宋政治家、文学家文天祥"自为童子时，见学宫所祠乡先生欧阳修、杨邦乂、胡铨像，皆谥'忠'，即欣然慕之，曰：'没不俎豆其间，非夫也'"。③因此，通过正规和非正规的教育，培育新圣贤，更是传承朱子思想、传播朱子文化的有力途径。

朱子遗留了大量的宝贵的精神遗产，除了既有意思，又有意义的生平事迹（如沙洲画卦、迁居建州、社仓备荒、鹅湖之会、浙东赈灾等）外，还现存著作共二十五种，六百余卷，总字数在两千万字左右。它们主要有《周易本义》《启蒙》《蓍卦考误》《诗集传》《大学中庸章句》《四书或问》《论语集注》《孟子集注》《太极图说解》《通书解》《西铭解》《楚辞集注辨正》《韩文考异》《参同契考异》《中庸辑略》《孝经刊误》《小学书》《通鉴纲目》《宋名臣言行录》《家礼》《近思录》《河南程氏遗书》《伊洛渊源录》等。另有《文集》一百卷、《续集》十一卷、《别集》十卷，

---

① 郝朴宁等：《民族文化传播理论描述》，云南大学出版社2007年版，第449页。
② 《尤溪县志》（民国版）卷八·风俗志。
③ （元）脱脱等：《宋史·文天祥传》，中华书局1977年版，第12533页。

阁人辑录的《朱子语类》一百四十卷。如果对这些加以创造性转化和创新性发展，以"进校园""进社区"等方式开展专题文化活动，甚至课程化，塑造"新圣贤"，那么朱子文化必将得到有效传播。

3. "非遗"为媒：联合开展朱子系列的非遗活动，增强具身性

认知渠道通常有三种：他人授之、自我感知和逻辑思考。外部信息的输入是逻辑思考的基础，因此他人授之和自我感知作为信息输入主要来源，是人类最简便最基础的认知渠道。以朱子思想遗产修身养性不仅仅有书本教育（他人授之）路径，还可以而且应该结合体验路径（自我感知）展开。千百年来，朱子和其父在多地给后人留下了许多非物质文化遗产（简称非遗）（见表3）。非遗与人们的日常生活息息相关，具有传承性、活态性、综合性等特点。而福州是全省的政治文化中心，完全可以借用这些非遗，营造相关场景，为福州的朱子物遗增加活态性，为福州的"新圣贤"教育增强体验性。例如，开展朱子祭祀典礼，品尝朱子家宴，练习晦翁八段锦等，发挥具身传播功能。

表3 福建"朱子"系列非遗项目

序号	非遗名称	非遗类别	非遗级别	列入年月
1	朱熹祭典	民俗	福建省级	2011.12
2	朱子家宴	民俗	福建省级	2017.01
3	朱子祭典（扩展）	民俗	福建省级	2017.01
4	朱子家礼（成年礼、拜师礼、婚礼）	民俗	福建省级	2019.03
5	东平小胳	传统技艺	福建省级	2022.01
6	晦翁八段锦	传统体育、游艺与杂技	三明市级	2018.05
7	朱子家礼	民俗	尤溪县级	2019.11
8	朱子古琴	传统音乐	尤溪县级	2019.11
9	朱子学影响下的尤溪及周边大木作技艺体系	传统技艺	尤溪县级	2019.11
10	朱子家宴	传统技艺		2021.09

续表

余 论

朱子虽非福州乡贤,但是是外来贤达,更是公认的圣贤。在新时代下,其对福州产生的朱子文化亟待传播创新。福州传播朱子文化,应打破地域偏见,重构思维新认知。采用圣贤视角创新福州朱子文化的传播,不仅是一种话语形构,同时也是一种"社会—物质"形构。谨以此文,投砾引珠,凝聚共识,推动福州朱子文化传播开创新局面。

朱熹在福州晋安的诗歌创作

黄高宪

摘　要　朱熹的一生，创作了1200多首诗词。他在福建生活了六十余年，来福州十多次。本文围绕朱熹在福州晋安的诗歌创作进行论述。全文分为：朱熹诗诵鼓山、朱熹诗诵宦溪莲花峰、朱熹诗诵寿山狮眼洞、朱熹诗诵桂湖温泉、朱熹诗慰女儿贫，共五个部分。本文在"结语"中指出：朱熹的诗歌体现了他坚守信念、不断奋斗前行的精神以及清正廉洁、关怀民瘼、心忧天下的美德。从他在福州晋安创作的诗歌作品中，足见其"不乏语言活泼灵动，充满勃勃生意的好诗"。朱熹为晋安、为福州，留下了众多宝贵的文化遗产。笔者建议：有关部门和当地各界人士尽可能开发利用这些珍贵的文化资源，使之为晋安、为福州文化旅游事业的发展发挥显著的作用。

关键词　朱熹　福州晋安　诗歌创作　艺术特色　文化价值

朱熹（1130—1200），出生于尤溪县，后迁建阳县，绍兴十八年（1148）进士，曾知南康军、知漳州，终官至焕章阁待制兼侍讲。庆元八年（1200）病逝，葬于建阳黄坑。他生于福建，卒于福建，生平中有六十余年生活在福建。他是一位杰出的思想家、教育家、书法家、诗词家。他著书立说、教书育才、作诗填词等，大部分都在八闽大地上成就其事业。"朱熹一生，创作了1200多首诗词，其中不乏语言活泼灵动，充满勃勃生意的好诗。朱子之诗，风格平和，寓性理于生动的情景之

中。"①本文围绕朱熹在福州晋安的诗歌创作进行论述,从中领略朱熹"不乏语言活泼灵动,充满勃勃生意的好诗"。

本文中的晋安,指今之福州市晋安区。1996年1月,福州郊区正式更名为晋安区(以辖区内晋安河为名),并相应调整其行政区划。调整后的晋安区行政区划延续至今,因此,本文中的鼓山、宦溪、寿山等地均属今之晋安。

一、朱熹诗诵鼓山

福州鼓山耸立于榕城东侧,闽江北岸,层峦叠翠,风景秀丽。早在一千多年前就已闻名于世。两晋时期著名文学家、训诂学家郭璞在《迁城记》中就有"左旗(山)右鼓(山),全闽二绝"之赞。相传,鼓山主顶峰上有一巨石如鼓,每当风雨交加时,便有簸荡之声,因此而得名。

鼓山灵源洞,坐落于涌泉寺山门东边。历代名人在这里留下了数百幅摩崖石刻,有真、草、隶、楷、篆各体书法,其中宋代蔡襄、李纲、赵汝愚、朱熹等名家的题刻尤为珍贵。著名书法家、诗人蔡襄在《游鼓山灵源洞》诗中,赞美这里清幽迷人的美景:"云深翳前路,树暗迷幽谷。朝鸡乱木鱼,晏日明金屋。灵泉注石窦,清吹出篁竹。"朱熹也在这里创作了《鼓山灵源洞》诗。诗中写道:

> 灵源有幽趣,临沧擅佳名。
> 我来坐久之,犹怀不尽情。
> 褰裳步翠麓,危绝不可登。
> 豁然天地宽,顿觉心目明。
> 洋洋三江汇,迢迢众山横。
> 清寒草木瘦,翠盖亦前迎。
> 山僧好心事,为我开此亭。
> 重游见翼然,险道悉以平。

---

① 卢美松主编:《八闽文化综览》,福建教育出版社1992年版,第334页。

会方有行役，邛蜀万里程。
徘徊更瞻眺，斜日下云屏。

　　这是一首五言古风。开头四句直抒灵源洞具有幽雅的情趣，洞前临沧海，早已美名扬。诗人久坐于此，流连忘返，对这里秀丽的景色怀有无限依恋之情。第五句至十二句，写其攀登灵源洞山岩，远眺前方，闽江下游的乌龙江、白龙江和马江三江汇聚，群山逶迤，虽是清寒时节，翠色山峦依然笑迎诗人的到来。诗的后八句写诗人受山僧的款待，来到灵源洞边的亭中。此时旧地重游，见山石、亭台显得自然飘逸，心情豁然开朗，险路仿佛变成坦途。恰好自己即将外出远行，此时面对晚霞映照下的灵源洞美景，不断地徘徊，一次又一次地瞻眺，心中眷恋不已，久久不愿离去，直至斜阳落下云霞中如屏的山峦。这首古风语言优美，情景交融。随着登临灵源洞游览过程中景物的变化，诗人的思绪跌宕起伏。诗中完美地表现了诗人对鼓山及山前美景的热爱，并表达了他对鼓山难以割舍的依恋。这首诗情感充沛，感人至深。

　　南宋大臣赵汝愚（字子直）是朱熹的挚友，淳熙十年（1183）八月，两人曾同游福州乌石山，山岩上留下了"赵子直、朱仲晦淳熙癸卯仲冬丙子同登"的石刻。绍熙十四年（1187）正月，朱熹再次到福州拜访赵汝愚，此时赵汝愚已调任四川制置使去了。朱熹独自登鼓山。从灵源洞山壁小道往东走，前方有两块巨岩相对而立，被称为"石门"。跨过石门，再往东行，便是著名的水云亭。朱熹在离水云亭不远处留下了："淳熙丁未，晦翁来谒鼓山嗣君，游灵源，遂登水云亭，有怀四川子直侍郎"的题刻。绍熙元年（1190）赵汝愚再次调任福州知府，重登鼓山，喜读朱熹的题刻，激动万分，于是请人在"朱刻"的旁边题刻。后来朱熹从赵汝愚《游鼓山》诗的"江月不随流水去，天风直送海涛来"两句中，选取"天风海涛"四个字，亲自书写后刻于鼓山绝顶峰石壁上。朱熹来到灵源洞，"我来坐久之，犹怀不尽情"，是他内心真实的写照。灵源洞东侧百米处便是水云亭，这里同样使他眷恋不已。上述文坛佳话，有助于我们更好地解读朱熹在《鼓山灵源洞》诗中，为什么对鼓山怀有特别深挚的情感。

二、朱熹诗诵宦溪莲花峰

朱熹曾游晋安宦溪的莲花山,并作《题莲花峰》两首:

其一
群峰相接连,断处秋云起。
云起山更深,咫尺愁千里。

其二
流云绕空山,绝壁上苍翠。
应有采芝人,相期烟雨外。

莲花峰,即莲花山,在福州北部,亦称大北岭,今属宦溪镇。峰下有宣陵,为五代十国时期闽国开国国君王审知(862—925)的陵墓。据《人文晋安》载:"(北峰)前洋旧称'贤场'。《榕城考古略》载:'(贤场)在长箕岭后,宋季避伪学,朱子避地讲学于此。''贤场'即出贤人的地方,以后按福州方言谐音,转化为'前洋'。"①淳熙十年(1183),朱熹在北峰贤场书院讲学,莲花峰在大北岭,两地相距较近,《题莲花峰》这两首诗可能作于这一时期。

《题莲花峰》第一首,写莲花峰与福州北部山峦相连接,秋日云起山更幽深。云雾迷漫的山间,虽隔咫尺,却充满了千里愁云。诗人表面上写深山秋云,实际上是用"愁千里"隐喻其内心无限的忧愁,因此,此诗很可能在诗人为避道学被诬为"伪学"这一时期创作的。

《题莲花峰》第二首前两句写莲花峰的景色。后两句"应有采芝人,相期烟雨外",仿佛从"千里愁云"中,看到希望。他坚信,采撷灵芝的

---

① 中共福州市晋安区委宣传部等编:《人文晋安》,福建美术出版社2011年版,第221页。

同路人，一定会相约在烟雨消失之后。朱熹作为道学（即理学）之魁，受到反道学的当权者们的诬陷、迫害。庆元党禁对他和赵汝愚等人的迫害达到高潮。

《题莲花峰》这两首写景抒情诗，语言简约，明白晓畅，而诗中寓意深刻，寓性理于生动的情景之中。诗人在逆境中，依然沉稳、乐观。朱熹逝世后不久，随着韩侂胄的身败名裂，党禁解弛，朱熹不断地被塑造成"圣人"形象。他被谥为"文公"，赠宝谟阁直学士，又追封徽国公等。他诗中"应有采芝人，相期烟雨外"的预言和期盼，并没有落空，终究化为现实。他的这两首诗至今仍启迪我们，在遇到困难、挫折时，不要气馁，要坚守信念，不断奋斗前行。

三、朱熹诗诵寿山狮眼洞

福州北峰寿山乡矿产资源丰富，被誉为"国石瑰宝"的寿山石独产于此。朱熹曾游寿山乡狮子岗上的狮眼洞，留下了《狮眼洞》诗一首。诗云：

> 碎石零落洞门低，半日游足腹空鸣。
> 康乐莫辞双屐倦，虎象只在狮头西。

这首诗首句写寿山狮眼洞虽然洞门低矮，但"碎石零落"，由此可知不少采石者出入于此。第二句通过"半日游足"和"腹空鸣"，间接地描写狮眼洞的深邃宽广。诗人在洞中游览了半日，饥肠辘辘，仍未尽赏全洞的景观。其诗语言朴实而又富有风趣。诗中三、四两句"康乐莫辞双屐倦，虎象只在狮头西"，更进一层赞美狮眼洞的佳境。狮眼洞洞深，道路绵长，尽管双脚已感疲惫，但观赏洞中的景色，使诗人心情无比愉悦。游人要想观赏到虎象的绝佳美景，只能坚持走到狮头岩的西边。这首诗叙写游狮眼洞的经过，诗中蕴含着深刻的哲理：人欲获得康乐，就必须付出代价，只有坚持不懈地努力，才能实现自己的愿望，才能达到自己心中的目标。这首诗先写景，后抒情，同样是一首寓性理于生动的

情景之中的诗坛佳作。

四、朱熹诗诵桂湖温泉

朱熹多次来到福州北郊。今晋安区宦溪镇桂湖村的桂湖温泉,很早就闻名遐迩。《人文晋安》书中载有"宋代晦庵"作的《桂湖温泉诗》[①],诗云:

> 磊落一云窝,潺溪奔不止。
> 泉且洁而温,滔滔皆如是。

这首诗抒写桂湖温泉在高山环抱中,云蒸霞蔚,潺潺的溪水奔流不息,浩浩荡荡。清泉洁净而温暖,水流滔滔不绝,奔涌不息。这首诗像是桂湖温泉的"解说词",用十分简洁的诗语,赞美其地处福州北郊群山之中,日夜奔流的温泉,源源不断地给人们带来舒心的享受。

《温泉文化成福州"烫金名片"(2)》一文写道:"在福州北峰桂湖山野丛林中,现今还散落着十多处的摩崖题刻,由于年代久远,不少题刻已经字迹斑驳。石刻已经模糊,但史料记载还在,其中有一首作者为'晦庵训'的诗:'磊落一云窝,潺溪奔不止。泉且洁而温,滔滔皆如是。'这首诗刻在北峰桂湖的石壁上,楷书,宋代释可遵曾抄录过。有人说,这石刻是朱熹所写,因为朱熹自号'晦庵'。"[②]

朱熹字元晦,又字仲晦,号晦庵,晚称晦翁、遁翁等,又称紫阳先生、考亭先生、沧州病叟、云谷老人,世称朱子、朱文公,谥文。《人文晋安》亦言《桂湖温泉诗》作者为宋代"晦庵"[③]。

朱熹号"晦庵",是否因为此诗的石刻年代久远,题刻的字迹,已

---

① 中共福州市晋安区委宣传部等编:《人文晋安》,福建美术出版社2011年版,第267页。

② 练仁福:《温泉文化成福州"烫金名片"(2)》,台海网,www.taihainet.com,2010-07-05。

③ 中共福州市晋安区委宣传部等编:《人文晋安》,福建美术出版社2011年版,第267页。

经斑驳模糊，以致"晦庵"与"诲庵"相似，于是抄录时，变成为"诲庵"。总之，宋代到过此地，并能在此题刻的名士，极有可能是"晦庵"。当然，若要确认是朱熹作，还有待登上北峰桂湖的石壁，或利用无人机，探明究竟。

总之，《桂湖温泉诗》的作者有待进一步考证。

五、朱熹诗慰女儿贫

朱熹女婿黄榦（1152—1221），出生于闽县（今晋安区岳峰镇浦下社区），祖籍长乐。黄榦自幼聪明慧颖，勤奋好学。先拜朱熹弟子刘清之（南宋后期宰相）为师。刘清之认为黄榦的才华出类拔萃，便推荐他前往崇安（今武夷山市）拜朱熹为师。黄榦随朱熹苦读。他与朱熹高徒蔡元定、朱熹学友吕祖谦论学，常常提出自己独特的见解。朱熹认为黄榦"志坚思苦，与之处甚有益"，后以仲女朱兑许配黄榦。

黄榦入仕任职，曾任江西临川县令、安丰军通判、汉阳知军、大理丞等职，很有作为。他致力于社会改革，勤政廉政，整顿吏治，赈荒济民，筑城备战，各地民众深感其德。

黄榦长期陪伴在朱熹左右，协助朱熹整理文稿。朱熹编《礼书》，其中《丧》《祭》二篇由黄榦撰成。朱熹晚年定居建阳考亭，黄榦也在附近结庐居住。庆元六年（1200）朱熹病重，当年三月八日朱熹写信给黄榦，将自己所著的书和手稿全部托付给黄榦。朱熹在信中写道："吾道之托在此者，吾无憾矣！"（《朱文公文集》卷二十九《答黄直斋书》）这是朱熹最后的遗嘱，可见黄榦是朱熹最信赖的传承人。

黄榦为继承和传播朱子学说，倾注了毕生的心血和精力，对确立朱子学说做出了重大贡献。他论定朱熹的道统地位，把"传承道统"看成是朱熹的最大成就；论证了孔子与朱熹的继承关系，厘清了中华文脉传承。黄榦被后人誉为"朱熹四大弟子"之一，与蔡元定、蔡沈、陈淳并列。

《朱熹诗词选注》等书选录了朱熹《诗慰女儿贫》诗[①]。诗云：

---

① 杨青等：《朱熹诗词选注》，福建教育出版社1993年版，第331页。

闽都文化与朱子理学

葱汤麦饭两相宜,葱补丹田麦疗饥。
莫谓此中滋味薄,前村还有未炊时。

《朱熹诗词选注》写道:"这是一首脍炙人口的逸诗,选自金循华《诗林遗事》,写作年月不详。"①《朱熹诗选365鉴赏》一书写道:"相传,有一次朱熹去女婿黄榦家,女婿黄榦外去未归,女儿因家贫拿不出好饭菜孝敬他,只能以葱汤麦饭相待,内心感到十分惭愧。朱熹乃赋此诗以表安慰。又据查,朱熹于淳熙十年(1183)癸卯,从福州返回时路过女婿家看望女儿,有可能是此时所作。"②又有一说,对朱熹作诗的地点叙述得更为具体:"一天,朱熹来到浦上村女婿黄榦家中,适逢黄榦外出。女儿朱兑看到父亲来,又高兴又内疚。因家贫,她只能煮一碗葱汤麦饭来招待父亲,十分过意不去。朱熹看到女儿心里难过,就当场写了至今广为流传的《诗慰女儿贫》来安慰她。"③

这首诗的开头两句"葱汤麦饭两相宜,葱补丹田麦疗饥",葱汤麦饭既能滋补丹田,又能解渴充饥。诗中的语言明快,语调平和自然,体现了慈祥的父亲对身处贫寒中的女儿的理解与关爱。第三、四两句"莫谓此中滋味薄,前村还有未炊时",是诗人巧妙地通过语气转换,使诗的意涵发生了质的飞跃,从关心"小家"升华到关怀"大家"。"前村还有未炊时",实指天下不知还有多少忍饥挨饿的黎民百姓。这首诗浅而意深,深得人们的喜爱,因此广为流传。

朱熹和黄榦一生清正廉洁、广求民瘼,观纳风谣,心忧天下;重视教育,热心兴学,积极提倡创建书院。他们自己生活节俭,过着清贫的生活。

《朱子大传》这样评论朱熹及道学(即理学)士子:"道学士子忧道不

---

① 杨青等:《朱熹诗词选注》,福建教育出版社1993年版,第331页。
② 陈长根:《朱熹诗选365鉴赏》,海潮摄影艺术出版社2007年版,第357页。
③ 马照南:《朱熹在福州》,《福州日报》2022年1月1日,第8491期,第6版《闽江潮》。

忧贫,他们觉得要行道就必须安于贫贱,对道的精神追求可以忘掉物质生活的贫乏,穷中自乐。道学寒门自以为在精神上要比任何人都富有。"① 这首诗正是体现了朱熹、黄榦等理学家安贫乐道、清廉自守,心忧黎民的博大胸怀,因此,此诗至今仍备受关注。

结 语

一、闽学是中华优秀传统文化的重要组成部分。朱熹的许多诗词都像他在晋安作的诗歌一样,体现了他坚守信念,不断奋斗前行的精神以及清正廉洁、关怀民瘼、心忧天下的美德。诗词易于记诵,传播朱熹的诗词,在当今依然具有重要的教育意义。

二、从朱熹在福州晋安创作的诗歌作品,足见朱子"不乏语言活泼灵动,充满勃勃生意的好诗"。这些诗歌语言精练,明白晓畅;诗中寓意深刻,寓性理于生动的情景之中,理趣超远,体现了朱子的才华及诗歌创作的艺术成就。朱熹以富有真情实感的诗歌作品感染人,给人以美的艺术享受,其作品的创作特色及创作技巧,至今仍值得我们学习、传承。

三、朱熹在福建生活了六十余年,来过福州十多次。其在晋安留下的文化遗迹,只是其在福州留下的大量文化遗迹中的一部分。从《桂湖温泉诗》的探析中说明,朱熹在晋安乃至在福州的遗迹还有待我们深入探寻、研究。

四、朱熹以诗赞颂寿山狮眼洞等胜迹,笔者热切期盼这些古迹现在还可以加以开发、利用。朱熹的诗使这些古迹具有特殊的文化价值。朱熹为晋安、为福州,留下了众多宝贵的文化遗产。笔者建议:有关部门和当地各界人士尽可能开发、利用这些珍贵的文化资源,使之为晋安、为福州文化旅游事业的发展发挥显著的作用。

---

① 束景南:《朱子大传》,福建教育出版社1992年版,第1039页。

闽都文化与朱子理学

朱熹与梁克家关系考略

林振礼

摘　要　与朱熹相知相敬的梁克家既两度为相,又曾出知福州、建宁。深入研究朱、梁之间的关系,窥视该时代缙绅士人之间的思想交流与沟通方式,有助于展现朱熹与梁克家在社仓救荒中的地位与作用。通过考证,辨析明清以来流行诸版本中朱熹挽梁克家诗"几岁调娱政"的讹舛。通过方志、谱牒、笔记之记载,再以时空、口碑、情理相印证,考察梁克家游历潮州事迹及其"梅花"逸事之流变,认为流传于闽南粤东的《和文靖公前韵梅花诗》《题梁克家祠堂》《隐相堂序》系伪作。

关键词　朱熹　梁克家　福州　泉州　潮州　伪作

朱熹与梁克家(字叔子,谥文靖,1128—1187)同为闽人,朱为一代理学宗师,梁在南宋乾道、淳熙间两度为相。淳熙六年(1179),梁克家知福州,有治绩。其间,梁克家与同官通判陈傅良合作编纂了名垂青史的《淳熙三山志》[①]。通过诗史互证,钩稽辨析明清以来流行的朱熹文集的四个版本中,朱熹挽梁克家诗"几岁调娱政"[②]的讹舛,认为当以清代李清馥《闽中理学渊源考》所录"昔岁调饥政"[③]订正诸本。梁克家

[①]　正德《福州府志》(卷十五),海风出版社2001年版,第500页。
[②]　《朱熹集》(卷十)《挽梁文靖公二首》,四川教育出版社1996年版,第207页。
[③]　李清馥:《闽中理学渊源考》(徐公喜主编)(卷一二),凤凰出版社2011年版,第207页。

曾游潮州，洪迈《夷坚志》及民间口碑存其"梅花"逸事，兹钩稽史料并实地考其流变。经考辨，认为民间族谱、祠堂的《和文靖公前韵梅花诗》《题梁克家祠堂》《隐相堂序》系伪托之作。

一、朱熹挽梁克家："几岁调娱政"应是"昔岁调饥政"

朱熹论孝宗最后所用宰执"多是庸人"[1]，而对梁克家则多以赞许与敬重：在与朋友通讯中称"梁公"，在"社仓记"中称"清源公"，在与学生讲学时，亲切地称呼"梁叔子"。纵观两人交往的全过程，可谓相见机会少，却长期相知相敬。

乾道九年（1173），梁克家出知建宁府，一到任所，即不以贵显自泰，入境问俗，与朱熹相会。这是两人一生中最亲密的接触。淳熙间，在朱熹因弹劾唐仲友，卷入政治风潮而遭受攻击、反道学声浪未雨绸缪之际，梁克家曾写信给朱熹[2]。朱子复函谓："惟明公之心正大光明，表里洞彻，无一豪（毫）有我自私之意……今天心未豫而民力已殚，国威未振而虏情叵测，惟明公于此深念而亟图之，则熹受赐多矣。"[3]从中可以看出朱子对梁氏充满信赖与期待。

考朱梁生平行迹，二人于乾道九年（1173）十月至淳熙元年（1174）正月这二三个月间有过两次相会。第一次已如上述，即乾道九年梁克家知建宁府，是冬与朱子相会论社仓事。第二次淳熙元年正月因梁氏丁忧，朱子入城吊之。未入城前，朱子致吕祖谦（1137—1181）信中说："自经新岁，未及上问……梁公至此相会，始知前此请之由衷……开正复扰扰，才得旬日休息，又梁公遭忧，不免入城吊之，计又须旬日往还。"[4]事后归崇安，《答蔡季通》说："一出又半月，临出城，值石宰（子重）、择之（林

---

[1] 《朱子语类》（卷一二七），中华书局1996年版，第3061页。
[2] 陈来：《朱子书信编年考证》（上海人民出版社1989年版，第226页）将朱子复函系年于淳熙十二年（1185），说："此书未可考，然以《文集》编次之序推之，当作于乙巳为近。"从复函语意看，陈先生所系之年可信。
[3] 《朱熹集》（卷二七）《答梁丞相书》，四川教育出版社1996年版，第790页。
[4] 《朱熹集》（卷三三）《答吕伯恭》，四川教育出版社1996年版。

用中）、顺之（许升）更一二朋友来，遂留北岩两日，同途至建阳而别。"①两书合观，可知朱子吊梁氏忧，预计往还十日，实则半月。淳熙十四年（1187）六月，梁克家病逝，是年朱熹《挽梁文靖公二首》（引自流行版本）诗云：

> 其一：擢第初龙首，登庸再凤池。心期讵温饱，身任必安危。
> 　　　几岁调娱政，今年殄瘁诗。恭惟衮敛意，不尽鉴亡悲。
> 其二：疏宠无前比，腾章又凤心。极知求士切，端为爱君深。
> 　　　卤簿②寒笳远，尘埃断稿侵。空令杀公掾③，衰涕满寒襟④。

第一首前四句写梁克家的科举宦履与抗金谋略，即状元及第、两度为相，以及力主"用兵以财用为先"⑤，心系社稷安危的深谋远虑。后四句开头"几岁调娱政"之于梁氏，不得其解。"衮敛"为葬礼加等，"鉴亡"典出李世民悼魏征悲失镜鉴。第二首既写孝宗皇帝与梁氏的君臣关系，又间以睹稿思贤，诉说作者曾在政治上得到梁氏支持与荐举的知遇之恩。关于《挽梁文靖公二首》中"几岁调娱政"一句，《晦庵集》（四库全书本）卷十与《朱文公文集》（四部丛刊初编缩本）卷十皆同；1996年出版的《朱熹集》（郭齐、尹波点校）卷十与2002年出版的《朱子全书·晦庵先生朱文公文集》（朱杰人等主编，刘永翔、朱幼文校点）卷十，这两个新近的版本也是"几岁调娱政"。然而，清代李清馥《闽中理学渊源考》卷十二引录朱熹这二首诗，该句则为"昔岁调饥政"。对照朱梁生平，尤其乾道末淳熙初的交往，以及朱梁之于闽北社仓救灾事迹，"几岁调娱政"不得其解，而"昔岁调饥政"则于人于事于诗皆合。

先说"几岁调娱政"，"调娱"意为调和使娱悦。考梁克家两次居相

---

① 《朱熹集·续集》（卷二）《答蔡季通》，四川教育出版社1996年版。
② 古代天子驾出时扈从的仪仗队，后也用于王公大臣。此指梁克家的送葬仪仗。
③ 《晋书·魏舒传》载，陈留人周震屡被王公员荐举为府中属吏，每当任命书下时，荐举者便死去，时人称周震为"杀公掾"。朱熹以周震自况，痛悼梁克家之逝。
④ 《朱熹集》（卷十）《挽梁文靖公二首》。四川教育出版社1996年版。
⑤ 《宋史》（卷三八四），中华书局1977年版。

位，第一次在乾道八年（1172），翌年十月因与张说议事不合求去，既非"几年"亦非"调娱"；第二次在淳熙九年（1182）九月，此前，朱熹因弹劾台州守唐仲友，触动盘根错节的权贵而卷入政潮，是年十二月，左相王淮指使郑丙攻击道学，翌年（1183）六月，陈贾请禁伪学，矛头直指朱熹的"伪学之禁"已未雨绸缪。梁克家既受制于"事无巨细，概呈御览，情无轻重，均由圣裁"[①]的孝宗，又受制于反道学的左相王淮，加上梁氏晚年疾病缠身[②]，此次为相虽达四年之久，但其政亦无"调娱"可言。再说"昔岁调饥政"，即指上文已提及的梁克家乾道末年（1173）莅闽之事。是年十月，梁以观文殿大学士知建宁府，与朱熹面论社仓，并"出教"题词，使"仓之庶事细大有程，可久而不坏"[③]。

朱熹于淳熙元年（1174）五月作《建宁府崇安县五夫社仓记》回忆说："乾道戊子春夏之交，建人大饥……方且相与讲求仓之利病，具为条约。会丞相清源公（梁克家）出镇兹土，入境问俗，予与诸君因得其具以所为条约者迎白于公。公以为便，则为出教。"[④] 梁克家对朱熹诸君救助饥民的社仓条约，不但称许支持"以为便"，而且为之"出教"题词，朱熹归后"揭之楣间，以示来者"[⑤]。十余年后，梁克家卒，朱熹悼以"昔岁调饥政"，自在情理之中。而作为写诗，"昔岁调饥政，今年疹瘵诗"之"昔"与"今"对仗，乃诗家常识；"几"与"今"相对既不工整，又不符合历史事实，朱熹何以会弃常就悖呢？

《闽中理学渊源考》作者李清馥乃李光地之孙，既有深厚的家学渊源，又有机会见到流传后世的朱子手迹，其所录"昔岁调饥政"或有所本。因此，当以"昔岁调饥政"订正诸本讹舛。南宋最早创立社仓的是朱熹的同门好友魏元履。《建阳县志》说："绍兴间，在青黄不接之际，魏元履请借官米贷给穷苦农民，秋收还纳于仓，百姓赖以度过饥荒岁

---

① 虞云国：《细说宋朝》，上海人民出版社2002年版，第410页。
② 《宋史》（卷三八四），中华书局1977年版。
③ 《朱熹集》（卷七七）《五夫社仓记》，四川教育出版社1996年版。
④ 《朱熹集》（卷七七）《五夫社仓记》，四川教育出版社1996年版。
⑤ 《朱熹集》（卷七七）《五夫社仓记》，四川教育出版社1996年版。

月。"① 朱熹后来立社仓也自陈"其规模大略放（仿）元履。"② 然而，尽管社仓为魏掞之首创，但社仓制度获准在全国颁行是在魏氏去世八年之后的淳熙八年（1181），其间朱熹做出了诸多努力，且颇有成效。因此，论者一般认为，社仓之制始于朱熹。但准确地说，朱子社仓之法，上承魏元履，下启江浙各地，也为后来朱子知南康救荒积累了经验。

如上所述，梁克家于乾道末年冬知建宁府。上任伊始，即关心民间疾苦，与朱熹共议社仓条约，其所"出教"题词之内容已不得而知。梁因丁忧在任仅二三个月，仍为百姓修桥造路。据记载："通都桥，淳熙初，郡守梁克家重建。"③ 淳熙六年（1179），梁克家知福州，地方志说他在任上"有治绩，才优识远，谋国尽忠，犹留意民事，不以贵显自泰。尝修《三山志》四十卷。"④ 梁氏知福州之际，朱子正知南康，两人无相见机会。

二、梁克家游潮州及其"梅花"逸事流变

梁克家为闽南泉州人。八百多年来，闽南粤东盛传梁克家游历潮州的"梅花"逸事，由于不同地域以及文化心态的差异，这种"层累构成"的历史故事，版本颇多、兹据方志、谱牒、笔记以钩稽，再以时空、口碑、情理相印证，略记其概并叙其流变。

相传青年梁克家曾往潮州游学，并探望时知揭阳县的表叔陈彦先。陈彦先因公务远行未归，梁克家闲游于潮州揭阳京冈一带，在孙白（大美）家为馆客，笃教其子。一日偶因写字洗笔，墨汁洒染到隔窗观看书写的孙小姐衣裳之上，被误解为轻浮之举，得不到原先礼遇。梁氏题诗于壁，辞馆而去。诗道是：

投杼曾参事可嗟，角弓斜影误杯蛇。

---

① 陈明考：《建阳县志》，群众出版社1994年版，第7页。
② 《朱熹集》（卷七七）《五夫社仓记》，四川教育出版社1996年版。
③ 李之亮：《宋福建路郡守年表》，巴蜀书社2001年版，第63页。
④ 《福州府志》（卷15），海风出版社2001年版，第500页。

尘除饭甑疑偷饭，履纳瓜田岂盗瓜？
马援无心归薏苡，广平有意赋梅花。
秉烛达旦犹疑忌，何况寒儒隔窗纱①。

意谓流言使曾母以为儿子曾参真的杀了人而停梭痛哭，杯弓蛇影使人产生错觉，原来杯中并不是蛇。颜回为孔子除去饭里的尘埃，被人误以为偷饭。在瓜田旁边蹲下穿鞋，怎能说是盗瓜呢？马援南征交趾归来，带车药用的薏苡以作种子，有人以为是珍珠，诬其受贿。广平偶过一家门口，赋诗吟咏帘子上的梅花，有人却说他偷窥良家妇女。关云长秉烛达旦为嫂守门，还是遭到猜忌，我梁克家不慎把墨汁溅到小姐的衣裳上，还隔着一层窗纱呢！

孙家见诗悔悟，追赠甚厚。谱牒中还有"梦龙涤爪"的记载，说是孙白梦见一条黄龙从云层钻到宅前的小溪里，龙爪在水中屈伸翻腾。第二天适逢身穿黄麻布衫的梁克家蹚过小溪，蹲下洗手。孙白便将这位"应梦的黄龙"梁先生请至家中，设馆教子，并将女儿许以终身②。似此诸说美固然美，但很难没有附会的成分，否则梁氏当年怎么会有"履纳瓜田岂盗瓜"的反诘与慨叹呢？

尝读曾与梁克家同官的洪迈（1123—1202）《夷坚志》"九月梅诗"条，记梁克家寓潮州事："绍兴二十八年（1158）九月，潮州揭阳县治东斋梅花盛开。岭外梅着花固早于江浙，然亦须至冬乃有之，邑人甚以为异，士子多赋诗，大抵皆诣令尹。时梁郑公正为馆客寓此斋，亦作一篇曰：'老菊残梧九月霜，谁将先暖入东堂？不因造物于人厚，肯放南枝特地香。九鼎燮调端有待，百花羞涩敢言芳，看来冰玉浑相映，好取龙吟播乐章。'语意不凡，殊类王沂公，虽然未得和羹，用'且向百花头上开'之句。明年还泉州，解试第一，又明年，遂魁天下，致位上宰。"③

---

① 梁华星家藏：《象山梁氏族谱》。
② 梁华星家藏：《象山梁氏族谱》。
③ 洪迈：《夷坚志》（丙卷七），上海古籍出版社（四库全书本）1987年版，第430页。

细考时序，梁氏于孙白家题壁在前，县治东斋咏梅在后。相传县尹陈彦先外出回衙，询知情由之后，便留梁克家在衙中读书。九月季秋，一天陈小姐晨起，花园中一株白梅先开一朵，映入陈小姐梳妆镜中那光彩夺目的梅花影像，令她甚感惊奇。随后即发生上述如洪迈所记的"九月梅诗"事。梁克家因咏梅更得令尹赏识，于是以女归之。

这一传说虽蕴含着人们的美好愿望，但似非历史真实。因为八百年前的那个时代，男子20岁成婚尚不为早，绍兴戊寅（1158）梁克家时年31岁，且为俊彦，应早就有妻室了。时比梁氏小两岁的朱熹已是两个孩子的父亲了。然而，梁陈联姻传奇，一时成为泉州、潮州两地美谈，数百年来盛传不衰。20世纪80年代，泉州剧作家杨波先生根据这一题材创作了高甲戏《梅镜记》，演绎梁陈美满姻缘。举凡海内外梁氏族人，总喜欢以"梅镜堂"或"梅镜传芳"作为梁氏堂号[①]。明嘉靖七年（1528）梁克家12世孙梁怀仁由晋江来潮州揭阳京冈[②]，有《和文靖公梅花诗韵》之吟，其中"葩翻翠圃巡檐笑，影映妆台扑鼻香"[③]句，已把"梅镜传芳"故事融入诗中。据"孙元霸复梁怀仁书"[④]说，梁克家历仕临安期间，对于孙氏族人"进都考课升选"，多以"内府致款"，且"荐拔有加"。后来，孙家因税物（或谓牛皮）捐输路遥，致有"违时耗蚀"之咎，"郡县诸司不察，遽以忤旨奏闻"。时任隆兴军司理的孙白，"入京疏辨"，赖梁克家"排解咨救之力居多"，使孙家"胥康以宁"。因此，孙氏族人对于梁克家恩德，追感永世，于梁氏当年讲学之处建隐相堂，并于孙氏家庙之中立下牌位，岁岁祀春秋以报。明万历十六年（1588），族人孙谦吉又主持建成纪念梁克家的"相祠"。

---

① 叶恩典：《从梁氏族谱看宋梁克家之揭阳游》，《韩山师范学院学报》，1997年第4期。
② 孙淑彦：《潮汕孙氏志略》，中国文联出版社2000年版，第76—83页。
③ 孙淑彦：《潮汕孙氏志略》，中国文联出版社2000年版，第76—83页。
④ 孙淑彦：《潮汕孙氏志略》，中国文联出版社2000年版，第76—83页。

三、关涉朱熹与梁克家的诗作、楹联及《隐相堂序》

关于梁克家的"九月梅诗",《潮汕孙氏志略》载录所谓朱子的"和章"说:"梁氏之诗,还惹来另一位大名人的和章。《孙氏简谱》载,朱熹也有《和文靖公前韵梅花诗》:

> 嫩玉轻盈最耐霜,花魁何事映妆堂。
> 东床试笔联佳句,金屋放娇比艳芳。
> 万紫咸揭先占碧,六飞高让吐奇香。
> 朱颜索赋怜才子,不是标梅第一章①。

且不说将12世纪时年31岁的梁克家作为未婚青年令人难以采信,而"东床试笔"近乎理想幻化的小说家言。仅就文字上看,此诗如此粗制,多处出律,格调平庸,对比朱熹诗词境界、风格,显系伪作。此其一。其二,闽南《题梁克家祠堂》:"事业经邦,闽海鸿才开相运。文章华国,温陵鼎甲破天荒。"②右款署"文靖公祠堂联文",左款署"朱熹晦菴撰"。题梁克家祠堂联文与题欧阳詹不二堂联文"事业经邦,闽海贤才开气运。文章华国,温陵甲第破天荒"③相比照,仅有"鸿""相""鼎"三字异文。虽与梁克家生平事迹也相符合,梁氏于绍兴三十年(1160)状元及第,仕途中二度为相,称"鼎甲""鸿才""相运"并不为过。然而,尽管朱、梁两人相知相敬,时莆田(毗邻泉州)人陈俊卿(1113—1186)、泉州人留正(1129—1206)都曾居相位,1188年朱子为陈俊卿撰写《行状》,谓"熹蚤(早)蒙公知,晚岁尤笃"。④庆元间,朱子以书信致留正说:"登门之晚,而其质疑请益,乃有十年之迟。"⑤由此可以窥见朱熹与陈留两

---

① 孙淑彦:《潮汕孙氏志略》,中国文联出版社2000年版,第76—83页。
② 《梁披云全集》(第三册)《书法集》,上海文化出版社2019年版,第77页。
③ (明)李光缙《景璧集》(卷十一)《请重修唐欧阳行周先生不二堂疏》,福建人民出版社2012年版,第496页。
④ 《朱熹集》(第八册)(卷九十六)《陈公(俊卿)行状》,第4946页。
⑤ 《朱熹集》(第三册)(卷三十八)《与留丞相》,第1718页。

人交往之深。作为成熟的政治家,朱子不可能独以"鸿才开相运"称颂梁克家。再联系乾道、淳熙间的政治生态看,"文靖公祠堂联文"则有后世化用伪托之嫌。此外,1987年《广东文博》刊载所谓朱熹逸文《隐相堂序》。

隐相堂序

丞相叔子梁老先生之故人,大司法、大司理、大州牧、孝廉四孙先生之昆季书斋序。

予尝游麻田旧胜,访吴子野夫子讲学问道之场。遥望乎南溪之畔,有厥里居,树木阴翳,车马繁盛。询之父老,繫谁氏之族也?父老曰:京岗孙氏居焉。乃父宰揭令名进士讳乙者,由高邮而来,占籍于兹,生四子,具工举子业。考厥由来,其令善下士,喜赠答,凡游学之英,咸敬礼焉。乃叔子梁先生当茂才时,由晋水而揭岭,不远千里而来,遂握手而订莫逆交。始以诗书相契,继以气谊相投,异体同姓,如家人父子之亲。结庐数橼,在水中央,六七年间读书明理,饮酒赋诗于其上。令之长嗣讳大荣者,仕江阴县司法;二之子讳大美者,仕隆兴军司理;三之子讳大有者,守领琼州;四之子讳大经者,举孝廉。厥后梁先生亦回籍而选乡贡,再举都魁,擢绍兴庚辰状元矣。其法曹、司理、州牧、孝廉之学,沐梁老先生教泽,能取魁第。故任判簿、入国学、官运金、选评事而拔贡元,济济一堂,雅称多士之庆。噫嘻!好学下贤之报,岂浅鲜欤?予曰:唯唯。但兴贤之地,木茂水秀,未易多遘,岂令湮没不彰,使人与地俱无传焉?因榜其额,曰:隐相堂。事之颠末,既经父老之言。梁老先生,当余在讲官时,曾见嘱于临安矣。厥后详问里人郭子从,亦备述不爽。是为序。

宋淳熙十一年赐进士第提举两浙东路常平茶盐朱熹序于甲辰岁花月之吉①

---

① 孙淑彦:《潮汕孙氏志略》,中国文联出版社2000年版,第76—83页。

考《揭阳县志》记："孙乙，由进士绍兴三年癸丑任。""孙乙"条下记："曹公，佚其名，绍兴九年己未任。"可知孙乙为揭阳县令之际，梁克家尚在少年时代，既不可能千里来揭阳，也不可能与孙氏有"诗书相契""气谊相投"的交游。同时代的洪迈所记梁克家绍兴二十八年（1158）"九月梅诗"事，梁氏其时寓居"县治东斋"，依附的令尹（县宰）是表叔陈彦先，全然与孙乙无涉。明代文学家王慎中（1509—1559）撰写的《宋承务郎揭阳令五代合传》说："孙讳乙老先生，字次木，金陵高邮州人。宋徽宗朝进士，授揭阳县令……遂占籍渔湖京冈焉。生四子，讳大荣，高宗朝举贤良方正，仕江阴县司法；次讳大美，官名白，隆兴元年（1163）以词赋举乡荐，仕隆兴军司理。宋晋江（泉州）人、状元丞相梁老先生讳克家者，当布衣茂才时，与白父子兄弟有贫贱交。"[①]由此联系谱牒记载可知，梁克家为馆客并非无稽。然而，梁与孙乙次子孙大美（白）交游，得到教泽的当是孙乙的孙子之辈，而《隐相堂序》谓"其法曹、司理、孝廉之学，荷先生教。"说的是孙大美（白）诸兄弟得到梁氏的教泽。这与历史事实不符。此其一。其二，序文对揭阳京冈之描绘，极尽合理想象："余尝游麻田旧胜，访吴子野讲学问道之场。"子野字复古，号远游，蓬州人，与苏东坡友善，曾筑"远游庵"于潮阳之麻田。然而，潮州地方志却查无朱熹游历京冈、访吴子野遗迹的相关记载。序文最后谓"厥后详问里人郭子从，传述不爽"。考《语类》等可知，绍熙间（1190—1194），同往事师朱子者为郑南升与郭叔云（两位都是广东潮州潮阳县人），叔云字子从[②]。郑、郭两人师事朱子之际，梁克家已辞世数年之久。然而，梁氏早年游潮之事，时人知者亦鲜。序文作者大概是唯恐有人追问："朱子何以知梁克家早年寓居揭阳事迹之详"，故虚构了"梁先生事，余在讲官时曾见嘱于临安矣"之辞。然而，梁克家逝于1187年。《宋史》本传说，淳熙"十四年六月，薨，年六十"。即朱熹为侍讲之际（1194），梁克家长眠于地下已7年之久。作伪者欲"天衣无缝"，反而

---

① 陈树芝：雍正《揭阳县志》（卷5），潮州市地方志办公室编印，2003年，第83页。
② 陈荣捷：《朱子门人》，台湾学生书局1982年版，第204页。

露出死人何能"见嘱于临安"的破绽来。我们通过进一步查证,《隐相堂序》以明代王慎中的《宋承务郎揭阳令五代合传》为仿本,糅合粤东潮州孙氏谱牒部分资料,加以合理想象而作伪。

四、余说:陈俊卿、汪应辰、刘珙是朱、梁交往的桥梁

朱熹与梁氏相见交集机会甚少,陈俊卿、汪应辰、刘珙则是两人交往的桥梁。这是由于政治的遭遇与共同的抗金立场使然。朱子熟知梁克家从政逸事,有如"乾道间,近臣梁克家等始援绍兴二十六年赦书以请"①为被秦桧迫害致死的高登平反昭雪;还有,梁氏曾与莫济俱求外补,陈俊卿奏云:"二人皆贤,其去可惜。"②又如关于梁氏为相时所出文字,《语类》说:"昔梁叔子将为执政时,曾语刘枢(刘珙)云,'某若当地头,有文字从中出,不当如何?如何也须说教住了,始得。'"③朱子仕泉之际,梁氏尚未登第,两人无缘相识。朱梁交往于何时,由于《梁文靖集》已佚,难以确考。然而,泉南名儒陈知柔(号休斋,1142年进士,1184年卒)是他们最初彼此了解的中介人物。据《闽中理学渊源考》记载,梁克家曾游学于陈知柔之门④。朱子仕泉簿同期间(1153—1157),陈知柔对其"诱掖良厚",两人相与游历于漳泉间。后来,除了朱熹作为程学传人,以及屡上封事、奏事的影响之外,陈俊卿(1113—1186)、汪应辰(1118—1176)、刘珙(1122—1178)是朱梁相互了解的桥梁。

上述诸人都曾遭到秦桧的猜忌迫害:陈知柔与秦桧之子同榜而独不阿附,以故龃龉,盛年即动归兴,在家乡讲学⑤。陈俊卿因"秦桧当国,察其不附己,以为南外睦宗院教授"⑥。汪应辰既忤秦桧,又因笺注前帅诗受牵连,"狱既具,桧死,应辰幸而免"⑦。刘珙作为主战派将领

---

① 《朱熹集》(卷十九),四川教育出版社1996年版,第790页。
② 《朱熹集》(卷九六)《陈公行状》,四川教育出版社1996年版。
③ 《语类》(卷一二三),中华书局1986年版,第3178页。
④ 李清馥:《闽中理学渊源考》(徐公喜主编)(卷一二)。
⑤ 乾隆《泉州府志》(卷四一),晋江地区文管会编。
⑥ 《宋史》(卷三八三),中华书局1977年版。
⑦ 《宋史》(卷三八七),中华书局1977年版。

刘子羽长子，秦桧对他拉拢不成，则"风言者逐之"①。朱子父亲朱松在秦桧决策和议时，"与同列上章，极言其不可。桧怒，风御史论松怀异自贤，出知饶州，未上，卒"。②从梁氏所亲近的士大夫可以窥其政治立场。绍兴三十一年（1161）冬，完颜亮被杀，众皆言可乘机进取，梁氏则移书陈俊卿，谓"不量力而动，将有后悔"。③陈归转丞相陈康伯，叹其远虑，召为秘书省正字。俊卿之于梁氏可谓知遇。汪应辰（朱熹从表叔）与梁氏同庚，智慧早成，18岁则状元及第，梁氏入朝之际，应辰已宦海沉浮二三十年。汪氏知福州初见朱熹即叹为远器，并于离任时举朱熹自代，梁氏对他格外尊重。梁氏与刘珙同官之际，诸如"某若当地头"这类当隐之话语，对刘珙却敞开心扉而不讳，足见相互间无话不说，刘珙之于梁氏，可谓知音。可惜以上诸人，除朱熹外，都在淳熙间相继去世了。然而，由于朱熹交游遍及朝野，从散见史料中，可看到朱熹、梁克家与陈知柔、陈俊卿、汪应辰、刘珙关系之一斑。

---

① 《宋史》（卷四二九），中华书局1977年版。
② 《宋史》（卷四二九），中华书局1977年版。
③ 《宋史》（卷三八一），中华书局1977年版。

闽都文化与朱子理学

朱熹与三坊七巷历史名人的交往

吴 燕

摘 要 三坊七巷素有"一片三坊七巷,半部中国近现代史"的美称。由于社会安定、经济发展、城市扩张,三坊七巷日渐成为文人雅士、官宦士人集中选择的聚居地,读书风气浓厚。南宋理学家、文学家吕祖谦在福州时就作诗云:路逢十客九衿青,半是同窗旧弟兄。最忆市桥灯火静,巷南巷北读书声。这也从一个侧面反映出当时福州教育的盛况,三坊七巷也因此成为我国历史名人高度集聚的街区。本文试从朱熹与几位三坊七巷历史名人的交往或渊源,反映三坊七巷崇儒重教的文化氛围。

关键词 三坊七巷 历史名人 陈襄 吕祖谦 朱熹

宋路振《九国志》:"晋永嘉二年(308),中州板荡,衣冠始入闽者八族:林、黄、陈、郑、詹、邱、何、胡是也。"[①]史称:"衣冠南渡,八姓入闽。"一些中原民众就是这时经长途跋涉,来到当时战祸未及的福州,聚居在子城周围。宋淳熙《三山志》有载:"新美坊,旧黄巷。永嘉南渡,黄氏已居此。"可见,当时三坊七巷已有人群居住。福州安定的环境则为教育的发展提供了有利的条件,同时在这块新的聚居地上,中原的先进文化和思想观念与当地文化发生碰撞与融合,更进一步促进

---

① 郭秀清."从小巷里走出的闽都巨人"——三坊七巷名人与福州传统教育培养模式的渊源探究[J]. 福建论坛(人文社会科学版),2012(4):71-74。

了人才的培养与发展。三坊七巷也越来越显示出它的集聚效应，许多文人雅士、官宦士人纷纷购置房屋或迁入居住。如宋代"海滨四先生"的陈烈、陈襄、周希孟、郑穆，除周希孟外，其他三人均住在三坊七巷，这四人注重儒家经典的研究，在周敦颐创立濂学，程颐、程颢兄弟创立洛学、张载创立关学等理学派别时，他们亦开始倡道，可谓东南一隅提倡理学的早期代表。南宋理学宗师朱熹倡导格物致知，也在福州创办过书院进行讲学，其思想对福州包括三坊七巷在内的名人具有深刻影响，最终在南宋理宗时开始上升为官方哲学，直至清代。下文笔者将试述朱熹与几位三坊七巷名人的交往或渊源。

一、陈襄与朱熹

陈襄（1017—1080），字述古，号古灵先生，侯官县（今福州市）人。曾居塔巷。幼师老儒。与陈烈、周希孟、郑穆并称"海滨四先生"。宋庆历二年（1042），进士及第。授浦城县主簿，代理县令；建学舍三百楹，亲临讲课，学者数百人。调任台州仙居令后，作《劝学》一文。后历任秘书省著作郎、孟州（今河南孟县）河阳令、秘书丞、彭州（今四川彭县）濛阳令、秘阁校理、判尚书祠部事等职。嘉祐六年（1061），出知常州。治平元年（1064），改任开封府推官，后为盐铁判官。熙宁四年（1071），陈襄知陈州（今河南淮阳），修建范仲淹拟修的学舍，与诸生讲《中庸》。元丰二年（1079），兼管尚书都省事。陈襄在经筵时，受神宗信任，曾举荐司马光、韩维、吕公著、苏颂、范纯仁、苏轼、曾巩、程颢、张载、苏辙、郑侠等33人。元丰三年卒，追赠给事中，谥"忠文"。著有《古灵集》25卷传世，另有《易讲义》《中庸讲义》等。杨时称赞陈襄"以经术德行为一时儒宗"，朱熹也称赞"陈古灵文字尤好"。

我们知道，朱熹一生在教育、理学研究方面都取得了重大成就，他创立书院，讲明经义，宣传以"理"或称"道"为核心的理学，因培养的弟子多为闽人，因此其学被称作"闽学"。而在北宋时，理学就已在福建地区传播且具有一定规模。这其中，作为"海滨四先生"之一的陈襄就为闽中理学的发展贡献智慧，如提出倡导提高个人修养，"性"和"情"

应区别对待等观点,因此也被称为理学前驱。

(一)兴学育才思想的影响

《宋元学案》载:"以兴学养士为先务,以明经笃行为首选",强调"好学以尽心,诚心以尽物,推物以尽理,明理以尽性,和性以尽神。"[①]陈襄每到一地任职,必兴办学校,如调任台州仙居令,便作《劝学》一文,劝年轻人就学。《古灵集》中还有不少"劝学"的文章,不仅鼓励民众积极参与学习,更提倡民众通过学习移风易俗。他本人不仅大力提倡兴学,还亲自进行讲学。陈襄以民为本的思想与实践就影响了朱熹。如朱熹知漳州时,大兴文教,为促进当地的民风向善,就曾专门引用陈襄的《劝谕文》,稍做改动添加注解后,改题为《揭示古灵先生劝谕文》:"古灵先生陈公劝谕:为吾民者,父义(能正其家),兄友(能养其弟),弟敬(能敬其兄),子孝(能事父母),夫妇有恩(贫穷相守为恩。若弃妻不养,夫丧改嫁,皆是无恩也),男女有别(男有妇,女有夫,分别不乱),子弟有学(能知礼义廉耻),乡间有礼(岁时寒暄,皆以恩意,往来燕饮,序老少坐立拜起),贫穷患难,亲戚相救(借贷财谷)。"[②],并张榜示民,希望乡民要学习、从善。

(二)注重个人修养的影响

陈襄有《中庸讲义》传世,开篇即言:《中庸》者,"治性之书"。以此提高个人的道德修养,并从中升华出治国平天下的为天子之理。[③]他的"治心"之学与理学家强调的注重心性修养较为一致。陈襄还认为圣人与常人无分别,即众人之"性"都皆善皆同,唯"情"有异,因为"情"会受世俗的影响,因此应该将"性"与"情"区别对待。而朱熹也曾说过:"仁义理智,性也;恻隐羞恶辞让是非之心,情也;以仁爱,以义恶,以礼让,以智知者,心也。性者心、之理也,情者心之用也,自者性情之,

---

① 陈重.陈襄思想与政务活动研究——兼及宋代道学的发生[D].浙江:浙江大学,2013.

② 陈重.陈襄思想与政务活动研究——兼及宋代道学的发生[D].浙江:浙江大学,2013.

③ 马晓静.陈襄研究——论陈襄的政治主张和诚明之学[D].上海:华东师范大学,2006. DOI:10.7666/d.y895449.

主也。"[①]即是用"心统性情"来解释心、性、情三者的关系。

除此之外，陈襄"格君心之非"的观点，即纠正君主的错误思想，也深刻地影响了朱熹，成为其"正君心，黜邪佞，恤民隐"思想的理论来源之一。陈襄一生重在道德教化，尚未形成完备系统的理论体系。不过其大量举贤，尤其是推举如程颢、张载的一批擅长经术之人，也间接推动了理学的发展。

二、林之奇与朱熹

林之奇（1112—1176），字少颖，号拙斋，世称三山先生，侯官人。故宅在文儒坊。曾拜理学家吕本中为师，吕本中教授其"以广大为心，以践履为实"。而后吕本中侄孙吕祖谦又入闽师从林之奇。宋绍兴二十一年（1151），中进士，授莆田县主簿，改长汀县尉。后入京，任秘书省正字，转校书郎，兼代理国史日历所检讨官。当时朝廷欲令学者参用北宋王安石编的《三经新义》，之奇竭力反对，认为会令学者只知"清谈"，朝廷遂罢此议。南宋偏安东南以求自保，之奇认为："今欲和议，宜先备战，能战才能言和。"绍兴二十九年，以痼疾请求外放，乃以大宗丞、提举福建路市舶司，管理对外贸易；再任福建路帅府参议。后以祠禄家居，著书立说。他融贯经史，辨析异同，卓成一家之言。朱熹赴同安任主簿，经福州时曾拜访过他，向林之奇请益《尚书》之学，认为研究《书经》的学者中，"惟三山林少颖向某说得最好"。后朱熹委托蔡沈编《书集传》，也将之奇的《尚书全解》作为参考之一。曾创办拙斋书院，位于三山驿，与其徒吕祖谦、刘世南并从子林子冲传播理学，后废。朱熹最有成就的门人黄榦最早所受理学启蒙也来自林之奇，可见林之奇对福建早期理学的发展也起到一定的作用。淳熙三年（1176）卒年65岁，谥"文昭"，入祀乡贤祠。学者称"拙斋先生"，并就三山驿其讲学处建祠，曰"拙斋祠"，又称林文昭祠。著有《尚书集解》《春秋、周礼讲义》

[①] 马晓静.陈襄研究——论陈襄的政治主张和诚明之学[D].上海：华东师范大学，2006. DOI:10.7666/d.y895449。

《孟子讲义》《论语注》《杨子解义》《道山纪闻》《拙斋集》《观澜集》等书。

三、吕祖谦与朱熹

吕祖谦（1137—1181），字伯恭，学者称"东莱先生"，婺州金华（今浙江金华）人。早年随其伯祖吕本中来福州，后从"拙斋先生"林之奇学，常住三山驿。南宋隆兴元年（1163）进士。历太学博士兼史职，除秘书郎国史编修官、实录院检讨官，参与重修《徽宗实录》，迁著作郎，除直秘阁。为学主经世致用，创金华学派。他是吕学（又称"婺学""金华学派"）的创始人，与朱熹、张栻并称"东南三贤"[①]。他曾于淳熙二年（1175）在信州铅山（今江西铅山）鹅湖寺举行哲学辩论会，竭力调和朱熹、陆九渊两派，史称"鹅湖之会"。著有《吕东莱集》《东莱博议》《历代制度详说》等。下面从二人的数次会晤中择而述之。

（一）三山之会

《吕祖谦年谱》于高宗绍兴二十五年（1155）记载："吕大器为福建提刑司干官，吕祖谦待次汀州长汀尉，随父在福唐。"又载："是年，吕祖谦声名已著。因朱松与吕大器为契旧而与朱熹相识。"《朱熹年谱长编》亦于是年记载："吕大器任福建提刑司干官，吕祖谦随父来福州。朱熹在福州初识吕大器、吕祖谦父子。"从上述两人年谱可以看出，吕祖谦与朱熹初次会晤于福州，因福州别称"三山"，故称"三山之会"，此次会晤也开启了两人此后的交游。

（二）鹅湖之会

《吕祖谦年谱》于孝宗淳熙二年（1175）记载："五月下旬至鹅湖寺。应吕祖谦邀，陆九龄与陆九渊、赵景昭、赵景明、刘清之、詹体仁（按：詹仪之，字体仁。）、徐季益等同至鹅湖相会论学。朱熹与陆九龄、陆九渊初识。《朱熹年谱长编》亦于是年记载："五月十六日，携东莱吕

---

① 程小青. 吕祖谦和闽地、闽人及闽学[J]. 闽江学院学报，2014，35(1):1-6. DOI:10.3969/j.issn.1009-7821.2014.01.002。

祖谦赴铅山鹅湖，二十八日至鹅湖，复斋陆九龄、象山陆九渊来会。"这就是中国学术史上著名的"鹅湖之会"。吕祖谦主持本次理学家辩论，意欲从中调和朱、陆两家哲学思想上的矛盾。但经过激辩，双方观点依然两相对立，各不相让，陆氏以朱学为"支离"，朱氏以陆学为"太简"，最终不欢而散。但"鹅湖之会"也因此促进了朱学与陆学的交流，朱熹与陆氏兄弟均以为"讲论之间，深觉有益"。

除此之外，吕祖谦和朱熹二人在初识后，书信不断。现存《吕祖谦全集·东莱吕太史别集》第七卷"尺牍一"、第八卷"尺牍二"分别收录给朱熹的书信23通、42通。在现存朱熹的《晦庵集》中《答吕伯恭》的书信多达100余通，在《东莱集》中《与朱侍讲》也有60余通。两人在书信中，或谈国家时政，或谈学术著述，涉及的内容多且广。两人还共同编著《近思录》等，朱熹的长子朱塾还拜吕祖谦为门生，吕祖谦在与朱熹的交游中，兼取朱学和陆学，形成自己特有的思想体系。

三、郑性之与朱熹

郑性之（1172—1255），字信之，初名自诚，因避理宗讳而改名，号毅斋。祖籍长乐，生于侯官县（今福州市区），住吉庇巷，为朱熹学生。清林逸《侯官地方志》载："郑性之少年家贫，得母亲倪氏恤，入梅溪书院，师承朱子。"据《闽清县志》记载："朱子奇之，预言其必成大器。"南宋嘉定元年（1208），状元及第，授承事郎，历签书奉国军节度判官。嘉定六年（1213）三月，奉命上京言事，受宁宗重视，升为秘书省正字、迁秘书郎。嘉定九年（1216），兼尚书右郎官，又召任侍左郎官，上言从严惩治贪官。后任国史馆编修、修文殿修撰，知赣州。嘉定十六年（1223）七月，理宗继位。性之任集英殿修撰，知隆兴府。权相史弥远为收买人心，于宝庆三年（1227）三月升他为宝章阁待制、江西安抚使。性之借病坚辞，乃提举玉隆万寿宫。绍定六年（1233），理宗亲政，任其为敷文阁待制，知建宁府。端平元年（1234），召为吏部侍郎。他奏请广开言路，爱民防边，表示收复失地的决心。理宗赞同，升为左谏议大夫兼侍读。端平三年（1236），任参知政事（副宰相），同知枢密院

事。嘉熙元年（1237），辞相职，改为资政殿大学士，知绍兴府、浙东安抚使；又力辞，乃提举临安洞霄宫，加观文殿学士，致仕。晚年家居福州十余年，里人为建耆德魁辅坊，府中有清风堂，理宗御书"拱极楼"，立碑楼下。宝祐三年（1255）卒。赠少傅，谥"文定"。《宋史》宋理宗五载："丙子，以郑性之薨，辍视朝。"著有《端平奏议》《宋编年备要》传世。有说，郑性之为感恩老师朱熹，为朱熹理学"解禁"奔走呼号，并将朱熹理学上升到南宋官方哲学高度。而据史料记载，宝庆三年（1227），宋理宗下诏表彰"四书"，曰："朕观朱熹集注《大学》《论语》《中庸》《孟子》，发挥圣贤蕴奥，有补治道。朕劬志讲学，缅怀典刑，可特赠熹太师，追封信国公。"①"端平更化"后，朱熹和理学大师周敦颐、程颢、程颐、张载先后被入祀孔庙。此后到宋末，程朱理学著作大量进入各学教材，这其中就包括朱熹的《四书章句集注》《仪礼经传通解》。元皇庆二年（1313），朱熹的《四书章句集注》则被定为官学必读书目和科举考试出题的主要依据。明代课程以礼为主，教授以朱学为主的《四书大全》《五经大全》，并颁朱熹《资治通鉴纲目》等与历代诏律典制于各儒学，确立了程朱理学在儒学教材中的地位。

参考文献

[1]黄启权主编：《三坊七巷志》，海潮摄影艺术出版社2009年版。

[2]刘玉民：《吕祖谦与朱熹交游述论》，《河南师范大学学报》（哲学社会科学版）2013年第2期。

[3]杜海军：《吕祖谦年谱》，中华书局2007年版。

[4]束景南：《朱熹年谱长编》，华东师范大学出版社2014年版。

[5]郭秀清：《"从小巷里走出的闽都巨人"——三坊七巷名人与福州传统教育培养模式的渊源探究》，《福建论坛》（人文社会科学版）2012年第4期。

[6]程小青：《吕祖谦和闽地、闽人及闽学》，《闽江学院学报》

---

① 吴学敏.南宋刘震孙《文章正印》研究[D].浙江：浙江师范大学，2021。

2014年第1期。

[7]马晓静:《陈襄主张——论陈襄的政治主张和诚明之学》。

[8]方彦寿:《古灵溪畔,为"海滨邹鲁"奠基——理学家陈襄与古灵书院》,《福建日报》2018年12月10日。

闽都文化与朱子理学

朱熹福州行迹述略

范丽琴

摘 要 福州作为南宋福建路的政治、经济、军事、文化中心，人才荟萃，朱熹曾多次亲临福州，或访贤问学，或参与论政，或讲学论道，或游览山川，对其理学思想的形成和政治前途发展具有重要影响。同时，朱熹在福州的行迹，为福州留下了大量的诗联题刻与文化古迹，为福州文化创造了宝贵的精神财富。

关键词 朱熹 访贤 论政 诗联题刻

朱熹（1130—1200），字元晦，又字仲晦，号晦庵、晦翁、沧州病叟，别号紫阳、云谷老人，朱松子，祖籍徽州婺源（今属江西），出生于南剑州尤溪（今福建尤溪县）。绍兴十八年（1148）进士，曾任同安主簿、知江西南康军、福建漳州知府、浙东巡抚、焕章阁待制兼侍讲等职，做官清正有为，晚年遭遇庆元党禁，被列为"伪学魁首"，削官奉祠。庆元六年（1200）逝世，享年七十一岁。后被追赠为太师、徽国公，赐谥号"文"，世称朱文公。朱熹一生以治学为主，"集诸儒之大成，濂、洛、关、闽，并称，天下万世宗之"①，是宋代理学的集大成者。元代中书省理问爱尚（宰相）题额"闽中尼山"，又题额"海滨邹鲁"。他的思想影响我国封建社会七百多年时间，还广泛传播到东亚国家，在世界文化史上占

---

① （清）徐景熹修：乾隆《福州府志》（卷十四），《坛庙一》，《中国地方志丛书》，成文出版社1967年版，第361页。

据着重要地位。

福州作为南宋福建路的政治、经济、军事、文化中心，人才荟萃，朱熹曾多次亲临福州，绍兴年间主要以访贤问学为主，跟随父亲朱松访问张元幹、傅自得、李弥逊，拜访以治毛序派《诗经》学见长的李樗、以治《尚书》学为长的林之奇及以治《周礼》学见长的刘藻、任文荐四先生。隆兴、淳熙、绍熙年间主要以参与论政为主，应汪应辰之邀赴福州讨论北伐用兵、讨论和战时事及闽中盐法等事宜；应赵汝愚之邀，赴福州共谋开浚西湖及讨论闽中盐法等政事；其间也不忘辩论儒释之学，精进学术。庆元党禁期间到过福州一次，主要以避乱讲学、游览山川为主，清乾隆《福州府志》（卷六十四称）："时熹避伪学禁入福州，名山胜迹，杖屦殆遍。若鼓山、方山、乌石、凤邱诸处，皆有题刻，至今存焉。郡从学者甚众，黄榦、林谟、用中、允中、学蒙、学履、夔孙、师鲁、大春、宪卿、刘砥、刘砺、潘植、潘柄、程若中、余偶、蒋康国、陈枅、孔硕、孔凤、曾逢震、郑文遹、性之、昭先，皆其著者也。"[①]朱熹在福州的经历，对其理学思想的形成和政治前途发展具有重要影响。同时，朱熹在福州的行迹，为福州留下了大量的诗联题刻与文化古迹，为福州文化创造了宝贵的精神财富，因此，对朱熹在福州的行迹进行考察具有重要的意义。

关于朱熹的生平事迹方面的研究，学界取得了丰硕的成果，其中以束景南先生《朱熹年谱长编》《朱熹研究》《朱子大传》，高令印先生《朱熹事迹考》，陈来先生《朱子书信编年考证》，顾宏义先生《朱熹师友门人往还书札汇编》，兰宗先生《朱子的旅游世界——朱熹旅游文化与文化旅游研究》，张立文先生《朱熹评传》《朱熹大词典》，郭齐先生笺注《朱熹诗词编年笺注》等著作为代表。本文拟在前人研究成果的基础上，结合福建地方文献记载，梳理朱熹在福州的行迹，以期为助益福州朱子文化研究略尽绵薄之力。

---

① （清）徐景熹修：乾隆《福州府志》（卷六十四），《流寓》，《中国地方志丛书》，成文出版社1967年版，第1202页。

一、绍兴年间朱熹福州行迹

根据相关文献考证,绍兴年间,朱熹共来过福州5次,主要包括访贤问学、因公事出差等。

绍兴二年(1132),正月初,因福建民兵统领范汝为叛乱,占据建州城,并欲攻打福州,为避兵乱,朱松携家由长溪往福州,途中受阻,滞留于桐江。至正月九日,福建、江西、荆湖宣抚副使韩世忠收复建州,讨平范汝为。朱松始携家由桐江归尤溪,途经福州拜谒福建路抚谕使胡世将。胡世将归朝后则推荐朱松为泉州石井镇监税。① 朱熹《朱松行状》云:"会诏出御史胡公世将抚喻东南,公乃因谒见而说之曰……胡公奇其言,壮其策,归即以闻于朝。"② 这是朱熹生平第一次到福州,时朱熹仅3岁。

绍兴十二年(1142),九月,朱松祠禄将满③,欲再请,因而携带朱熹往游福州,访福建安抚使程迈,顺道访问友人傅自得、张元幹、李弥逊等。时傅自得为福建提点刑狱司干办公事,朱松与之"夜对榻语,蝉联不休";时张元幹居福州永泰,李弥逊因于绍兴十年(1140)反对和议请祠归闽,亦居于连江西山筠溪之上,朱松拜谒完程迈之后,携带朱熹访问友人,谈论诗词,聆听政论。时朱熹年仅13岁。④ 朱熹自幼颖悟早慧,两岁始诵《孝经》,读《四书》,直至7岁仍刻苦读《四书》,慨然有做圣人之志。绍兴十一年(1141),朱熹在建安环溪精舍受教,开始"十年寂寞抱遗经"的生活,厉志儒家圣贤之学。不久,朱熹诗文大进,朱松大喜,在朱熹九月十五日生日作贺诗《以月团为十二郎生日之寿戏为数小诗》,

---

① 束景南:《朱熹年谱长编》(增订本)(卷上),华东师范大学出版社2014年版,第19—20页。

② (宋)朱熹:《晦庵先生朱文公文集》(卷九十七),《皇考吏部朱公行状》,明嘉靖十一年(1532)张大轮、胡岳刊本,《日本内阁文库藏汉籍善本书》第3492号,第57册。

③ 朱松于绍兴九年(1139)八月任尚书吏部员外郎兼史馆校勘,于绍兴十年(1140)三月由于秦桧讽右谏议大夫何铸弹劾朱松,出知饶州,朱松愤而请祠归闽。

④ 束景南:《朱熹年谱长编》(增订本)(卷上),华东师范大学出版社2014年版,第70页。

惊其运笔生风，诗有"骎骎惊子笔生风，开卷犹须一尺穷"①之语。此时朱熹陪着父亲朱松与友人通宵对榻论诗，以诗歌唱和，这对于有较好诗歌功底的朱熹来说，受益匪浅。

绍兴二十三年（1153），五月，朱熹赴泉州任同安县主簿，经武夷山访问冲佑观道士。再经南剑，见延平李侗，与谈学禅心得。再经福州，拜访《诗》学名家迂斋李樗、《尚书》学名家拙斋林之奇、《礼》学名家刘藻、任文荐。时朱熹年24岁。②李樗为南渡以来主《毛序》派《诗经》学大家，有《毛诗详解》三十六卷。朱熹后作《毛诗集解》，受李樗《毛诗详解》的影响。林之奇字少颖，号拙斋，侯官人，从吕本中学，讲学于福州，人称三山先生。有《拙斋集》二十卷及《书春秋周礼说》《论孟扬子讲义》《道山记闻》等。刘藻，字昭信，福州人，以孝闻，终布衣，著《易解》五卷。任文荐，字希纯，又字远流，福州闽县人，绍兴五年（1135）进士，官秘阁修撰，王十朋称其直道立朝，著《六经章句》。朱熹对其四人都非常仰慕，这四人对朱熹后来的研究及儒家经典的阐释都产生了积极的影响。朱熹《答陈宰书》云："李君兄弟之贤，闻于闽中。熹少时见诸老先生道语其故，心甚慕之。及来此，道过三山，乃识其兄迂仲，即之粹然而温，无诸矜争之色。"③《朱子语类》卷六十一云："问'然而无有乎尔，则亦无有乎尔'。曰：'惟三山林少颖向某说得最好：若禹、皋陶则见而知之，汤则闻而知之。盖曰若非前面见而知得，后之人如何闻而知之也。'"④《朱子语类》卷八十四："是时福州以《礼》学齐名者三人：王伯照、任希纯、刘昭信。某识任、刘二公。任搭乾不晓事，问东答西，不可晓。刘说话极仔细，有来历，可听。某尝问以《易》说，其解亦有

---

① （宋）朱松：《韦斋集》（卷五），《景印文渊阁四库全书》集部，第1133册，台湾商务印书馆1986年版，第482页。
② 束景南：《朱熹年谱长编》（增订本）（卷上），华东师范大学出版社2014年版，第165页。
③ （宋）朱熹：《晦庵先生朱文公文集》（卷二十四），《达陈宰书》，明嘉靖十一年（1532）张大轮、胡岳刊本，《日本内阁文库藏汉籍善本书》第3492号，第13册。
④ （宋）朱熹撰、黎靖德编：《朱子语类》（卷六十一），《由尧舜至於汤章》，《景印文渊阁四库全书》子部（第701册），台湾商务印书馆1986年版，第209页。

好处。如云'见险而止为《需》,见险而不止为《讼》,能通其变为《随》,不能通其变为《蛊》'之类。想有成书,近来解《易》者多引之。"①

绍兴二十五年(1155),正月,时任同安主簿,"兼领学事"的朱熹,为发展同安地方教育,倡建经史阁,奉檄至福州帅府,见福建安抚使方滋,向省府申请官书,为县学模得官书九百八十五卷。时朱熹年26岁。② 朱熹《泉州同安县学官书后记》云:"绍兴二十有五年春正月,熹以檄书白事大都督府,廷中已事,而言于连帅方公曰:'熹为吏同安,得兼治其学事。学有师生诵说,而经籍弗具,学者四来,无所业于其间。愿得檄府所有书以归,使学者得肄习焉。公幸哀其愚,不以为不可。'即日减省少府用度金钱,属工官模以予县,凡九百八十五卷。"③同时,朱熹见同安学故有官书一匮皆故敝残脱,无复次第,因为之料简,其可读者,得凡六种一百九十一卷,又下书募民间得故所藏者复二种三十六卷,共整理藏书得二百二十七卷,并建经史阁藏之。④

此次来福州,朱熹还拜见了福建提举王秬,借观赵祖文画,有诗咏之。⑤王秬,字嘉叟,号复斋。建炎南渡,尝卜居于泉,后历官中外,官至刑部侍郎。朱熹《借王嘉叟所藏赵祖文画孙兴公天台赋凝思幽岩朗咏长川一幅有契于心因作此诗二首》云:"翩然乘孤鹤,往至苍崖颠。上有桂树林,下有清泠渊。洗心咏太素,泛景窥灵诠。栖身托岁暮,毕此岩中缘。""山空四五人,涧树生凉秋。杖策忘所适,水木娱清幽。散

---

① (宋)朱熹撰、黎靖德编:《朱子语类》(卷八十四),《论后世礼书》,《景印文渊阁四库全书》子部,第701册,台湾商务印书馆1986年版,第780页。
② 束景南:《朱熹年谱长编》(增订本)(卷上),华东师范大学出版社2014年版,第186页。
③ (宋)朱熹:《晦庵先生朱文公文集》(卷七十七),《泉州同安县学官书后记》,明嘉靖十一年(1532)张大轮、胡岳刊本,《日本内阁文库藏汉籍善本书》第3492号,第46册。
④ (宋)朱熹:《晦庵先生朱文公文集》(卷七十五),《泉州同安县学故书目序》,明嘉靖十一年(1532)张大轮、胡岳刊本,《日本内阁文库藏汉籍善本书》第3492号,第45册。
⑤ 束景南:《朱熹年谱长编》(增订本)(卷上),华东师范大学出版社2014年版,第186页。

发尘外飚,濯足清瑶流。静啸长林内,举翻仍丹丘。"①

此次来福州,朱熹还初识了吕大器、吕祖谦父子。时吕大器任福建提刑司干官,吕祖谦随父来福州。②因朱松与吕大器为契友,因此,朱熹有机会与吕大器、吕祖谦父子相识。后来朱熹有《答吕伯恭》书十三云:"熹自泉、福间得侍郎中丈(吕大器)教诲,蒙以契旧之故,爱予甚厚。比年以来,阔别虽久,而书疏相继,奖励警饬,皆盛德之言,感激铭佩,何日敢忘。"③

绍兴二十七年(1157),春,朱熹同安主簿任期已满三年,因接任的人尚未到任,朱熹只能南下同安等待后任。时朱熹年28岁。④朱熹只身赴同安,路过福清,住在福清县西南四十五里外的渔溪驿。渔溪驿北依佛座山,东临渔溪水,为莆中入福州之驿站,景色优美,朱熹游此,即作《题囊山寺》诗云:"晓发渔溪驿,夜宿囊山寺。云海近苍茫,层岚拥深翠。行役倦修途,投归聊一憩。不学塔中仙,名途定何事?"⑤囊山寺坐落于莆田江口镇石庭以西囊山,曾为古驿道宿站。"囊山,在延寿里,形如悬囊,亦名'上囊'",⑥因此得名。

二、隆兴年间朱熹福州行迹

根据相关文献考证,隆兴年间,朱熹共来过福州2次,主要是参与论政、学术探讨。

---

① (宋)朱熹:《晦庵先生朱文公文集》(卷一),明嘉靖十一年(1532)张大轮、胡岳刊本,《日本内阁文库藏汉籍善本书》第3492号,第3册。
② 束景南:《朱熹年谱长编》(增订本)(卷上),华东师范大学出版社2014年版,第186页。
③ (宋)朱熹:《晦庵先生朱文公文集》卷三十三,《答吕伯恭》,明嘉靖十一年(1532)张大轮、胡岳刊本,《日本内阁文库藏汉籍善本书》第3492号,第18册。
④ 束景南:《朱熹年谱长编》(增订本)(卷上),华东师范大学出版社2014年版,第223页。
⑤ (宋)朱熹撰,郭齐笺注:《朱熹诗词编年笺注》(卷二上),巴蜀书社2000年版,第127页。
⑥ (明)黄仲昭修纂:《八闽通志》(卷十一),《地理·山川·兴化府》,福建人民出版社2006年版,第295页。

闽都文化与朱子理学

　　隆兴二年（1164），二月，朱熹在延平哭祭恩师李侗[①]后前往福州拜见汪应辰，一月而归。时朱熹35岁。[②]隆兴元年（1163）四月，朝廷决意出师北伐，抗击金兵，收复中原失地，赵昚皇帝召枢密使、江淮都督张浚入议。朱熹的表叔从福州知州汪应辰接到消息后，立即召朱熹至福州，讨论北伐用兵及闽中盐法等事宜。汪应辰于绍兴三十二年（1162）十月，由权户部侍郎来福州，对闽中情况不太熟悉，在具体政策措置上多垂询朱熹，朱熹积极帮助谋划，积极参与论政。朱熹在福州一个月，还请汪应辰作李侗墓铭，助其编订《龟山集》，一起辩论儒释之学，这对朱熹的学问精进很有益。汪应辰《与吕叔潜》曰："冬春久旱，奔走祈请，终未见效……朱元晦到此，一月而归。其学问精进，所养益厚，所谓日新而未见其止也。"[③]乾隆《福州府志》卷四十七载："汪应辰，字圣锡，信州玉山人。绍兴五年进士第一，隆兴间，知福州。未几升敷文阁待制，举朱熹自代，在镇二年，奏蠲一切苛赋。应辰少从吕居仁、胡安国游，张栻、吕祖谦深器许之。接物温驯，遇事特立不回，以忤秦桧，流落岭峤十有七年。桧死，始还朝。"[④]

　　四月，李侗葬，朱熹再往延平挽祭，遂又至福州见汪应辰，讨论儒释之学与和战时事。[⑤]朱熹《答汪应辰》书二云："熹于释学虽所未安，然未尝敢公言诋之，特以讲学所由，有在于是，故前日略扣其端，既蒙垂教。复不敢不尽所怀……和战之说，顷尝蒙面诲，及今所示，非不明白，利害较然矣，然愚意终未敢安。"[⑥]

---

　　① 隆兴元年（1163）十月十五日，李侗卒。时朱熹在京都，十月二十四日有旨引见，十一月六日登对，奏事垂拱殿。十二月十二日离临安归闽。
　　② 束景南：《朱熹年谱长编》（增订本）（卷上），华东师范大学出版社2014年版，第318页。
　　③ （宋）汪应辰：《文定集》（卷十五），《景印文渊阁四库全书》集部，第1138册，台湾商务印书馆1986年版，第726页。
　　④ （清）徐景熹修：乾隆《福州府志》（卷四十七），《名宦二》，《中国地方志丛书》，成文出版社1967年版，第947页。
　　⑤ 束景南：《朱熹年谱长编》（增订本）（卷上），华东师范大学出版社2014年版，第322页。
　　⑥ （宋）朱熹：《晦庵先生朱文公文集》（卷三十），《答汪应辰》，明嘉靖十一年（1532）张大轮、胡岳刊本，《日本内阁文库藏汉籍善本书》第3492号，第16册。

三、淳熙年间朱熹福州行迹

根据相关文献考证，淳熙年间，朱熹共来过福州4次，主要包括参与论政、学术探讨等。

淳熙元年（1174），道士傅得一往福州谒史浩，适逢朱熹在福州，因于乾道九年（1173）朱熹为道士傅得一题匾"云庵"二字，因此再拜见朱熹。朱熹则赠其绝句一首，诗云："到处逢人说傅颠，相看知是几生前？直携北斗倾天汉，去作龙宫第二仙。"①时朱熹年45岁。

淳熙十年（1183），十月，朱熹离任浙东提举之后，在武夷山下建武夷精舍，应由吏部侍郎出知福州的赵汝愚之邀，南下福州，见过赵汝愚后，便携门人林用中往莆田、泉州，与陈知柔游，吊傅自得；然后北归经莆田与陈俊卿游，经福州与福建安抚赵汝愚游。时朱熹年54岁。②淳熙十年（1183）三月，朱熹曾致札福建安抚使赵汝愚，为其谋划闽中附籍、盐法诸事，拒绝用官役营建武夷精舍。朱熹此次南下福州为赵汝愚、陈俊卿之邀，主要是与他们论道议政。

十一月下旬，林用中陪着朱熹回到了福州。朱熹在福州逗留期间，与赵汝愚谋划开浚西湖、闽中盐法诸事，给予了很好的建议，比如针对开西湖之事，为朝廷所议，朱熹主张"集众思"而弃"专己智"，针对闽中盐法之事，朱熹主张钞引法而反对专卖。朱熹在赵汝愚赴福州前已与其开浚西湖、论过盐法，此次在福州能够面对面讨论交流，沟通更为直接有效。朱熹《与赵帅书》三有云："去冬见议开湖事，熹谓须先计所废田若干，所溉田若干，所用工料若干，灼见利多害少，然后为之。"③同时，朱熹作诗颂扬赵汝愚开浚西湖、引水灌溉农田的政绩，其诗《伏承侍郎使君垂示所与少傅国公唱酬西湖佳句谨次高韵聊发一笑》二首称誉道：

---

① 束景南：《朱子大传》，商务印书馆2003年版，第393页。
② 束景南：《朱熹年谱长编》（增订本）（卷上），华东师范大学出版社2014年版，第774页。
③ （宋）朱熹：《晦庵先生朱文公文集》（卷二十七），《与赵帅书》，明嘉靖十一年（1532）张大轮、胡岳刊本，《日本内阁文库藏汉籍善本书》第3492号，第15册。

"百年地辟有奇功,创见犹惊鹤发翁。共喜安车迎国老,更传佳句走邮童。闲来且看潮头入,乐事宁忧酒盏空。会见台星与卿月,交光齐照广寒宫。""越王城下水融融,此乐从今与众同。满眼芰荷方永日,转头禾黍便西风。湖光尽处天容阔,潮信来时海气通。酬唱不夸风景好,一心忧国愿年丰。"① 时赵汝愚由吏部侍郎出知福州,诗中"侍郎使君"指赵汝愚;陈俊卿以少傅、福国公致仕,诗中"少傅国公"指陈俊卿。本篇即颂扬赵汝愚之政绩,即颂扬陈俊卿之德。

这年冬天,朱熹与赵汝愚还共同登览福州乌石山绝顶,在乌石山桃石留下"赵子直、朱仲晦淳熙癸卯仲冬丙子同登"的题刻,在乌石山麓的石室也留下"石室清隐"的题字。② 又共同游览福州于山,朱熹有《寄题九日山廓然亭》诗云:"昨游九日山,散发岩上石。仰看天宇近,俯叹尘境窄。归来今几时,梦想挂苍壁。闻君结茅地,恍复记畴昔。年随流水逝,事与浮云失。了知廓然处,初不从外得。遥怜植杖翁,鹤骨双眼碧。永啸月明中,秋风桂花白。"③ 九日山,即指于山,于山又名九仙山,山顶有炼丹井、九日台、金粟台、集仙岩等。廓然台,在福州于山野意亭北,有一大岩石刻"廓然台"三字,系宋著名音乐理论家陈旸所命名,释鸿份书题。朱熹在福州观演武,作《题君子亭》诗云:"清晨坐武观,凉风动高旌。挟弓一笑起,屈此四座英。破的亦已屡,穿杨讵云精。军吏不敢贺,高鸟时相惊。解鞲脱决遂,缓带飘华缨。俯仰新亭幽,旷然尘虑清。内正外自直,三揖奚所争?端居得深玩,君子非虚名。"④

这期间,朱熹在福州还游览了凤凰山和莲花山。朱熹有《和林泽之凤凰山》诗云:"木落髻鬟拥,湖平妆镜空。荒亡余旧事,惨澹只悲风。

---

① (宋)朱熹撰,郭齐笺注:《朱熹诗词编年笺注》(卷八),巴蜀书社2000年版,第767页。
② (清)徐景熹修:乾隆《福州府志》(卷七十三),《碑碣》,《中国地方志丛书》,成文出版社1967年版,第1364页。
③ (宋)朱熹撰,郭齐笺注:《朱熹诗词编年笺注》(卷八),巴蜀书社2000年版,第762页。
④ (宋)朱熹撰,郭齐笺注:《朱熹诗词编年笺注》(卷八),巴蜀书社2000年版,第766页。

兴发千山里，诗成一笑中。诸君莫惆怅，吾道固当穷。"①凤凰山在湖西，有高风台，元贡师泰筑。高风台在凤凰山下香岩寺西圃。乾隆《福州府志》卷十七引《闽都记》云："有旧台遗迹，元贡师泰增筑，名以高风。师泰记云：'方山耸其前，莲峰矗其后，左沧海，右洪江。云烟苍茫，极目无际。'又欲作亭其上，未果，平章道隐捐资助之，僧悟腾、觉馨成之。师泰以凤凰山左右翼张拱，若飞鸣而来，因名其亭为'鸣凤'云。"②朱熹有《题莲花峰》诗云："群峰相接连，断处秋云起。云起山更深，咫尺愁千里。流云绕空山，绝壁上苍翠。应有采芝人，相期烟雨外。"③莲花山在桃枝岭前，距城二十里，一名永福山。山形高峻，上锐下圆，若菡萏然，郡主山也。高凭一阜，土色深红，曰胭脂山。旁为闽王改葬处。乾隆《福州府志》卷五："相传闽王有女葬此，洗胭脂粉注积其旁。"④

十二月九日，朱熹离福州归，赵汝愚、林亦之等送之，有诗韵。⑤朱熹在福州受到赵汝愚的优待，朱熹要离开福州时，赵汝愚在远郊举行两次规模盛大的饯别宴会，为朱熹饯行，场面宏大，极尽欢快，朱熹《伏承子直都督侍郎临饯远郊仍邀严州郎中及诸名胜相与燕集分韵赋诗熹得时字辄成鄙句》诗云："芳岁倏云晏，故山风雪时。胡为在中路，复此行迟迟？为有贤主人，爱客情依依。昨夕西门道，终宴不能辞。今朝复何朝？祖帐遥相追。宾从俱俊贤，车马有光辉。敞扉得华观，俯槛临清池。南州淑气多，荡节佳景随。雪树虽改色，青山正含姿。开樽酌春醴，授简哦新诗。但觉四坐驩，不知寸晷移。流云暗寒空，苍烟染人衣。相看暮色至，我去公当归。别袖不忍分，扣扣陈苦词。愿公崇令德，慰我渴与

---

① （清）徐景熹修：乾隆《福州府志》（卷五），《山川》，《中国地方志丛书》，成文出版社1967年版，第95页。
② （清）徐景熹修：乾隆《福州府志》（卷十七），《古迹》，《中国地方志丛书》，成文出版社1967年版，第431页。
③ （清）徐景熹修：乾隆《福州府志》（卷五），《山川一》，《中国地方志丛书》，成文出版社1967年版，第101页。
④ （清）徐景熹修：乾隆《福州府志》（卷五），《山川一》，《中国地方志丛书》，成文出版社1967年版，第101页。
⑤ 束景南：《朱熹年谱长编》（增订本）（卷上），华东师范大学出版社2014年版，第785页。

饥。"①朱熹又有《腊月九日晚发怀安公父教授寿翁知丞载酒为别而元礼景嵩子木择之廷老考叔舜民诸贤相与同舟乘便风顷刻数十里江空月明饮酒乐甚因以星垂平野阔月涌大江流分韵熹得星字醉中别去乃得数语略纪一时之胜云》诗云:"挂帆望烟渚,整棹别津亭。风水已云便,我行安得停?离樽枉群贤,浊醪愧先倾。谈笑不知远,但觉江流清。猎猎甘蔗洲,茫茫白沙汀。斯须复回首,只有遥山青。野色一以暝,川光晶孤明。中流漾华月,极浦涵疏星。酒酣客散归,茫然独宵征。起视天宇阔,此身一浮萍。难追五湖游,未愿三闾醒。且咏招隐作,孤舟转玲㻛。"②诗的前半部分写众人饯别送行场面,极尽欢快;后半部分写月夜孤舟独行之景,寄托了身老沧州的浩然愁思。福州的名流们都来饯别,网山林亦之的两首送行诗唱出了士子们对朱熹的仰慕,林亦之《同安抚赵子直汝愚饯朱晦庵于怀安二首得重字》诗云:"祖帐寒梅白未空,已看新叶绿重重。八州斧钺送行客,十里旌旗绕暮峰。北斗独高韩吏部,南州争慕郭林宗。一时宾主俱豪杰,敢道招要到野农。虎夷长想蕙兰踪,螺渚幸修桑梓恭。诗造本情天下诵,学传正统世儒宗。三山过客日无数,四海闻人此一逢。官烛行行送归路,半村无月海云重。"③

淳熙十四年(1187),正月,朱熹南下莆中吊陈俊卿(淳熙十三年十一月二十一日卒),至泉州访旧,作万如居士李缜墓碣铭。归经福州,拜谒鼓山第三四代直庵禅师僧元嗣,与士友清漳王遇,郡人陈孔硕、潘柄、黄子方,僧端友游鼓山,游灵源洞,登水云亭。二月离福州归,有题刻、诗咏。时朱熹58岁。④福州鼓山涌泉寺石门后山道左壁有题刻云:"淳熙丁未,晦翁来谒鼓山嗣公,游灵源,遂登水云亭,有怀四川子直

---

① (宋)朱熹撰,郭齐笺注:《朱熹诗词编年笺注》(卷八),巴蜀书社2000年版,第769页。

② (宋)朱熹撰,郭齐笺注:《朱熹诗词编年笺注》(卷八),巴蜀书社2000年版,第771页。

③ (宋)林亦之:《网山集》(卷一),《景印文渊阁四库全书》集部,第1149册,台湾商务印书馆1986年版,第867页。

④ 束景南:《朱熹年谱长编》(增订本)(卷下),华东师范大学出版社2014年版,第858页。

侍郎。同游者：清漳王子合，郡人陈肤仲、潘谦之、黄子方，僧端友。"①嗣公为僧元嗣，曾游胡安定之门，淳熙十一年（1184）赵汝愚移主鼓山，朱晦翁先生雅重之。王子合名遇，时称东渊先生，漳州龙溪人，登乾道八年（1172）进士，教授临江、处州、蕲州。居间不远千里，游于朱子及张栻、吕祖谦之门，精思力行，不为入耳出口之学。陈肤仲名孔硕，侯官人，淳熙三年（1176）进士，官秘阁修撰，孔硕刻志立学，好古道，以圣贤自期。尝从张栻、吕祖谦游。祖谦死，心丧三年。复与兄孔夙从学朱熹于武夷，甚为所器重。学者称北山先生，有《北山集》。潘谦之名柄，怀安人，时称瓜山先生，年十六，即有志于道，偕其兄植往事朱子于武夷，朱熹悉以所学授之。皆文公门人。黄子方，莆田人，时知闽县事。朱熹《游鼓山》诗云："灵源有幽趣，临沧擅佳名。我来坐久之，犹怀不尽情。褰裳步翠麓，危绝不可登。豁然天地宽，顿觉心目明。洋洋三江汇，迢迢众山横。清寒草木瘦，翠盖亦前陈。山僧好心事，为我开此亭。重游见翼然，险道悉以平。会方有行役，邛蜀万里程。徘徊更瞻眺，斜日下云屏。"②朱熹在离开福州前，经过石崌江，有《石崌江行》诗云："春日江中注，我行逆溯其波。扬帆指西滢，两岸青山多。青山自逶迤，飞石空嵯峨。绿树生其间，幽鸟鸣相和。骞蓬骋遐眺，击楫成幽歌。独语无与晤，兹怀竟如何。""停骖石崌馆，解缆清江滨。中流棹歌发，天风水生鳞。名都固多才，我来友其仁。兹焉同舟济，讵止胡越亲。舞雩谅非远，春服亦已成。相期岂今夕，岁晚无缁磷。"③石崌馆在怀安，《闽都记》卷二十二载："石崌山，怀安县治在焉。其山秀拔，其石高广坦平。其江汇五马、三洲之胜。山有越王亭。"④

---

① （清）徐景熹修：乾隆《福州府志》（卷七十三），《碑碣》，《中国地方志丛书》，成文出版社1967年版，第1364页。
② （明）王应山：《闽都记》（卷十二），《郡东·闽县》，福建省地方志编纂委员会整理，方志出版社2002年版，第116页。
③ （明）王应山：《闽都记》（卷二十二），《郡西北侯官胜迹》，福建省地方志编纂委员会整理，方志出版社2002年版，第203页。
④ （明）王应山：《闽都记》（卷二十二），《郡西北侯官胜迹》，福建省地方志编纂委员会整理，方志出版社2002年版，第203页。

四、绍熙年间朱熹福州行迹

根据相关文献考证,绍熙年间,朱熹共来过福州两次,主要为论政。

绍熙元年(1190),三月,朱熹赴漳州任知州途中经过福州①,拜见福建安抚使马大同,论闽中政事及漳州更革弊政诸事。时朱熹61岁。②马大同,字会叔,严州人。朱熹淳熙十四年(1187)七月除江西提刑,即替马大同成资阙,二人有交游之谊,马大同于淳熙十六年(1187)四月来任福州知州,与朱熹关系至密。

绍熙二年(1191),朱熹因儿子朱塾突然病逝于浙江金华,受到沉重的打击,自漳州请祠北归,五月,途经福州,拜见以敷文阁学士中奉大夫再知州事的赵汝愚,之后黄榦从侍归武夷。时朱熹62岁。③《勉斋先生黄文肃公年谱》载:"文公自漳州请祠南归,道经三山,先生从文公至武夷。寻复归乡。"④时黄榦馆于赵汝愚处授诸生学。时与赵汝愚同游鼓山,取赵汝愚鼓山诗中"江月不随流水去,天风直送海涛来"的四字"天风海涛"题刻于鼓山之巅。朱熹自上次淳熙十年(1183)与赵汝愚分别归乡后,继续与赵汝愚保持着紧密的书信联系。淳熙十一年(1184)福建发生地震和特大旱灾,汀州爆发灾民起义等事皆有垂询朱熹。赵汝愚入闽后拟编《国朝名臣奏议》,赵汝愚自称这部书是"择其至精至要,尤切于治道者","上可以知时事之得失,言路之通塞;下可以备有司之故实。其大旨以备史氏之阙遗"。朱熹在福州同他讨论了这部书的编

---

① 淳熙十六年(1189)十一月,朱熹改知漳州,再辞,不允。十二月始拜命。二月中旬,启程赴漳州任。途经政和,三月上旬至南剑、福州。四月十三日至仙游,二十四日到漳州。

② 束景南:《朱熹年谱长编》(增订本)(卷下),华东师范大学出版社2014年版,第979页。

③ 束景南:《朱熹年谱长编》(增订本)(卷下),华东师范大学出版社2014年版,第1035页。

④ (宋)郑元肃录、陈义和编:《勉斋先生黄文肃公年谱》,(宋)黄榦:《勉斋先生黄文肃公文集》附录,《再造善本金元编》集部,第701册,北京图书馆出版社2005年版。

选，归去后又写信给他，对这部书稿提出了详细的修改意见。①绍熙元年（1190），十一月，赵汝愚来知福州，朱熹致书与论举子仓、盐法诸事，《淳熙三山志》、《朱文公文集》卷二十八《答赵帅论举子仓事》有载。②绍熙二年（1191），赵汝愚被调任吏部尚书，同年十月入朝，经过建阳，则在建阳与朱熹见面论政。可见，赵汝愚与朱熹志同道合，他们之间的关系非同一般。

五、庆元年间朱熹福州行迹

绍熙五年（1194），十月至闰十月，朱熹在首都临安任焕章阁待制兼侍讲。由于朱熹借向皇帝进讲的机会进言干预朝政，是时太皇太后亲属韩侂胄执政，朱熹忤之。于是引起宁宗皇帝和执政韩侂胄的不满，结果朱熹只做了四十天的侍讲就被解除职务。庆元二年（1196），六月十五日，国子监上奏乞毁理学之书，朱熹《四书集注》与《语录》在禁毁之列。八月九日，太常少卿胡纮奏论"伪学"猖獗，图谋不轨，请权住进拟伪党。十二月，监察御史沈继祖奏劾朱熹，落职罢祠。庆元三年（1197），闰六月六日，朝散大夫刘三杰论"伪党"变为"逆党"，指朱熹为党魁。九月二十七日，朝臣再奏"伪学"之祸，罢"调停"之议。被列入《伪学逆党籍》人数共59人，其中宰执4人、待制以上13人、余官31人、武臣3人、士人8人。③自"伪党"变为"逆党"后，儒士人人自危，但朱熹仍不惧党禁，并鼓励门人要更加勉力，黄榦《朱先生行状》曰："方是时，士之绳趋尺步，稍以儒名者，无所容其身。从游之士，特立不顾者，屏伏丘壑；依阿巽懦者，更名他师，过门不入，甚至变易衣冠，狎游市肆，以自别其非党。而熹日与诸生讲学不休，或劝以谢遣生徒者，笑而

---

① （宋）朱熹：《晦庵先生朱文公文集》（卷二十七），《与赵帅书》，明嘉靖十一年（1532）张大轮、胡岳刊本，《日本内阁文库藏汉籍善本书》第3492号，第15册。

② 束景南：《朱熹年谱长编》（增订本）（卷下），华东师范大学出版社2014年版，第1007页。

③ 束景南：《朱熹年谱长编》（增订本）（卷下），华东师范大学出版社2014年版，第1315—1316页。

不答。"①朱熹《答辅汉卿》书四曰："风力稍劲，而此一等人多是立脚不住，千万更加勉力，以副所期……柴中行闻报漕司考校之语，其词甚壮，亦闻之否？"②在此环境下，为避"伪学"之禁，朱熹在众多门人的邀请和陪同下于春三月开始外出，四月行走闽东，然后在闽中、闽西北，过着流动性的低调的讲学生活。

庆元年间，朱熹仅到过福州一次，主要以避伪学禁、讲学论道和游览山川为主。朱熹于庆元三年（1197）前往福州游历讲学，足迹遍及整个福州，福州地方志有诸多记载，如至马尾区亭江镇长柄村，"吾里龙柄，故宋铁冶场也。昔紫阳先生以伪学禁避地寓此，所题'跃龙津'石刻犹存"③，至城门郑侍郎湜宅，"郑侍郎湜宅在城门山鳌顶峰东。朱子避伪学禁，主其家。宅后有石横跨涧上，名'自成桥'，有朱子题刻"④，至岳峰镇竹屿村，"竹屿村有东野竹林书院，宋时建。朱子避伪学禁，讲学于此，有丹井一，虽大旱仍水膏肥美"⑤，至长乐，"朱子避伪学禁至长乐，（郑）申之从之游"⑥，至连江，"宋庆元间，严伪学之禁。朱文公避迹至连江，入安中里仁山，留数日，主人礼奉甚周"⑦，至闽清，"朱文公于伪学之禁，避迹无定所，其于闽清凡数至，所历名胜题识殆遍，如广济岩之'溪山第一'、白岩之'八闽岳祖'。皆其亲笔，现勒石尚存。

---

① （宋）黄榦：《朝奉大夫文华阁待制赠宝谟阁直学士通议大夫谥文朱先生行状》，束景南：《朱熹年谱长编》（增订本）（卷下），华东师范大学出版社2014年版，第1509页。
② （宋）朱熹：《晦庵先生朱文公文集》（卷五十九），《答辅汉卿》，明嘉靖十一年（1532）张大轮、胡岳刊本，《日本内阁文库藏汉籍善本书》第3492号，第35册。
③ （清）徐景熹修：乾隆《福州府志》（卷十四），《坛庙一》，《中国地方志丛书》，成文出版社1967年版，第350页。
④ （清）徐景熹修：乾隆《福州府志》（卷二十一），《第宅园亭》，《中国地方志丛书》，成文出版社1967年版，第467页。
⑤ （清）朱景星修、郑祖庚纂：《闽县乡土志·地形略一》，福州市地方志编纂委员会整理，海风出版社2001年版，第197页。
⑥ （清）徐景熹修：乾隆《福州府志》（卷五十三），《人物五》，《中国地方志丛书》，成文出版社1967年版，第1063页。
⑦ （清）徐景熹修：乾隆《福州府志》（卷七十五），《外纪一》，《中国地方志丛书》，成文出版社1967年版，第1398—1399页。

第不知当日居停何地,想亦止在林正卿兄弟处也"①等等。朱熹曾游马江,留有《渡马江》诗云:"春日江中住,我行涉其波,扬帆出西滢,两岸青山多。"②据《长乐六里志》卷二载:"马头江,亦称马江,濒江左、光俗二里间。中有巨石,形如马首,随潮隐现为行舟患。《闽侯县志》云:'东下为罗星塔,其南为营前,又东为洋屿。旧有水师,旗营。出为闽安镇,中流为琅崎江,入于海。'"③还曾游闽侯县尚干镇五虎山,题"怡山良石,神仙所居"④于石崖上,并留有诗篇《方山》云:"到山不识山面目,但见九鼻盘溪曲。归来兀坐小窗下,倚天百尺堆汉玉。"⑤五虎山也叫方山,山脉绵延永泰、福清、长乐三县境内,是古时闽县和侯官县的天然分界线。五座主峰巍然耸立,势如五虎雄踞。五虎山壁立千仞,谷口深隘,四峡如门,形势险要,朱熹驻足吟翠山楼心旷神怡,毫无消极悲观之情。朱熹还来到福清灵石山,寓灵石寺,题有"苍霞亭""蟠桃坞",且作《游灵石山》诗云:"百尺楼台九叠山,个中风景脱尘寰。危亭势枕苍霞古,灵石香沾碧藓斑。佳景每因劳企仰,胜游未及费跻攀。何当酬却诗书债,遂我浮生半日闲。"⑥灵石山磅礴百里,峻拔千仞。山巅有石,久晴鸣则雨,久雨鸣则晴。又有香石,手摩有香气,故以灵名。山形九叠,中有十胜,中有苍霞亭、蟠桃坞。有三峰曰九叠峰,当地人以鸣为雨候,久晴必雨,久雨鸣必晴。又有通天石、仙岩、戏龙潭、碧玉洞诸胜。朱熹又游览了福清瑞岩,有《游瑞岩》诗云:"踏破千林黄叶堆,林间台殿郁崔嵬。谷泉喷薄秋逾响,山翠空濛昼不开。一壑祇今藏胜概,三生

---

① (清)陈寿祺:道光《福建通志》(卷二百七十三),《丛谈·福州府》,《中国省志汇编之九》,华文书局1968年版,第5189页。
② 李永选撰辑:《长乐六里志》(卷二),《中国地方志集成·乡镇志专辑26》,上海书店出版社1992年版,第383页。
③ 李永选撰辑:《长乐六里志》(卷二),《中国地方志集成·乡镇志专辑26》,上海书店出版社1992年版,第383页。
④ (清)徐景熹修:乾隆《福州府志》(卷五),《山川一》,《中国地方志丛书》,成文出版社1967年版,第91页。
⑤ 安宁:《朱子在福州地区的诗联与题刻》,《福建乡土》2006年第5期。
⑥ (清)徐景熹修:乾隆《福州府志》(卷六),《山川二》,《中国地方志丛书》,成文出版社1967年版,第136页。

畴昔记曾来。解衣正作留连计,未许山灵便却回。"① 瑞岩山在福清县东新安里,去城十五里。山多奇胜,有佛窟岩、天章岩、香山洞、大台洞、玉虚洞、桃花园、休林台、醉石、鉴池、一滴泉、仙人井、八卦亭、紫霄亭、义鹿冢诸胜。绝顶有通海井,石岩中窍大如箕,泉脉与海潮汐应,水四时恒满。②

庆元四年(1198),朱熹69岁,正月,朱熹大病濒危,贻书黄榦告诀,以深衣及生平所著书授黄榦。庆元五年(1199),朱熹70岁,六月一日,致仕告家庙,以孙朱鉴承绪家政,子朱(林土)、朱在佐事。庆元六年(1200),朱熹71岁,三月,疾甚。八日,手书黄榦告诀,以道相托,收拾《礼书》文字。九日,逝世。十一月二十日,葬于建阳县唐石里之大林谷。③朱熹在临死之前依然不忘对门人的教诲,黄榦《朱先生行状》曰:"疾且革,手书嘱其子在与门人范念德、黄榦,拳拳以勉学及修正遗书为言。翌日,正坐整衣冠,就枕而逝。"④但及至朱熹去世,送葬者甚少,黄榦《朱先生行状》曰:"既没,言者谓:四方伪徒期会,送伪师之葬,会聚之间,非妄谈时人短长,则缪议时政得失,望令守臣约束。从之。"⑤为此,与朱熹交谊至深的辛弃疾唏嘘不已,乾隆《福州府志》卷四十六载:"(辛)弃疾豪爽,尚气节,识拔英俊,所交多海内知名士,与朱熹游好。熹殁,伪学禁严,门生故旧至无送葬者,弃疾为文往哭之。"⑥

此外,朱熹在福州地区的行迹还可从留下的许多摩崖石刻见之一斑。

---

① (清)徐景熹修:乾隆《福州府志》(卷六),《山川二》,《中国地方志丛书》,成文出版社1967年版,第134页。
② (清)徐景熹修:乾隆《福州府志》(卷六),《山川二》,《中国地方志丛书》,成文出版社1967年版,第133页。
③ 束景南:《朱熹年谱长编》(增订本)(卷下),华东师范大学出版社2014年版,第1319—1417页。
④ (宋)黄榦:《朝奉大夫文华阁待制赠宝谟阁直学士通议大夫谥文朱先生行状》,束景南:《朱熹年谱长编》(增订本)(卷下),华东师范大学出版社2014年版,第1411—1412页。
⑤ (宋)黄榦:《朝奉大夫文华阁待制赠宝谟阁直学士通议大夫谥文朱先生行状》,束景南:《朱熹年谱长编》(增订本)(卷下),华东师范大学出版社2014年版,第1509页。
⑥ (清)徐景熹修:乾隆《福州府志》(卷四十六),《名宦一》,《中国地方志丛书》,成文出版社1967年版,第908页。

据杨文新《朱熹在福建的摩崖石刻研究》(《武夷学院学报》2010年第4期)一文考察，朱熹在福州留下38方摩崖石刻，其中包括乌山"石室清隐""光风霁月"，鼓山"寿""天风海涛"，万安渡"耕云钓月""天光云影"，凤丘山"凤丘""鹤林"，闽侯五虎山"怡山良石，神仙所居"，长乐晦翁岩"读书处"、长乐筹峰山"德成"，永泰嵩口"山高水长""琳琅一片石"，连江"降虎峰""雷移石"等石刻。此处再根据地方志记载，补充一些题刻以供参考，具体如下表。

朱熹在福州的部分题刻分布表

具体地点	题刻内容	资料来源
福州乌石山观音岩	福	乾隆《福州府志》卷七十三《碑碣》
福州安民巷	"锡类"匾	万历《福州府志》卷十二《建置志五·街市》
福州罗豫章祠	跃龙津	乾隆《福州府志》卷十四《坛庙一》
福州城门郑侍郎湜宅	自成桥	乾隆《福州府志》卷二十《第宅园亭》
福州江左里院里溪	濯足	《长乐六里志》卷二《山川下·水道》
福州康山	康	《闽县乡土志·地形略二》
福州长铺山文昌宫	（不详）	《闽县乡土志·地形略二》
福州至德里九龙山狂牛岭南毗济潭	毗济潭	《长乐六里志》卷四《名胜》
长乐屏山下三溪	溪山第一	乾隆《福州府志》卷七十三《碑碣》
长乐龙泉山巨石	朝阳 魁龙	万历《福州府志》卷五《舆地志五·山川下》
长乐龙泉山云梯	魁龙	万历《福州府志》卷五《舆地志五·山川下》
长乐聚星堂	聚远	弘治《长乐县志》卷二《宫室》
长乐	竹林精舍	乾隆《福州府志》卷二十二《第宅园亭二》
福清闻读山	闻读	乾隆《福州府志》卷七十三《碑碣》
福清县石竹山灵石寺	"苍霞亭"匾、蟠桃坞	万历《福州府志》卷五《舆地志五·山川下》

综上所述,朱熹于绍兴年间、隆兴年间、淳熙年间、绍熙年间、庆元年间,就目前所见史料记载,曾15次亲临福州,或访贤问学,或参与论政,或讲学论道,或游览山川,对其理学思想的形成和政治前途发展具有重要影响。同时,朱熹的足迹遍及福州各区县,据不完全统计,留下了19首诗歌,55方题刻,为福州文化创造了宝贵的精神财富。在如今弘扬中华优秀传统文化,打造闽都文化国际品牌的背景下,拓展闽都文化学术研究领域,深耕朱子文化与福州的主题研究,进一步深化朱熹在福州行迹的研究不可忽视,有待同志者共同携手努力。

浅论朱熹在福州讲学的主要遗迹

肖忠生

摘　要　本文论述宋朝理学家朱熹在福州讲学的主要遗迹和题刻等，其为传统文化，也是闽都文化的组成部分，史料珍贵，有使用价值。在新时代的今天，我们要保护和弘扬它的使用价值，更好地为社会主义现代化建设，实现中华民族伟大复兴的中国梦服务。

关键词　朱熹　黄榦　书院讲学　遗迹　题刻　保护与弘扬　服务

朱熹（1130—1200），字元晦、促晦，号晦庵、晦翁、紫阳等，南宋著名的哲学家、理学家、思想家、教育家、诗人、闽学派的代表人物，是孔子、孟子以来最杰出的弘扬儒学的大师，世称朱子。祖籍江西婺源，宋朝建炎四年（1130）九月十五日出生于福建尤溪县城水南郑义斋宅，父亲林松为尤溪县尉。朱熹五岁时，始入小学，读书聪明，能读懂《孝经》，在书额题字自勉："若不如此，便不成人。"宋绍兴十八年（1148），他考入进士，被派任泉州同安县主簿，从此开始仕途生涯。他赴任途中拜访了著名道学家，程颐的弟子李侗。宋绍兴三十年（1160），三十岁朱熹决心要向李侗求学，李侗很器重这位学生，替他取一字曰元晦。从此，朱熹开始建立自己的一套客观唯心主义思想——理学。朱熹官至焕章阁侍制。《宋史·朱熹传》说，朱熹在考中进士后的五十年里，外地做官二十七年，朝中做官四十日，其他的时间"竭其精力以研究圣贤之经训，"著书立说做学问。他为《大学》《论语》《孟子》《中庸》等作注的

书,被历代书院、学校作为教材。他四处设馆、办书院,讲学传道,强调儒家之道的传授,重视品德修养的教育,足迹踏遍全国各地,为古代教育事业发展做出了显著贡献。

宋绍熙五年(1194),朱熹在丞相赵汝遇推荐下,任焕章阁侍讲,为皇帝讲解经史。不久,权臣韩侂胄擅权,大力排斥理学,把理学家的书"除毁",把道学之名曰"伪学","《六经》《论语》《孟子》《中庸》《大学》之书,为世大禁"。他为排斥异己,将赵汝遇"诬以不轨,下贬永州。朱熹因上书陈情受到牵连,也被革去官职,剥夺俸禄。庆元年间,朱熹只好避居闽中,创立书院讲学传道,也就是说通过教育,传播理学、闽学之"道",培养一批匡扶社会、拯国爱民的人才。他有十余次来福州讲学,据史料记载:早在宋代时期,以朱熹创办的"紫阳书院"为代表,福州汇集了十几所书院,成为全国理学中心。本文着重讲朱熹在福州三个书院讲学的遗迹与在福州的主要题刻等。

一、在福州东门紫阳书院讲学

宋隆兴二年(1164)四月,朱熹在福州东门创办"紫阳书院"[①],该书院已不见当年胜景,在今王庄,只留下"紫阳"村名、"讲堂前"地名。紫阳村即今天的紫阳社区,是朱熹原来讲学地方。

紫阳社区服务中心斜对面新村楼房一隅,可见一座规模不大庙宇状的古建筑,大门正上方挂的漆黑色牌匾,醒目的四个鎏金大字"讲堂胜境"。底下一小字鎏金"紫阳朱熹讲学堂旧址"。门两边写有黑底金字对联:"紫气东来胜境,阳光普照讲堂",首字嵌"紫阳"二字,似乎诉说着当年朱熹讲学的故事。

"紫阳书院"在千年的漫长岁月中,被民众以讲堂形式,保护建成普通的祭祀地方神圣的庙宇,即福州民间俗称的"境"。因为朱熹在历史上有功绩,被供奉其中,相传正殿内曾挂有朱熹亲笔题写的匾额,如今这块匾额已丧失。

---

① 《福州文史》2010年第4期。

在福州长乐75号还有一座"讲堂东境"，庙宇的前墙面，撰写有"讲学堂庙碑记"青石碑。在晋安南路东侧，面向晋安河公园有标"讲堂正境"一庙宇，门上竖牌"泰山庙"，这些讲堂境名就是与朱熹讲学有关。

朱熹开办"紫阳书院"若干年后，于晋安区竹屿村创办"竹林书院"（竹林精舍），朱熹在此讲学。后朱熹的女婿黄榦在此书院讲学，传授朱子学、闽学。"竹林书院"后也名"竹林境"。

黄榦（1152—1221），字直卿，号勉斋、北山等，家住东门外，闽县人[1]，原籍长乐县，受业于朱熹门下，朱熹曾对人夸赞"直卿志坚思苦，与之处甚有益"[2]，后招黄榦为婿。当筹办"竹林精舍"，开馆讲学后，朱熹又曾写信给黄榦，提及"他时便可请直卿代即讲席及编纂礼书"，可见朱熹很爱惜和器重黄榦。他们两人关系很亲密友好，朱熹还特将其女朱兑嫁给黄榦。淳熙十年（1183），朱熹还特别到浦下黄榦家里看他的女儿，写一首著名的《葱汤麦饭》诗。此事，清康熙本《坚瓠集》记载：朱晦庵（朱熹号晦庵）访婿不遇，其女出葱汤麦饭留下，意谓简亵不安。晦庵题诗云："葱汤麦饭两相宜，葱补丹田麦疗饥。莫道此中滋味薄，前村还有未炊时。"说朱熹去看望女婿（指黄榦），女婿不在家，女儿留父亲在家里吃饭，因家里太穷了，一时又拿不出好吃的，只得端出葱汤和麦饭，父亲难得来一趟，女儿觉得很过意不去。朱熹见女儿面孔露出不安之色，于是朱熹便写下此诗。

随后，朱熹为表达"鹤林真人"的钦敬，在福州东门外的牛公山上，在凤丘山顶的石头上写下"凤丘""鹤林"的摩崖题刻。"鹤林"每字的长宽均在一米左右，两字直行；在"凤丘"大字旁署有朱子的名号"晦翁"两个小字[3]。

---

[1] 福州市政协文史资料工作组编：《福州地方志》（下册），1979年8月版，第161页。
[2] 福州市郊区编：《地名志》，1982年3月版，第56页、第92页。
[3] 福州晚报编：《凤鸣三山》（七），2001年10月版，第86页、第90页。

二、在福州林浦濂江书院讲学

濂江书院创建于宋朝年间,迄今已历经千年岁月,该书院坐落于福州林浦古村内,这是福州保存最为完好的宋代朱熹讲堂的书院。书院北邻闽江,面对鼓山,风光美好,环境幽静,是古时学子求知问道、修身治学的好场所。朱熹及其弟子曾来濂江书院讲学,他对这里的学子评价很高,题写了"文明气象"词赞扬这里的师生。朱子的品德思想为书院留下了深远的影响,濂江书院因此孕育了一大批优秀的人才,其中以林浦村林氏一家七科八进士,三代五尚书最为著名。

该书院后人有重修过,据《福州郊区教育志》记载:"南宋时朱熹曾到书院讲学,并题'文明气象'匾,后人于书院右侧建朱子祠,祀朱熹。"清咸丰十年(1860),林春、江云初重修朱子祠。该书院现为清代建筑,木材结构,面阔进深均三间,双层楼房,穿斗式构架单檐歇山顶,占地面积700多平方米。

濂江书院内目前分为朱子讲堂、朱子祠、家风馆三部分。讲堂书斋门前正面上方悬挂朱熹写的"文明气象"匾额,两边柱联为"三台平步上,百尺举高兴",面积不大的学生书斋,清净敞亮,摆设古时师生的书桌、文房四宝等。斋内供奉朱熹画像,画像两边是"立修齐志,为邦家光"。右厢是朱熹当时的寝室。

濂江书院前平台放置师生洗笔用的石臼,上刻"知鱼乐"三字,抒发了学子强烈愿望得以实现后的淋漓畅快。平台前的石栏板上,内外分别刻着笔法苍劲的"濂水龙腾"和"文光射斗"八个大字,精辟简练地展现了师生勤耕好学的情景。主体建筑后面是"朱子祠",楼内后壁竖有"宋朱熹讲学处"碑,石碑上最后刻几个字是"朱熹亲临讲学",附近城门有朱熹题刻的《岩屏》诗,曰:"青碧晋奇胜,登高四望平。天光笼雾障,佳气列云屏。结屋宁楼鹤,纹苔却照萤。藏书多乐事,奕叶踵芳声。"

濂江书院,现在修复和保护得很好,是福州市级文物保护单位,也是省级机关廉政教育点。

三、在福州长乐二刘村龙峰书院讲学

宋庆元二年(1196),发生了震惊朝野的"伪学之禁",遁迹三山(指福州城内),创办书院,吸收学生,讲授理学、闽学,取得成绩,培养出黄榦等杰出人才。随后转到长乐潭头镇二刘村,寓居"龙峰岩",在龙峰书院向刘砥、刘砺等学子讲学,传授理学。"龙峰岩"因朱熹在此讲学,又号晦翁,所以"龙峰岩"又名为"晦翁岩",这里区域层峦叠嶂,树木葱郁,景色秀丽,素有"长乐小武夷"的美誉,是绝佳的读书之所。在"晦翁岩"景区,密林中一处嶙峋岩石的石门崖壁上,竖刻着"读书处"三个大字,每字长0.94米,宽0.77米,手书原系朱熹,因年久已湮灭,现存是明万历年间刑部侍郎郑世威补书。石门内登上五六级石阶,只见里面的岩石宛若天然形成的天井,中间有青石桌子、凳子等,在讲学期间,刘砥、刘砺拜朱子为师,虚心请教,跟随他潜心研究理学思想,学习儒学经典,在朱熹的悉心指导下,他们学问进步很快,成为朱熹的得意门生。

现在,龙峰书院里供有朱熹的画像,左右立着的便是刘砥、刘砺。因为龙峰书院祀朱熹、刘砥、刘砺三位贤士,故又称"三贤阁"(三贤祠)。

明朝永乐年间,三宝太监郑和七次下西洋,船队停泊在长乐太平港时,曾到"龙峰岩"游历并修葺龙峰书院,此后,人们便以"三宝岩"称谓。此事《长乐县志》记载:"三宝,乃郑和小字,和事燕王从起兵有功累擢太监时称为三宝大监,岩原以朱子居此讲学,号名晦翁,至此,因郑和登临恁眺,重加修葺,遂称为三宝岩,岩侧有白鹿洞[①]。状元马铎的《游方安里题三宝岩》有咏:"三宝岩前宿瘴开,沧沧日色照崖崔嵬。"明隆庆六年(1572),知县蒋以忠推崇朱熹,又把"三宝岩"改名为"晦翁岩"。随后,历史上还有许多名人如叶向高、沈葆桢等都来此参观考察,并留有珍贵墨迹。"晦翁岩"名称有多种,它又名龙峰岩、二刘岩、

---

① 黄葆戊:《长乐县志》(卷八),第11—12页。

三贤祠、朱子岩、三宝岩,文化内涵丰富,至今有800多年的历史,是一处集朱子文化、郑和航海文化、长乐人文文化于一体的旅游胜地。

朱熹在福州地区讲学遗迹还很多,如福州贤场书院、福州东野竹林书院、福州龙津书院、福清兰田书院、罗源文公书院、闽县吟翠书院(称"吟翠山楼")、连江丹阳书院、闽清梅溪书院等;朱熹在福州地区讲学教出很多名人,如黄榦、郑性之、刘砥、刘砺、郑昭先等。

另外,朱熹在讲学过程中,还留下许多题刻与诗文等。如在乌石山"先贤石室"池畔石上题有"石室清隐"①,在道山祠壁题有"光风霁月"。在于山游览时写有《寄题廓然台》诗:"昨日九日山,散发岩上石。仰看天宇近,俯叹尘境窄。归来今几时。梦想挂苍壁。闻君结茅地,恍复记畴昔。年随流水远,事与浮云失。了知廓然处,初不从外得。遥怜石上翁,鹤骨双眼碧。永啸月明中,秋风桂花白"②。在鼓山绝顶峰有"天风海涛"③,在鼓山石门刻有"淳熙丁未,晦翁来谒鼓山嗣公。游灵源,遂登水云亭,有怀四川子直侍郎。同游者,清漳王子合、郡人陈肤仲、潘谦之、黄子方、僧端友"④。在灵源洞蹴鳌桥下西壁题刻"寿"字,高415厘米,宽305厘米,此字,创下了福州地区摩崖"单字榜书古石刻之最";在北峰宦溪乡桂湖溪边岩石上题诗:"磊落一云窝,潺溪奔不止。泉且洁而温,滔滔皆如是。"在亭江镇长安村西岩寺后院岩壁上,题有"仙苑"二字⑤,在连江宝林寺讲学时,他品尝到连江出产的甘甜多汁的雪梨后,赋诗《雪梨》七律诗一首:"珍宝浑疑露结成,香葩况是雪储精。乍惊磊落堆盘出,旋剖轻盈照骨明。卢橘漫劳夸复熟,蔗浆未许析朝醒。啖余更检桐君录,快果知非浪得名。⑥"在福清绵亭岭题有"绵亭"二字;在福清南日里题"读书"二字。在福唐里题有"闻读"二字。此事,资料记载:福塘里有闻读书院,宋代时,朱熹路过此地,听到有人朗诵被朝廷

---

① 《福建文史资料选辑》(第二十三辑),第8页。
② 《福州文史》2010年第4期。
③ 《地名志》,1982年3月版,第56页、第92页。
④ 《福州文史》2010年第4期。
⑤ 福州晚报编:《凤鸣三山》(七),2001年10月版,第86页、第90页。
⑥ 《福州文史》2010年第4期。

禁止的他注解的《四书》，心里很感动，便写下"闻读"二字，后来，有人把"闻读"二字刻在附近一块岩石上。福塘里有闻在闽清县西南的三溪乡，题有"八闽岳祖"[①]等。据了解朱熹仅在福州的摩崖石刻有30多方，诗词也不少。

以上所说朱熹在福州地区讲学和题刻等遗迹，其中大部分已成为历史文物，有的被列为文物保护单位，它是福州传统文化，也是福州闽都文化的组成部分，具有一定的历史教育价值、旅游价值和研究价值，其史料很珍贵。今天，我们要把它保护好，去粗取精，弘扬它的传统优秀文化价值，在中国共产党的领导下，为社会主义现代化建设，为实现中华民族伟大复兴的"中国梦"服务。

---

① 《东南名城福州》，海洋出版社1985年版，第89页。

闽都文化与朱子理学

长乐理学家及朱子门人

刘传标

摘　要　闽学发祥于福建，南宋朱熹集大成，伴随朱熹学术思想的形成和发展，构成了一个南宋中后期最为庞大复杂的学术群体，由地域性上升为全国性。在朱子学形成、发展以及推广传播的过程中，朱熹周围的门人扮演了非常重要的多重角色，为朱子学思想体系和朱子学派的重要组成部分。朱熹一生大多数时间在福建度过，四次到长乐游学、讲学。庆元元年（1195），朱熹为避"伪学"之禁，辗转到长乐筹峰山龙峰岩创办龙峰书院，讲学授徒，躬亲传道，足迹遍布龙门、三溪、江田等地，其高足刘砥、刘砺、黄榦、陈自修、郑性之等人是继承、捍卫、阐扬、传播朱熹理学的关键人物，为长乐籍硕学大儒。黄榦、郑性之等讲学授徒不辍，长乐籍朱子门人及再传弟子不遗余力地传播朱子理学，为朱子学之火薪传不熄做出重大贡献。长乐籍朱子门人极大地拓展了朱子学的问题体系，深入参与了朱子学学术思想体系的形成与发展，丰富与完善了朱子学的经学哲学研究，推动和实现了朱子学义理诠释的精致化与规范化。

　　朱子文化是福建文化对中华文化乃至世界文化的一大贡献。朱子文化是福建产生的区域特色文化，是一张靓丽的名片。是中华优秀传统文化，也是海峡两岸同胞共有的精神家园。传承和弘扬优秀的传统文化，将增强文化自信。本文仅是就朱熹及其门人在长乐的活动做粗略梳理。

关键词　朱熹　理学　闽学　朱子门人　长乐

一、长乐籍理学群体

长乐人思辨、好论,自唐以降,理学家辈出。唐代有福建历史上第一个思想家、理学的奠基者"晚唐儒宗"林慎思,五代有"古槐三溪"潘季荀,宋时有中国水利专家理学家刘彝、"古槐三溪"潘鲠,南宋有林栗、刘藻、刘嘉誉、刘世南等。

1.林慎思

林慎思(844—880),字虔中,号伸蒙子。长乐崇贤乡钦平里(今潭头镇大宏村)人。咸通十年(869)登归仁绍榜进士(咸通间兄弟五人相继"俱登进士第",时称"五桂联芳"),翌年再试中宏词拔萃科第一(宋元明清时才有"状元"之称)。初授秘书省校书郎,兴平县尉,迁水部郎中。乾符中,社会动荡,百姓流离,唐僖宗不理朝政,每日与宦官嬉戏。慎思以国事为重,屡次上书谏君劝政,因触犯权贵贬为京兆万年令。广明元年(880)十二月,黄巢攻长安,林慎思领兵迎战,力尽被执,骂黄巢,不屈而死。平定黄巢之乱后,归葬长乐昌化乡渡桥大墓山。唐天子旌其门曰:"儒英忠义",诏立忠贤祠祀于筹岩山读书处。

林慎思为福建历史上第一个思想家、理学的奠基者。后人誉之为"晚唐儒宗"。著有《伸蒙子》、《续孟子》二卷(凡十四篇),及《外篇·宏词》5篇、《儒范》7篇(佚)。阐发传统孔孟儒学,博采道、法等诸家之长,独成一家之言。《四库全书》《子》部《伸蒙子》三卷著作辑要,云:"《伸蒙子》一书:采前世君臣事迹,设为问答,以辩治乱之道。'文章借古喻今,气魄雄放'。'通书大旨纯正','讲明乎诚意正心之学'。'议论明切,自成一家之言'。"

2.林栗

林栗(1122—1190),字黄中,长乐罗联乡东林村人。宋绍兴十二年(1142)进士,调崇仁尉,教授南安军。宰相陈康伯荐为太学正,守太常博士。孝宗即位,迁屯田员外郎、皇子恭王府直讲兼皇子庆王府直讲。随后除右司员外郎,迁太常少卿。除直宝文阁、知湖州。知兴化军,又移南剑,除夔路提点刑狱,改知夔州,加直敷文阁、兵部侍郎。侍御史

胡晋臣劾林栗，出任何泉州府知府，后又改明州知府。绍熙元年（1190）卒，谥"简肃"。林栗精通易学。《四库全书》《经》部收其《周易经传集解》三十六卷。

3、刘彝

刘彝（1017—1086），字执中，号友处，又号屏山。长乐县城东隅芝山乡人，生于宋真宗天禧元年（1017），北宋庆历六年（1046）考中丙戌科贾黯榜进士。历任福建邵武军都尉、江苏高邮主簿、海州朐山（今连云港）县令、都水监丞、两浙转运判官、处州知州。宋神宗熙宁年间，改任虔州（后改称"赣州"）知州。在赣州9年，修建防洪、抗洪、污水网"福寿沟"。宋熙宁七年（1074），改任桂州（今桂林市）知州。次年正月十二日交趾国入侵攻破邕州，屠杀死郡守及军民5.6万多人，知州苏缄自焚殉国。刘彝率兵与交趾国交战，因瘴毒导致5万军士死亡。宋廷以"妄生边事"将刘彝降为检校水部员外郎，宋神宗元丰二年（1079），再贬为均州（今湖北省均县）团练使，不久又罢官为民，充军襄州（今湖北襄阳）。宋哲宗元祐六年（1091）春，因"善治水"，被重新起用，任都水丞（相当于水利部副部长），赴京途中病逝，享年74岁。死后追赠"银青光禄大夫"，崇祀乡贤。宋绍圣元年（1097），福州郡守温益倡建"五先生祠"（府学圣庙东），以刘彝与陈襄、郑穆、周希孟、陈烈并祀于庙学，称"海滨五先生"。他是吴航最早树立的乡贤之一，也是刘氏八贤之一。

4.刘康夫

刘康夫（1034—1098），字公南，号恭处。祖籍长乐①。生于北宋景

---

① 宋朝昆山人卫湜在开禧、嘉定间集《礼记》诸家传注为《礼记集说》和宋代吕祖谦（1137—1181）撰的《吕氏家塾读诗记》均称之为"长乐刘氏"，可见其应该长期称自己为长乐刘氏后裔。2017年10月定居江西赣州的刘彝后裔一行六人到长乐二刘谒祖时，展现其家谱《（江西）兴国东韶安定公文达房谱》，记载"世居长乐东城"。据此判断当居住于今太平桥梁汾阳溪畔，即种芝宫旁。据汾阳溪区域口碑相传此地为刘行全后裔居住地。如此可否推断：刘行全、刘德全、刘待全，即是刘昌祖、刘昌荣、刘昌茂。"刘行全就是刘贻孙（昌祖），现居于湖南东里的刘氏是刘山甫（德全）后裔，刘山甫即刘昌荣。定居于南屿的刘昌茂即刘待全"，待考。

祐元年（1034）。刘康夫早年师从大儒周希孟，"通五经，明易理"，乡人尊他为"孝悌仁爱之师"。北宋熙宁元年（1068）举孝廉，主广东番禺县学，后任福州府学（时福州称"泉州"）教谕。宋哲宗元祐三年（1088）刘康夫入京作文进志27篇，得宋哲宗嘉奖，列为戊辰特奏科李常宁榜进士。初授职翰林院侍讲署侍讲，后迁署翰林院事。宋元符元年（1898）朝廷拟委任其为"奉议郎"，未唱名（宣布）前二天病逝。宣和年间（1120—1125）刘康夫被立为福州乡贤之一（宋福州共立十三位乡贤），入祠祀典。刘康夫《八闽通志》有传，长乐刘氏八贤之一。著有《经训》、《诗文集》、《志述》二十卷、《蒙庵集》、《儒林传》、《经训杂文》、《古律诗》等行于世。

5.刘嘉誉

刘嘉誉（1104—1126），字德称，又名"冈"（乾隆版《福州府志》卷之五十三书"刘嘉誉字德称，一名冈官"）。潭头镇丰城外刘人。刘友直之长子，生于北宋崇宁三年（1104）七月初七。宋绍兴八年（戊午年，1138），乡举进士（举人），以荐辟初授将侍郎、广东绍州府乐昌县尉。卓有政声。时秦桧把持朝政，刘嘉誉对秦桧"力主对金称臣议和"并以"莫须有"的罪名杀害岳飞等行为非常不满，当听到反对议和的胡铨、张龙成等九人被贬消息后，刘嘉誉就弃官而归乡。绍兴二十三年（1153）五月，刘嘉誉从二刘村乘船到剑浦县（今南平市延平区）崇仁里樟林乡投学于理学家李侗（字延平）门下。从此开始了一段长达10年的师生情谊，直至李侗过世。承袭了河南"洛学"的正统，从主"悟"到主"静"再到主"敬"的"逃禅归儒"的最后里程，成为闽中知名学者。刘嘉誉"逃禅归儒"，深居简出，寓居连江县仁贤里（今蓼沿乡定田村），悉心研究理学达30多年之久，传授儒家思想核心"仁"的真谛和"性理"之学。潜心理学研究，成为程颢、程颐之后儒学的重要人物。南宋高宗三十一年（1161）十一月初五，刘嘉誉病逝。葬于连江仁贤里白沙仓后洋陈坂山（明崇祯十三年因谢应科盗伐刘嘉誉墓地树林，由连江县唐知县审理。后迁葬回二刘村后山），入乡贤，刘氏八贤之一。

6. 刘世南

刘世南（1135—1199），字景虞。潭头镇丰城外刘人。刘嘉誉之长子，生于绍兴五年（乙卯年，1135）十一月十六日。刘世南少年师从林之奇（字少颖，号拙斋，闽县人）。刘世南与太史吕祖谦（吕本中侄孙）相友善，后从吕本中学，吕本中对刘世南非常器重，对诸生曰："此闽中瑞物也。"宋绍兴二十一年（1151），乡举进士，授莆田县主簿，改长汀县尉。后奉调入京，历任秘书省正字、校书郎兼代理国史日历所检讨官、吉州司理参军。南宋庆元二年（1196）十二月初八日刘世南病逝，终年62岁。追赠"迪功郎"，入祀乡贤祠，长乐刘氏八贤之一，葬于福清修仁里郭仑头近石竹峰下。著有《书·春秋·周礼说》《论孟》《论语注》《扬子解义》《道山纪闻》《拙斋集》等。与其父刘嘉誉合著《经书疏义》。（见《沧州诸儒学案》）

7. 刘藻

刘藻（1096—1154），字昭信，号中虚。生于宋绍圣三年（1096）四月初二日午时。师从罗从彦（豫章）。宋绍兴五年（1135），刘藻与其兄刘凯同时考中乙卯科汪应辰榜进士，官至左宣教郎尚书、礼部员外郎、翰林院学士兼皇子宫教授。宋绍兴二十四年（1154）仲秋病逝，宋隆兴元年（1163）宋孝宗赵昚下诏追赠"秘阁修撰""阡前特祠，春秋遣官礼祭"。著有《礼书》六卷、《易解》六卷、《六经章句》等。刘藻，崇祀乡贤，刘氏八贤之一。

二、长乐籍朱子门人

（一）朱熹游学讲学长乐

朱熹一生四次到长乐游学、讲学。第一次到长乐为绍兴十二年（1142）九月，朱熹随其父朱松[①]到长乐，拜访理学家刘嘉誉等[②]，时朱

---

① 建炎二年（1128）十二月，朱熹的父亲朱松调任长乐县主簿，任内与芳桂乡崇贤里刘嘉誉友善。绍兴二年（1132）五月，朱松任泉州府晋江县石井镇监，赴任途经福州，到长乐拜访刘嘉誉。

② 《八贤刘氏统宗世谱》，2015年版。

熹年13岁。第二次到长乐是绍兴十八年（1148）朱熹登进士第，绍兴二十一年（1151）七月授泉州同安主簿，赴同安途经福州，到长乐拜访其父的好友、学兄刘嘉誉（理学家李侗门人，朱熹、刘嘉誉同在李侗门人长达四年）。第三次到长乐绍兴二十七年（1157），朱熹同安县主簿任满北归，途经福州时再次到长乐拜访刘世南。第四次是朱熹避伪学之禁，应学兄刘嘉誉之子刘世南①之请到长乐。

庆元元年（1195），韩侂胄发动抨击"理学"的运动，宋庆元二年（1196）达到高潮，监察御史沈继祖弹劾朱熹"十大罪状"，攻击理学为"伪学"，朱熹被斥为"伪师"，学生被斥为"伪徒"，朱熹被宋宁宗罢了待制兼侍讲之职，同时被列为"伪学逆党"的官吏达59人。一代大儒，几无立足之地。长乐刘世南，力邀朱熹到长乐，②为朱熹第四次到长乐。初安排在长乐二都龙门刘氏庄园③讲学（后人将其学之楼称为"紫阳楼"，此楼今存）。在龙门期间，朱熹在六平山"东溪精舍"等讲学。因离县城近（时任长乐县知事董渊），随即将朱熹安排到芳桂乡方安里（今潭头镇二刘村）筹峰山白鹿洞，辟"龙峰书院"，将其子刘砥和刘砺托付于朱熹。朱熹在"龙峰书院"教授刘砥、刘砺、姜叔权、郑性之等。《长乐县志·流寓》载曰：朱熹，字元晦，建阳人。南宋庆元二年（1196），为避伪学禁，

---

① 世南（1135—1196），字景虞。刘嘉誉之子，生于绍兴五年（1135）十一月十六日。与吕祖谦相友善，初师从林之奇（字少颖，号拙斋，闽县人），后从吕本中学。宋绍兴二十一年（1151），乡举进士，历任莆田县主簿、长汀县尉、秘书省正字、校书郎兼代理国史日历所检讨官，官至吉州司理参军，人称"刘司理"。南宋庆元二年（1196）十二月初八日病逝，追赠"迪功郎"，入祀乡贤祠。

② 近年黄氏族人云：朱熹的女婿黄榦将朱熹安排到长乐"避伪学之禁"，不确切。一是当时长乐黄氏影响力不足以"庇保"。同时黄榦父辈子时已离开长乐定居于福州。二是当时（1196）黄榦在浙江台州任监酒，斯时并未随朱熹回闽。相反，当时长乐二刘氏则是显族，时人口已达2000余户、人口10000多，北宋以降，人才辈子出，先后有三十多人考中进士，在二都龙门和芳桂乡及连江县仁贤里拥有良田数千顷，为豪族，有足够势力庇护。

③ 二刘开基祖刘昌祖（846—894），又名贻孙，字守仁。娶光州刺史王恁之女（王审知胞姐）为妻。唐僖宗中和元年（881），刘昌祖投身于寿州人王绪率领的农民军中。光启元年（885）正月，随着王绪军南下入闽，为前锋官。唐昭宗乾宁元年（894），因汀州刘继峰叛乱，刘昌祖领司马参军职，"战死汀州"。王潮将长乐龙门数百顷田赐予刘昌祖遗族，刘氏在龙门建六个农庄。

闽都文化与朱子理学

长乐潭头镇二刘晦翁岩龙峰书院

长乐古槐三溪"紫阳阁"

长乐江田"朝元观"

辗转到长乐,创办有龙峰书院。①朱熹在"龙峰书院"期间,应郑申之②之请到长乐福湖村"湖坡书院"讲学;应曾同朝为官的张一渔(时致仕在家休养)之请到江田镇溪北村朝元观讲学(后人将其讲学处称"紫阳楼",今存);应其女婿黄榦族人之请到青山下黄氏宗祠讲学(后人将该讲学辟为"竹林精舍",福州的"竹林精舍"为黄榦创立的书院);应其学生郑昭先③之请到江左里(今航城镇洋屿)"三官堂"讲学。

为躲官府干预,刘世南又将其父刘嘉誉寓居连江县仁贤里(今蓼沿乡定田村)留下的庄院为讲学之所。刘砥、刘砺陪侍朱熹,在连江潘渡贵安、朱步、仁山等地讲学。庆元三年(1197)三月应古田籍门人林用中(字择之)、余偶、余范等人邀请到古田杉洋的"蓝田书院"讲学,仁山七里岭路旁留下"陟岵"字的摩崖石刻。后又避居连江县中鹄里宝林庵

---

① (清)贺世骏修、沈成国等纂《长乐县志》(十卷首一卷)清乾隆二十八年刻本。

② 郑申之(1144—1204),字维任,号湖坡。长乐福湖村(今古槐镇北湖村)人。少年时曾受业朱熹门下。宋乾道五年(1169)进士,绍兴间入太学任国子监助教。后因禁"伪学"解官归里,在梯云山下郑氏祠堂之上建"湖坡书院"。

③ 郑昭先(1158—1225),字景绍,号日湖,长乐航城镇洋屿人。淳熙十七年(1190)中丙科登王容榜进士,补浦城主簿,知学不足,拜理学大儒朱熹为师,终生侍奉门下。

（今"宝林禅寺"周边留有朱熹手书的"降虎峰""雷移石"摩崖石刻）[1]，《长乐六里志》记载：在闽县江左里[2]芹溪，朱子过此勒"濯足"二字[3]。先后在连江潘渡贵安、朱步、仁山等地讲学游说。留下《渡马江》诗云："春日江中住，我行涉其波，扬帆出西滢，两岸青山多。"

朱熹在长乐、连江、闽县、古田、罗源、霞浦等约两年多时间，庆元五年（1199）正月二十日，原随在侧的刘砥于因病去世，年仅45岁。刘砥为二刘刘氏长子长孙，英年早逝，对刘氏家族的重大打击，刘砺忙于其兄的后事，朱熹对于刘砥的病逝极为伤心，终日悒悒不乐，足疾发作，于是年夏离开长乐，是年冬回到建阳。庆元六年三月初九（1200年4月23日），朱熹在建阳家去世。九年之后，朝廷为朱熹平反，声明其学说非"伪学"，其门生非"逆党"。宋理宗时又颁诏追赠朱熹为太师、信国公，把朱熹列入孔庙从祀，并把朱熹的《四书集注》列入学官教科书。[4]

朱熹四次到长乐游学、讲学。朱熹除了龙峰岩讲学之外，足迹遍布龙门、福湖、三溪、青山、沙京、江田等地，先后在"湖坡书院""朝元观""竹林精舍"及"紫阳阁""紫阳楼""三官堂""朝元观"等讲学。刘砥、刘砺等从朱子学，终成理学名家。理学过化，长乐呈现"家诗书、户弦诵"，"彬彬向学、兴仁兴让"，长乐自此书院林立，宋明清三朝科举鼎盛，人才辈出。

（二）长乐籍朱子门人

长乐籍朱子门人有：黄榦、刘砥、刘砺、陈枅、陈如晦，再传弟子（黄榦的学生）南宋有刘子玠等。

---

[1] 《连江县志》记载：在宋代庆元年间，朱熹和学生刘砥、刘砺由长乐来到丹阳的宝林寺，参观寺里的观音岩、虎跑泉、雷移石等十大名胜后，写下了"踏破千林黄叶雄，林间台殿郁崔嵬。谷泉喷薄秋逾响，岩翠空绿昼不开。一塾祇今存胜揽，三生畴昔记曾来。解衣正作连宵汁，未许仙灵便却回"的诗句，并留下"降虎峰""雷移石"摩崖石刻。

[2] 1934年9月，闽县江左里等六里划归长乐县辖。

[3] 李永选修《长乐六里志》（卷二·山川下），1946年。

[4] 《宋史》（卷三十七）（卷三百九十四）（卷四百二十九）。

1. 黄榦

位于岭头乡江南竹村的黄榦墓，省级文物保护单位

黄榦（1152—1221），字直卿，世称勉斋先生，祖籍长乐青山下。少时拜朱熹为师，后成为朱熹女婿。朱熹所建竹林精舍竣工时，送黄榦书曰："他时便可请直卿代即讲席及编纂《礼书》。"病危时，把所著书授榦，手书与诀曰："吾道之托在此，吾无憾矣。"朱熹卒，"榦持心丧三年"。朱熹病逝后，黄榦继承朱熹理学衣钵，被称为"宋大儒"，著有《五经讲义》《四书纪闻》《通释大学》《通释论语》等书（参见《道南源委》）。

黄榦知安庆府时，筑城备战以抗金兵，并在维扬（旧扬州及扬州府别称）进行抗金活动。后入都召赴行在奏事，入见皇帝必直言边事，以悟上意。于是佞臣群起挤之，黄榦乃归福州。黄榦回福州后，在福州北峰长箕岭庖牺谷山后的高峰书院讲学。黄榦成为继承与传播朱熹理学的关键人物，成为一方名师、硕学大儒。入祀长乐县城邑东郊朱文公祠（主祀朱熹，配祀黄勉斋、刘存庵、刘在轩、陈自修四人，又称"五贤祠"）。

2. 刘砥

刘砥（1154—1199），字履之，号存庵。长乐方安里枫林（今潭头边兰）外刘人，刘嘉誉之孙、刘世南之长子。生于南宋绍兴二十四年（1154）十二月初二日午时，"天性颖异"，六岁"书过目成诵，日诵千言"，十岁通《九经》《史传》《史记》等。宋孝宗乾道二年（1166），刘砥年（13岁）与弟刘砺（10岁）同登童子科（15岁以下）进士。淳熙三年（1176），刘砥（23岁）与弟刘砺（21岁）受祖父和父亲影响"弃举子业，潜心理学"，闻朱子（晦翁）得濂洛之传，就开始"遍取伊洛诸儒书读之"。与朱子门人蔡元定、黄榦"相友善，互通书信"。绍熙二年（1191）十二月，刘砥率其弟刘砺登朱文公之门"师事焉"，朱子"嘉其志笃学敏"，授以《太极图》等。庆元二年（1196），经刘世南安排，朱熹为避"伪学"禁到长乐，刘砥和刘砺两兄弟随侍在侧"志尚愈笃"，时理学被视为伪学，朝廷严禁，庆元三年（1197），朱熹的得意门生蔡元定被贬湖南道州编管，刘砺、刘砥"独冒时禁，厚馈之"。

蔡元定在病重期间写《与履之兄弟书》："元定衰老，非久于人世。今乃得与昆季为友，共了此事，又何幸也！先生正月两到家间，盛称用之资禀忠厚。凡学须要用工，克已为仁，不可作好题目看。第一义不可作天下第二等人。道学晦蚀久矣，本朝诸先生幸得之遗经，是天未丧斯文也。未丧斯文自然生此善类，非人力也。释老之所以盛，盖亦天地气数使然。况天下大经与天地并者乎？忧闷之甚，偶作此书，心开目明，不觉盈幅。况得同堂合席，共议天地之化育者乎？进学之心，朋友中未见其比。先生之门当不寂寞矣！"

庆元三年（1197），朱子编修《礼书》，刘砥负责框架编次及处理礼教篇章详略事宜，负责抄写、校对"至力且久"。朱子在《答陈才卿书》云："《礼书》得直卿（黄榦）、用之（刘砺）在此，渐可整顿。"又曰："二刘到此，并手料理，方有汗青之日。"朱熹给《与履之兄弟书》中云："《礼书》入疏者，此间已校定矣，《聘礼》以前二十篇今录其目附去，彼中所编早釚恭校，写成定本。若可增益处，自不妨入也。因此，此得看疏礼一番亦非小补耳。"

庆元四年（1198），刘砥、刘砺随朱子抵达连江朱步村讲学，后寄居在安中里仁山。先后到连江县的官地村结庐讲学，到丹阳镇祠庙、东平宝林禅寺连江上山大王庙等地讲学。宝林寺，又名宝林庵，刘砥因而自号"存庵"，刘砺因而自号"在庵"。

刘砥、刘砺为了方便照顾朱熹，将妻儿家也迁连江仁贤里湾里（今蓼沿乡定田村）其祖父刘嘉誉从前购置的庄院"刘厝"。在恶劣环境中，刘砥其终生"以时方攻道学，遂无复仕进意"，在家专心治学"励志于圣贤之学"。朱子曾说："履之（刘砥，字履之）兄弟却差胜，若更加功，或可望耳。"刘世南病逝，刘砥、刘砺兄弟执其父行状，请受业恩师朱熹撰写墓志铭《跋刘司理行实》（《晦庵集》卷八十四）中记曰："长

乐刘砥及其弟砺,相与来学,累年于兹,更历变故,志尚愈坚……"

朱熹在筹峰山的"石门洞精舍"、福州林浦"濂江书院"、连江"龙江书院"讲授理学,刘砥、刘砺随

福清西安村刘砥之墓

侍在侧。南宋庆元五年(1199)正月二十日午时,刘砥病逝,终年45岁。入祀长乐县城邑东郊朱文公祠(主祀朱熹,配祀黄勉斋、刘存庵、刘在轩、陈自修四人,又称"五贤祠")。

3.刘砺

刘砺(1157—1204),字用之,号在轩、在庵。刘砥的胞弟。生于宋绍兴二十七年(1157)四月二十日寅时。孝宗乾道二年(1166),刘砺(10岁)与兄刘砥同登萧国梁榜童子科进士。淳熙三年(1176),刘砺与兄刘砥受祖父和父亲影响"弃举子业,潜心理学"。朱子修《礼书》,刘砥、刘砺曾与黄榦负责抄写、校对"至力且久"。刘砥、刘砺曾致书朱熹云:"向来丧礼详略,皆已得中矣,臣礼一编集旧本今先附案。一面整理其他,并望参考条例,以次修成"。朱子在《答陈才卿书》云:"礼书得直卿、用之(刘砺,字用之),渐可整顿。"又曰:"二刘到此并手料理,方有汗青之日。目前外事悉已弃置,只此一事未了为念。不知至于后果能践言否?予日望之也。"庆元四年(1198)刘砥、刘砺随朱熹到连江宝林寺等地讲学,终生不入仕,专心治学。

宋庆元五年(1199),刘砺在朱子身边勤于学问记录朱熹之语,编写《语类》所闻约100则,刘砺与朱子问答三四十条。

朱熹在长乐、连江、闽县、古田、罗源、霞浦等地讲学二年多时间里,直至庆元五年(1199)夏,朱熹离开长乐(是年冬回到建阳)。朱熹回到建阳后,刘砺在筹峰山的"石门洞精舍"、福州林浦"濂江书院"、连江

"龙江书院"等地讲授理学。

南宋嘉泰四年（1204年）九月初九日，病逝于连江丹阳宝林寺，终年48岁，葬于连江县宝林寺东，时伪学案已获得平反，经地方官员上、奏请宋廷，以一品大员葬（封土高达13层）。刘砺被崇祀于乡贤，为八贤之一。

刘砺墓考古示意图

第四台"须弥台"考古发掘现场

刘砺墓航拍远景考古发掘现场

刘砺墓航拍远景考古发掘现场

刘砺的墓园宏大，坐北朝南。最宽处38.6米，总进深81米，占地面积达10多亩。墓分为5层，从山脚下的拴马石、旗杆石，一直延伸到山上，高差达33米，古墓呈五级阶梯状分布，最高一级为墓穴，主体部分占地约3100平方米。周边护坡用条形大理石砌筑。地表的主体建筑以中轴线为中心，对称分布。墓穴封土高达13层，气势蔚为壮观，为中国东南最大规模墓园。宋末元初因其子参与抗元活动，刘砺后人为躲避元兵追杀，在室内修地窖数百米直通山顶，墓园因曾遭到元兵破坏。明万历十一年（1583）文林郎知连江县事刘烶①重修墓道，钦差提督军务兼巡抚福建地方都察院右佥都御史西蜀守宇赵可怀书"宋儒长乐在庵刘公墓"。

2016年4月至2018年福州市考古在连江宝林寺东发掘刘砺墓进行抢救挖掘。

4.陈枅

陈枅，字自修。长乐首占镇岱边村仁里巷人。其祖父陈宋霖，字元漭。登绍兴进士，官终秘监。初知同安，时朱熹为主簿，相交甚密。陈枅因而受业于朱子，朱子"以切问近思称之"。庆元二年（1196），陈枅考中丙辰科特奏名进士。著有《紫阳问答》。岱阳三贤祠，宋淳熙间敕建，祠座岱峰凤山西麓，康熙、乾隆朝屡重修。解放后修为岱阳村敬老院，后再建为三贤祠（陈宋霖、陈枅、陈合合称"岱阳三贤"）。入祀长乐县城邑东郊朱文公祠（主祀朱熹，配祀黄勉斋、刘存庵、刘在轩、陈自修四人，又称"五贤祠"）。

---

① 刘烶，字仲曙，号凝龢，明浙江山阴（今绍兴）人。隆庆元年（1567）举人，为长乐刘氏后裔，其先辈迁浙江。明万历初年任福建连江县知县。历官福建连江知县、沅州知州。工诗。著有《笔谭》等。刘烶在连江3年任上修文庙、兴义学，整饬龙兴观（今连江一中），保护文物古迹，颇有作为。坐落在连江县城西郊的莲湖，原名濂湖，后湮塞。明万历十年（1582）九月，刘烶出资鸠集民工重浚濂湖，扩充湖面并撰《濂湖记》云："钦平上里濂湖，水深澄洁，竹翠琅玕，忠肃公（弥逊）绍兴十年乞归，即耽山水之乐，日逍遥其间，琢石为坛，于湖上以垂钓焉。"（濂）湖深多鱼，鱼肥堪脍；洞僻滋芹，芹馥可羹。既而钓鲜采美，饮食自若也。至于夕阳在山，断云千屿，长烟一空，花移月朗，竹瑟风熏。径寂尘纷绝，林荫鸟韵喧。宠辱忘矣，乐何极也。相彼岩林，志则高矣，终身一钓叟也。"活脱脱一幅《濂湖山居图》。清乾隆版《连江县志》载："刘烶，越右山阴人氏，工诗，擅文章，有名士风流"。

5. 郑性之

郑性之（1172—1255），字信之，初名自诚，号毅斋，因避宋理宗作藩王时"贵诚"名讳，改名"性之"。[①]长乐十都福湖（今北湖）人（晚年寓居榕城吉庇巷），宋乾道八年（1172）七月十六日生。初师从朱熹。嘉定元年（1208）戊辰科状元。历任承事郎、奉国军节度判官、秘书省正字、秘书郎兼尚书右郎官、袁州知州、左侍郎官兼国史院编修官、将作监、右文殿修撰、赣州知州、集英殿修撰、隆兴府知府、宝章阁侍制、江西安抚使、玉隆万寿宫提举、敷文阁侍制、建宁府知府、吏部侍郎、左谏议大夫兼侍读、端明殿学士、参知政事（副相）兼同知枢密院事、资政殿大学士、绍兴府知府兼浙东安抚使、临安洞霄宫加观文殿学士。宝祐三年（1255）去世，赠少傅，谥文定。葬于长乐古槐三溪阮山之笔架山，著有《端平奏议》《宋编年备要》。

6. 郑申之

郑申之（1144—1204），字维任，号湖坡。长乐福湖村（今古槐镇北湖村）人。少年时受业于朱熹。宋乾道五年（1169）进士，绍兴间入太学任国子监助教。庆元二年（1196）禁"伪学"朱子解官归里，郑申之受牵连，随朱熹回故乡。在梯云山下郑氏祠堂之上建"湖坡书院"，立"文""行""忠""信"四斋，朱熹曾讲学于此，并为其所居楼题曰"聚远"。侍郎陈垓、尚书张镇皆出其门。人尊郑申之为"湖坡先生"。

7. 郑昭先

郑昭先（1158—1225），字景绍，号日湖，江左里（今长乐航城镇）洋屿人。宋淳熙十年（1183）应涮漕试中第六名，补入太学。淳熙十七年（1190）登王容榜进士，授浦城主簿，拜朱熹为师。朱熹赞赏说："余习静考亭，日湖尝同余讲学，为同志最厚。"空余著书立说，著有《日湖集》卷，真德秀在《日湖集》序中曰："公文章不事刻画，而敷腴丰衍，似其为人。"郑昭先浦城县主簿秩满调入汴京，擢浙江湖州归安县县令，

[①] 《中兴馆阁录》载：郑性之"初受学于建阳朱子，朱子询其字。叹曰：'好，大名大字。'性之由是自励。朱子奇之。"

闽都文化与朱子理学

位于连江县蓼沿乡溪东村广化自然村凤凰山麓的郑昭先墓

治绩卓越，民呼"郑青天"。嘉定三年（1210）升任监察御史，嘉定四年（1211）任右正言进左司谏侍御史，嘉定七年（1214）升端明殿学士，签书枢密院事兼太子宾客。翌年，官拜参知政事。嘉定十一年（1218）授金紫光禄大夫兼摄中书右丞相。嘉定十二年（1219）知枢密院兼参知政事。后以疾求释位，改任资政殿学士、江西西路安抚使；再辞又改提举杭州洞霄宫。陛辞再三，诏拜观文殿学士、少师吴国公，年68岁终以参知政事（副相）职衔，归家长乐洋屿养老，敕令建安郡开国郡侯食邑一千三百户（实食封四百户），赐紫金鱼袋（正一品）。南宋宝庆元年（1225）十月十日病逝于洋屿旧居，诏赠太师，谥"文靖"。封魏国公，入祀福州乡贤祠。

8. 张洽

张洽（1160—1237），字元德，号主一。长乐十一都（今古槐镇）福州里人，迁居江西省樟树市大桥街道彭泽。从朱子学"自《六经》传注而下，比究其指归，至于诸子百家山经地志老子浮屠之说，无所不读"，尤以专治《春秋》名噪一时。宋嘉定元年（1208）进士，嘉定三年（1210），在江西的临江镇城临袁水创办"棘（原字为上下结构）清江书院"，仿白鹿洞书院各项规章制度，聘请名儒担任讲席，主"因材施教"。庆元六年（1200）朱熹去世后，曾一度出任白鹿洞书院山长，在白鹿洞书院内择优而授，因材施教，并清查学田，白鹿洞书院再次兴旺。调至秘阁秘书郎、著作郎，亦辞不就，后直秘阁学士之衔主管建康崇禧观。历官松滋县尉、袁州司理参军、永新县知县、池州通判，皆有政绩。理宗绍定年间（1228—1233）提点江东刑狱袁甫。端平初年，奉召赴都堂审察，以疾不赴，坚辞不就，专心研究理学。嘉熙元年（1237）十月卒于家，终年77岁。赠直宝章阁学士，谥"文宪"。著有《春秋集注》《春秋集传》《左氏蒙求》《张文宪文集》《续通鉴长编事略》《历代郡县地理沿革表》。其中的名著《春秋集注》《春秋集传》等。张洽的传入《长乐县志·儒林》。

9.姜大中

姜大中，字叔权。长乐方安里枫林（今潭头边兰）人。在"龙峰书院"受教于朱子。今锦鲤岩"二贤祠"主祀朱子，配以姜叔权。

10.陈梦良

陈梦良，字与叔，学者称之"乌门先生"。长乐鹤上镇桃坑人。朱熹避"伪学"禁，主其家，从受业。朱子题圣经于其子室。该室圮后，里人就其地立祠，祀朱子，配以陈梦良。

（三）长乐籍朱子再传弟子

朱熹高弟和女婿黄榦为闽学的传播和弘扬，培养了大批人才，为福州的文化教育界培养了一批在当时最有影响的学者，如赵师恕、郑文通等，他们不直接师从朱熹。但朱熹逝世后，都致力于捍卫和阐扬朱子学。

1.赵师恕

赵师恕，字季仁。曾从学于朱熹，后复从黄榦学。嘉泰元年（1201），在任广东潮阳尉时，刻印朱熹《大学章句》，黄榦为之写序，题为《书晦庵先生正本〈大学〉》[①]。南宋嘉定八年（1215）官浙江余杭令（清雍正《浙江通志》卷一四九），行乡饮酒礼。黄勉斋称其"宦不达而忘其贫，今不合而志于古"。绍定五年（1232）知江西袁州事（明正德《袁州府志》卷六），理宗端平元年（1234）以朝请大夫、直徽猷阁知南外宗正司事，

---

① "正本"者，意朱熹晚年的定本，与早年未定之本有别。

主管外居泉州宋宗室宗子的属籍、教育、赏罚等事。端平二年，迁广西经略安抚使，有政绩。嘉熙元年改帅湖南，淳祐三年（1243）辞官归里。淳祐间知福建南外宗正司（清道光《福建通志》卷九〇）。在黄榦逝世后，在赵师恕的倡议下，与其同门师友杨复、陈宓，黄榦子黄辂等择地在于山鳌峰之麓，在黄榦平日读书讲学之处重建扩修"鳌峰精舍"。开清代张伯行建"鳌峰书院"之先河。

2. 刘子玠

刘子玠（1199—1247），字君锡，号立斋。长乐方安里枫林（今潭头边兰）人，刘砥的第三子（遗腹子）。生于南宋庆元五年（1199）十月二十五日，幼年由外婆家（李氏）抚育。南宋嘉泰四年（1204）其叔父刘砺病逝于连江丹阳宝林寺，时刘子玠年六岁"哭叔父如成人"。七岁师从黄榦，学习义理之学。宋淳熙二年（1175），刘子玠考中乙未科詹骙榜进士。授职甘肃省华亭县（今平凉市华亭县）知县，官至左奉议郎。刘子玠曾在故乡创设"又屾丰城书室"，藏其父的藏书万余卷。刘子玠后到永泰九山书院讲学（其后裔在永泰定居）。刘子玠病逝于南宋宝祐七年（1247），终年48岁。刘子玠去世后追赠"大中大夫"，崇祀乡贤。南宋宝祐八年（1248年）十二月，葬于太常山（《长乐县志》云："葬于方安里祥云寺北山"）。

3. 陈如晦

陈如晦，字日昭，一说日照，号六湖。长乐芳桂乡大宏里沙堤东境陈垱头（今金峰镇陈垱头村）人。宋理宗淳祐年（1241）进士。陈如晦以理学为长，宋理宗帝称其为"理学先生"。他潜心做学问，与黄榦（字直卿，号勉斋）一起游学。郑性之、赵师恕，先后延请陈如晦到鳌峰精舍讲学；邑令吴一鸣，延请陈如晦到学宫讲学。宋宁宗庆元初年授职南康军知军。三年后授职福州教授，卒。陈如晦与黄榦是继朱熹之后的大理学家。著有《论语问答》及《讲义》《文集》。入祀乡贤祠。

4. 张洽

张洽（1160—1237），字元德，号主一。长乐十一都（今古槐镇）福州里人，后迁居江西省樟树市大桥街道彭泽。从朱子学"自《六经》传注而下，比究其指归，至于诸子百家山经地志老子浮屠之说，无所不读"，尤以专治《春秋》名噪一时。南宋嘉定元年（1208）进士，历官松滋县尉、袁州司理参军、永新县知县、池州通判，调至秘阁秘书郎、著作郎，亦辞不就，后直秘阁学士之衔主管建康崇禧观。皆有政绩。嘉定三年在江西的临江镇城临袁水创办樟树"棗清江书院"，主"因材施教，清查学田""选好学之士，日与讲说，而汰其不率教者，凡养士之田干没于豪右者复之"。端平初年，奉召赴都堂审察，以疾不赴，专心研究理学。宋嘉熙元年（1237）十月卒于家，赠直宝章阁学士，谥"文宪"。著有《春秋集注》《春秋集传》《左氏蒙求》《张文宪文集》《续通鉴长编事略》《历代郡县地理沿革表》。张洽的传入《长乐县志·儒林》。

5.叶士龙

叶士龙，字云叟，号淡轩，括苍人，后迁居长乐之唐石（今首占镇塘屿）。尝为考亭书院堂长，编《朱子语录》十八卷。"从学勉斋，尝以妙年力学，勉其向道"。黄榦曾作《寄郑维忠叶云叟诸友》诗相赠："村村箫鼓竞龙舟，荚菊岩前倚晚秋。老懒焚香书一卷，淡烟疎竹月侵楼。"

6.李晦

李晦，字随甫，长乐人。从黄榦学。黄榦尝贻之书曰："一去乡者十五年，投老归来，每兴索居之叹。承示《论语疑义》，用心甚苦，所谓空谷足音也。"

7.张元幹

张元幹（1091—1161），字仲宗，号芦川居士，又号真隐山人，晚年自称芦川老隐。永泰县人，寄居于长乐十一都（今古槐镇）福州里。历任太学上舍生、陈留县丞。金兵围汴，秦桧当国时，入李纲麾下。宋靖康元年（1126）一月，金兵渡过黄河围攻京都（今河南开封），张元幹上《却敌书》，投入李纲指挥的京都保卫战，打退金兵多次进攻。同年二月退兵，保卫京都立下战功。赵构在南京（今河南商丘南）即位，建立南宋王朝，李纲为宰相，张元幹任朝议大夫、将作少监，充抚谕使。李纲受主和派排挤，仅任75天宰相被罢免。建炎三年（1129）秋，张元幹义愤填膺，赋《石州慢·己酉秋吴兴舟中作》词，表达对李纲抗金斗争的支持。绍兴元年(1131)春,秦桧任参知政事,张元幹不愿同流合污,辞官回闽。绍兴八年(1138)冬,秦桧、孙近等筹划与金议和、向金营纳贡,张元幹作《再次前韵即事》诗,痛斥秦桧、孙近等主和卖国之权奸为"群羊"。张元幹得知李纲在福州上疏反对朝廷议和卖国,又作《贺新郎·寄李伯纪丞相》。绍兴十二年(1142),枢密院编修官胡铨因过去曾上疏反对议和,被贬谪昭州(今广西平乐),再贬新州(今广东新兴县)监广州盐仓。当时,胡铨在福唐(今福清)闻谪命,即由福唐出发,经福州时,张元幹作《贺新郎·送胡邦衡待制谪新州》为胡铨送行。此事激怒了秦桧,张元幹被抄家、逮捕入狱,削除名籍。出狱后,张元幹到苏州,著有《芦川归来集》10卷,凡百六十篇;《芦川词》2卷,计180余首。

8.陈诚之

陈诚之(1093—1170),字自明,一字景明。南宋时期名臣、文学家。长乐金峰镇仙山(今后团东陈村)人,少读者于九仙山(即于山)下①,师从林之奇。南宋绍兴十二年(1142)壬戌科状元及第。历任左承郎、签书镇东军节度判官、秘书省正字、校书郎、秘书郎、礼部员外郎、泉州府知府、礼部侍郎兼侍讲、礼部尚书、翰林学士、翰林学士兼侍读、枢密院事同知。南宋乾道六年(1170)陈诚之逝世,卒后谥文恭。葬与长乐仙山。陈诚之有《浪淘沙·结客去登楼》《浣溪沙·拂面凉生酒半醒》等多篇诗作留世。

9.郑文遹

郑文遹,字成叔。闽县江左里(今长乐猴屿乡)象屿人。宋嘉泰甲子贡士。闻勉斋得朱子之学,往师之,既与俱登朱子之门,命编次《丧礼》。尝观周子《太极图》,悟性善之旨,著有《易学启蒙或问》《春秋集解》《丧礼长编》《庸斋集》等书。《郑氏族谱》参旧邑志。

---

① 福州于山风景区的最高处鳌顶峰,又名状元峰。据说宋代福州状元陈诚之曾在此读书。为了纪念这位状元,明代学者、"天游山人"杨应韶书写摩崖石刻"状元峰"三字。

（四）长乐籍历代儒学著述

1.唐五代

唐代林慎思是福建历史上第一个思想家、理学的奠基者。后人誉之为"晚唐儒宗"。著有《伸蒙子》、《续孟子》二卷（凡十四篇），及《外篇·宏词》5篇、《儒范》7篇（佚）。

五代的潘季荀著有《礼》《春秋》等。

2.北宋南宋

北宋刘彝著有《周礼申义》20卷、《礼记大全》10卷、《七经中议》（即《诗经中义》）170卷、《明善集》30卷、《居阳集》①30卷、《水经注补》8卷、《周易注》、《洪范解》6卷、《古礼经传续通解》29卷、《水经》4卷及《注礼大全》等。

北宋潘鲠著有《春秋断义》12卷，《讲义》15卷，《易要》3卷。

南宋林栗著有《周易经传集解》36卷（《四库全书》《经》部）。

南宋刘藻著有《礼书》6卷、《易解》6卷、《六经章句》等。

南宋刘世南著有《书·春秋·周礼说》《论孟》《论语注》《扬子解义》《道山纪闻》《拙斋集》等。与其父刘嘉誉合著《经书疏义》。

南宋黄榦著有《礼记集传诠注》《续仪礼经传通解》《论语意原》《论语通释》《六经讲义》。

南宋刘砥著有《论语解注》8卷、《孟子解注》8卷、《王朝礼记》7卷等。

南宋刘砺著有《禹贡解》2卷、《孟子解》7卷、《诗经衍义》、《礼经注解》、《文集》、《性理翼参》等。

南宋刘子玠（刘砥第三子）著有《孝经衍义》3卷、《易经参解》5卷等。

南宋陈枅著有《紫阳问答》等。

南宋陈如晦著有《论语问答》《讲义》《文集》。祀乡贤。

南宋张洽著有《春秋集注》《春秋集传》《左氏蒙求》等。

---

① 《福建通志》《福州府志》书为《居易集》。

元代欧阳侊《四书释疑》《五经要旨》等。

3.明清

明代陈联芳著有《书经浅说》。

明代柯尚迁著有《三礼全经释原》《周礼全经释原》12卷、附录2卷，《曲礼全经类释》14卷，《曲礼外集》《补学礼六艺》等。

明代马思理著有《四书参旨大易通政》20余卷。

清代谢章铤著有《毛诗尚书左氏传注疏》等。

清代郑任钥著有《自治要纂》《朱子或问小注》等。

清代梁上国著有《驳阎氏尚书古文疏证》5卷、《驳毛氏大学证文》1卷等。

清代梁章钜著有《经尘》《夏小正通释》《论语集注旁证》《孟子集注旁证》等。

三、朱熹对长乐影响

朱子在长乐建书院，著书立说，广泛授徒，希望通过教育，培养一批为封建社会服务之"士"，来导正人们的行为。长乐保存众多珍贵的朱子遗迹，街头巷尾的朱子传说，民间的谱志资料和朱子崇拜现象。

受朱熹理学影响，明代长乐涌现出陈联芳、柯尚迁、马思理等，清代的谢章铤、郑任钥、梁上国、梁章钜等为代表长乐理学家群体，在闽学史上留下了浓重的一笔。

1.朱熹长乐私塾、书斋、书院"学约"的影响

朱熹为避"伪学"之禁，到长乐，寓居龙峰岩（即今"晦翁岩"）。在龙峰岩创建龙峰书院①，并在吴航六平山东溪精舍、航城镇洋屿三官堂。古槐三溪的紫阳楼、青山下竹林精舍，江田朝元观讲学等地讲学。长乐

---

① 后人为纪念朱熹、刘砥和刘砺三人，将龙峰书院改名为"三贤祠"，又将龙峰岩改名为"晦翁岩"，又称"二刘岩"。明永乐年间三保太监郑和七下西洋时，驻师长乐港一带，曾到此修葺龙峰书院，又称"三宝岩"。明万历年间，长乐知县蒋以忠认为朱熹讲学于此，对当地文化教育事业的发展，影响深广，同时，又嫌"三宝岩"名称不雅，又改称"晦翁岩"。

人称之"理学过化"。长乐在朱子过化之前，就有许多私塾、书斋，也有不成文"学约"①。如，一些宗族为本族子弟，延请乡间秀才在宗祠或者本村的宫庙里教授文字，习《弟子规》《三字经》及历书、日用契约合同、应酬文柬（诗与应用文）、斤求两口诀、日用流水账、分类账、珠算、尺牍等。课程多以识字为主，加教诗歌。教材也多由塾师自编杂字课本（或者自备书本），甚至课桌椅也多由学生自备。采取不分班（不同年龄与学习不同教材的学生集于一室，进行个别教学）。

据《二刘氏族谱》记载：朱熹在龙峰岩创建龙峰书院时曾为二刘村的私塾、书斋匡订的课程，确立"分班教学"（习字与读书开始分开），平行独立进行教学，同时建议将子弟读书的地方从宗祠搬出，另建读书场所书斋。为促进教育，求更多子弟获得受教育机会，建议家族设"书田"（灯油田），即学费由家族公产或学田支付，不足时由各家长凑付。二刘刘氏为鼓励族人中子弟仕进，此后设"灯油租"，凡家族中读书的子弟，不论贫富贵贱皆受同等资助。刘氏族人自宋至民国，先后共创办书院、书斋18所，被视为"文儒之乡"。

长乐许多家族都抽最好的田产，设为"学田"，直至清末，许多家族良田多数仍是"学田"。南阳陈氏、二刘刘氏、三溪的潘氏、潭头溪流上的陆氏、芳桂乡的林氏等族人"村人家半读书"。自朱子过化，"一时贤哲闻风蔚起"，"簪缨间出"。出现"擢科第，登馆阁者辈出。居畎亩处闾里者，弦诵之声相闻……""四壁书声小邹鲁"，人才辈出，"科目之盛，常甲诸乡"。二刘刘氏，自宋至清二刘先后有63人考中进士，声名远播，成为长乐科举望族。

2.朱熹对长乐信俗文化影响

朱子一生正处宋王朝内外交困，阶级矛盾、民族矛盾日益加深之时。朱熹对重建封建纲常伦理道德，移风易俗不遗余力，并身体力行要在长乐重建封建社会伦理秩序，以期达到"父子有亲，君臣有义，夫妇有别，

---

① 多口头宣布，即在开馆的第一天，塾师也要对学生讲几句关于读书之道的话，结合宣布塾规，内容不统一，视塾师的修养和教学态度而异。

长幼有序,朋友有信",进而达到"立纲纪,励风俗"。

朱子著书立说教授门人,力图以他的思想、学术、伦理道德等主张来整顿封建道德、伦理,挽救"日敝之俗"。朱熹一生著述很多,要皆恢复"理""礼"先圣之学,其中"礼"类书对民间习俗文化影响深远。

长乐乡村社会族姓而居。因地少人多,各姓氏为争夺空间,各姓氏之间"族同伐异",大姓欺压小姓,强凌弱;本姓氏家族内部,也存在大房(族)欺压小房(族)。朱子在长乐期间,面对这种"非道""非义""逆天悖理,犯法违伦"的现象,立足"以礼导民",通过自己的弟子和交往各宗族乡绅,倡导易风易俗。

一是朱熹崇尚用"理学"去处理宗族关系,鼓励乡村结亲家。在日常生活中,通过"理学"在宗族关系中的传承,用"理一分殊"的理学原理,阐发"事天事亲""事生事死""万物同源"的观念。为避免各姓氏之间相互争斗和"族同伐异",大姓欺压小姓,强凌弱。朱熹在长乐倡导弱者与强者为亲家,以取得相互平衡,达和谐。

二是在长乐倡导将祭祖活动春秋两祭"春祈秋报"合二为一"祭冬"。朱子曰,"盖人之生,无不本乎祖者,故报本反始之心,凡有血气者之所不能无也"。因清明节时节"春祈"祭祖活动,正值农忙季节,朱熹认为"秧苗既长,便宜及时趁早栽插,莫令迟缓过却时节",而"秋报"长乐的秋收尚未开始。所以,他向长乐刘氏族人建议:简化春秋祭祖活动,改为"冬祭"(长乐俗称"祭冬")。此俗长乐各姓氏竞相仿效,相沿成俗,今仍延续。

三是鼓励居家修行。朱熹认为"纲常不古,磨灭不得",反对男女不婚嫁。他认为:出家上不奉父母、祖先,下不育后代,有伤"天理",所以不落发、不出家(可在家带发修行)之斋教(俗称"菜堂")盛行不衰。

四、长乐朱熹及其门人的纪念性宫庙

南宋庆元六年(1200)三月初九,朱熹在建阳家里忧愤而死。八年之后的嘉定元年(1208),朝廷又为朱熹平反昭雪,恢复名誉,追赠官衔,声明其学说非"伪学",其门生非"逆党"。淳祐元年(1241)北宋五子被推上神坛,至宋理宗时又颁诏追赠朱熹为太师、信国公,把朱熹列入孔庙从礼,并把他的《四书集注》列入学官法宝之教科书。元明清三朝,理学为士子、官员所追捧,上升为官方学术地位。尤其是圣祖玄烨于康熙五十一年(1712),诏谕将朱熹神位从东庑升入十哲之列,表彰朱子和朱子学,全国兴起朱子理学的热潮。

著名国学家钱穆说:"在中国历史上,前古有孔子,近古有朱子。旷观全史,恐无第三人堪与伦比。自有朱子,而后孔子以下之儒学,乃重获新生机,发挥新精神,直迄于今。"(《朱子新学案·朱子学提纲》)南宋末以来,朝野定论:中国文化的主体儒学,其代表者前期是孔子,后期即朱熹,是先后相继的同等级的;而且,以孔子为代表的儒家典籍大都经过朱熹比较准确地整理和注释,研究孔子思想也就是研究朱熹的孔子思想。因此,中国传统文化的主体儒学被概括为"孔朱学"。

有人曾喻曰,中国没有孔孟如长夜,福建如无朱子如长夜。朱熹四次来长乐,尤其是第四在长乐近三年时间,虽然短暂,但在这短暂的游历居住期间,所到之处皆访友论学,积极传播理学思想,这对长乐教育的发展及科举及第的成就起到了极为重要的推动作用。朱熹凭借着对教育的热忱,广开书院,延纳各地门生,传播其学术理念。长乐籍门人十多个,也致力于传承朱子的理学思想,对长乐的教育文化习俗等方面影响相当深刻。长乐人也不忘报本,对朱熹及其门子推崇备至,或建祠立庙以资纪念;或勒石为记,或托名人之笔弘扬事迹,以不同方式纪念朱熹对长乐教育文化贡献。

长乐人从宋朝至晚清,官府在学宫、社学等处祀朱子,同时建朱子专祠、朱子宇20多处(今长乐境内仍保存14处),其中专祠就有文岭梅花朱子祠、文武砂屿头朱子祠、古槐朱子祠、江田灵峰山朱子祠等,配长乐理学代表人物黄榦、刘砥、刘砺等祠(堂)也有7座:吴航朱子祠、吴航东门外"五贤祠"、二刘岩"三贤祠"、边兰锦鲤岩"二贤祠"等7座,比朱熹"琴书四十载"的武夷山还多。

一是吴航的"乡贤祠"(旧在儒学戟门西南隅。弘治庚戌知县潘府迁

于南山书院之前,岁久倾圮,几至不屋。至弘治癸亥知县王涣以不便守奉,复建于戟门之东南)及合祀祠。据明弘治《长乐县志》点校本长乐县志卷之一"铺舍"记载,在长乐与朱熹"合祀乡贤"有林慎思、陈宋霖、陈俞、郑子尚、蔡迂斋、陈祖、欧阳侊、孙天雕、刘砥、刘砺、陈夔、林安上、陈诚之、陈如晦、陈枅、张翀、朱汉奎、陈元滂、林公显、陈自修(陈枅)康、高应松、黄熙等24人。

二是吴航东关东门外的"五贤祠",主祀朱子,配祀黄榦、刘砥、刘砺、陈自修。五贤祠,旧名朱文公祠,位于长乐县城吴航东关外六平山余脉四贤山麓。初建于明正德五年(1510),长乐县知县杨梁咨请时任福建巡抚御史李如奎将原建东城外的城隍庙移至县衙东资贤溪旁,将庙改为"朱文公祠",并配祀名儒乡贤黄榦(勉斋)、刘砥(存庵)、刘砺(在轩)、陈枅(自修)。祠东建一亭曰"源头活水",祠西建一亭曰"天光云影",门匾曰"溪山第一",皆摹刻文公墨迹。嘉靖二十六年(1547),知县吴遵重修。祠匾曰"高山仰止",门匾曰"朱文公祠",俱邑人郑世威书。万历二十六年(1598),知县卢龙云重建。崇祯六年(1633)祠圮,知县郑尚友重修,改称"五贤祠",并置祠田一亩七分八厘,以赡守祠者。五都罗联曹溪马思理因所辖草场失火被罢职归里,应请撰《重修

吴航东关东门外的"五贤祠"

五贤祠记碑》。崇祯十一年（1638）知县夏允彝重修。清乾隆初年复圮，祠田地租俱归学征。乾隆二十七年（1762），知县贺世骏领帑重修。咸丰年间再倒塌，许遂元、蔡承祐、高之槐、周维翰倡捐重建。①民国八年（1919）再倒塌，遗址成为生产队番薯园。21世纪初，长乐陈氏在五贤祠旧址兴建陈氏宗祠虞舜堂，并重建五贤祠于堂右。

三是潭头二刘晦翁岩"三贤祠"，主祀朱子，配祀刘砥、刘砺。建初于明嘉靖年间（1522—1566）福建提督使潘璜檄长乐知县曾铣将龙峰书院修葺后，改名"三贤祠"祀朱熹文公和其学子刘砥、刘砺三贤士，春秋致祭。

三贤祠后倒塌。明隆庆四年（1570）长乐知县蒋以忠偕刑部右侍郎郑世威游晦翁岩三贤祠时，见祠前岩壁上朱熹手书的"读书处"三字年久漫漶，遂请郑世威在朱熹原字基础上予以补书，使朱熹真迹得以保存至今（蒋以忠的《晦翁岩记》有载），并重修三贤祠。

万历四十一年（1613）长乐县儒学教谕举人袁文绍向县令万编（字寅阳，江苏丹徒人）报告：二刘岩发现朱子遗迹。万县令立刻前往踏看，感慨万端："兹先贤遗迹，高山景行，孰无是心。奈何令芜废弗治，以为守吏辱！"万县令认为如此钟灵毓秀之地被废置，是一县之长的耻辱。于是他"遂出钱三十缗，鸠工庀材，一新其旧，堂、庑、门、楹无不俱

三贤祠

饬。又严禁樵，而以其隙地及请大参毕公（向上级毕公申请），得荒洲一区，俾守祠者得食其力。"工程告竣之日，刘氏之子弟刘自源恳请明内阁首辅、东阁大学士、福清人叶向高作《万侯

---

① 民国《长乐县志》。

重修晦翁岩三先生祠记》：

　　晦翁岩故名龙峰，宋刘先生伯仲曰砥曰砺者读书其中，考亭先生避伪学至此，二先生师事焉。岩甚奇峭、幽绝，逶迤而上可数百武，有石对峙如削为石门，考亭先生手书"读书处"镌焉石门之上，有祠祀考亭，以二先生配。有司岁时展礼。其巅有海天山月亭，学使者潘公所建。久之，祠亭俱圮，孝廉袁公来教邑庠，以祀事至不胜怀贤举废之念白于邑宰万侯。万侯慨然，鸠工庀材，一新其旧，于是地胜益增，而三先生之俎豆益虔且虔。刘之裔孙诸生自源辈群走而请于余曰：兹岩蕞尔，以大贤之过化，声施海上，即吾刘先人亦藉以不朽。其不鞠为蓁莽以废春秋秩祀，则贤令尹力也。愿先生一言昭示来兹。余闻万侯在邑，清风惠政，播于舆人，而尤锐意兴除，百凡厘饬，其大者如缮学宫，复侵地改直冲之桥，移反射之水，邑庠形胜焕然一新，士子之久厄者，遂联翩得捷，侯之造士兴文，加意学校，以教化为先务，大率如此。而袁公又以文学行谊率先士类，与侯同心协力，兹岩之废而复兴，亦天为之也。今新学繁兴，异论肆起，有能弹射紫阳、诋訾前哲者，则世共以为高，遂令国家二百余年尊崇宋儒、统一圣真之功令尽废格不行，士习人心日以颓废，余甚忧焉，而力不能挽。观侯与袁君兹举，大足为紫阳生色，且使士子闻之，亦知濂洛一脉，虽当剥蚀之余，犹有贤人君子为之表章，即其足迹所经之地，师弟讲习之区，犹能使数百年后人之景慕不忘。如此，其所关于世道良为不小，是以因刘氏诸生之请，不辞而纪其事。侯名编，直隶丹徒人，袁君，名文绍，建阳人。役系于甲寅季冬，落成次年五月初一也。

　　清乾隆八年（1743）知县、二十三年（1758）知县袁儒忠又领帑重修。[①]清末至民国，多次重修。2002年再次重修。

---

① 民国版《长乐县志》第357页，《晦翁岩记》。

明嘉靖年间，龙峰书院改名为"三贤祠"，祀朱熹文公和其学子刘砥、刘砺三贤士

四是边兰的"二贤祠"，主祀朱子，配祀姜叔权。

五是古槐三溪朱子祠。庆元元年（1195）朱熹为避"伪学"，寓居长乐，四处讲学。当时长乐籍进士张一渔与朱熹同朝为官，两人平素交情甚笃，得知朱熹南避讲学，在八都（今古槐三溪）的屏山特建紫阳阁（俗称朱子祠），让朱熹讲学授课。

闽都文化与朱子理学

朱熹在福州的门生弟子及部分遗迹

黄荣春

摘　要　朱熹集理学之大成，使程朱理学最终发展成为我国封建社会后期的正统官方哲学。朱熹在宋代福州辖区内有25位门生弟子，并遗存一批讲学等遗迹和20多段摩崖石刻。

关键词　朱熹　门生弟子　讲学处　摩崖石刻

一、朱熹学说

朱熹（1130—1200），南宋哲学家、教育家。字元晦，一字仲晦，号晦庵，别称紫阳。先世婺源（今属江西）人，出生福建尤溪，侨居建阳。绍兴十八年（1148）进士，历任枢密院编修、秘阁修撰、焕章阁待制、侍讲，历知南康军、漳州、潭州等职。庆元中致仕，旋卒。嘉泰初谥文，宝庆中赠太师，追封信国公，改徽国公。

朱熹为官时有善政，主张抗金，但主要贡献在其学说。他师事李侗，为二程（颢、颐）四传弟子。博极群书，广注典籍，对经学、史学、文学、乐律以及自然科学有不同程度贡献。在

朱熹自画像（引自方彦寿《朱熹考亭书院源流考》）

哲学上发展了二程关于理气关系的学说，集理学之大成，建立了一个完整的客观唯心主义的理学体系，世称程朱学派。认为理气相依而不能相离，"天下未有无理之气，亦未有无气之理"。但又断言："理在先，气在后。""有是理便有是气，但理是本。"把一理和万理看作"理一分殊"的关系。提出"凡事无不相反以相成"，事物"只是一分为二，节节如此，以至于无穷，皆是一生两尔"。强调知先行后，但又认为"知行相须"，注意到行在认识中的重要性。强调"天理"和"人欲"的对立，要求人们放弃"私欲"，服从"天理"。①从事教育五十余年，强调启发式。吸收当时科学成果，提出了对自然界变化的某些见解，如关于阴阳二气的宇宙演化说，如从高山上残留的螺蚌壳论证地质变迁（原为海洋）等。他的理学一直成为后来封建统治阶级统治人民的理论工具，在明清两代被提到儒学正宗地位。日本在江户时代，"朱子学"也颇流行。著有《四书章句集注》《周易本义》《诗集传》《楚辞集注》《辩证韩文考异》《太极图通书》《西铭解》等，还编有《通鉴纲目》《伊洛渊源录》《近思录》《四书或问》等，及后人编纂的《晦翁先生朱文公文集》和《朱子语类》等多种。

陈襄、郑穆、陈烈、周希孟"闽中四先生"是闽学先驱者，杨时、罗从彦、李侗"南剑三先生"在程朱理学的传衍中，起上承下启的作用。朱熹集理学之大成，使程朱理学最终发展成为我国封建社会后期的正统官方哲学。闽学是一种思想理论体系，是带有地域性的理学，这种学说是历经几代人的努力而形成的，它始于北宋陈襄的新道学，历经洛学闽化，集成于南宋朱熹的理学。《辞海》曰："闽学，以朱熹为首的学派。"②学术界亦有"闽学学说，即朱熹学说"的说法。此说虽过于绝对，但朱熹学说确实对中国社会产生了深远的影响。

二、朱熹门生弟子

朱熹学说上承孔孟及先秦儒家诸子之道，继承二程、杨时、罗从彦、

---

① 《辞海》第98、1049页，上海辞书出版社1998年版。
② 《辞海》第98、1049页，上海辞书出版社1998年版。

闽都文化与朱子理学

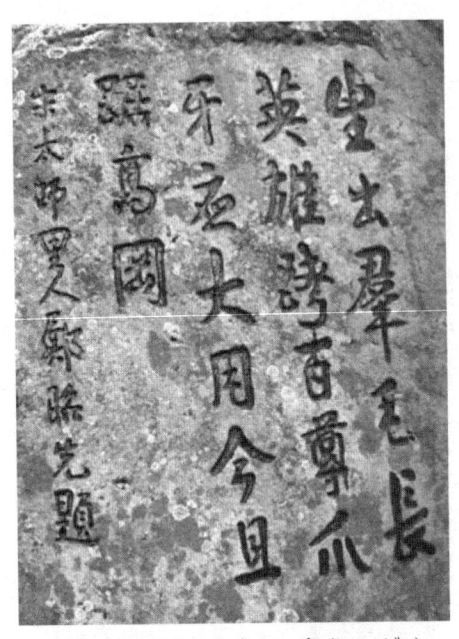

郑昭先题刻（引自《连江摩崖石刻》）

李侗衣钵，又融合"闽中四先生"学说，是南宋集理学大成者。朱熹在福建的崇安（今武夷山市）、建阳、尤溪、福州、闽清、长乐等地讲学，其门生弟子众多。朱熹病逝，各地门生远道赶来送别，送葬者达六千人之多。明戴铣《朱子实纪》记载：朱子门人中号称高足并有著述者达88人。根据史书及方彦寿《朱熹考亭书院源流》等资料记载，查得宋代福州地区（据宋梁克家《三山志》记载福州原八县五区和宁德九县市均属福州辖地）有25个朱熹门生弟子：

　　林用中，字择之，号草堂，古田县人。乾道二年（1166）始从学朱熹于崇安五夫，此后又从学于寒泉精舍、武夷精舍。绍熙四年（1193）、庆元五年（1199）两至考亭续学。著有《草堂集》。

　　黄榦（1152—1221），字直卿，号勉斋，闽县人。淳熙三年（1176）始从学朱熹于崇安五夫，后随学于南康、武夷、漳州等地，绍熙、庆元间，又续学于建阳考亭。娶朱熹之女朱兑为妻。帮助朱熹撰《仪礼经传通解》一书中《丧礼》和《祭礼》部分。朱熹病逝，"榦持心丧三年"。黄榦继承朱熹理学衣钵，著有《五经讲义》《四书纪闻》《通释大学》《通释论语》《经解中庸》《朱文公行状》等书。黄榦墓在福州北峰江南竹村边，省级文物保护单位。

　　潘柄，字谦之，怀安人。淳熙十年（1183）从学于武夷精舍，绍熙四年（1193）续学于考亭。著有《易解》《尚书解》。

　　潘植，字立之，潘柄兄，与其弟同时从学于武夷精舍和建阳考亭。

　　郑昭先（1157—1225），字景绍，闽县人，淳熙十四年（1187）进士，初为浦城县簿，曾受业朱熹，迁知枢密院事兼知参知政事，进右丞相，

— 210 —

卒谥文靖，著有《日湖遗稿》五十卷。《连江县文物志·名人墓》记载：郑昭先"系连江大溪东郑氏开基祖"，墓在"今蓼沿乡溪东村"，省级文物保护单位。

黄东（？—1200），字仁卿，黄榦仲兄。历官沙县丞、抚州乐安知县。淳熙十三年（1186）始学于武夷，绍熙四年（1193）、庆元二年（1196）两次至考亭问学。

杨楫（1142—1213），字通老，人称悦堂先生，长溪人。历官司农寺簿、国子博士、湖南提刑、江西运判。淳熙十四年（1187），始学于武夷。绍熙二年（1191）、庆元元年（1195）和庆元四年、五年（1198—1199）数次至考亭问学。与杨方、杨简俱师事朱熹为高弟，时号"三杨"。著有《悦堂文集》。

陈孔硕，字肤仲，号北山，侯官人。淳熙二年（1191）进士，历官邵武知县、赣州知州，提举淮南东路常平、中大夫秘阁修撰等职。初从朱熹学于武夷，绍熙五年（1194）在邵武知县任上，又至考亭问学。著有《中庸大学解》《北山集》。

陈孔夙，字寅伯，陈孔硕之兄，曾与孔硕从朱文公学。

黄榦（1170—？），字尚质，福建长溪西乡察阳（今福安阳头）人。庆元二年（1196）至嘉泰二年（1202），朝廷禁道学，朱熹避往长溪县，在龟龄寺讲学。黄榦拜朱熹为师。朱熹去世后，同杨复一起讲学，广收门徒，阐扬理学。因精通理学，被召入朝。先入文渊阁翰墨，后官集贤院直学士。

刘砥，字履之，号存庵，长乐县人。绍熙元年（1190）朱熹守漳州时及门弟子。庆元四至五年（1198—1199）续学于建阳，助朱熹编校《礼书》。著有《论语》《孟子解》《王朝礼编》。

龚郯，字昙伯，号南峰居士，宁德人。绍熙四年（1193）考亭门人，晚与同门友杨复论辩"理气先后"之说，尤有造诣。《语类》有其问疑两则。有诗文杂著数卷。

杨复，一名璹，字志仁，学者称信斋先生，福安人。绍熙四年（1193）考亭门人，《晦翁先生朱文公文集》有《答杨志仁璹》。著有《祭礼》十四

卷、《仪礼图》十四帙、《家礼杂记附注》二卷。

林学蒙，一名羽，字正卿，永福县人。绍熙四年至五年（1193—1194）、庆元五年（1199）两度从学考亭，有《语录》一卷。《文集》卷五九有《答林正卿》，著有《梅坞集》。

梁汝昌，字大任，永福县人。亭江长柄村《龙津书院祀典记》记载："吾里龙柄，宋之铁冶场也。自绍熙五年伪学之禁兴，紫阳朱夫子避地居此。梁汝昌、郑庸斋二先生从之游，遂成大儒。"绍兴十八年（1146）进士，官迪功郎，任莆田尉。

陈骏，字敏仲，宁德人，乾道五年（1169）进士。何乔远《闽书·英旧志》记载："陈骏，字敏仲。为大冶丞，从游朱文公之门。著《论语孟子笔义》，又著《毛诗笔义》，未就而卒。"[①]

郑文遹，字成叔，号庸斋，闽县人。嘉泰四年（1204）贡士。闻勉斋得朱子之学，往师之，既与俱登朱子之门。长柄《龙津书院祀典记》记载：朱熹避地居此。梁汝昌、郑庸斋二先生从之游，遂成大儒。明宋端仪《考亭渊源录》、朱衡《道南源委》等记载：郑文遹由黄榦荐引得以从学朱熹于考亭。著有《易学启蒙或问》《春秋集解》《丧礼长编》《庸斋集》等书。

刘砺（1157—1204），字用文，号在轩，长乐县人。刘砥弟，幼颖悟，孝悌，中童子科，与砥同受学于朱熹。庆元三至五年（1197—1199）曾三至考亭从学，与黄榦最友善。朱熹《答陈才卿书》曰："《礼书》得直卿、用之，渐可整顿。"又曰："二刘到此，并手料理，方有汗青之日。"及禁伪学，志尚愈笃。蔡元定编置道州，砺与兄独冒时禁，厚馈之。与兄砥同祀于乡。有《语录》一卷。

郑申之，字惟任，长乐人。乾道五年（1169）进士，官国子监助教。朱子避伪学禁至长乐，申之从之游。教授于乡，从游甚众，立文、行、忠、信四斋以处之，朱子扁其所居楼曰"聚远"。

林夔孙，字子武，号蒙谷，古田县人。庆元三年（1197）从学考亭，

---

① 何乔远：《闽书·英旧志》（第四册），福建人民出版社1992年版，第3689页。

庆元六年（1200）三月朱熹临终前仍在考亭。有《语录》一卷，著有《书本义》《中庸章句》《蒙谷集》。

郑师孟，字齐卿，号存斋，宁德县人。庆元三年至四年（1197—1198）从学于考亭。黄仲昭《八闽通志·人物》记载："郑师孟……受业于朱文公之门。勉斋黄榦嘉其志，遂妻以女。尝著《洪范讲义》，以发明文公皇极辨之蕴。"①

林学履，字安卿，永福县人。庆元五年（1199）考亭门人，有《语录》一卷。

林宪卿（1148—1217），字公度，号存斋。怀安县人，朱熹晚年弟子，从学考亭。陈衍《闽侯县志》记载：林宪卿"从朱熹游，色温气和，择言谨行，乡里化之。死无子，乡人即其所创存斋祠之。其徒吴宗万、林士蒙皆知名"。②

郑性之（1171—1255），字信之，初名自诚，号毅斋。籍贯颇有争议：宋梁克家《三山志》记载："郑自诚状元，字信之，后改名性之，闽清人。"③明王应山《闽都记·郡东长乐胜迹·郑性之墓》载："性之，侯官人。"④清乾隆《长乐县志》曰郑性之是"长乐十都人，徙居侯官。"可能是祖籍长乐县，出生闽清，徙居侯官县。弱冠游朱文公之门，嘉定元年（1208）状元，端平元年（1234）官吏部侍郎，时蒙军灭金国，他主张北固边防，先作保卫门户，然后收复中原失地。旋升端明殿学士、枢密院事，嘉熙三年（1236）拜参知政事，后以观文殿学士致仕，终年84岁，墓在长乐区江田镇三溪村。

曾逢震，闽县人，字诚叟。陈衍《闽侯县志》记载：逢震"幼读书，慨然有求道之志，与郑性之俱往从朱熹学，胸中涣然，洞见道体，遂耻

---

① 黄仲昭：《八闽通志·人物·儒林》（下），福建人民出版社1991年版，第725页。
② 陈衍：《闽侯县志》，闽侯县地方志编纂委员会整理、闽侯县人民政府印，1995年版，第466、463页。
③ 梁克家：《三山志·人物类六》，福建人民出版社2000年版，第431页。
④ 王应山：《闽都记·郡东长乐胜迹·郑性之墓》，方志出版社2002年版，第247页。

为场屋之文，一意实学，经史百家无不周览。隐居道山，家事有无不问也。尝自编录其诗文，名曰《月林丑镜》"。①

三、朱熹部分遗迹

朱熹避伪学禁、致仕期间，在闽都地区讲学，留下不少遗迹。现把朱熹在福州地区的遗迹简述于下：

（一）长柄朱子祠与朱熹石刻

长柄，古称龙柄，宋之铁冶场，朱熹避伪禁居住地。朱熹在龙柄期间镌有"得月潭"摩崖石刻和"跃龙津"碑刻。明万历年间，董见龙、郭复之为纪念朱熹，在朱熹住地建龙津书院（今称朱子祠）。朱熹撰书的"跃龙津"碑刻尚存，碑高168厘米、宽59厘米、厚15厘米，正背两面均刻"跃龙津"三字，行书，字径34厘米。碑已断成三块，原存于祠边，今移至长柄影剧院内。"得月潭"摩崖石刻，原刻在朱子祠边的巨岩上，惜已被毁。朱子祠为土木结构，由门房、大厅、文昌阁、前后天井、左右回廊组成，保存较完整，占地面积506平方米。大厅面阔四间，进深七柱，两边设封火墙。内门墙嵌有《龙津书院祀典记》等5块碑刻。碑文记载绍熙五年（1194）朱熹避伪学禁时居此，明万历年间董见龙筹建龙津书院。清咸丰年间清廷"敦崇正学"，朱子祠遍布天下，闽邑在祀典者有4处，其中一处在长柄，福建巡抚吕佺孙奏拨亭江怡山院渡税银两，分春秋二次由闽安巡检催给之，乡人岁时祭

亭江朱子祠

---

① 陈衍：《闽侯县志》，闽侯县地方志编纂委员会整理、闽侯县人民政府印，1995年版，第466、463页。

祀，嘉庆十五年（1810）重建，同治六年（1867）重修。现存朱子祠的主体结构为清代建筑，1986年被公布为福州市郊区（今晋安区）第一批文物保护单位。

（二）朱熹与鼓山水云亭

水云亭，又称凤尾亭，俗称朱熹亭，在鼓山凤尾坡。石构，面宽7米，进深6.4米，高约4米。两边门东西相向，大门南向偏西25度，背靠巍峨山峰，面临林海深谷。亭西墙外壁石上有愚斋于淳熙十三年（1186）镌刻诗文："灵源有幽趣，临沧擅佳名。我来坐久之，犹怀不尽情。褰裳步翠麓，危绝不可登。豁然天地宽，顿觉心目明。洋洋三江汇，迢迢众山横。清寒草木瘦，翠盖亦前陈。山僧好心事，为我开此亭。重游见翼然，险道悉以平。会方有行役，邛蜀万里程。徘徊更瞻眺，斜日下云屏。"愚斋即赵汝愚（1140—1196），江西余干人，宋宗室。乾道进士，淳熙九年（1182）知福州，官至右丞相。亭内后壁正中嵌镶一块高103厘米、宽60厘米的青石碑，碑面由清代盐商魏杰阴刻朱熹对镜自画的造像。像高84厘米、宽36厘米，头戴方帽，双手藏于袖中且横置胸前，画面清晰，栩栩如生。碑额篆书："宋徽国文公朱晦庵先生遗像。"右边楷书："从容乎礼法之场，沉潜乎仁义之府，是予盖将有意焉，而力莫能与也。佩先师之格言，奉前烈之余矩，惟闇然而日修，或庶几乎斯语。"碑的左边楷书："绍熙五年孟春良日，熹对镜写真，题以自警。大清道光十四年仲冬吉旦，三山魏杰敬刊，宋钟鸣镌石。"

清林枫《榕城考古略》记载：水云亭"宋淳熙间建，元统间重建，以朱子'天风海涛'四字揭于楣间"。黄任《鼓山志》载："清康熙己亥新安许文焕重建，宋愚斋有诗。"

（三）朱熹凤丘山摩崖石刻

凤丘山，又名凤垃山，别称牛港山，今又称牛岗山，在福州晋安区岳峰镇，为鹤林村辖地。陈衍《福建通志》等方志记载：宋绍兴年间，邑人彭耜隐居于此，与妻潘蕊珠炼九鼎丹，后俱尸解于福州，遂被封为"鹤林真人"。朱熹为祀彭耜，书"凤丘""鹤林"四字，并刻于石。

"凤丘""鹤林"分别刻在两块相邻的巨岩上，计有3段：

凤丘题刻西向。摩崖高247厘米、宽128厘米。楷书纵2行，正文高105厘米、宽108厘米。文：

凤丘晦翁

鹤林题刻南向，在凤丘题刻北侧20多米处。摩崖高210厘米、宽110厘米。楷书，纵1行，字径84厘米。文：

鹤林

在题刻上端约1米处，又阴刻"朱界""朱界"四小字。

鹤林题刻与上段"鹤林"题刻一同刻在一岩石上，西向。楷书，纵1行，字高90厘米、宽93厘米。文：

鹤林

晦翁凤丘山题刻

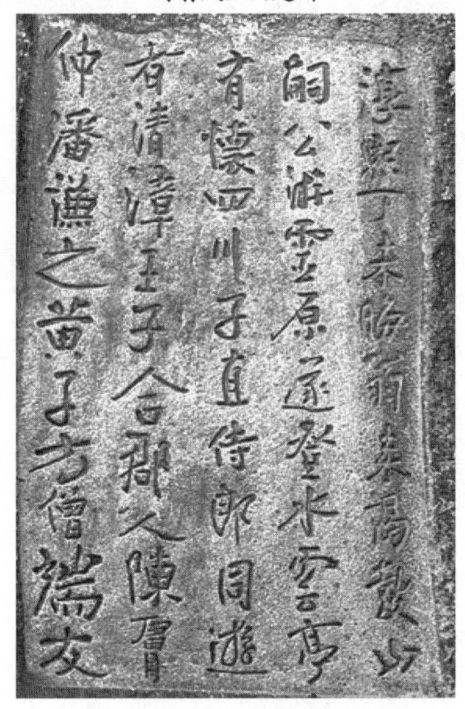

朱熹等鼓山题名

凤丘山摩崖石刻于1991年被公布为福州市级文物保护单位。

（四）朱熹在鼓山的摩崖石刻

朱熹在鼓山有3段摩崖石刻：

1.朱熹石门题刻南向。摩崖高202厘米、宽113厘米。行书，字径18厘米。文：

淳熙丁未，晦翁来谒鼓山嗣公，游灵原，遂登水云亭，有怀四川子直侍郎。同游者清漳王子合，郡人陈肤仲、潘谦之、黄子方，僧端友。

晦翁为朱熹自号。此题刻系朱熹奉祠家居，七月辞江西提刑之命，故得游鼓山。子直，即赵汝愚，最与朱熹善，时方为四川制置使，后官至右丞相。嗣公，即元嗣长老，鼓山第三十四代住持，福州程氏子。王子合，名愚，时称东渊先生。陈肤仲，名孔硕，淳熙二年（1175）进士，官秘阁修撰。潘谦之，名柄，怀安人，时称瓜山先生。黄子方，名琮，莆田人，元符三年（1100）进士，知闽县。

2. 朱熹灵源洞题刻在蹴鳌桥下西壁，东向。正文字高4.15米、宽3.05米。文"寿　晦翁"，两边又款："淳祐壬寅季秋□□□书。"

晦翁，朱熹自号。明《闽都记》、清《鼓山志》均记载"寿"字为朱熹所书，《闽中金石志》《闽中金略》《闽中金石记》《福建金石志》等书皆认为"寿"字是朱熹所书，三十多年来有人提出边款"淳祐壬寅（1242）"是朱熹死后42年，"寿"字不是朱熹所书。笔者认为边款是后人所加，"寿"字的字体，特别是旁款"晦翁"两字与朱熹在鼓山、凤丘山、乌石山等地的字体相同，故而不能否认"寿"字是朱熹手迹。

晦翁鼓山"寿"字榜书

3. 朱熹绝顶峰题刻北向。摩崖高217厘米、宽60厘米。楷书，纵2行，字高48厘米、宽39厘米。文"天风海涛　晦翁为子直书"。

子直，即赵汝愚。赵汝愚于绍熙辛亥年（1191）在鼓山石门题有诗刻："几年奔走厌尘埃，此日登临亦快哉。江月不随流水去，天风直送海涛来。故人契阔情何厚,禅客飘零事已灰。堪叹人生只如此,危栏独倚更徘徊。"朱熹书"天风海涛"即取诗中"天风直送海涛来"之句,以示对赵汝愚的怀念之情。

(五)朱熹讲学的贤场

贤场在北峰岭头乡前洋村,朱熹避伪学禁时在此讲学。清《榕城考古略》记载:"贤场在长箕岭后,宋季禁伪学,朱子辟地讲学于此,有庖牺谷,山后有高峰精舍,为黄榦归隐处。"

朱熹讲学的贤场在何处问题,多少年来未能确定,有说在北峰岭头乡石牌村,有云在岭头乡前洋村,众说不一,成为考古一个难题。笔者经过多年调查,先在北峰岭头乡江南竹村发现一块清光绪九年(1883)侯官知县张顾云有关严禁开设烟馆等事的告示碑,碑文记载:乡族长吴海等人"住辖北关外四十都苞牺谷地方,界在贤场墩、石牌墩两乡之间,山林僻处,业守农耕"。后又在前洋村发现一块侯官知县程起鄂于光绪七年(1881)关于严禁偷盗、麻风恶丐聚众强乞的告示碑,碑文有"据乡长刘仕占……称""贤场墩各守耕读为本"等记载。

晦翁榜书(赵可梁等拓片)

陈衍《福建通志》记载黄榦墓在长箕岭庖牺谷,现存的黄榦墓位于晋安区寿山乡江南竹村边,故"江南竹"原名应为"庖牺谷"。"江南竹"与"庖牺谷"谐音,故"庖牺谷"被后人讹名为"江南竹"。告示碑记载的石牌墩,今名石牌村,因黄榦墓碑立在村前田中(距黄榦墓约1公里)故名。江南竹、石牌、前洋三村之间呈三角形地势,江南竹介于石牌村和前洋村之间,从而说明贤场不在黄榦墓所在地江南竹和墓道碑所在地石牌村,而应在前洋村。前洋村出土有"贤场墩各守耕读为本"的碑刻和前洋小学原名"贤场小学",以及前洋村有贤场境(村庙,数年前被改为孙悟空庙)等均可佐证朱熹讲学的贤场在今岭头乡前洋村。贤场已毁没,遗址有待寻找。

（六）朱熹乌石山摩崖石刻

在天王岭"第一山"摩崖石刻西南侧约16米处，西向。摩崖高102厘米，宽107厘米。纵2行，行楷，正文字高36厘米，宽28厘米；旁款字径11厘米。文"清隐　晦翁"。

晦翁，系朱熹自号。郭柏苍《乌石山志》等方志记载，在先贤石室池畔石上有晦翁"石室清隐"石刻。现存晦翁"清隐"题刻与方志记载的"石室清隐"石刻关系有待进一步考证。

晦翁"清隐"榜书

（七）朱熹长安摩崖石刻

在马尾区亭江镇长安（古称塘湾）西岩寺后院悬崖上。摩崖南向，高180厘米，宽190厘米。纵2行，正文楷书，字高59厘米，宽53厘米；旁款行草，字径5.2厘米。文"仙苑　晦翁书"。

晦翁为朱熹自号。朱熹避伪学禁时住于距长安数公里的龙柄村（今称长柄村），其间曾游塘湾而留此题刻。历官清四川夔州知府王有树

晦翁"仙苑"榜书

为长柄朱子祠撰书《龙津书院祀典记》，碑文记载："吾里龙柄，宋之铁冶场也。自绍熙五年（1194）伪学之禁兴，紫阳朱夫子避地居此。"《宋史·列传》记载庆元"二年（1196）沈建祖为监察御史，诬熹十罪，诏落职罢祠"。两段文字记载可说明朱熹此榜书当刻于绍熙五年（1194）至庆元二年（1196）或其之后，此刻不见方志记载，镌刻具体年月有待进一

步考证。

（八）朱熹梅溪坪摩崖石刻

梅溪坪摩崖石刻，在闽清县梅城镇台山梅溪东岸。摩崖高300厘米，宽300厘米。楷书，横纵各1行，正文字径50厘米，旁款字径10厘米。文"梅溪　晦翁"。

相传古时闽清的梅溪两岸普植梅树，素有"梅花十里地"之美称。南宋理学家朱熹（晦翁）为避伪学禁，屡到闽清，见山水幽洁，梅开花香，泼墨挥毫写就"梅溪"两大字。

晦翁"梅溪"榜书（林跃先／图）

梅溪坪摩崖石刻于1985年被闽清县人民政府公布为第三批县级文物保护单位。（摘录林跃先《闽清文物史迹》及有关资料）

（九）朱熹后峰摩崖石刻

在闽清县下祝乡后峰村墩狮岩上。楷书，横纵各1行。正文字高40厘米，宽30厘米，文"留云晦翁书"。

清道光《重纂福建通志》载：朱文公于伪学之禁，避迹无定所，其与闽清凡数至，所历名胜贻遍。

晦翁"留云"榜书（林跃先／图）

下祝后峰旧时与古邑山水相连，陆路相通，这里至今仍保留一段石板铺就的古驿道，当年朱熹游学四方，从南平经古田来闽清多由此而过。有一次他途经后峰，见这里路幽径曲，云雾缭绕，四周生长着兰、桂、梅、竹，便落墨"留云"二字。陈衍《福建通志·福建金石志》记载："留云。闽清县志云在后峰墩峰狮岩，山中有石洞，道光九年邑人林阳春辟榛莽得之，方围丈余，环生兰、桂、梅、竹，旁勒留云二大字，载朱晦翁三小字。"

留云摩崖石刻于1996年被闽清县人民政府公布为第四批县级文物保

护单位。(摘录林跃先《闽清文物史迹》及有关资料)

(十)蓝田书院与朱熹摩崖石刻

蓝田书院在古田县杉洋镇杉洋村北约500米。五代后晋天福二年(937),永贞(今罗源)县令、杉洋人余仁椿捐田创建。宋乾道二年(1166)余端卿、李昂重建。朱熹于淳熙十一年(1184)、庆元三年(1198)两次在此讲学,并书"蓝田书院"四大字勒于石。明王应山《闽都记·郡西北古田胜迹》记载:"蓝田书院,在杉洋。南唐员外余仁椿建,中有夫子庙,朱文公书匾,门人余偶立。元时,改书院为乡校,各有堂长,县官提督之。"元、明、清、民国间多次重修。书院红墙青瓦,建筑古朴,东西长30米,南北宽40米,面阔二间,进深三间,占地900多平方米。正院中供朱熹像,两庑左供康太保牌位,右列门人座次,庭院里植丹桂。院左后侧有一巨石突出,称"鳌鱼石",其上建有魁星阁。清福建学政翰林院侍讲学士朱珪、甘均有记。

1975年12月,书院毁于火。2010年,乡贤集资重建。享堂奉祀孔子画像,两庑祀朱熹门人及舍生取义康太保。书院开设国学班(小学)。墨迹亭下水池边保存朱熹真迹"蓝田书院"石刻,书院右侧有《历代重建重修芳名碑》,碑文记载南唐、宋、元、明、清、民国历代重建、重修蓝田书院的姓名。后山七星岩景区有朱熹以"茶仙"之名镌刻"引月"的摩崖石刻。

2009年重建的蓝田书院

晦翁"蓝田书院"榜书(引自《朱熹与古田》)

晦翁蓝田书院石刻在书院水池边，楷书，纵2行，正文字径50多厘米。文"蓝田书院　堂长李昂、直学李元鼎立石，晦翁宋丁巳春三月吉旦"。

晦翁是朱熹别号，"蓝田书院"四字是朱熹题刻。清李捷英《题蓝田书院》诗："环列诸山送远青，当年夫子日谈经。尚余墨迹香千里，夜夜光摇北斗星。"诗中的"夫子"即对朱熹的尊称。1929年初夏，萨镇冰拜访书院，撰诗曰："杉洋胜地快登临，朱子祠前望翠岑。林壑清幽里野辟，先贤文化入人深。"

引月石刻，在古田县杉洋镇杉洋村蓝田书院后山留云洞附近水池岩壁。水池三边天然岩壁，一边砌石。池面宽2.23米，长（进深）1.43米，水深0.61米。题刻为楷书，横、纵各1行，正文字径25厘米。文："引月　茶仙"。

"引月"池（陈桂莲 摄）

"茶仙"为朱熹晚年笔名，此题刻系朱熹笔迹。庆元三年（1198）朱熹在蓝田书院讲学期间与门人弟子在此汲水煮茶而留刻。池因朱熹题刻，被称为"引月池"，虽历经数百年岁月，池状依旧，池水清澈透明。

（十一）朱熹在福州已毁的遗迹

朱熹在福州城门山、西郊妙峰山均有已毁的遗迹。

1. 城门山遗迹

朱熹在避伪学禁期间，住于城门山郑湜家中。林枫《榕城考古略》记载："城门山，在永福里，黄山之南。……有郑文肃湜宅，朱子避伪学禁，尝主其家。鳌顶峰有自成桥，为朱子题刻。湜，闽县人，宋光宗初，为秘书郎；会赵汝愚罢相，韩侂胄恶之，入伪学党。"朱熹题刻已毁，现存"自成桥"三字系1994年乡人重镌。

2. 妙峰山晦翁题刻

福州西郊洪塘妙峰山上原有两处朱熹摩崖石刻：

（1）天风海涛榜书 在妙峰山支脉环峰山磐石上，行书，纵3行，字高48厘米、宽44厘米。文"天风海涛 朱熹书"。

"天风海涛"四字分列两行，中署"朱熹书"。据清《闽中金石略》记载："天风海涛"四字系摹鼓山绝顶峰朱熹摩崖石刻。

（2）挹山榜书 楷书，横、纵各1行，字高35厘米、宽32厘米。文"挹山 晦翁"。

此题刻未见前人著录，是否为朱熹所刻待考，郑丽生《洪塘石刻录》云："疑为林廷选摹刻。"

（十二）朱熹在长乐遗迹

朱熹在长乐有5处遗址。

1.朱熹寓居三溪紫阳楼。民国李驹《长乐县志》记载："紫阳楼，在二都后澳元应官东。宋里人高赞建，朱文公尝寓此，因名。"相传朱熹勒"溪山第一"于石。其地今尚存的"溪山第一"题刻，系明代兵部侍郎陈省镌刻。

2.晦翁临流洞题刻。在江田镇江田村西南约800米，摩崖高45厘米，宽130厘米，横刻行书，正文字径10厘米。文："溪山第一。"中上方镌刻"晦翁"两字。

3.晦翁岩题刻。在二刘晦翁岩。叶向高《重修晦翁岩三先生祠记》记载：有石对峙如削为石门，考亭先生手书"读书处"镌焉。何乔远《闽书》记载："筹峰山，一名龙峰，一作筹岩。有唐林慎思读书石室。朱晦翁题之曰：'德成以慎思，德成于此也。'山中岩为宋刘砥、刘砺读书之所。晦翁南游，二刘从学，留斯岩最久。岩奇峭幽绝，逶迤而上，可数百武，有石对峙如削，为石门。晦翁手题'读书处'镌于石门之上。有祠祀晦翁，以二刘配。其巅有海天山月亭。皇朝中，珰郑和尝加葺治，人名之曰'三宝岩'，以和奉使入海，人称三宝太监也。隆庆间，令蒋以忠易之曰'晦翁

郑世威晦翁岩题刻（引自蒋滨建/图）

岩'。"①现存晦翁岩系明万历乙亥，刑部侍郎、阳夏郑世威书。

4.朱熹在筹峰山摩崖石刻。潭头镇筹峰山有36洞天，为唐林慎思早年读书处，朱熹在其读书石室书"德成"两字。

5.竹林精舍。民国李驹《长乐县志》记载："竹林精舍，在青山下。宋黄榦讲学处，朱子书额。"

龙津题刻（引自林秋明《福清题刻》）

緜亭题刻（引自林秋明《福清题刻》）

（十三）朱熹在福清题刻

福清地方志记载朱熹在福清有多处遗址，主要有龙津、绵亭摩崖石刻。

1.龙津题刻，在福清市南岭镇大山村梨洞水库旁，摩崖宽350厘米，宽250厘米。楷书，横1行，最大字宽约123厘米，高约170厘米。文："龙津。"

清光绪年间的《方城里乡志》记载："龙津石，在方城里梨洞村前，宋朱夫子书'龙津'二字勒于石，迹犹存。"

2.绵亭题刻，在新厝镇棉亭村与东楼村交界处的石壁上。摩崖高177厘米，宽122厘米。行书，横1行，最大字高约50厘米，宽60厘米。文："绵亭。"

清乾隆《福清县志》记载："绵亭岭，在安香里。宋朱晦翁大书'绵亭'二字。"（摘录林秋明《福清题刻》）

（十四）古田魁龙书院

魁龙书院俗称西山书院、径贤庙，在古田县湖滨乡西山村。始建于

---

① 何乔远《闽书·方域志》（第一册），福建人民出版社1992年版，第98页。

宋代，朱熹曾讲学于此。清光绪年间（1875—1908）重建。面阔18米，进深23.8米，占地面积428.4平方米。坐北朝南，由门墙、天井、正厅、后天井、后厅等组成，周以封火墙。正厅面阔三间（18米），进深四柱（8米），穿斗式木构架，硬山顶，正厅悬匾"魁龙书院"。后厅面阔五间（18米），进深三柱（4.4米）。1990年古田县人民政府公布为县级文物保护单位。（摘录《中国文物地图集·福建分册》及有关资料）

（十五）东野竹林书院

东野竹林书院，在福州东郊竹屿村。福州地方志记载：竹屿村有东野竹林书院、东野犹画书院、竹林精舍、竹林草堂。清《闽县乡土志》记载："竹屿村有东野竹林书院，宋时建。朱子避伪学禁，讲学于此。……东野犹画书院，明万历间建，翁正春、叶向高互主讲席，各有楹联，今尚存，其曰犹画者，以书院坐落之区，如一幅图焉。""竹林精舍，明人谢肇淛、邓原岳、曹学佺、林宏衍、陈荐夫、徐𤊹、徐熥等七人咏吟之所，时称为竹林后七贤，且建祠祀之，并以名书院曰'东野竹林'……左有竹林草堂，明提学邓原岳读书处。"[1]

《榕城考古略》载："竹林草堂亦在竹屿，明副使邓原岳读书处。徐熥《宿竹林山庄》诗：精庐遥结翠微间，借得云窗一日闲。流水断桥通古路，斜阳残磬下空山。犬声似豹闻茅舍，萤火随人入竹关。桑柘满村堪寄隐，与君吟卧却忘还。"[2]

从文中可推断东野竹林书院就是竹林精舍，竹林草堂位于东野竹林书院之左。

重建的东野竹林书院和竹林草堂

---

[1] 郑祖庚《闽县乡土志·地形略一（各区）》，海风出版社2001年版，第197页。
[2] 林枫《榕城考古略·郊坰第三》，海风出版社2001年版，第67页。

闽都文化与朱子理学

重建的东野竹林书院和竹林草堂

20世纪末村民将一座占地数百平方米的古建筑重建为竹林境,并在其门额嵌入"竹林草堂"石匾。竹林境东侧有一座占地100平方米左右的长方形建筑,相传为邓原岳读书处,村民将其重修为东野竹林书院,门额楷书:"东野竹林书院。"书院内有文昌祠,祠中有一个石香炉,上刻隶书"竹林书院"四字。竹林境原已倒塌,系村民集资重建;东侧长方形建筑,系原建筑重修。从建筑遗址及现存的石碑、石香炉证明此地确实是史书记载的东野竹林书院(竹林精舍)或竹林草堂。

(十六)濂江书院

濂江书院 又称文昌宫,在福州南郊城门镇林浦村,与泰山庙相距数十米。始建于宋,相传朱熹曾在此讲学,并题有"文明气象"四字。书院坐东向西,杉木结构,面阔、进深均三间,双层楼房,单檐歇山顶,占地面积764平方米。右侧为朱子祠,楼前有小庭院。庭院前侧石栏杆的栏板镌刻一对联,右为"文光射斗",左为"濂水龙腾"。书院四周用土石围墙护卫,门墙立体呈"品"字形。

濂江书院现主体结构为清代建筑,1991年重修,1995年4月被公布为福州市郊区(今晋安区)第三批文物保护单位。

朱熹福清行迹列考

郑松波　毛胤云

摘　要　朱熹是闽学代表人物，宋代儒学集大成者。朱熹先后至少三次来到福清，其中两度在其身处逆境之时。朱熹所到之处有灵石、黄檗、石竹、瑞岩等名山，考察海口龙江书院。在黄檗山、灵石山、石竹山、瑞岩山和南岭梨洞、龙田闻读等地留下摩崖题刻和诗篇，是福清珍贵的文化瑰宝。本文记述朱熹游福清的行踪和留下的文物，填补后人所编的朱熹行状和传记的空白。

关键词　朱熹　福清　遗迹　题刻　诗句

朱熹（1130—1200），字元晦，号晦庵，人称晦翁，是南宋著名的理学家、思想家、哲学家，在中国教育史上，被尊称为朱子，是继孔子、孟子之后儒家学派的又一集大成者。

朱熹祖籍江西婺源，出生于福建尤溪。南宋绍兴十八年（1148）年18岁中进士。一生因坚持宣扬程氏理学，与朝中一些大臣发生学术之争，在学者如云、学派林立的宋代，朱子学说并未占主导地位，尤其在淳熙十五年（1188）还被贬为"伪学"。他更因敢言直谏，力主抗金，遭主和派和投降派等权臣打击和排斥。

朱熹理学思想对元明清三朝影响极大，成为三朝的"官方哲学"、治国之本，其《四书章注集句》成为三朝钦定的教科书和科举考试标准。朱熹一生著作甚多，收入《四库全书》的有四十部。其哲学思想发展了"二程"（程颢、程颐）关于理学关系的学说，集理学之大成，建立了一

个完整的客观唯心主义的理学体系。朱熹去世后,诏谥文公,赠太师、封信国公和徽国公。

朱熹一生颠沛流离。福建武夷山、尤溪、建瓯、建阳、同安等地都留有他的足迹。他毕生致力于理学,并在全国各地游学、著书、立说,在这些地方兴建书院,授徒讲课,弘扬儒家学说、继志传道。而据初步考证,朱熹先后至少三次来到福清,其中两度在其身处逆境之时。朱熹所到之处有灵石、黄檗、石竹、瑞岩等名山,考察海口龙江书院。在黄檗山、灵石山、石竹山、瑞岩山和南岭梨洞、龙田闻读等地留下摩崖题刻和诗篇,是福清珍贵的文化瑰宝。

一、朱熹游福清的缘起

朱熹18岁中进士那年,朝廷即授他南安主簿。主簿是县官的秘书长,虽品级不高(九品),但初涉官场的饱学之士多初授此职,因为任此职者升迁快。因此文人们多钦羡这一职务。朱熹少年登第,又授此重要职务,他踌躇满志,心情愉快地走马上任。途经莆田时,特地到红泉书院拜访同是程门出身的同学"东南理学名师"林光朝。林光朝的席下学生数百人。他向朱熹介绍说,自己学生再多,唯林亦之才是唯一的高弟。此事给朱熹留下深刻的记忆。因此后来他才三游福清。可惜的是,后人所编的朱熹行状和传记,均不提朱熹福清之行和他在福清留下的摩崖题刻和诗篇,实在是个遗憾。因此,记述朱熹游福清的行踪和留下的文物,就显得更为重要。

二、朱熹福清行迹分述

(一)海口瑞岩山

瑞岩山,是宋代团栾居士所辟,是福清风景名胜。朱熹曾到此游览,有感于此地的景物秀丽而留有诗篇。遗憾的是现藏明万历欧应昌所修的《瑞岩山志》均未收录,所幸《福唐诗注》辑朱熹三次游瑞岩留下的诗七首。可见,朱熹对瑞岩情有独钟,留诗最多。

第一次游瑞岩时间无考,留诗一首:

游瑞岩次韵

踏破千林黄叶堆，林间台殿郁崔嵬。
谷泉喷薄秋逾响，山翠空蒙画不开。
一壑只今藏胜概，三生畴昔记曾来。
解衣正作留连计，未许山灵便却回。

第二次游瑞岩于绍兴三十八年（1162），作二诗：

伏读二刘公瑞岩留题感事兴怀

其一

谁将健笔写崖阴，想见当年抱膝吟。
绶带轻裘成昨梦，遗风余烈到如今。
西山爽气看犹在，北阙精诚直自深。
故垒近闻新破竹，起公无路只伤心。

其二

投绂归来卧赤诚，家山无处不径行。
寒岩解榻梦应好，绝壁题诗语太清。
陈迹一朝成寂寞，灵台千古自虚明。
传来旧业荒芜尽，惭愧秋原宿草生。

第三次进瑞岩是同年秋天，朱熹再次陪同妹夫彦集等游瑞岩，留诗四首：

入瑞岩间道得四绝句呈彦集、充父二兄

其一

忆昔南游桂树阴，归来遗恨满尘襟。
篮舆此日无穷思，万壑千岩秋气深。

其二
翩翩一马两肩舆，路转秋原十里余。
共说前山深更好，不辞迢递款禅居。

其三
清溪流过碧山头，空水澄鲜一色秋。
隔断红尘三十里，白云黄叶共悠悠。

其四
风高木落晚秋时，日暮千林黄叶稀。
只有苍苍谷中树，岁寒心事不相违。

(二)海口龙江书院

龙江书院原址位于福清海口镇后井村门前，后移址于瑞峰山南麓，是福清历史上较早设立、影响最大的书院。兴盛之时，名扬江南，江浙数省学子纷纷慕名前来求学深造，讲经论儒，曾有"东南第一书院"之誉。因初创时，龙江书院系朝廷特准在县以下乡村创办的唯一的政府备案书院，因此被命名为"钦敕书院"，后以位于龙江之滨，改名为龙江书院。

龙江书院始建于北宋，宋宣和六年(1124)，海口陈麟扩建书堂数间，自此正式成为地方的学校。南宋中后期，著名理学家王苹、林光朝、林亦之、陈藻等4人，相继讲学于此，使福清海口成为南宋著名的"理学重镇"。前述朱熹游福清的缘起就是与好友莆田人林光朝、福清海口人林亦之有关，朱熹也在此讲学。此后百年间，读书之气蔚然成风。后人在龙江书院附近建有明伦堂，堂后建三贤祠，祀林亦之、林光朝、陈藻三人。

林亦之(1136—1185)宋福州福清人，字学可，号月渔，一号网山。林光朝高弟，继光朝讲学于莆之红泉。赵汝愚帅闽，荐于朝，命未下而卒。有《论语考工记》《毛诗庄子解》《网山集》等。

2008年10月17日《福建日报》曾报道，福清海口镇发现宋代著名理学家陈藻墓碑。石碑高94厘米、宽44厘米、厚15厘米。中间刻有"宋乐轩陈先"，左下角依稀可辨"门人从士郎新平海军节度推官林希"字样，右上角依稀可辨"永平郎州羌武军判官公"字样（为残缺处）。福清市政协文史委员林秋明介绍，从"宋乐轩陈先"几字可以判断，石碑主人是宋代理学家陈藻，因陈藻字"元洁"号"乐轩"。从文意可以判断，这块石碑是墓碑，乃宋理宗端平二年（1235）进士林希逸为其老师陈藻所刻。这块墓碑的发现，对研究陈藻籍贯、后裔迁徙情况提供了实物依据。

林希逸，字肃翁，号鬳斋，逸号竹溪，苏田里（今福清渔溪苏田村）人，宋理宗端平二年（1235年）进士，官至中书舍人。林希逸诗书画兼长，尤工诗词，著作甚丰。林希逸置身儒学，参引释道，其所注解的《列子鬳斋口义》，在东亚文化圈影响极大，尤其是在日本。目前所知林希逸《列子鬳斋口义》一书共有传本十九种，其中国内传本十二种：元刻本三种，明刻本八种，清刻本一种；日本传本七种。仅就《列子》一书注本在日本的流传情况来看，林希逸《列子鬳斋口义》以深入浅出的语言，以及直白易辨的援引佛禅之语，受到中文水平有限的日本学者的欢迎，而独占鳌头，为列子学的发展，以及中日文化交流作出了自己的贡献。

陈藻是林希逸的老师，与朱熹同是宋代著名理学家，其著作由门人林希逸编为《乐轩集》八卷。宋人将陈藻、林亦之、林光朝著作以《三先生文集》之名合刻。

（三）南岭梨洞"龙津"题刻与文祚村"道南杨祠"

朱熹于绍兴三十八年（1162）考察了海口龙江书院，并由林亦之陪同，游七社（今南岭）梨洞，在村前巨岩上留题"龙津"二字，古迹犹存。每字高1.8米，宽1.3米，笔力苍劲，古朴端庄。

南岭原名七社，历史悠久。唐宋时期，七社分属福清县感德乡方成里、新安里。清代属海口镇，民国时期属海口区。新中国成立后，分属城头（区、公社）、海口（区、公社）管辖。1981年，从"南厝"和"下岭"村名各取一字，成立南岭人民公社，从此定名。1984年改公社为乡。

— 231 —

闽都文化与朱子理学

1999年经福建省民政厅批准，改乡为镇。1993年，为支持元洪投资区建设供水配套设施，梨洞村举村迁移到塔仔门，原村址变成了梨洞水库。"龙津"题刻石现位于梨洞水库旁，背后就是福建面积最大的大姆山高山草原。

龙津石刻

对朱熹游南岭并题"龙津"这一段历史，清光绪十年（1885）《五龙村志》"庙堂观桥坊"等条目中载，"龙津石，在方成里梨洞村，前宋朱夫子书'龙津'二字，勒于石，迹犹存"。海口镇文史工作者陈霞生保存着一本清光绪年间手抄的《方城里乡志》，也可以看到一段同样的文字。

现代汉语的有关词典对"龙津"有四种解释：一、龙门，因龙门一名河津；二、比喻德高望重者的府第。例《梁书·陆锤传》："过龙津而一息"；三、喻仕宦腾达之路。例《晋书·孙绰传》："若以元礼门为龙津，则当点额暴鳞矣。"；四、借指宫中。《醒世恒言》卷二四"轩内好，嬉戏下龙津"。

朱熹游南岭并题"龙津"是第二个意思。

1."道南杨祠"——朱熹探访先师杨时遗迹而来。南岭镇文祚村杨氏为杨时十八世孙德林公后裔，文祚村宗祠冠以"道南杨祠"。"道南"这一堂号，是由北宋大儒杨时赴河南洛阳拜师的故事演化而来的。当年杨时学成南归时，程颐目送并且非常高兴地说："吾道南矣。"杨时将所学传罗从彦，罗从彦传李侗，李侗传朱熹，朱熹最终成为理学的集大成者。朱熹在逆境中两次履足福清，在海口镇龙江书院说学期间，朱熹特意拜访南岭镇文祚村"道南杨祠"，并在游览南岭时留下"龙津"二字，意为南岭是先师杨时后裔居住地。道南杨祠，闻名遐迩，一代代传颂着理学家、教育家、诗人杨时对我国文化重心南移及闽文化开发的业绩。

在长沙岳麓书院，有一匾上书："道南正脉。"据说是乾隆皇帝为了表彰岳麓书院在传播理学方面的功绩所赐的，其意思是说岳麓书院所传

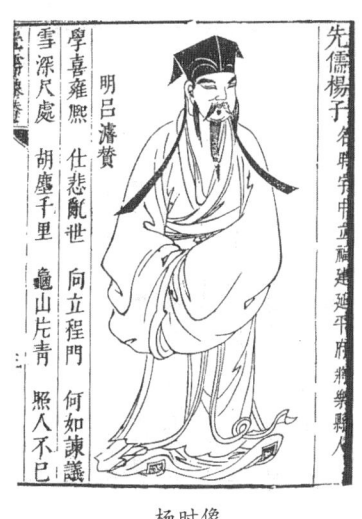

杨时像

播的朱张湘学是理学向南传播后的正统。这里的"道"指的是理学。

2."程门立雪"——杨时尊师重道的体现。杨时，字中立，号龟山。南剑西镛州龙池团（今福建省三明市将乐县）人。北宋哲学家、文学家、官吏。熙宁九年（1076），杨时进士及第，时年24岁。中进士后，被授予汀州司户参军。他以病为由没有赴任，专心研究理学，著《列子解》。元祐八年（1093），时逢理学家、教育家、思想家、北宋理学奠基人程颢、程颐兄弟在洛阳设馆讲学，杨时前往洛阳拜程氏为师，并深受器重。师徒相见恨晚。《宋史·杨时传》记载："杨时见程颐于洛，时盖年四十矣。一日见颐，颐偶瞑坐，时与游酢侍立不去。颐既觉，则门外雪深一尺矣。"这便是成语"程门立雪"的由来。

杨时与游酢、伊熔、谢良佐成为程门四大弟子，又与罗从彦、李侗并称为"南剑三先生"，被后世尊为"闽学鼻祖"。他将二程洛学传播至东南等广大地区，在二程和朱熹之间起到了承前启后的作用，为闽学及其思想体系的形成打下了坚实基础，为理学南传及中华文化的传播做出了重要贡献。

（四）龙田镇积库村、闻读村等地朱熹足迹

1.淳熙十五年（1188）这一年，朱熹来到了福清，他避祸福唐里积库村薛梦熊家，曾留墨"步云峰"三个字，乡人把它镌刻在积库西山的石壁之上，惜今已不存。薛梦熊登宋朝孝

程门立雪场景

宗淳熙甲辰（1184）卫泾榜进士，与朱熹同朝为官，且两人相处友善。

2.朱熹也曾为避伪学，藏匿孝义乡南日里（民国以前属福清县管辖）黄伯玉家月余，并且题写了"读书"二字，后来黄氏子孙将朱熹题字挂在厅堂中。

3.据清乾隆《福清县志》卷二"地舆志"载："闻读山，在福唐里……宋朱熹过此，题曰'闻读'"。朱熹在福唐里闻读山一块巨岩上题刻"闻读"二字。惜于20世纪扩建公路时，此石被毁不存。

福唐里有闻读书院，原为唐代水部郎中陈灿读书处。宋代时，朱熹路过此地，听到有人朗诵被朝廷禁止的他注解的《四书》，感动至极，便欣然挥毫写下"闻读"二字，该村因此得名。后来，有人将"闻读"二字

程门立雪画

刻在附近一块岩石上。

另一说为，福唐里有小隐岩，唐代福清进士王柴读书于此，后累官至水部郎中。朱熹过此，即题曰"闻读"，小隐岩于是改名闻读山。

（五）东张镇灵石山

灵石山石刻

庆元四年（1198），外戚大臣韩侂胄兴"庆元党禁"，指理学为伪学，罢逐理学家。处身逆境的朱熹又一次来到福清，住在深山中的灵石寺。这时他已是年近古稀的老翁了。朱熹进山时间今无从查考。清乾隆《福清县志》记载："雌雄石……朱熹勒'灵石'二字于上。"《灵石山志·形胜志》记载："朱晦翁（即朱熹）大书'灵石山'三字于其上。盖取山中香石，以手摩挲，香气染指不散，故其诗有'灵石香沾碧藓斑'之句云。"《福清县志续略》记载："灵石山……上有灵石……山下有大寺，曰善应……朱晦翁先生曾寓此，书'苍霞亭'三字犹存。"清乾隆《福清县志》记载："灵石山……有苍霞亭……朱熹书扁……"以上两处题字，《闽都记》卷二十七亦记载："苍独霞寺（疑为"亭"）朱文公书扁，蟠桃坞石刻尚存。"

据《灵石山志》载，他三次进山，住山半载。为"苍霞亭"题匾，在雌雄石上刻"灵石山"三大字，并在其旁题刻一首诗曰：

百尺楼台九叠山，个中风景脱尘寰。
危亭势枕苍霞古，灵石香沾碧藓斑。
佳境每因劳企仰，胜游未及费跻攀。
何当酬却诗书债，遂我浮生半日闲。

此诗中写了高耸的接云台和九叠峰,险要的苍霞亭和沾香的灵石(即香石)。此外,他还在蟠桃坞的一块大岩石上刻"蟠桃石"三字,惜此石在20世纪70年代被开山炸石打掉。

(六)石竹山

石竹山为福建名山,朱熹游石竹山的依据,则有《题小憩亭联》:"两山相对终无语,一水独流似有声。"

《石竹山志·序》中说,"许多名人都为名山(指石竹山)增添了胜迹……著名学者朱熹为名山题联……"。该书的"名山概说:"中亦说"宋代理学家朱熹……在石竹山留有游踪",只是他游石竹山的时间无考。相传,朱熹在石竹山留有"西山晚照"题刻的地方在狮子岩。

香石题刻

灵石山题刻

(七)黄檗山

朱熹在黄檗山的行踪,其时间,《黄檗山志》记载不详。但他确实到过黄檗山。据清道光四年(1824)释达光所作的《黄檗重修寺志序》和嘉庆年间知县张缙云所作《复黄檗寺田记》,都提到朱熹到过黄檗山,并留下一诗:

瀑 布

峰回危径转,垂练崑千寻。

不为登山倦，踌躇秋间阴。

惜此诗未收入现藏的1989年4月重刊的《黄檗山志》。

(八) 江阴朱熹遗迹

1. 据志书载，昔福清县城北隅建有明德书院，其中就有祭祀朱子的牌位。而在今天的福清江阴镇门口村，犹存一座始建于南宋，纪念朱熹来江阴讲学而修建的"石帆社学"（原叫"石帆宫"，清嘉庆四年（1799）改现名），社学内祀朱熹像，为1995年修复。

2. 南宋绍兴年间，朱熹为了传播其理学思想，曾来到江阴讲学。有一次，他兴致勃勃游览了双髻峰，并题写"天开画图"以及"万顷涵光楼"。朱熹的弟子还分别以"天开画图"四字开头和"万、千、百、十"吟下诗句：

  天连万顷兴化湾，
  开拓千亩占泽洋。
  画描百丈双髻峰，
  图绘十道飞渡船。

朱熹的"天开画图"四字后被文人镂刻在各座名山的石碑上。如今在占泽村的石马山上犹存一块残碑，该山有一个古大墓，上面的文字即为临摹朱熹的字迹。如今，在江阴还流传不少关于朱熹的传说，《玉屿风情故事》一书收录有《朱熹游江阴岛佚记》《朱熹在江阴的传说》两文。

《江阴宗教史》记载，朱熹在江阴有题诗。

题蓝田万顷涵光楼
  闲将岁月老渊丁，
  更遣诗情到杳冥。
  游子故应悲故国，

壮怀哪肯泣新亭？
一官避世今头白，
万卷功收久汗青。
但看潮生与潮落，
不知沉醉又唤醒。

游银泉塘与广济寺

初春孟月未破寒，
远峰晴露玉瓒玩。
金斗追游当作意，
银塘散筵且开颜。

另有题句：银塘水满新绿金，金山峰高远送青。

3.元代至正甲辰年（1364），江阴塘边村乡绅在名师葛惟明讲学遗址——瀛洲书舍的故址上，为纪念朱熹到江阴传学功绩而修建了瀛洲朱文公祠（又叫西祠）。

（九）新厝绵亭村

清乾隆《福清县志》记载"绵亭岭，在安香里。宋朱晦翁大书'绵亭'二字"，绵亭村在江兜村附近。新厝镇绵亭村附近第一山崖上，留有朱熹楷书题刻"溪山第一"。

（十）新厝镇草堂山

位于福清市新厝镇江兜村草堂山，俗称朱熹草堂。清乾隆《福清县志》记载："草堂山，在光贤里新兴寺之西北……昔朱夫子筑草堂读书于此，故名。"草堂山立有"紫阳朱先生书院"大石碑。

2001年底，当地人在大

瀛洲朱文公祠石匾遗存

石碑附近修墓时，从土里挖出了和立着的那块石碑差不多大小的另外4块石碑，分别是明代崇祯辛巳年（1641）春、清代乾隆二十七年壬午（1762）仲秋、嘉庆十三年戊辰（1808）三月、同治甲戌年（1874）所刻。后来在搬动过程中，乾隆年间的那块石碑断成两块，就成了5块了。这些明清石碑印证了"紫阳朱先生书院"（俗称"朱熹草堂"）的存在。石碑记载了"紫阳朱先生书院"四次重修、重建的史实。从碑文可知，"紫阳朱先生书院"为宋代黄伯谷所建，因朱熹上山造访，改名为"韶溪书院"。

绵亭题刻

紫阳朱先生书院石碑

相传，黄伯谷在草堂里隐居，一边研修学问，一边收徒授业。朱熹闻讯后上山探访黄伯谷，并在此小住，日夜与黄伯谷切磋学问。因闻流水之声如奏韶乐，朱熹便将山间小溪命名为"韶溪"，草堂也因此得名为"韶溪草堂"。如今，虽然草堂已荡然无存，但留下的一块明代崇祯元年（1628）刻有"紫阳朱先生书院"字样的石碑立于山中。

参考文献

[1]俞达珠《朱熹游福清的足迹和遗墨》，《福清侨乡报》，2013年11月11日。

[2]林秋明《福清海口镇发现宋代著名理学家陈藻墓碑》，《福建日

报》，2008年10月17日。

　　[3]林秋明著《文化福清》，2017年09月25日。

　　[4]薛守维《逆境中，朱熹两度履足福清》，《黄檗文化》，2020年10月17日。

　　[5]朱熹讲学福州遗迹探寻（续），《福州晚报》，2020年11月12日。

　　[6]王荣国《福清草堂山书院遗址碑刻研究》，《福建文博》，2020年04月13日。

　　[7]毛胤云《史迹福清》，武汉大学出版社，2015年12月。

闽县尚干七里的朱熹行迹遗风

林友华　刘长锋

摘　要　南宋朱熹避禁伪学期间，在闽县七里"五虎平洋"一带留下许多珍贵行迹与崇文重教遗风，对后世产生了深远影响。在留下朱熹讲学扬道行迹的不少地方，都曾出现文风鼎盛、人才辈出的局面，也都存在纪念朱熹的古迹或传说故事。这种现象耐人寻味，值得深入探究。

关键词　闽县七里　尚干七里　朱熹行迹　讲学扬道　纪念朱熹古迹　朱熹遗风

福州城南郊乌龙江至五虎山一带原属闽县七里。唐末，闽县东南部置崇善东乡和崇善西乡。宋代，"闽县辖12乡统37里"[1]，包括崇善西乡（待仕里、清廉里、灵岫里）、崇善东乡（还珠南里、还珠北里、荣绣里、方岳里）。闽县的"七里"格局初成。后来，因以尚干为中心，俗称"尚干七里"。[2]

南宋理学大师朱熹曾经10多次到过福州。尤其是淳熙十年（1183），朱熹第七次来福州，"历闽中数县，讲学扬道，为时4个多月"。[3]在此期间，朱熹来到闽县七里"五虎平洋"一带讲学，留下许多珍贵遗迹，产生了深远影响。

---

[1]　卢美松主编：《福州通史简编》，福州：福建人民出版社2017年版，第215页。
[2]　林国清：《尚干"七里"是怎么回事》，《福州晚报》，2016.12.24，第A14版：《闽海神州》。
[3]　徐心希主编：《闽都书院》，福建美术出版社2009年版，第39页。

闽都文化与朱子理学

一、朱熹在闽县七里的行迹

朱熹避禁伪学期间,在闽中找到了他的精神家园,在闽县七里留下不少他的行迹和传说故事。

(一)五虎山题刻诗篇

宋淳熙十年(1183),朱熹因避伪学之禁来到福州南郊五虎山(又名方山)散心游览,马上被五虎山雄伟的气势和绮丽的风光所吸引,乃至宠辱皆忘,流连忘返。

五虎山雾缥缈若仙翁驾临。峰岩回转,有灵璧岩、天柱峰、鲤鱼石、灵源岩、鸭母岩等;洞石相环,有葛藤洞、"有石床、石墙、石棋局等遗迹"。①因此此山自古以仙迹传说称著,有汉仙人介琰避世隐居山巅,于山何氏九仙翁云遊修炼山中,晋小仙翁葛洪炼丹葛藤洞,吕洞宾和铁拐李弈棋酣睡惹祸轶事,唐黄子野隐居方山遁仙逸闻,周朴夫妇仙隐五虎山佳话,这些传说故事在当地流传了千百年。

朱熹对这些传说故事颇感兴趣,多次在友人陪同下登山攀岩,寻仙踪,觅佳境。有一天,朱熹由学子引路从今琯前村山路登方山赏景。在阳光下,见山中灵岩壁立,东北方乌龙江碧流闪光,这里又是神仙隐居过的地方,见景生情,逸兴即发,挥毫题字。至今五虎山石崖犹存其"怡山良石,神仙所居"题刻。②

朱熹在五虎山留下的七绝《方山》诗篇更引人入胜、耐人寻味:"到山不识山面目,但见九鼻盘溪曲。归来兀坐小窗下,倚天百尺堆汉玉。"③

此诗题目《方山》是五虎山的别称。福州城东望五虎山,"端方如几",故又名"方山"。④诗首句"到山不识山面目",是从苏东坡诗句"不

---

① 刘必寿主编、闽侯县地方志编纂委员会编:《闽侯县志》,方志出版社2001年版,第991页。
② 刘必寿主编、闽侯县地方志编纂委员会编:《闽侯县志》,方志出版社2001年版,第991页。
③ 福州市城乡建设志编纂委员会编:《福州市城乡建设志》(上),中国建筑工业出版社1994年版,第107页。
④ 福州市城乡建设志编纂委员会编:《福州市城乡建设志》(上),中国建筑工业出版社1994年版,第107页。

识庐山真面目,只缘身在此山中"演化来的,富具哲理。诗二句中"九鼻",指五虎山东向,壁立千仞,谷口深险、来自梁克家《三山志》书中描述的方山:"山在州南重江之外九鼻,东向正北,遥望突兀端方,直下数千尺,故名。"诗中"盘溪曲",应是在方山上眺望南通方向十八重溪的景象。诗三句中"兀坐",这里是端坐的意思。诗尾句"倚天百尺"比喻离天近。"寒玉"指天上的云气,清凉似玉。此情此景,大有天人合一、物我两忘的意境。

(二)清廉里吟翠山楼隐居讲学

朱熹曾沿五虎山下古驿道行至清廉里下卓自然村(今祥谦镇三溪口村的西南部),发现此地依山傍水,翠绿满目,可歌可吟,十分满意,就在此处筑吟翠山楼隐居,以文会友,谈经论道;开门招生,讲学授道。附近文人与青年学子,纷至沓来。仅就邻近的辅翼村而言,据说当时归隐在家的诰授朝奉大夫黄孔光,听说朱熹在下卓村吟翠山楼讲学,就经常过去拜访朱子,谈天说地,探究理学;当地人还相传,村里黄人龙和黄人凤两兄弟,曾慕朱子大名前往下卓村,拜朱子为师,在吟翠山楼学习,潜心研究理学,后来兄弟俩都成为闽县七里名士。

(三)还珠里龟山阁尊师拜贤

闽县还珠里(今属闽侯县青口镇)杨厝村也有朱熹行迹,传扬一段尊师崇贤佳话。

此地有一座始建于宋乾道年间(1165—1173)的龟山阁。此阁是当年村中杨姓族人为纪念祖先杨时而建,龟山取自杨时的号,因称龟山阁。

杨时是宋代理学家"程门四大弟子"之一,论辈分他可是朱熹的师祖。杨时老先生"程门立雪"尊师的故事,对朱熹影响至深。

朱熹在五虎山下隐居期间,得知还珠里杨厝村建有纪念杨时老先生的龟山阁,就前往拜访。到了杨厝,他瞻仰了龟山阁,想到自己与师祖的理学一脉相承,使自己学问大进,才有了自己今天的成就。在师祖的塑像前,朱熹顶礼膜拜毕,叫学生备好笔墨砚纸,提起大笔,写下"龟山阁"三个字,族人如获至宝,制成金字牌匾,悬挂阁正中额上。朱熹尊师崇贤

的行为,杨姓族人有口皆碑。大家在感动之余,诚恳请求朱子在这里为族中子弟教授学业。为感师祖恩德,朱熹便答应了族人的请求。据说此后,朱熹便往返于下卓吟翠山楼和杨厝龟山阁之间轮番讲学一段时间。

(四)兴林寺布点讲学

朱熹喜欢优游林泉,寓教化于游乐之中。他认为:"游者,玩物适情之谓……皆至理所寓,而日用之不可阙者也,朝夕游焉,以博其义理之趣。"[①]在登山临水过程中,体察万物之理,丰富理学理论。

在一个丹桂飘香的秋日,朱熹带学子出游,来到待仕里塔林村(今尚干镇),被这里不俗的山川迷住了。西南面的五虎山于群峰中突兀而起,酷似五只老虎,仰望江天;奇石峥嵘,嶙峋怪异;苍松滴翠,杂树丛生,山青水碧,景色迷人。五虎山支脉百六峰像龙脉绵延而来,终结于塔林西边山下叫珠山的小山峰上。登高远望,陶江水从东南蜿蜒三十六湾流经塔林村,如玉带环腰,装点着这块小小的平原,绿野生机盎然,河浦、池塘随处可见,不禁感慨万端,预言此地必将生机勃发,繁荣昌盛。于是,他打定主意,在附近的兴林寺设讲学点(在今闽侯县第二中学旁)传播理学,造就一方俊才。此寺始建于大唐兴元甲子年(784),是依山傍水、鸟语花香的清幽之地。寺住持是开明僧人,爽快地答应,马上腾出房间作为朱子的讲学场地。附近乡人听说当代名儒朱子在这里设点讲学,兴高采烈地送子弟拜托朱子教授。

二、闽县尚干七里纪念朱熹的古迹

(一)尚干的朱子楼

尚干镇兴林寺西侧奎光阁厅堂,曾挂有朱熹像,供学子瞻仰,缅怀朱子在兴林寺内讲学事迹。此楼故称为朱子楼。时有文人墨客来临纪念朱子,并写诗作赋,翰香弥漫。如清代尚干乡举人林是绶有二首吟朱子楼诗:

其一,《和题朱夫子像赞》:

---

① 南平市对外文化交流协会,武夷山朱熹研究中心,福建省环球标志文化研究中心编:《朱子文化大典》,海风出版社2011年版,第23页。

二程以后谁继美,恭默思道端容止。六经阐发有余闲,消遣青巾共朱履。我怀哲人今既往,摹形想象曷能已。伪学之禁奈若何,羽翼宫墙不可毁。宫墙不毁姓名彰,数百年来愈表扬。坐对鼓峰颜色古,几回瞻仰钦主璋。天风海涛亭在否,前古山高与水长。

其二,《朱子楼夜坐有怀方兄世潮》:

三十年前共执经,今宵独对一灯青。君饶舌铎居宾席,我借肩墙晤考亭。世事升沉山上月,人生聚散水边萍。鹏程好振秋风翮,肯许联翩到北溟。

第一首通过瞻仰朱夫子像,感慨朱子理学让千年儒学重光,并对后代产生的深远影响。

第二首追思青少年时代在朱子楼学习的时光,感叹人世沧桑,抒发自己的远大志向。

尚干朱子楼是明清两代学子和文人雅士学习和聚会吟诗作赋的地方。奎光阁旁边,明代是淘江书院,清代是陶南书院。清嘉庆年间成立的百六峰诗社也设在这里。

(二)尚干四石的桥亭古迹

有一天,朱熹在讲学闲暇与弟子一起从兴林寺走到四石一座小木桥,桥边有个小亭,便坐在桥亭上赏景:周边小河流水人家,炊烟袅袅;陶江水如玉带环腰,在阳光照耀下银光闪亮;珠山雁塔与蓝天白云相映成趣,如诗如画;五虎山巍峨傲然,守卫着这一带百姓的安宁祥和。看到动情处,不由赞叹道:"五虎平洋居万户!"[①]此话被弟子听到记下,经口口相传,流传到今。后来这个地方也成为现在尚干一处名胜,叫"桥

---

① 林履端:《尚干乡土志》,《尚干乡形势》,尚干林氏祠堂藏本。

亭古迹"。门旁立一石碑，刻有"桥亭古迹 五虎平洋居万户 宋朱熹题"15字，同时也留下一段脍炙人口的佳话。

（三）杨厝村的龟山阁

始建于南宋乾道年间的杨厝龟山阁，原本是杨氏族人为纪念其先祖杨时所建的。自朱熹莅临尊师拜贤后，其内涵更丰富，特色更彰显。在悠悠岁月中，在明弘治、天启、崇祯及清雍正年间多次重修，1994年重建，则"为纪念杨时、朱熹而建。"①

传说朱熹到此凭吊且讲学时，惊叹周边钟灵毓秀之风光，又欣喜地看到理学先辈的后人在此繁衍生息，遂挥毫写下题匾"鸢飞鱼跃"赠予杨氏后人。惋惜的是，该匾于"文化大革命"期间被窃，后人据记忆临摹一块新匾置于龟山阁。日前，笔者重游龟山阁时，在阁中一楼正堂仍见到此新匾就放在杨时先生塑像下方，跟前摆列着小巧玲珑的士兵、侍者与坐骑俑，还有香炉及烧香奉祀纪念的痕迹。

（四）洋下郑家朱子里

在离五虎山不远的千年古村洋下，也流传着一段关于朱熹的传说故事。当年，朱熹在清廉里下卓村吟翠山楼讲学时，与当地同朝的官绅也有交往。

洋下村郑家里，便是朱熹和郑氏当官的先祖来往的地方。朝廷批伪学风声紧张的日子里，郑氏先祖邀请朱子来洋下郑家里住下。因此当地人称这个地方为朱子里，至今尚存。据当地文史专家林展飞先生介绍，宋代洋下是郑氏先祖隐居的一处三落透后的外村舍。元朝初年，洋下此房被元兵所焚，郑家族人全部逃外避难，到明初才迁回。现房屋系明代在原址重建的。这房是木构的，保留尚好，损毁的部分还留下两旁地基和石埕、台阶，屋前一对1米多高的旗杆夹还立着，大门前隔路有一口直径约50米的半月池，与守浦道河水相通。这鲜为人知的朱子里木构房，显然也是见证朱熹与洋下郑家挚友交往的一处古迹。

---

① 张天禄主编，福州市地方志编纂委员会编：《福州市志》（第七册），方志出版社2000年版，第527页。

三、朱熹对闽县七里文风的深远影响

虽然，朱子在闽县七里一带活动的时间并不长，但留下的事迹和佳话，脍炙人口，代代相传，极大地激励着一代代学子努力上进，谱写了福州南乡尚干七里"书院兴起，文风鼎盛"的辉煌篇章。

（一）辅翼黄孔光创办凤山书院

黄孔光受朱子讲学可以教化村民的启迪，为改变某些村民的剽悍习气，陶育文风，发动族人在玉凤山西侧创办凤山书院，培养了村中不少俊秀，如进士出身、浙江衢州知府黄维会，山东邹平县知县黄元俊，授武略骑尉黄维波等。

据辅翼村民介绍，朱熹赠女儿的"《葱汤麦饭》诗最让（黄）孔光心动"，其感人故事也在村民中流传。有一次，朱熹去看望已出嫁的女儿。父亲的突然来到，让女儿措手不及。无奈的她只好到菜园中摘了香葱做成汤，又煮了一锅麦饭，面带愧色地请父亲吃饭。朱子体谅女儿的难处，不但没生气，而且津津有味地吃起了葱汤麦饭。朱熹吃完午饭，感慨颇多，即景抒怀，写了一首感情真挚、趣味盎然的诗："葱汤麦饭两相宜，葱暖丹田麦补脾。莫道此中滋味少，前村尚有断炊时。"女儿听了，对父亲笑了，心中也宽慰了很多。[①]

后来，黄姓村民还把《葱汤麦饭》诗载入族谱，当作黄家族训世代传教。

（二）陶江林氏"甲第之始"与十八进士

陶江林氏第十一世祖林传梅受朱熹吟翠楼、兴林寺讲学的启迪，矢志要培养子孙成才，不惜重金请一位德高望重、学识渊博的老先生来教习儿孙。功夫不负有心人，结果林传梅培育出二子一孙三进士，其中一状元：长子禹臣（字君得）为南宋绍定二年（1229）已丑科神童殿试登黄朴榜赐进士第；次子壮行（字君用），南宋绍定四年（1231）辛卯科神

[①] 姜春颖、赵亮编著：《朱熹教育思想研究》，山西人民出版社2020年版，第98页。

童殿试钦赐御射状元及第，谱写本族历史上"甲第之始"兄弟"双璧联辉"的灿烂篇章。长孙津龙（字若云），南宋宝祐元年（1253）癸丑科殿试登姚勉榜，赐进士第，授迪功郎，官居户部尚书干官，又谱写了"父子进士"辉煌一页。

耐人寻味的是，朱熹于淳熙十年（1183）来闽县七里"讲学扬道"后46年，陶江林氏就出现了第一个进士林禹臣，时间是绍定二年（1229）。二者之间的因果关系不言而喻。如今，在尚干朱熹曾讲学过的地方仍有被称为朱子楼的古迹；甚至在朱熹逗留之处也复建了桥亭古迹，并立碑刻上朱熹在此处讲过一句话。朱熹在尚干七里的影响力由此可见一斑。

此后，闽县七里崇文好学，蔚然成风；贤才辈出，彪炳史册。仅陶江林氏史上有18位进士，百余名举人。

（三）荣绣陈氏一门"九条金带"

大义荣绣陈氏一门曾涌现"九条金带"。自明永乐十九年（1241）进士陈叔刚开始，大义陈氏四代人出过九个进士，官居四品。按明朝官制，四品以上官员或政绩显著的官员可获赐金带，故民间俗称荣绣陈氏九名进士为"九条金带"；其中八人分别担任都御、史监察御史等职。故留下了"四世九登黄甲，一门八授豸冠"的美誉。

由于朱熹在闽县七里讲学影响深远，有人很自然地把荣绣陈氏及"九条金带"与朱熹产生联想。流传至今的传说中，就讲到朱熹与荣绣陈氏交谊甚笃，见陈氏故居坐落义溪中心，依山傍水，风景独特，遂为其祖厅题匾："溪山第一。"《大义陈氏族谱》亦有记载：溪山之中……祖居在中心，正堂三间，匾宋徽国所书"溪山第一"。其中"宋徽国"是对朱熹的尊称。宋理宗宝庆三年（1227），朱熹被赠太师，追封信国公，改徽国公。故朱熹另有"宋徽国"之尊称。《中华人民共和国地名词典·福建省》"大义"条记载：大义"古迹有明陈氏'九条金带'墓及朱熹、商辂、张居正题刻"。[①]诚如斯言，也说明朱熹与荣绣陈氏有交谊，对其后辈有激励作用。

---

① 傅祖德主编：《中华人民共和国地名词典·福建省》，商务印书馆1995年版，第38页。

闽县七里之所以文风兴盛，也受到邻近乡村文风的影响，并相互促进。在尚干七里不远处，还有不少朱熹行迹，并成为科甲蝉联、人文鹊起的胜地。诸如以"七科八进士，三代五尚书"而著称的闽县林浦；以"父子八进士""父子孙孙世进士"而扬名的侯官县南屿水西林，以及"代代名人辈出"的闽县梁厝等地。

林浦的濂江书院，始建于唐末，著称于南宋朱熹在此讲学之后。书院内的文昌阁，又叫朱子厅，就是朱熹曾经讲学的地方，留下朱子"文明气象"的题词。朱子的学风及品格在此影响深远，此后林浦文风鼎盛，濂水龙腾。至明朝中叶，林浦林氏以"七科八进士，三代五尚书"赞誉而名扬天下，就是明证。

南屿水西林的第一个进士林之奇是朱熹的忘年交。林之奇比朱熹年长18岁；而朱熹中进士时间却比林之奇要早三年，后来他俩则成为灵犀相通的忘年交。绍兴二十三年（1153）六月，朱熹在南下赴泉州任同安主簿时，途经福州，慕名到南屿拜见林之奇，几乎同时来南屿的还有林之奇的得意门生吕祖谦等名家。有人在《海峡都市报》2019年7月15日A07版发表《朱熹、吕祖谦这两"大咖"，为谁直奔南屿？》一文，赞叹"因为林之奇，1153年的南屿，群星闪耀"。文中还披露：1176年，林之奇去世，"朱熹和吕祖谦，先后赶到福州，主持林之奇的丧事。吕祖谦为林之奇写了祭文，朱熹则四处奔走，亲自为林之奇择定墓葬之地"。水西林家族自此文风鼎盛，科甲蝉联，英才辈出。据统计，1153年朱熹等名儒到南屿拜会林之奇16年后，即1169年至1217年这不到50年间，水西林就涌现出15位进士，尤其是林耕父子创下了"父子八进士"的科举奇迹。到明代，又出现"父子孙孙世进士"的荣光，可谓盛况空前！

福建历史文化名村梁厝史上出了38位进士，至今梁厝人还以朱熹曾经在梁厝村讲学而自豪，梁氏宗祠则以朱子留下的墨宝"贻燕堂"作为堂号。

如上所述，历史上曾出现文风鼎盛、人才辈出的几个地方都有朱熹行迹遗风及影响，以致兴起崇文重教之风，形成区域性相互促进的"文明气象"，推动了社会进步。

闽都文化与朱子理学

论朱熹理学思想影响下的闽都古建筑

章宇华

摘 要 朱熹一生和闽都有着极大的渊源,朱子理学思想对闽都社会有着广泛和深远的影响。讲究风水、提倡宗法、遵循礼制、注重教育是朱熹理学的基本精神,也于千百年中潜移默化地影响着闽都古建筑崇尚自然追求天人合一,讲究外不张扬但内涵丰富,虽为古建筑却处处展示"以礼导民,以礼教化"的地域风格的形成。

关键词 朱熹 理学思想 闽都古建筑 建筑地域风格

引 言

朱熹,世称孔子之后的大儒,为新儒学——理学的集大成者,在中国哲学史、中国思想史上占有极其重要的地位。朱熹一生与闽都有着说不完、道不尽的不解之缘。千百年后的今天,在闽都大地,人们依然可见可闻朱熹留下了许多文化遗址和传说。如闽都东郊鹤林村牛岗山的"凤丘鹤林"、风景名胜区鼓山的"天风海涛"、乌石山"福"字书法佳作以及紫阳书院讲堂等。闽都为"海滨邹鲁",民间流传为朱熹手书后,悬挂于旧时闽都西关谯楼上,特别是他在闽都著书讲学推动闽都社会文化、民风民俗进步的贡献等等。而朱熹以其学术思想和学说体系所传承和发扬的宋代理学,千百年来也在或间接或直接、潜移然化并深刻地影响着闽都古建筑的地域风格。

闽都,为福州旧时雅称。自古"人以屋室巨丽相矜",并且域内古建筑匠人善于营建,在长期的古建筑营造实践中,福州古建筑逐渐形成了以其为代表的、极具独特魅力的中国闽派建筑地域风格。宋代及之前的福州古建筑,据文献资料和实物——华林寺,说明那时福州古建筑基本上传承和保持着我国古代中原建筑的风格。宋代后,特别是明清时期,福州古建筑开始并逐渐形成了地域风格。究其渊源,当然和福州凭借八闽首府、倚山面海优越的自然环境、丰富物产以及拥有众多精于营建的古建筑匠人等有相当大的关系,而本文试图从朱熹地理观念、宗法伦理、礼制秩序等理学思想以及社会教化等方面对福州古建筑影响入手,来解读福州古建筑"以礼导民,以理教化"的地域风格。

一、朱熹地理观念的影响

福州形势,山水海风环抱,有平原沃野、丘陵山地、海岛、湿地等多种多样的地形地貌,属于温暖湿润的亚热带季风气候。不同的地形地貌也会形成不同的区域性小气候氛围。福州先人很早就因地制宜地利用差异化的地形地貌、气候、植被、矿产等自然生态环境,进行多样化村落选址、古厝建筑布局,其中中国古代风水学,特别是宋代朱熹所倡导的人居环境应"山环水抱""藏风聚气""天人合一"的风水观念影响起到了至关重要作用。

(一)村落选址

"天人合一"是古人村落选址的理想境界。尽管福州地区自然生态环境各异,但古村落选址都一定依据风水选址。村落选址极其讲究人和自然生态环境的和谐相处,并顺应自然环境,而不是对自然生态环境加以无休止的索取和破坏。山区村落选址,讲究后有靠山,起伏蜿蜒;前方左右有小山护持、近有溪流,便于生产和生活。如永泰山区同安、大洋、长庆等乡镇村落选址。江河溪边村落选址,讲究应在"腰带水"一侧,不能对"反弓水",这是因为江河"腰带水"一侧位于弯弯曲曲河流的沉积岸,村落场地会随时间变大,而"反弓水"是处于江河冲刷岸,长期处于江河水的冲刷易塌方,造成生命财产安全危机。如永泰莒口、春光、嵩口等村镇村落的选址。平原村落选址,讲究面朝沃野,水系环村,营

— 251 —

造小桥流水人家。如笔者老家晋安区连潘村及周边的双坂、凤坂等村落的选址。海岛村落选址，讲究首选高台背风之处，以避海啸抵御风暴，近有淡水源以便生活。如平潭、琅岐、壶江等海岛古村落的选址。如果村落选址不是那么完备，也有补救的方法。没有水的村落要开沟挖渠引水入村。缺少树木的海岛、平原的地方，可采用植树造林形成的小环境来弥补环境不足，起到挡风聚气的效果。还有在村庄的水口建"文峰塔"、水尾设"文昌阁"以期迎来、聚集村落文气。

（二）"四水归堂"空间组合

朱熹风水学认为吉宅应"藏风聚气"。福州古厝建筑都极其重视"风"之生成和"水"的导引。天井是中国南方传统院落式古厝建筑中由四周房屋围合而成的庭院，因相较于北方庭院普遍显得狭小，人在其中向上看宛若井中观天，故俗称天井。天井的设置，是中国南方传统院落式古厝建筑天才的创造。福州院落式古厝不论单进还是多进组合形式，在门厅和厅堂之间都会设置天井过渡联结。单进古厝建筑依次由门厅、天井回廊、披榭、大厅及左右厢房、后厅及左右厢房等组成。而多进式组合建筑一般是以几座单进式单体建筑，中由天井作为组合过渡、串联而成整体建筑。可见，福州传统院落式古厝建筑不管是单进式还是多进式，其建筑布局都离不开天井的设置。这是为什么呢？这是福州古人认为气从门窗而进，通过天井交流缓慢散出，形成风水学所谓的"藏风聚气"效果。下雨时，古厝临天井四周屋面上雨水汇落天井的景观，俗称"四水归堂"，寓意四方财源源源不断地集中到家里来。其实从现代建筑科学来解释，福州院落式古厝建筑设置天井，也是科学和很有必要的：福州地处温暖湿润的亚热带季风气候，在通风不畅的环境中，传统古厝木构件极易虫蚀腐烂，而院落式古厝外围四周都建有夯土或砖砌高墙，外墙上门窗、墙比率都偏小，不利房屋通风。天井的设置，形成气流交换通道，让房屋通风、排气得到了极大的改善，同时也增强了房屋的采光效果，从而保持了古建筑木构件的干燥不被虫蚀。而天井中放置的大水缸，收集的雨水不但可以调节气温，平日里种荷养鱼可怡情养性。应急时，可作为房屋消防用水之需。由此，福州院落式古厝成了冬暖夏凉非常宜居的建筑。

二、朱熹宗法伦理的影响

朱熹一生致力于维护封建社会秩序,在宋代"宗子法废""谱牒又废"的社会转型时期,作为理学代表人物的朱熹顺应社会发展潮流,设计了一个"敬宗收族"的家族组织模式,并因此创立以宗子法为核心的祠堂之制。后经官方推崇,朱熹创立的祠堂之制度,成了民间家族的立庙规则。

中国传统社会是一个宗法社会,聚族而居是一个理想的居住模式。东汉末年以降,特别是南宋以来,由于中国北方战乱频繁,大量士族被迫南迁,而因山川阻隔、相对封闭的福建也因此成为他们心目中的桃花源。为了生存和发展,南迁的士族很好地应用了中原传统文化中的宗法伦理观念,他们一旦选好了落脚地后,第一件大事总是先建造祠堂(宗祠),尔后再逐渐营造民居而成村落。所以旧时祠堂是建立聚族而居、团结一心的社会基础,同时也是一个家族的公共活动中心。

祠堂是古民居的一种特殊形式,是神格化的先人居住受享的场所。儒学强调宗法伦理观念,以维护社会秩序。按《礼记》规定,只有帝王、诸侯、大夫才能自设宗祠祭祖。故中国早期宗祠建筑只有世家大族拥有的特权之一,百姓人家是不可建宗祠的。唐末五代后,世家大族式的家族组织渐趋瓦解。宋元以来,随着中国经济和文化重心的南移,宗法制度也发生了较大的变化,民间家族势力试图冲破旧有宗法制度的桎梏。明清时期,福州以家族为组织形式的经济体,成为最初的商品经济萌芽,福州社会经济获得了空前的发展。社会有了雄厚的经济基础,福州士绅们在朱子"有常理无常形"精神指导下,乐衷于将朱子理学的宗法伦理规范纳入修建祠堂的实践中,于是福州城乡掀起了修建祠堂的热潮。以笔者老家晋安区连潘村为例,一个只有百多户人家的小村落,就营建有陈、林、王、郑、潘、李等各自姓氏的祠堂,其中陈姓还建有两座祭祀不同祖先的祠堂,一座叫作"金陵陈"祠堂,另一座称为"梅花陈"祠堂,以区别族脉渊源。

闽都文化与朱子理学

福州祠堂建筑形态脱胎于民居建筑，基本上为福州传统院落式民居建筑格局。福州祠堂建筑严格遵守朱子宗法伦理规制，其空间布局特别强化中轴线和前后、上下、左右等宗法伦理规制既定的位置。建筑布局为沿祠堂厅中轴线前后递进式布局，即沿中轴线依次为广场、大门、天井回廊、祠堂厅、后厅等组成。祠堂是族人祭祀祖宗、族人议事的中心，需具备容纳众多人员活动的场所，故其天井比一般民居建筑要广阔，祠堂厅木构架也多以"抬梁减柱"梁造法建造，建筑空间显得更加高大敞亮，整体布局庄严肃穆，正面大门上方大书"某氏宗祠"，两侧小门上方书写"入孝""出悌"，左昭右穆的格局都是宗法伦理的反映。祠堂中的木石雕刻、灰塑、壁画、牌匾、楹联等装饰以及竖立于祠堂前广场上的旗杆、牌坊、石碑中，都充满着宗法伦理内容，润物细无声地于民众以教化。祠堂承载了传统儒学、理学中宗法伦理思想，具有鲜明的福州民俗文化建筑形式。

祠堂是古代社会人们祭祀祖先、宗族议事、联络血脉亲情、修习礼仪及道德教化庄严肃穆的场所。现今祠堂建筑和周边现代建筑相比较、大多显得老旧，然而其在当今国家实施的乡村振兴战略中，祠堂不但是，现代人寻根问祖和充满浓浓乡愁的精神家园，更是乡贤们为家乡事业建言献策重要的活动平台，依然是充满着正能量的载体。

三、朱熹礼制秩序的影响

其实朱子理学思想不但在地理风水和宗法伦理上对福州古建筑的规范，而且还在礼制秩序、"存天理，灭人欲"的理学思想对福州古民居营造中的建筑布局、建制规模、建筑形态、建筑构造等有相当广泛的影响。

（一）空间布局

朱熹一生极力推崇的儒家礼制秩序，受之影响，福州民居建筑布局中规中矩，不断地强化中轴线上的权威性，形成强烈的秩序感。如福州三坊七巷街区，为福州历史上官宦豪阀聚居地，豪宅云集，其院落式大厝为中国闽派建筑的代表性建筑。纵观街区内的古厝，其建筑空间布局基本上外为高墙围合，内部严格按照以主座厅堂中心线为中轴线，前后递进、左右对称展开的安排建筑空间，前厅后寝。主座厅堂高大敞亮，为家族最重要的仪式空间，后厅厢房为家中长者住房，厅堂两厢的左次间为长子居住空间，右次间为次子居住空间，房屋最后阁楼为女儿居所和活动场所。隔主座建筑的横厝建筑为仆人居所及厨房、存储等附属建筑，整体建筑空间按照长幼有序、尊卑有分、男女有别的儒家礼制秩序安排，这种建筑空间布局的礼仪秩序层层递进，又紧紧围绕在一个家族核心周围，将社会的伦理观念与价值取向渗透入每个居住者的内心。

遵循朱子"敬天敬祖"理学观念，福州古民居主座建筑的厅堂内，于太师屏左侧门上方都专门设有供奉祖先牌位龛，即福州人俗称的"公嬷龛"，供四时祭祀。

特别应该提到的是堪称遵循礼制观念设计典范的三坊七巷古厝明珠——水榭戏台古建筑。福州作为八闽首府，自古文化昌盛，旧时官贾豪宅中修建有私家戏院并不罕见，但唯见水榭戏台建筑设计中特别好地融入了朱子理学倡导的礼制观念：古厝园林建筑部分的水面上建有一座戏台，戏台正对面，隔水榭营造有二层楼高的看戏建筑。二层楼建筑的设计，不仅拓展了观戏空间，更重要的是有了分区明确的观众席。一层空间是供男宾观戏的场所，二层楼上为女眷赏戏的所在，女宾要从男士不可进的专用楼梯上二楼的。从而让在同一个艺术欣赏空间内的男、女宾客，因刻意而巧妙的建筑设计，完美地实现了儒家礼制中"男女有别"的规范。

朱熹所重视的儒家"男女有别"的礼制规范，还形成福州古建筑街区的一个特殊景观——"六离门"的设置。这是一种构造较奇特的门，它是在正常木板外侧加一道不到正常门一半高度的矮门，并与正常成年人眼高处的门板上设形似葫芦状的"开光"孔洞，功能相当于现代入户门上的"猫眼"，方便于屋内人看见屋外动静，而屋外人看不清屋内人。这种矮门设置于一般平民百姓人家是没有的，只在大户人家的家门口才常设的。这是为什么呢？其实这道矮门主要是大户人家为自觉遵守礼制约束而刻意设计的：白天常规大门敞开，便于房屋的采光通风；而矮门时常是关闭的，不但起到了阻隔外界的干扰作用，更重要的作用是让门外

— 255 —

过往的行人因这道矮门的遮挡,看不见古厝内活动的女眷,所以这道门的特殊作用是:止于礼。

(二)建制规模

朱子理学提倡严谨的封建礼制,极力维护社会道德秩序和完善的典章制度。这些秩序和制度反映在中国古代社会房屋建筑的建制规模是非常严格的。宋代营造制度极严,各类建筑都有法律定制。明代初年,法律规定六品官以下及平民,不得建筑单体面阔三间以上的房屋。违章建筑不但会被拆除,还会受到严厉惩罚。深受朱熹理学礼制思想影响的福州士人的建筑,基本上遵守了这些等级制度。如福州三坊七巷街区内的古民居建筑规模基本上未超过面阔五间的,而如著名的水榭戏台、二梅书屋、小黄楼等一些古厝建筑规模虽面阔五间,但也都做成"明三暗五"的形式(一种在天井中看主座屋房是面阔三间,但走进了仔细看,便会发现其单体建筑实际上是面阔五间规模的房屋),就是业主营造主座三开间房屋时在其左右两侧分别加盖独立起居的梢间,因天井两侧回廊及厢房的遮挡,具有一定的隐蔽性,也就避免了明面上的逾制。但有趣的是,在福州地区的郊县乡野间,时常也能见到一些超大规模的古民居建筑,如闽侯上街厚美村的"八扇七"、长乐鹤上村的"九头马"、永泰同安三捷村的"青石寨"等古民居,单体建筑都达到面阔七间的规模。究其业主,也难见有当过多大官职的身份,基本上为乡间土豪,其房屋建制规模绝对是严重逾矩了,但天高皇帝远,加之土豪爱显摆的胆量,这些古厝居然都顺利建成了,遇上今天社会重视保护古建筑的好时光,这些逾制的古厝,也都成了文物保护单位。这些说明了旧时福州有文化修养的官宦人家,他们的身份地位和财富可能都远超乡间土豪,但大多能够自觉地在儒家礼制约束下,于房屋建造中,灵活巧妙地规避了建制规模和建筑实际规模的矛盾。

(三)建筑形态

"存天理,灭人欲"是朱熹理学思想重要观念之一。朱熹认为"修德之实在乎去人欲、存天理。人欲不必声色货利之娱、宫室观游之侈也,但存诸心者小失其正便是人欲"。人有各种欲望,过度,尤其是不正当的欲望，得不到节制是非常可怕的，贪腐犯罪往往与欲望的泛滥有关。朱熹也认为"饮食者，天理也；要求美味，人欲也"。说明人的正当和正常需求属于"天理"，只有过度和非法的需求才是需要灭的"人欲"。

深受朱子"存天理，灭人欲"理学思想影响的福州社会，节制人欲、内敛不显摆是千百年修养的性格，也明显地影响了福州古民居的形态设计。

1.门楼建筑："千金门楼四两金。"一句中国古建筑俗语，道出了古厝门楼的特殊身价。门楼，作为中式院落式古建筑的脸面，集中国传统建筑技术和建筑艺术于一身，堪称中国古建筑微缩景观。在中国古建筑五大流派京派、徽派、晋派、浙派、闽派中，除闽派建筑外，官宦富豪们都极力在家的门楼建筑上做足功夫，以彰显主人身份。难得的是，福州士人住宅的门楼建筑基本上都能自觉践行着朱子"去人欲"教导：官宦豪阀聚居之地的三坊七巷街区古厝建筑，难见和官阶相符的广亮门、富豪身份相当的奢华门楼。福州古厝门楼建筑大多只在两端墀头上做些灰塑彩绘，而以不施任何雕饰的、当地出产的花岗岩石板或木板做门框，特别是门楼精华之处的门罩，设计也是非常简约的，只在大门顶上以中国古建筑所独创的木斗拱做构架，上覆以传统的单坡瓦屋面，作为迎宾送客的出入口，显得极其朴素。紧邻三坊七巷街区的朱紫坊街区，有座明代位极人臣宰相叶向高故居，其门楼也是一样的建筑格局，就连福州郊县乡间土豪花巨资修建气势恢宏、宛若城堡的古民居——寨堡，其门楼甚至更加简约。

2.园林建筑：福州古民居不但门楼建筑简约朴素，本属奢华的休闲场所——园林建筑，也一样地抑制人欲而不张扬，并努力实践朱子风水学所倡导"天人合一"的理想境界。不同于浙派和徽派园林建筑之廓然，也难觅京派园林建筑的气派，福州古民居中的园林建筑占地一般不足一亩，基本上是结合古民居的庭院空间修建的，故人们常将福州古民居中的园林建筑称作庭院园林。其共同特点是注重因地制宜，崇尚自然。如三坊七巷街区中著名的水榭戏台、二梅书屋、小黄楼等古民居园林建筑，经过巧妙设计，在狭小有限的空间里，依然呈现出亭台楼阁、荷池假山、曲径通幽、花木扶疏的园林景观，有的甚至还根据福州地区气候特征，修筑"雪洞"，利用自然调节气温。福州古民居园林建筑虽然小巧，但一样营造"知鱼乐"的文人情怀。

（四）建筑构造

朱子理学思想影响下的福州社会，民风、民俗得到了很好的改良和提升，文化得到空前的发展，这些变化也对福州古建筑技术发展产生了积极的影响。

说说福州古建筑木构架的创新。在朱熹理学思想推动下，宋代开始，福州社会书院、祠堂、家庙等公共建筑得到空前的发展，这些公共场所的核心建筑——大厅（讲堂、厅堂），需要具备容纳众多人员活动的宽敞建筑空间。中国传统建筑要获得宽敞的建筑空间，其建筑结构一直以来都是沿用古老的抬梁式木构架形式。但抬梁式木构架需耗费许多高大的建筑木材，而作为资源性的高大木材，宋代后已逐渐变得稀缺，故纯粹的抬梁式建筑木构架在福州地区也逐渐淡出历史，遗存至今的实体建筑也只有福州华林寺、永泰名山室小型佛殿、罗源陈太尉宫正殿等几座为数不多的文物级古建筑。福州古建筑的梁架构造明代后基本上是采用源自中国南方的穿斗式结构体系。相比较于抬梁式木构架，穿斗式木构架可以充分利用树径较小的木材，其不足之处是排架式的穿斗式木构架形成的建筑空间柱网密集，无法建造宽敞的建筑空间。福州古厝建筑大厅一般为面阔三开间和多柱进深的建筑形式，若完全沿用传统穿斗式木构架建造，显然无法建造出宽敞的大厅。如何在不大量消耗天然资源，而又能同样建造出拥有大空间建筑？问题并没有困住聪睿的福州古建筑匠人思维，他们历经长期古建筑营造实践，于明代开创性地发明了抬梁式和穿斗式相结合的"抬梁减柱"梁造木构架形式。"抬梁减柱"梁造法，即是将穿斗式建筑大厅屏门前中间两排堂柱、前大充柱、前小充柱取消，代之以高架于厅堂四周柱子上的井字梁架上立柁墩瓜柱，瓜柱上承檩来传递屋面荷载，福州人形象地称此梁造法为"四梁扛井"，从而形成大厅建筑空间中柱不落地，梁下无障碍的超大建筑空间，科学地解决了大厅所需的建筑空间问题。如三坊七巷的二梅书屋、水榭戏台、小黄楼等敞厅梁架结构都是应用"抬梁减柱"梁造技术建造的。

四、朱熹社会教化的影响

（一）启蒙教化

作为中国古代著名的教育家，朱子极其重视儿童的启蒙教育。朱子亲自撰写儿童教科书《小学》，并言"后生初学，且看小学之书，那个是做人底样子"。《小学》以儒家礼制秩序、宗法伦理的"仁、义、礼、智、信"等内容为核心，教化儿童心性，以走正道。大家知道，就儿童教育来说，课堂教学固然重要，而家教和环境的润物细无声的教化更是重中之重了。有鉴于此，深受朱子理学思想影响的福州古人就刻意在民居装饰中营造出浓浓的中华传统文化氛围，打造了人生青少年时期绝佳的教化平台。

福州古民居装饰集木雕、石雕、灰塑、彩绘、楹联等艺术形式于一体，可谓精美绝伦，堪称古建筑艺术精华。古厝无处不在的装饰内容，不但有表现风调雨顺、多子多福、平安吉祥等广大百姓人家世俗的祈求，而更精彩的是这些装饰所表达的文化内涵，就像无声的教科书，广泛地传播朱子所倡导儒家传统文化。置身其中，儒家思想潜移默化地影响一代又一代少年成长。

福州古民居中，民族英雄林则徐一副对联："海纳百川，有容乃大；壁立千仞，无欲则刚。"其下联就明白地向后人诠释了朱子理学精髓"存天理，灭人欲"：人只要没有了世俗的杂念欲望，就能充满正义，做一个无私无畏、刚正不阿的大丈夫。

三坊七巷古民居中的刘家大院，门楣上有一幅壁画，画面上凤凰居中，左上鹧鸪、右上黄莺、左下鸳鸯、右下仙鹤。这实际上是古人以五类鸟禽的关系来借喻朱熹极力倡导的儒家经典君臣、父子、夫妇、长幼、朋友之间关系的"五伦图"。是福州旧时一个显赫家族将儒家学说"仁、义、礼、智、信"人与人之间的关系道理和行为准则，作为对子孙后代进行其所崇尚的价值观开门见山的人格教化。

福州古民居中的泥塑彩绘还常见描述"桃园结义"故事场景，所以关于福州人讲"信""义"的事迹不胜枚举。清光绪年间，仁义道德成就了

福州永泰嘉禄庄张氏兄弟二人千里赎救遗孤的传奇故事,因此得到光绪皇帝颁旨"孝友"匾,至今仍为当地民众作为道德楷模,世代广为传颂。

（二）书院建设

朱熹教育学说痛恨科举制度,认为科举害道,官学流弊已极,以致士子只"知有科举,而不知有学问",其结果是社会"人才日衰,风俗日薄"。因此朱熹身体力行创办书院,推行以理学思想为宗旨,主张以道德为本,重视人格修养,注重实践,注意义理的研究。认为"学者工夫,唯在居敬、穷理二事"。

书院是旧时中国士人的文化组织,为中国古代人才培养和文化事业发展作出过重大贡献。

福州书院肇始于唐,兴盛于宋,辉煌于清。仅在宋代时期,在以朱熹为代表的一批理学家倡导下,以朱熹创办的"紫阳书院"为代表,福州汇集了十几所书院。朱子一生,除短暂的官宦生涯外,主要在闽地著书立说、讲学育人；传播理学,开智闽人。历史记载,朱熹曾到过福州十几次,其间在福州晋安区王庄的紫阳书院、马尾区亭江镇的龙津书院、仓山区的濂江书院、长乐龙峰山的龙峰书院等场所开坛讲学传道,为福州文化昌盛做出了巨大的贡献。所以说,福州书院建设与朱熹在福州创办书院、于书院传播理学思想活动有着密切的关系。之后,历朝历代,福州城乡间书院建设得以蓬勃发展。书院作为文化传播平台,培养出众多福州优秀人才,可谓硕果累累。仅以福州清代鳌峰书院为例,从中就走出了影响中国乃至世界的杰出人物：中国"开眼看世界第一人"、民族英雄林则徐,中国楹联鼻祖梁章钜,清代福州状元之一林鸿年等。

福州古代书院建筑是纯粹的文人建筑,基本上是以园林形式布局。书院内的大讲堂、藏书楼、斋舍、附属祠庙等各功能建筑,经过文人精心设计,分布于园林亭台幽径、荷池假山、花木扶疏之中,堪称古代园林建筑之胜,为福州古建筑瑰宝。

总之,朱熹在福州创立书院,著书讲学,开启文化新风尚；作为重建民间家族制度积极倡导者和身体力行者,以宗法礼制教化于人,改善民风民俗；以"存天理,灭人欲"理学思想影响制约权势者的欲望；其风水观念倡导的"天人合一"是人们追求宜居的理想境界。说明了朱子理学思想千百年来在福州社会的广泛传播，推动社会文化发展的同时，也影响着福州先人对福州古建筑形态、建筑文化内涵的思考和选择，促进了闽都古建筑地域风格的形成。朱子理学思想中所呈现的传统优秀文化，对于新时代的今天社会主义现代化建设、构建和谐社会、弘扬优秀传统文化、实现中华民族伟大复兴的中国梦都有一定的借鉴意义。

参考文献

[1]李道传；徐时仪；潘技天：《朱子语录》，上海古籍出版社2016年版，第31、41、293页。

[2]阮章魁：《福州民居营建技术》，北京中国建筑工业出版社2016年版，第11—13页。

[3]杨金：《朱熹与岳麓书院》，华东师范大学出版社1986年版，第107页。

闽都文化与朱子理学

朱熹在福州的摩崖题刻及其文化价值

戴显群　戴晚晴

摘　要　南宋著名的理学家、思想家、教育家、诗人朱熹曾先后十余次来到福州，并在福州的鼓山、乌石山、凤丘山等名胜之区留下不少摩崖题刻。这些摩崖题刻无疑是一份不可多得的文化遗产，具有很高的文化价值，它有助于提升历史文化名城福州的文化品位，也为我们进一步研究朱熹书法艺术、朱熹在福州的历史以及理学思想、教育思想等朱子文化提供了丰富的实物资料。

关键词　朱熹　摩崖题刻　文化价值

一、朱熹在福州的摩崖题刻

朱熹（1130—1200），字元晦、仲晦，号晦庵，晚称晦翁。祖籍安徽徽州婺源县（今江西婺源），出生于宋南剑州尤溪县。是我国南宋时期著名的理学家、思想家、教育家、诗人。朱熹19岁进士及第，曾任江西南康、福建漳州知府以及浙东巡抚等职，还为宁宗皇帝讲学。晚年遭庆元党禁，被列为"伪学魁首"而四处避难。

《宋史·朱熹传》记云："熹登第五十年，仕于外者仅九考，立朝才四十日。"可见，朱熹自进士及第后，在外为官二十七年，朝中做官四十天，其余时间著书立说、设馆讲学、访学游历。他曾为《大学》《中庸》《论语》《孟子》作注，作为讲学传道的教材，即所谓的《四书》。朱熹的足迹遍布全国各地，曾先后十余次来到福州。朱熹来福州的目的很多，或拜访师友、或讲学传道、或处理政事、或赴职路过、或避伪学之禁。作为一位教育家，朱熹时刻不忘发展教育，他充分利用有限的时间在福州兴办学校、讲学传道。隆兴二年（1164），他在福州东门创办了紫阳书院，并亲自在此讲学。紫阳附近的牛岗山至今还有落款"晦庵"的"凤丘""鹤林"题刻，今鹤林村的地名由此而来。若干年后，又在竹屿村创办竹林书院，由女婿黄榦在此讲学。濂江书院，相传始建于唐代，坐落在林浦的平山，面对鼓山，北邻闽江，风光秀丽，环境幽静，朱熹曾到此讲学，并题了"文明气象"匾额。后人于书院右侧建朱子祠，以祀朱熹。古田杉洋的蓝田书院，是八闽最早的书院之一，始建于宋开宝元年（968）。朱熹曾于淳熙十一年（1184）及庆元党禁期间两度来此讲学，并亲书"蓝田书院"四个大字。

朱熹一生也非常热爱游历名山大川，在公务、讲学之余，他常与师友、门人一道畅游山水。在福州期间，他曾游历了鼓山、乌石山、凤丘山等胜景。在避伪学之禁时，虽身陷穷乡僻壤，也不忘游历山水，欣赏大自然风光。值得一提的是，朱熹每游历一处胜景都不忘写诗、题刻。因此，也留下不少的摩崖题刻。据不完全统计，朱熹在福州地区就留下不同类型的摩崖题刻约有数十段。见下表：

朱熹在福州摩崖题刻一览表

内容	地点	字体	时代	出处	备注
清隐晦翁	乌石山天王岭	行书高36厘米，宽28厘米；旁款"晦翁"二字，行书，径11厘米	淳熙年间（1174—1189）	黄荣春：《福州十邑摩崖石刻》第15页	现存
石室清隐晦翁	乌石山先贤石室池畔石上	楷书径一尺旁款"晦翁"二字，行书，径一寸	淳熙年间（1174—1189）	（清）郭柏苍：《乌石山志》第187页	佚
光风霁月晦翁	乌石山天王岭道山祠	草书径八寸"晦翁"二字，草书，径寸余	淳熙年间（1174—1189）	（清）郭柏苍：《乌石山志》第187页	佚

闽都文化与朱子理学

续表

内容	地点	字体	时代	出处	备注
福	乌石山观音岩	楷书 高丈余		（清）郭柏苍：《乌石山志》第187页	佚，俗传朱子书
赵子直、朱仲晦淳熙癸卯仲冬丙子同登	乌石山桃石	楷书 径一尺	淳熙十年（1183）	（清）郭柏苍：《乌石山志》第183页	佚
淳熙丁未，晦翁来谒鼓山嗣公，游灵源，遂登水云亭，有怀四川子直侍郎。同游者清漳王子合，郡人陈肤仲、潘谦之、黄子方、僧端友。	鼓山石门	行书 字径18厘米	淳熙十四年（1187）	（清）黄任：《鼓山志》第51页 黄荣春：《福州十邑摩崖石刻》第67页	现存
天风海涛 晦翁为子直书	鼓山大顶峰	行楷 字高48厘米，宽39厘米	淳熙年间（1174—1189）	（清）黄任：《鼓山志》第61页 黄荣春：《福州十邑摩崖石刻》第73页	现存
寿	鼓山灵源洞蹴鳌桥下岩壁上	楷书 高415厘米，宽305厘米。旁款"晦翁"二字，行草		（清）黄任：《鼓山志》第61页 黄荣春：《福州十邑摩崖石刻》第73页	现存，相传朱子书
耕云钓月	万安渡			黄荣春：《福州摩崖石刻》第310页	现存
天光云影	万安渡			黄荣春：《福州摩崖石刻》第310页	现存
凤丘 晦翁	岳峰镇鹤林村凤丘山	楷书 高105厘米，宽108厘米。旁款"晦翁"行草，字径12厘米		黄荣春：《福州十邑摩崖石刻》第119页	现存，相传朱子书

续表

内容	地点	字体	时代	出处	备注
鹤林	岳峰镇鹤林村凤丘山	楷书 字径84厘米		黄荣春：《福州十邑摩崖石刻》第119页	现存，相传朱子书
鹤林	岳峰镇鹤林村凤丘山	楷书 字径93厘米		黄荣春：《福州十邑摩崖石刻》第119页	现存，相传朱子书
城门山	城门镇城山村			黄荣春：《福州摩崖石刻》第346页	佚
天风海涛朱熹书	环峰山			黄荣春：《福州摩崖石刻》第351页	现存
挹山晦翁	环峰山			黄荣春：《福州摩崖石刻》第351页	佚
仙苑晦翁书	马尾西岩寺后院崖壁	楷书 高59厘米，宽53厘米。旁款行草，字径5.2厘米	绍熙五年（1194）之后	黄荣春：《福州十邑摩崖石刻》第131页	现存
福	亭江镇东岐山	楷书 字径143厘米		黄荣春：《福州十邑摩崖石刻》第132页	现存，相传朱子书
寿	亭江镇东岐山	楷书 字径140厘米		黄荣春：《福州十邑摩崖石刻》第132页	现存，相传朱子书
华峰	北峰林阳寺			黄荣春：《福州摩崖石刻》第360页	现存
龙门	马尾闽安镇			黄荣春：《福州十邑摩崖石刻》第132页	现存
怡山良石神仙所居	闽侯五虎山			安宁《朱熹在福州地区的诗联与题刻》	现存（疑）
降虎峰	连江宝林寺			安宁《朱熹在福州地区的诗联与题刻》	现存（疑）

续表

内容	地点	字体	时代	出处	备注
雷移石	连江宝林寺			安宁《朱熹在福州地区的诗联与题刻》	现存（疑）
陟姑	连江仁山			安宁《朱熹在福州地区的诗联与题刻》	现存（疑）
读书处	长乐晦翁岩	楷书 字高90厘米，宽60厘米		黄荣春：《福州十邑摩崖石刻》第176页	现存
德成	长乐筹峰山			（明）王应山：《闽都记》第207页	佚
八闽岳祖	闽清白岩山		庆元年间（1195—1200）	《朱熹闽清留真迹》1	佚
龙溪	闽清卑溪		庆元年间（1195—1200）	《朱熹闽清留真迹》	现存
梅溪晦翁	闽清梅溪坪	行书 字径50厘米，旁款字径10厘米	庆元年间（1195—1200）	黄荣春：《福州十邑摩崖石刻》第208页	现存
龙门	闽清鼎峰		庆元年间（1195—1200）	《朱熹闽清留真迹》	现存
溪山第一	闽清广济岩		庆元年间（1195—1200）	《朱熹闽清留真迹》	现存
观云岫晦翁	闽清东桥镇朱山村	楷书 字径40—47厘米，旁款行草	庆元年间（1195—1200）	黄荣春：《福州十邑摩崖石刻》第212页	现存
留云晦翁书	闽清下祝乡后峰村	楷书 高40厘米，宽30厘米	庆元年间（1195—1200）	黄荣春：《福州十邑摩崖石刻》第208页	现存
蓝田书院堂长李昂、直学李元鼎立石。晦翁，宋丁巳春三月吉旦	古田杉洋村北墓亭山麓	楷书		黄荣春：《福州十邑摩崖石刻》第249页	现存

续表

内容	地点	字体	时代	出处	备注
山高水长	永泰嵩口			《永泰县志》	现存
琳琅一片石	永泰嵩口			《永泰县志》	现存
福	永泰嵩口			《永泰县志》	现存
龙门	永泰长庆乡莲花村石鼎峰			《永泰县志》	现存

二、朱熹摩崖题刻的文化价值

朱熹在福州的摩崖题刻分布广泛、内容丰富、书体各异，具有很高的历史文化价值，主要表现在以下三个方面。

1.有助于提升历史文化名城福州的文化品位

福州是一座具有2200多年历史的文化名城，厚重而灿烂的文化积淀是构成历史文化名城的元素，其中众多的摩崖石刻便是文化名城的基本元素之一。福州的摩崖石刻主要集中在鼓山、乌石山、于山等名胜之区，尤以鼓山最负盛名。据统计，鼓山共有宋代以来的石刻549段，主要分布在灵源洞、石门、达摩十八景、大顶峰、白云洞等处。灵源洞是全山摩崖石刻最集中之处，有宋代以来的楷、行、草、隶、篆等书体100多段，被誉为"东南碑林"。宋元以来，一大批高官名宦、文人学士，诸如朱熹、蔡襄、赵汝愚、李纲、陈襄、陈烈、蔡元定等都在鼓山留下题刻。2001年，鼓山的摩崖石刻被公布为全国重点文物保护单位。福州乌石山的摩崖石刻亦负盛名，全山共有唐至清代石刻200多处。其中有唐代李阳冰的篆书《般若台记》，以及宋代朱熹、程师孟、李纲、陈襄、曾巩、梁克家等名人的题刻。2013年，被公布为国家级文物保护单位。此外，于山的摩崖石刻也久负盛名，全山共有宋至近代摩崖石刻一百多段。朱熹是我国古代著名的思想家，理学的集大成者，与二程（程颢、程颐）合称"程朱理学"，被后世尊称为朱子。朱熹在我国古代思想史、教育史上的地位仅次于孔子,正如历史学家蔡尚思所谓:"东周出孔子,南宋有朱熹。中国古文化,泰山与武夷。"作为历史名人,朱熹不仅在国内,而且在国外都有极大的影响力。朱熹讲学过的书院、到过的地方,都被后人誉为"圣人过化之处"。因此,朱熹在福州的摩崖石刻无疑提升了鼓山、乌山的历史厚重感与文化品位,大大地提高了鼓山、乌山在海内外的知名度。福州鼓山摩崖石刻能被评为国家重点文物保护单位、福州能被誉为历史文化名城,应该说,与朱熹的摩崖石刻不无关系。

2. 有助于研究摩崖石刻的书法艺术

福州的摩崖石刻数量繁多,形式多样,书体齐全,被誉为"东南碑林""福州碑林"的鼓山摩崖石刻是最为典型的代表。就书体而言,福州的摩崖石刻书体包括楷书、行楷、行书、草书、行草、隶书、篆书等,且多为名宦名家的题刻,可以说是不可多得的书法艺术宝库。朱熹在福州摩崖石刻的书体,亦有有楷书、行楷、行书、草书等多种,其中以楷书为最。如现存的乌石山"清隐"二字,即为楷书,旁款"晦翁"为行书;"光风霁月,晦翁"六字,均为草书。此外,乌石山的"赵子直、朱仲晦淳熙癸卯仲冬丙子同登"、鼓山的"天风海涛,晦翁为子直书"、鼓山的"淳熙丁未,晦翁来谒鼓山嗣公,游灵源,遂登水云亭,有怀四川子直侍郎。同游者清漳王子合,郡人陈肤仲、潘谦之、黄子方、僧端友"、鼓山的"寿"、鹤林的"凤丘,晦翁"等,均为楷书。作为我国古代著名的思想家、学者,朱熹的书法有其独到之处,亦可称为书法艺术之精品。关于朱熹的书法艺术,《闽中金石略》卷九,对莆田东坡小石山"淳熙癸卯中冬朱仲晦登"石刻的书法艺术有过评论,其云:"字径尺余,凝厚蕴藉,无一懈笔,贤者固无所不用心也。"[①] 可见,《闽中金石略》作者对朱熹的书法艺术极为赞赏,给予很高的评价。因此,福州各地现存的朱子题刻,为今人欣赏和研究朱熹的书法艺术提供了丰富的实物资料。

---

① 转引自杨文新:《朱熹在福建的摩崖石刻研究》。载《武夷学院学报》,2010年第4期。

3.有助于进一步了解朱熹在福州的行事

如上所云,朱熹曾十余次到过福州,朱熹多次来福州的原因:或拜访师友、或讲学传道、或处理政事、或赴职路过、或避伪学之禁。然朱熹在福州的行事于正史多所缺载,多散落在一些笔记小说、杂史之中,查阅起来较为不便。因此,朱熹在福州这些题刻为朱子在福州提供一些可靠的资料,有助于我们进一步了解朱熹在福州的行事。如淳熙十年(1183)八月,朱熹赴泉州吊傅自得,途经福州曾面晤知州赵汝愚,其间在乌石山桃石留有"赵子直、朱仲晦淳熙癸卯仲冬丙子同登"以及在乌石山先贤石室池畔"石室清隐"的题刻。淳熙十四年(1187),朱熹在鼓山留下一段著名的题刻:"淳熙丁未,晦翁来谒鼓山嗣公,游灵源,遂登水云亭,有怀四川子直侍郎。同游者清漳王子合,郡人陈肤仲、潘谦之、黄子方、僧端友。"其中嗣公,即元嗣长老;王子合,即王遇,时称东渊先生;陈肤仲,即陈孔硕,淳熙二年进士,官秘阁修撰;潘谦之,即潘柄,时称瓜山先生;以上人都是朱子的门人。黄子方,即黄琮,莆田人,元符三年进士,官知闽县事。[①]淳熙年间,朱熹在鼓山大顶峰留下"天风海涛,晦翁为子直书"的题刻,是取自赵子直在石门诗刻中"几年奔走厌尘埃,此日登临亦快哉。江月不随流水去,天风直送海涛来"之句。以上这些朱子的题刻,反映了朱熹在福州曾多次与他的师友、门人交游,同登乌石山、鼓山等名胜古迹。其中,朱熹与知福州的赵汝愚交谊最深、感情最笃,毕竟朱熹与赵汝愚是志同道合的挚友,他们共同的理想,使他们建立起深厚的感情。庆元元年(1195)宁宗执政,宣布"禁伪学",朱熹与赵汝愚等59人被列入的"党人碑"。后来,清末著名学者陈衍就说道:"忠定先曾帅闽,最与公(朱熹)善。"

宁宗庆元党禁时期,朱熹为避党禁,逃难于福州诸县之穷乡僻壤。清道光《福建通志》记云:"朱文公于伪学之禁,避迹无定所。其于闽清凡数至,所历名胜题识殆遍。如广济岩之'溪山第一'、白岩之'八闽岳

---

① (清)黄任主修:《鼓山志》(卷六),《石刻》,海风出版社2006年版,第51页。

祖'，皆其亲笔，现勒石尚存。"还有如闽清卑溪的"龙溪"题刻、梅坪的"梅溪"题刻、珠峰的"观云岫"题刻、后峰的"留云"题刻，均说明了朱熹为避伪学之禁，曾数次来到闽清。此外，闽县、侯官、永泰、连江、长乐、福清等地，也是朱熹为避伪学之禁以及游览胜迹之地，这些地方也多留下朱熹的题刻，可见上表，此不再赘述。另据《乌石山志》记载，乌石山的"石室清隐"与"光风霁月"这两段题刻，"当是淳熙间避伪学禁时所书"。[1]

总之，朱熹在福州的摩崖石刻分布广泛，形式多样，书法齐全，是一份不可多得的历史文化遗产。朱熹在福州的题刻是福州作为历史文化名城的组成部分，也为我们进一步研究朱熹书法艺术、朱熹在福州的历史以及理学思想、教育思想等朱子文化提供了丰富的实物资料。

---

[1] （清）郭柏苍：《乌石山志》（卷六），《石刻》。海风出版社2001年版，第187页。

历史烟雨中的朱熹和书院

陈明光

摘 要 朱熹在宋朝动荡的年代,致力书院的创建与教育,建立程朱理学这一系统、完整的新型儒学思想体系,对后世的教育事业产生重要影响,丰富了中华传统文化。在当今仍然有重要的学习和借鉴作用。

关键词 朱熹与宋代书院创办 福州书院

朱熹(1130年9月15日—1200年4月23日),宋代大哲学家,世人尊称为朱子,朱文公。他是宋朝学术界的翘楚,儒学集大成者,宋朝著名的理学家、思想家、哲学家、教育家、诗人。其理学思想对元、明、清三朝影响很大,成为三朝的官方哲学,是中国教育史上继孔子之后的重要人物。他曾任江西南康、福建漳州知府,浙东巡抚。为官清正有为,致力书院建设。朱熹著述甚多,其中《四书章句集注》更成为钦定的教科书和科举考试的标准。

朱熹祖籍为今江西婺源,宋高宗建炎四年(1130),出生于福建路南剑州尤溪县(今福建尤溪县)的郑氏寓馆,是其父朱松的第三个儿子。自幼聪明伶俐,爱动脑筋,爱刨根问底。史载小时候他父亲教育他认识太阳,他就问太阳挂在天空的什么地方,接着又问天空挂在什么地方。后人认为朱熹从小就有"格物致知"思想。他的父亲朱松在初仕为官的时候,就在福建政和创办云根草堂,后改名云根书院,纳徒讲学,非常重视读书。他更以自己创作的《送五二郎读书诗》勉励幼子朱熹,"故乡无厚业,旧箧有残书……成家全赖汝,逝此莫踌躇"。父亲重视读书,自小就给朱熹留下深刻的记忆。朱熹成名之后，也不断强调，"读书起家之本，循理保家之本"。在一些大户人家或老家还能常见到朱熹推崇的对联："几百年人家无非积善；第一等好事莫如读书。"这些经典名言已成为教育史的一道亮丽的风景。

一、朱熹与书院建设

朱熹从小就接受传统儒家思想教育，先师从于"武夷三先生"（刘子翚、刘勉之和胡宪），长大后又得以师从"二程"（程颢、程颐）的弟子李侗先生，之后朱熹在社会上有了更加广泛的交游，如福州闽侯县南屿镇宋代名门望族林氏，其重要历史人物为七世祖林之奇（1112—1176），宋代大儒，著名理学家，教育家。创立拙斋学院，宋代号称"东南三秀"之朱熹、吕祖谦、张栻，都与他亦师亦友，建立长期的关系。他努力吸收各种思想并进行探索、研究，逐渐形成并且完善朱子理学。

宋朝在中国的历史上是经济繁荣、文化兴盛却又是政治、军事懦弱的时代，北方的少数民族经常入侵，割地赔款，甚至将徽、钦二帝作为俘虏掳去。朱熹出身书香门第，但是人生也经历流离，躲避战乱，举家搬迁。国家的不幸和家庭环境深深地影响朱熹的爱国情怀。身处宋、金对峙的时代，在对待金国的态度上，朱熹强烈反对议和，主战是他的一贯态度。爱国的一腔热血贯穿着他的一生。他的仕途坎坷，做官时间不到10个春秋，也不是大官，如同安主簿、知南康军、知漳州等，他都尽力为百姓谋福祉。朱熹将对民族的忧患寄托于教育，期盼教育兴国。他将教书育人作为一生的追求。在他的一生中，除在外为官七年多外，有六十多年时间，为了教育，创办书院，也主要在福建各地（尤其是闽北）度过的。

书院是古代私学的演变形式，其独特的教育形式和宝贵的办学经验在中国传统文化、教育的继承和传播上做出了巨大的贡献。朱熹一生，倾情书院，将对民族的忧患寄托于教育。据有关记载，与朱熹有关的学院有67所，朱熹亲自创建的有4所，修复整顿3所，念书求学的6所，讲学传识的20所，曾经讲学而由后人创建的21所，纂记题诗的7所，题词题额的6所。在朱熹的努力下，闽北地区就有13所，居全国之首。

朱熹将教育作为一生的追求，他认为教育的最好平台就是书院。因此，朱熹在几十年的教书生涯中，兴建、扩建、修建多所学院，云游各地书院。他总结书院经验，完善书院制度，传播发扬其理学思想。他的许多举措和思想都对后世产生深远的影响。

位于江西庐山五老峰的白鹿洞书院，它与湖南长沙的岳麓书院、河南商丘的应天书院、河南登封的嵩阳书院并称为宋代四大书院。白鹿洞始于唐末，后焚毁，淳熙六年（1179），朱熹在知南康军任上，多方寻访到白鹿洞遗址，修复了书院。建成屋宇二十余间，发文各地征集图书，亲任导师讲学，并制定了著名的《白鹿洞书院教条》。其中朱熹亲自审定了"为学之序"："尧、舜使契为司徒，敬敷五教，即此是也。学者学此而已。而其所以学序，亦有五焉，其别如左（下）：博学之，审问之，慎思之，明辨之，笃行之。"这个"为学之序"亦成为朱熹后来在福建创办武夷、考亭等各个书院的明确教规。这不但体现了朱熹以"格物、致知、诚意、正心、修身、齐家、治国、平天下"等一套儒家经典为基础的教育思想，而且成为南宋以后，中国封建社会时期书院办学的规范，也是教育史上一项最早的教育规章制度。白鹿洞书院是朱熹亲自修建的书院中的一座，规模不大，但是在朱熹的人生中有特别的意义。它是朱熹一生中倾注心血最多的书院，是唯一的朱熹亲自筹措经费，亲自修建，亲自制定学规学案，亲任洞主和教习的书院。在实践中，规范书院的体系和制度，成为以后的书院样板，推动书院的健康发展，书院教育逐步走上制度化的轨道。

二、朱熹与福州书院

宋代，福州教育发达，学者辈出。宋初，闽县、侯官有陈襄、陈烈等倡导心性之学，开闽中理学之先河。后人称之为"海滨四先生"。南宋以后，宋宁宗时期，政治不清，朱子被弹劾为"伪学魁首"，在这样的情况下，朋友和门生皆劝朱子去避难，朱子为避伪学之禁，流寓福州多个县份，讲学授徒，躬亲传道，影响极广。朱熹曾在《福州州学经史阁记》一文中称赞道,"福州府学,在东南为最盛,弟子员常数百人"。他还曾为福州题匾曰"海滨邹鲁",悬于州城西门楼上。

卢美松先生主编的《福州通史简编》记载:"淳熙十年(1183)和十四年(1187),朱子曾两度经过福州,由其门人陈孔硕与潘柄陪伴。绍熙五年(1194),朱熹曾到濂江书院(今仓山濂浦)讲过学。传说庆元三年(1197),朱熹为避'伪学'之禁时,曾在福州地区一些县流寓讲学或游历,但难以考实,所留下的一些手书或题刻也待考辨。"

朱熹传播理学不遗余力,身体力行,与其门人在福建各地创办许多书院,规模大小不一。有学者考证,朱熹或其门人在福州地区开办的书院有:福州紫阳讲堂、竹林书院、贤场书院、高峰书院、濂江书院、龙津书院、长乐龙峰书院、罗源文公书院、闽县吟翠书院、连江丹阳书院、闽清梅溪书院等。紫阳讲堂位于晋安区紫阳村,今存"讲堂胜境"遗迹。马尾区长柄村龙津书院(朱子祠)亦已重修。上述书院对于传播理学、提升士人的文化学术水平发挥重要作用,产生极大的影响。

竹林书院在今晋安区竹屿村,原称竹林精舍。陈衍《闽侯县志》曰:"朱子作竹林精舍成,遗榦书,有'他时便可请直卿代即讲席'之语。"可证竹林书院为朱熹所办,主讲人为朱熹及弟子黄榦。高峰书院在今福州北峰岭头石牌村,为黄榦所创办。濂江书院在今福州南郊仓山濂浦村,朱熹曾在此讲学并题有"文明气象"四字。龙津书院在今亭江镇长柄村,传朱熹到此讲学,现为朱子祠。朱熹曾与弟子黄榦在福州北峰长萁岭贤场书院、高峰书院讲学,到长乐龙峰书院刘砥、刘砺兄弟读书处躲避并讲学。

龙峰书院在今长乐潭头二刘村龙峰岩下,据《万历福州府志》(卷五)载:"朱熹避伪学禁来此,二刘(刘砥、刘砺)师之,大书'读书处'三字,勒于石。"庆元五年(1045)四月,朱熹《跋刘世南行状》有云:"长乐刘砥及其弟砺,相与来学,累年于兹,更历变故,志尚愈坚。"

闽侯人黄孔光,进士及第,常与朱熹游,筑室吟翠山楼于五虎山下,邀朱熹讲席,称吟翠书院。

梅溪书院在闽清县梅城。清林逸《侯官地方志》说:"郑性之少年家贫，得母家倪氏恤，入梅溪书院，师承朱子。"郑性之出生于今闽侯汤院村。传说朱熹到闽清，居住在林学蒙、学履兄弟处（龙门精舍）。

对于朱熹历史上在福州地区的行迹，近年又有新的发现，有待进一步查证。

在福州旗山南麓的一个有历史厚重感的古村落，当今的高新区南屿镇桐南村，传说朱熹也留下了足迹。朱熹为授徒讲学游历过众多八闽山川，但他还曾流连于南屿桐南村精严山。清学者林枫《榕城考古略》记载，精严山坐落在南屿镇桐南村的象山之腹，此处山深林密，环境幽静，确是文人墨客著书立说的好场所。朱熹在伪学禁起之前，曾与理学家潘植和潘柄在闽侯十八重溪附近读书和讲学。伪学禁起，朱熹下山过江隐居在南屿的精严山寺庙内。史载，精严寺始建于后唐，近代被毁。村里尚可见到一处石台，系当年寺庙的石基，可推见当年规模之大。

福州的连江县，历来也是文化发达的地方。连江透堡镇的馆读村，也和朱熹有一段故事。馆读村，原先叫乌山境，是透堡镇的一个自然村。据传，庆元四年（1198），朱熹为避伪学党禁，在连江宝林寺讲学期间，一天途经透堡镇乌山境，遥闻村里传来琅琅读书声，见学子"寓读于馆"，喜不自胜，认为此村有作为，便在村内岭头坪设馆讲读，传授学问。朱熹离开时，将此村改名馆读村，并一直沿用至今。缘此，馆读村成为古代连江最负盛名的读书处，崇文重教之风代代相传。据统计，仅明清时期，就走出进士、举人、秀才等40多人。

《宋史·道学篇》称黄榦（1152—1221）为朱熹第一传人，他在朱熹理学思想体系中发挥极重要的作用，在朱熹逝世后，为朱子理学的普及和传播奠定了坚实的基础。黄榦讲道著书和归隐之所即为福州北峰的高峰书院。高峰书院始建于宋代，后又扩书院于山北为鳌峰精舍，由于名声大，无法接受来自全国各地的学子，于嘉定年间迁徙到北峰萁山，名曰高峰书院。整座书院坐西南朝东北，内有"愿学堂"，以及亭、阁、轩、泉、学生宿舍等。明代规模为全盛时期。高峰书院为中华儒家文化的传承和教育事业做出卓越的贡献。现荒废，仅有遗址。

勉斋书院。旧为勉斋先生黄榦宅，门人学士赵师恕，即其故居拓为精舍，元朝至正年间建为书院。现今移建于乌山北麓偏西。

在闽东地区的多个县份也留下朱熹的足迹。但是朱熹在庆元二年（1196）辞官之后，年已67岁，遭党禁迫害，贫病交加，按照常理，无力也不可能到处走动，以及从容讲学及创办书院。可能是朱熹门人以及挚友在福州地区创办多所书院，借朱熹之名扩大影响，也因此传扬闽学声名。福州遂为全国理学之重镇。

庆元六年（1200），朱子溘然而逝。他当时还身陷党禁，但是许多学生、仰慕者、同道依然相约到建阳给朱熹送葬，人数众多。南宋著名词人辛弃疾在祭文中痛诉："所不朽者，垂万世名；孰为公死，凛凛犹生。"朱熹以悬棺法而葬，悬棺而葬，代表的是人们对朱子的守候和期望，预示朱子创建的新儒学将流传千秋万代。

宋代之后，儒学在一代又一代的思想家中薪火相传，以朱子理学为指导的学院继续发展。鳌峰书院是清代福州四大学院之一，也是当时全省最高学府，是康熙年间由福建巡抚张伯行在于山麓的鳌峰坊创办的。张伯行居官以教化为己任，所到之处皆立学延师，弘扬程朱理学。在书院中，以先儒设教讲学之条，包括著名的、朱熹亲自审定的《白鹿洞书院教条》等，作为书院规约。教学内容，以朱子理学为主。鳌峰书院的创办，转变了福建地方的社会风气，对我国台湾地区的文教也产生重要影响，为台湾的书院建设树立了榜样。鳌峰书院创办自康熙至光绪年间，历时近200年，培养闽地学子众多，影响及与海外。从康熙至嘉庆，乡试有856名举人出于鳌峰书院学子，其中不乏社会、国家的杰出贡献者。如蓝鼎元，署广州知府、大学者；叶观国，曾任多省学政，官至侍读；陈修园，清代著名医学家；陈若霖，官至工部、刑部尚书；梁章钜，署两江总督；林则徐，少年就读鳌峰书院，嘉庆进士，道光年间升湖广总督，诏命钦差大臣。鳌峰书院历经二百载，培育众多士子，其中公卿名宦、学者诗人以及社会贤达，难以计数。

即使在近代，19世纪中叶，清代的洋务运动时期，沈葆桢等创建的福州船政是近代工业水平的大船厂，船政学堂的学生们在专研西方数理化、工程技术的同时，为了防范西方异教徒的错误思想，依然在船政学堂中学习儒家道德文章。在学堂章程中,"每日常课外,令读《圣谕广训》《孝经》,兼习论策,以明义理"。可见儒学的影响多么深远。

朱子文化是福建的文化名片,武夷山之所以能入选世界自然和文化双遗产,很大程度上也得益于朱子文化的博大精深,他创立的新儒学,深刻地影响了中国传统社会的学术思想界及意识形态领域,"朱子学"还被称为"闽学",将朱子文化传承好,更是福州(福建)的光荣和责任。

参考文献

[1]卢美松:《福州通史简编》,福建人民出版社2017年版。

[2]张立文:《朱熹思想研究》,中国社科出版社1986年版。

[3]卫三畏:《中国总论》,上海古籍出版社2005年版。

[4]刘家军、于正伟:《朱熹踪迹》,厦门大学出版社2021年版。

[5]林崇墉:《沈葆桢与福州船政》,台湾联经出版事业公司1987年版。

闽都文化与朱子理学

浅谈福州书院文化及其相地分析

孙 燕

摘 要 作为理学和闽学派领军人物，朱熹在福州讲学扬道的同时，大力推动了福州传统书院建设和人文教育的发展，给后人留下了丰硕的物质和精神财富。本文在梳理书院发展历程的基础上，对选址重自然、借山水、抒情怀的特质进行浅析，总结出福州地区传统书院在相地、造景上的特点，并针对当下朱子文化宣传的薄弱之处提出了建议。

关键词 传统书院 朱熹 书院文化 相地

引 言

说起当代高考大省，大家必然会想到山东、江苏、河南、湖北等，但很难有人会把福建与之挂钩。而在古代，福建，特别是福州地区却是学霸云集之地。《宋书·地理志》就有记载：闽人"多向学、喜讲诵、好为文辞，登科第者尤多"。自宋代以来，福州人"学而优则仕"者比比皆是，其中就有状元14名，进士多达2247名，位于三坊七巷文儒坊的陈承裘故居门额上至今还挂有清廷钦赐的"六子科甲"牌匾。很长一段时期以来，福州都以"崇文"闻名。宋代著名学者吕祖谦有首诗就反映了这种情形："路逢十客九青衿，半是同胞旧弟兄。最忆市桥灯火静，巷南巷北读书声。"而引领这一社会风气则不得不提到一位大儒——朱熹。

朱熹，南宋理学家、思想家、教育家、诗人，生平著作宏富，经、史、子、集四部著作共25种，其中以《四书集注》为其力作，在元、明、清时期成为科举应试标准教材,在我国学术文化史上占正统地位达700余年,可以说是以一己之力扛起了古代"考公"大旗。在他在世的70年里几乎都在福建生活,这其中到过福州就有11次之多。不管是在他总角时期随父游览,还是在近而立之年从闽南携家北归,以及人到中年避伪学之禁在乌石山讲学,福州的一草一木都与之结下了深厚的感情。他利用自己毕生所学,将很大一部分精力投入在福州办堂讲学、广纳门生,带动了福州传统书院建设和学习风气的形成,因讲学读书"风气进而益上,彬彬郁郁,衣冠文物之选,遂为东南大都会"。①

一、福州地区传统书院背景

书院、学堂是古代聚众讲学之所,是我国封建社会特有的一种教育组织和学术研究机构,最早由名儒学士,或地方官宦绅僚兴办,属于民办性质;后期随着科举应试需求的逐渐旺盛,也出现了官办书院和官民合办书院。全国范围内比较著名的有湖南岳麓书院、江西白鹿洞书院、河南嵩阳书院和江苏东林书院等。

据传,福州地区最早的传统书院为福清闻读书院,建于唐代,但由于年代久远,史籍不足且多有矛盾,故难以详细考证。但自此时期书院兴起却是一个不争的事实:有史料记载的唐代书院以长乐德成书院、古田蓝田书院为代表,有这些早期的书院"萌芽"做先锋,真正大规模的兴起出现在南宋时期。随着全国经济重心向南倾斜,宋代的福州迎来了书院发展史上的飞跃,正因为有了紫阳等十几所书院,从而一跃成为全国理学中心。到了明代,随着朝政的错综复杂不断变换,书院教育也只能顺应趋势而变,地位忽高忽低。进入清雍正时期,朝廷破压制促发展,以书院作为服务科举制度的重要载体,为其源源不断地输送人才,这一时期的书院发展到达顶峰,数量和规模都是以往所不能企及的。到了清末,随着封建制度被逐渐打破,科举制被废除,传统书院也伴随着封建社会走向末路,由西方教会创办的新式书院开始兴起。

---

① 徐景熹:乾隆《福州府志》,海风出版社2001年版。

宋元时期福州地区（以现有鼓楼、台江、仓山、晋安、马尾五城区为界）新建书院一览表

书院名称	书院地址	创建时间	备注
龙首涧书堂	闽县	北宋	宋状元许将尝肄业于此
勉斋书院	闽县	元代	旧为黄榦宅所
濂江书院	闽县	南宋	原为文昌宫，朱熹讲学处
东野竹林书院	闽县	南宋	朱熹曾到此讲学
三山书院	侯官	南宋	提刑王泌建
古灵书院	侯官	北宋	宋儒陈襄读书处
拙斋书院	侯官	南宋	宋儒林之奇与其徒讲学处
瓜山精舍	闽县	南宋	潘柄创建
云谷书楼	闽县	南宋	黄榦创建
高峰书院	怀安县	南宋	黄榦创建
养正书院	侯官	元代	——

清代福州地区（以现有鼓楼、台江、仓山、晋安、马尾五城区为界）新建书院一览表

书院名称	书院地址	创建时间	备注
凤池书院	闽县	1817年	省城四大书院之一
越山书院	闽县	1718年	巡抚陈瑸、总督觉罗满令建
鳌峰书院	闽县	1707年	省城四大书院之一
正谊书院	闽县	1866年	省城四大书院之一
致用书院	闽县	1873年	省城四大书院之一
共学书院	闽县	1685年	旧为怀安县学

续表

书院名称	书院地址	创建时间	备注
考志书院	闽县	1740年	巡抚王恕建
道山书院	闽县	1752年	盐商子弟肄业场所
龙光书院	闽县	1830年	福州"八旗总官学",专为满族子弟而设
嵩山书院	闽县	1757年	原址位于道山,后迁至石井巷嵩山麓
斗南书院	闽县	1691年	里人林琦建

通过传统书院的发展历程可以看出,从创建伊始至最终消亡,它始终为了教化育人而服务,哪怕到了后期曾沦为科举制度的附庸,仍然为社会提供了丰厚的生源与人才储备。作为中国古代特有的教育组织形式的载体,对于儒家、理学思想的传播、传统文化的传承起到了积极作用。可以说,书院文化和书院精神是中国灿烂文化中不可磨灭的一页。

二、朱熹与福州传统书院

儒家思想是中国传统思想的精髓和基础,宋明时期的儒家思想又被称作"理学",是孔子开创的儒学在宋元明清时代的重大发展和主流学派。理学主要推崇"理"与"气",认为它们是宇宙万物的本源和材料,属于早期的"客观唯心主义"。由于朱熹与福建密不可分的关系,因此朱子思想在理学基础上,经由其弟子再传或续传后,在福建地区成为"闽学"。闽学的发展壮大丰富了中华文化基因,也是福建文化对中华传统文化发展的突出贡献和显著标高。它所涉及的农耕读思想、格物致知思想、社会公共道德法则等文化内涵时至今日仍然是极为强调和推崇的。

宋代书院发展大飞跃后,讲学授业成为开办书院的重要缘由和目的,继而随着理学的不断发展,书院成为学派活动的重要场地,众多文人雅士在书院宣扬理念。[1]朱熹就曾到过濂江书院、紫阳讲堂、龙津书院等

---

[1] 王强.明清福州地区古书院园林研究[D].福建农林大学,2018。

并讲学。在福州地区的传统书院文化中，朱熹是继孔子之后最为伟大的圣贤，作为万世师表，在中国其他地方的书院通常祭祀的是孔子；但作为朱熹多次回避伪学之禁而转道讲学之地，因此在福州书院中祀朱熹也是较为常见的，这一点上具有较为浓重的地方色彩。

濂江书院学生书斋（图片来源：作者自摄）　紫阳讲堂朱熹讲学处（图片来源：作者自摄）

三、福州传统书院的相地分析

"相地"的"相"，读第一声，通俗上意为看。明末造园大家计成在古代造园专著《园冶》一书中，对"相地"有着专门的释义。所谓相地，包括园（院）址的现场踏勘，周边自然环境条件的评估，地形、地势和造景构图的关系，造园内容和意境的规划性考虑，直至最终园（院）址的选择确定，[①]在古代的园林设计中，这是不可或缺的第一步，类似堪舆。

古人认为，园（院）址最理想的用地是山林地，所谓"园地惟山林最胜，有高有凹，有曲有深，有峻而悬，有平而坦，自成天然之趣，不烦人事之工"。[②]故传统书院选址多在山水优美、环境清幽之处，这与读书人早期崇尚自然、与世无争的人文性格密切相关，如白鹿洞书院建于庐山、岳麓书院选址岳麓山，取天地之灵气，都是风景开阔、背山面水的上佳位置。福州地区环抱三山一水，书院在选址上同样追求借山水自然

---

① http://www.kepu.net.cn/gb/civilization/gardens/adorn/ado202.html 中国科普博览＞中国园林＞巧手妆园＞园林艺术。
② 计成、李世葵、刘金鹏：《园冶》，中华书局2011年版。

之景，与其他地区书院并无二致。但不同于大多数书院作为合院式建筑本身所展现出围合、封闭、对称的向内型语境，福州地区传统书院因着地势条件的不一，往往有别于传统的轴线对称，呈现出较为自由的平面布局，使得每处书院都具有自身的特点。

清代以前，书院大都位于山水名胜处，属山林式。例如西湖书院（今致用书院），原址在大梦山附近，造景时将西湖之水引入院内，园林布局灵活，未出现特定规整的格局与轴线，具有良好的山水环境。还有濂江书院，位于仓山林浦历史文化名村，属郊野型，择址平山东北麓、濂水畔，书院中虽无大树，但借后山之景，郁郁葱葱；内院正中设有泮池，书院二楼还可远眺闽江及鼓山，山水皆具。

 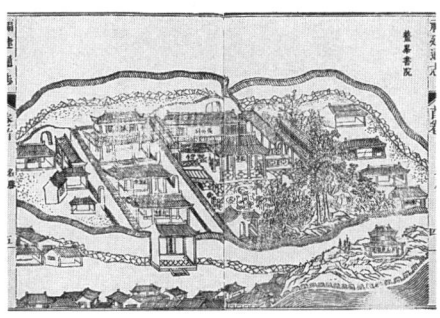

西湖书院总览（图片来源：民国《西湖志》）　鳌峰书院总览（图片来源：福州市博物馆）

清代中期以来，因受书院科举化、官学化的影响，从便于讲学就学的角度出发，书院逐渐由山林转至城市坊巷之间，择址城中风景较好的地段，或在闹市中另辟幽静之地。如位于于山鳌峰坊的鳌峰书院，为福建第一大省会书院，东有园亭、池榭、花卉、竹木等，属城市型。清《榕城考古略》载："其左凿池，周数亩。构亭其上，曰鉴亭。稍进有堂曰'名教乐地'。"

（一）致用书院（西湖书院）

致用书院位于湖滨路西湖公园内，西湖公园开凿于晋太康三年（282），距今已有1700多年的历史，公园整体为古典式江南园林，内有"古堞斜阳""大梦松声"等"西湖八景"。清同治十二年（1873），闽巡抚王凯泰仿照杭州诂经精舍之规制，翻修旧西湖书院，设立"致用堂"

— 283 —

一所，并建"十三本梅花书屋"；次年改名致用书院，取"学以致用"和"通经致用"之义，[①]后因西湖一带地势低洼，迁至乌石山以避水患。光绪三十一年（1905）废除科举制后，该书院改作新式学堂。作为赫赫有名的四大书院之一，其总体存在的时间并不长，仅有短短的三十余年，且原址已迁，现有书院系2009年所建。

书院总体地势平缓，高差不大。作为公园中景观的一部分，整体平面布局并不呈现传统书院的中轴对称之势，而是采取典型的自然式布局，移步异景，在园林中融入三公祠、藏书阁、十三梅亭、墨池亭等一系列建筑作为点缀。在致用书院的环境中，主角不拘泥于一景、一物，而是

致用书院院门

墨池亭

远眺书院内局部景观

月门借景的传统园林表达

（以上图片来源：作者自摄）

---

① http://daj.fuzhou.gov.cn/zz/wszt/tslm/shqw/201705/t20170515_1174177.htm 致用书院：福建巡抚为振兴闽中文风而建。

处处皆风景，建筑掩映在草木之间，意境的营造也主要靠"互借"完成——引西湖之水而灵动，借月门漏景显风光。前后建筑之间通过覆龟亭相连，无院墙包围下，自然非传统的进落概念，体量间也不追求绝对的对称。细部装饰上，以三公祠为例，斗拱、轩架、雀替等相对简洁，无精细雕刻，仅在表面施有油漆，造型上可见仿清晚期建筑之特征。

三公祠建筑间通过覆龟亭相连

（二）濂江书院

濂江书院位于城门镇林浦濂江村泰山宫东，又称文昌宫。据称始建于唐代，历史悠久，距今已有千年。林浦地处闽江下游，水陆交通均便捷。濂江村里有平山，山上原有一处平山阁，曾作为南宋行宫，宋端宗赵昰就曾暂居于此。后历经朝代更迭，随着唐宋时期经济逐步发展，文教需求相应增加，书院就在这种大环境下应运而生。平山阁西侧部分被改作了泰山宫，剩余的东侧部分则改为濂江书院，现存建筑为清代所建，近十年内进行过修缮。

书院坐南朝北，占地面积约760平方米，四周墙垣护卫，楼前有小庭院。书院主体建筑共两层，面阔三间、进深五柱，穿斗式木结构，为单檐歇山顶，二层四周设有回廊，细部的矩花、雀替、垂花柱等雕刻复杂、装饰精美。庭院内条石铺地，前院有石栏杆，两侧分别题刻有"文光射斗""濂水龙腾"，交相辉映。现有朱子祠位于建筑二层，朱熹曾在此讲学并题有赞美学风优良的"文明气象"四字，内部目前为朱子家风家训教育学堂和林浦文史馆。

濂江书院远景

濂江书院前方庭院

濂江书院虽占地规模不大，但其庄重之势并不逊于其他书院，原因就在于其顺应山势北低南高的起伏，采取了依山就势造筑，借由山势烘托其伟岸，站在建筑二层还可远眺群山与闽江支流濂水，视野的开阔暗示了胸怀的宽广。手法既精妙又讨巧，充分体现了中国传统建筑与自然条件良好融合、造景构图关系的设想。1949年位于泰山宫隔壁的林浦小学挂牌成立，70余年来书声琅琅，作为省级历史文化名村，林浦的文脉延续自唐代起时至今日从未间断。

石栏杆"濂水龙腾"题刻

二层朱子祠外景

（以上图片来源：作者自摄）

除上述两处书院外，还有些因为历史原因而倒塌或重建的书院也值得后人怀念与敬仰。位于仓山螺洲镇洲尾村东际之乌龙江畔的观澜小学校，前身是观澜书院，书院内有"奎光阁"，相传建于明初，是明永乐年间三位林氏兄弟叔侄的读书处。书院周围古榕似伞，树荫覆盖；左侧江边原竖立有一块石碑，楷书"曲水观澜"四字。[①]"雪夜书檠"为古时"螺江八景"之一，历来为文人所题咏。"女螺十户九读书，冬余夜每兰釭彻"，可见当时螺洲读书风气之盛。[②]至于与朱熹的关系，除了书院本身崇尚理学外，还因为朱熹曾路过乌龙江畔，流连于江中美景，寄情抒怀，于是在观澜书院对岸的五虎山上就有他的题刻——"怡山良石，神仙所居"。1906年，观澜书院转制成为观澜小学校。作为新式学堂，慕名而来的学生众多，入学人数处于逐年上升的状态。当然，这是在适应了社会变革环境下而产生的，在某种程度上也可认为是存续观澜文脉和乡邦文献。

位于原晋安竹屿村的东野竹林书院原名"竹林草堂""竹林精舍"，南宋庆元年间朱熹曾在此讲学，明代状元翁正春、宰相叶向高等大学者都在书院担任主讲，此后诞生过以邓定、邓克俊等为代表的福州版"竹林七贤"和无数文人墨客，被看作是"福州最古老的历史文化名村"。此书院与朱熹一手创建的建阳考亭竹林精舍同名，虽历经多次改名，但仍可在这其中感受到理学尊师重教、崇宗溯源的情怀。邓氏家族历代子孙不断地翻新、重修书院，才能保存至当代，文脉的延续长达几百年。

四、存在问题与解决思路

通过调研发现，现代建成的传统书院在建筑形态上基本仿照了原有形制，但在地势、环境、选址、造景等方面大多已忽视。原本建造时的场地、山水都已变迁，这与现代城市的发展状况不无关系，与其说是书院，不如说它们其实是人文历史的纪念空间，具有特殊的精神意义。

朱子文化与传统书院文化的遗存内涵极为丰富，但经过实地考察、资料收集，感到目前仍存在以下几方面的不足之处：一是福州当下的朱子文化宣传较为零散，与其作为史上无二的理学宗师这一"品牌效应"的差距较大，目前较为集中在晋安河畔、长乐路周边的几处讲堂旧址

[①] http://www.fuzhou.gov.cn/zgfzzt/zjrc/mdfc/lswh/202111/t20211115_4242637.htm 志说福州的书院。

[②] https://wenku.baidu.com/view/3bcc6bf3f121dd36a22d8230.html 关于要求螺江林氏宗祠、螺洲观澜书院列入文物保护单位的申请报告。

（境），但多以建设仿古凉亭、街头公园或仿古书院为展示，内容与朱子文化关系不够深入。二是现有书院空间的利用率严重不足，自身文化推广频率低，活动组织不成体系，同质化、重复化问题严重，甚至部分书院日常不对外开放，游客无法进入。

讲堂胜境（紫阳朱熹讲学堂旧址）

讲堂陛胜境（砌池庙）

晋安河公园旁朱子文化展示墙

长乐路侧的徐家巷街头公园

（以上图片来源：作者自摄）

针对上述实际情况，在文化营造方面建议从时下热门的文创角度入手，研发参与和体验式的产品及其衍生品，如朱子手办挂件、游学地图、学习文具、特色素食等；在景观营造方面，建议结合已建成的光明港——森林公园慢道补充"朱子吉道"旅游线路，初期可试点在晋安河讲堂盛境周围配套与之相关的旅游导览服务设施，哪怕仅有一小段，可让游客在其中停留驻足、学习感悟便达到目的；在建筑空间营造方面，做到日常开放、初步展陈只是第一步，更重要的是引入成体系、长效性、有深

— 288 —

度的研学和文化组织，借助各种传统或新兴媒体手段，利用书院空间定期或不定期地对群众，特别是广大青少年开展有关朱子、闽学等优秀中华传统文化的通俗化、普及化、大众化宣传，而不仅仅停留在新学期"开笔"、节日敬拜等表面化庆祝活动，才能扭转目前影响力有限、受众面狭窄、仅知其人的尴尬状况。

结　语

党的十八大以来，习近平总书记反复强调应树立中华民族文化自信。朱子文化与闽学发源于福建，后世远播东南亚乃至世界各地，是实现海峡两岸文化认同，落实"一带一路"倡议的重要文化桥梁，对促进两岸和平发展和推动"一带一路"建设具有极其重要的文化价值。[①]因此，盘活朱子和书院的文化资源与学术研究，将其纳入福州城市文化品牌建设的整体架构中，是未来闽都文化研究者、闽学家、社科界及社会各界人士应重点关注的。

着眼当下，虽然保存至今的传统书院数量不多，闻名遐迩的官办书院也仅有四家，但这并不妨碍书院文化在福州传统文化中散发着熠熠光芒。放眼未来，作为实体的建筑会有消失的一天，而一代又一代传播的思想精髓则会永续，这就是文脉的绵延与力量。

[①] 曾江，武勇.让闽学更好服务当代文化建设——访福建社会科学院副院长黎昕.中国社会科学报[N].2018年9月21日，第005版.

闽都文化与朱子理学

试论朱熹与古田九斋

潘 群

摘 要 朱熹（1130—1200），南宋思想家、哲学家、教育家。祖籍徽州府婺源县（今江西省婺源）。出生于福建尤溪，寓建阳，世称朱文公。

朱熹一生在外为官共9年。在朝担任皇帝侍讲仅40日。其绝大多时间从事讲学、研究学问、著书立说，形成理学体系。朱熹的《四书集注》及朱子理学的理学体系，成为封建社会科举考试的依据和教科书。

朱熹两度到福州十邑古田县讲学、收徒、培养人才，朱子文化在古田代代相传。自古流传有"朱子一日教九斋"的故事已家喻户晓。古田的士人学子，靠着代代正宗师表，一代一代人才脱颖而出，自南宋迄清考上举人、进士达90人。

关键词 朱子文化 培养门生 功德无量

南宋思想家、哲学家、教育家朱熹（1130—1200），出生于福建尤溪，寓建阳，世称朱文公。

朱熹一生在外为官共9年，在朝担任皇帝侍讲仅40日，其绝大多数时间从事讲学、研究学问、著书立说，形成理学体系。

朱熹前后创办书院4所，修复3所，门生遍天下。南宋著名书院，如白鹿洞书院、岳麓书院的重建，都得益于朱熹之功。他著作60部400多卷。他学问渊博，会诗、会词、识音律，善考证。主要著作有《周易本义》《四书集注》《楚辞集解》等。后世人编有《晦庵先生朱文公文集》

《朱子语集》等。他的大量著作阐发儒家思想。从事教育50多年，继承和发展"二程"学说，集理学之大成，视为理学正宗。他所创立的学派被称为"朱子学""闽学"对后世影响很大。

朱子理学明清两代被提到儒学正宗的地位。自元以来，历代科举均以其《四书集注》为标准，全世界有50多个国家研究朱子理学。

宋庆元二年（1196）"党禁"伊始，以朱熹为代表之理学被称为"伪学"。宋庆元三年（1197）朱熹被夺职罢祠、横遭迫害时，应林用中、林允中、余偶等门人邀请，于宋庆元三年（1197）三月间来古田避难。

朱熹入古田县境后，最初抵达县西十里的西山村。这里是林用中的老家。以后朱熹就在魁龙书院（俗称西山书院）讲学。

书院大厅正面大柱对联是借用古代联句书写："日月两轮天地眼；诗书万卷圣贤心。"如此大气的联句，挂在朱熹讲学过的书院中恰到好处。大厅两旁大柱上的联句为："紫阳过化延一脉；白鹿薪传有二林。""紫阳"是朱熹的别号。朱熹在古田魁龙书院等处讲学，可谓理学真源一脉长存。"白鹿"指白鹿洞书院。朱熹曾带领高足林用中到江西重兴白鹿洞书院。书院内有朱熹陈列室和藏书室供人参观。

朱熹抵县境后，又在溪山书院收徒讲学，并为之题匾。明邑人周于仁《溪山书院记》称：晦翁朱夫子避地至此，始拓其宇，曰："溪山第一。"清康熙年间，国子监祭酒余正健指地曰："昔紫阳夫子讲学是地，匾为'溪山第一'墨迹淋漓。"

清咸丰翰林院庶吉士、邑贤曾光斗为溪山书院大门两旁题联："此地含鸢鱼妙趣；斯人绍孔孟真传。"直到今天，本县耆老还在深深纪念这位传播文化的宋代圣贤。

朱熹曾题林择之《欣木亭》："危亭俯清川，登览自晨暮。佳哉阳春节，看此隔溪树。连林争秀发，生意各呈露。大化本无言，此心谁与晤。真欢水菽外，一笑和乐孺。聊复共徜徉，殊形乃同趣。"

此诗系朱熹为林择之（用中）在古田溪山书院所建的欣木亭而作。约写于庆元三年（1197），游览此亭，心态平和，即兴写成这首五言古体诗。全诗从写景入手，转而议论抒情，体味大自然造化之妙理及人间

孝悌之乐,并于择之共勉。

朱熹先后到县西十五里的浣溪村浣溪书院与县西北三十里螺坑村螺峰书院论道讲学,并留"文昌阁"匾一面。

朱熹写了《螺峰八景》,这八首七绝诗现已失传。至今还留下春夏秋冬《四季诗》四首——春:"晓起坐书斋,落花堆满径。只此是文章,挥毫有余兴。"夏:"古木披高阴,昼坐不知暑。会得古人心,开襟静无语。"秋:"蟋蟀鸣床头,夜眠不成寐。起阅案前书,西风拂庭桂。"冬:"瑞雪飞琼瑶,梅花静相倚。独占三春魁,深涵太极理。"

朱熹在古田以杉洋蓝田书院为中心,在古田境内的东斋(即蓝田书院)、西斋(擢秀书院)、谈书书院、兴贤斋以及溪山书院、魁龙书院、浣溪书院、螺峰书院、进贤书院等九所书院讲学,对古田县文化振兴和教育事业发展作出了很大贡献。

时代变化、沧海桑田,现在古田县仅存蓝田书院、溪山书院和魁龙书院等三所书院。

据介绍,蓝田书院始建于宋太祖开宝元年(968),是八闽最早的书院之一。史载:"唐员外郎永贞县令余仁椿系杉洋人捐资鼎建。"书院落成后,余仁椿考虑到寒门弟子求学之需,另"留田七十余亩,岁入谷八十石",收的田租用来资助余氏家族中的读书人。此后,蓝田书院还承担起对全村学子启智教化的"开愚蒙"之功用。

南宋庆元三年(1197),思想家、哲学家、教育家朱熹,应杉洋门人之邀,从建阳前来杉洋避祸和讲学,他题了"蓝田书院"四个大字刻于石块上,在蓝田大地播下了理学的种子。朱子白天读经论道,晚上则与门人一起,在聚星台上观星象,谈国事。

元明清和民国时期,蓝田书院曾多次重修。20世纪六七十年代,蓝田书院一度作为杉洋公社创办的农业中学校址。后来,农业中学停办。1976年10月,一场大火毁了书院,只剩遗址和朱子题的"蓝田书院"四个大字的一块刻石。2011年由乡贤余仁椿,先祖第三十三代裔孙、博士余云辉捐资500万元在原址上重建。

如今的蓝田书院坐北朝南,有两层楼。山川秀色与古建筑艺术融为一体，布局合理，典型别致，蔚为壮观。它成为杉洋人传承朱子文化等中国优秀传统文化的重要场所和千年古村文化地标。

我们走进大堂参观看到，正中挂着"万世师表"孔子的画像。大堂有数排学生课桌椅。大堂内两个高大深长的圆柱上题写着"春报南桥创叠翠，香飞翰苑野图新"和"雪堂养浩凝清气，月窟观空静我钟"。这四句诗充分展示了朱熹内心的强大和性格的倔强。他虽然身处逆境，遭朝廷权奸打压，人生处于低潮，依然保持不畏不惧、光明磊落的大家风范。这是朱老夫子墨迹，现在每逢周末，还举办国学讲堂，听众济济一堂，传统文化，代代相传。

值得一提的是，据介绍，传说朝廷权奸韩侂（音：tuō）胄派出的大内高手名叫康太保。他的任务就是千方百计找到朱熹并就地杀害。康太保扮成武士一路向东方向行进，来到古田的蓝田，进村后就听到蓝田书院里诗书之声传来。康太保看见这幅景象颇受吸引并受感染。作为一介武士，他十分崇敬和羡慕读书人。不论在朝廷还是在市井，早就听闻朱熹显赫的声名，是"帝王师"。今日得见这位学界泰斗，已是荣幸。学子门生如此之众，又如此受拥戴，怎么看都不像朝廷说的"朱熹是罪人""理学是伪学"……于是不忍拔剑杀害。

而朱熹见到康太保，以为是新来的学子，招呼他上前到讲堂参道。课后午时，朱熹留下这个新入门的"弟子"吃饭。饭桌上只有一盘蕨菜，一碗番薯米饭，再加一碟细盐。康太保不解，他以为朱熹做过官，又是学界泰斗，怎么如此寒碜？朱熹看出康太保的心思，当场念了一首五言绝句："乡井无兼味，盘飧粗菜好。白盐壮筋骨，蕨薯宜养浩。"康太保听后，再次受到感动。他想若不能杀害朱熹，回去就是个死。于是决定保全朱熹，自我了断，舍生取义，于是拔剑自刎于蓝田书院外路屋旁。蓝田百姓感念康太保的仁义举动，厚礼安葬，立庙祭祀。这个故事我们听后十分感动。

朱熹为古田县培养了许多门生子弟。林用中、黄干、余偶、余范等学子后来成为古田县各个书院的掌门人。因此，杉洋也出了状元余复和古田第一位进士李蘋。余隅、余范、李昂等都是朱文公的高徒。自宋迄清考上贡生、举人、进士的达90人，并出现了张以宁、余正健、甘国宝、曾光斗等一批历史风云人物。

我们在书院外面还看到为纪念朱熹功绩的"墨迹亭"和"洗墨池"。在院前看到一口洗墨池呈椭圆形，池水净洁清新。传说，朱熹在蓝田书院白天授徒讲学，晚上读书写作。在一个大雪纷飞的晚上，朱熹一直写作到半夜，仍不知疲倦。突然毛笔一伸，却发现砚台里已无墨水，剩下黑黑硬硬的墨汁。朱熹不忍心叫醒书童，自端起墨砚冒着风雪，到院前的水池去清洗，然后再回到书院继续写书。此后，只要山风吹来，水池里就会飘出阵阵墨香，当地人认为这是朱熹晚上洗墨砚的结果，于是将该池起名为"洗墨池"。

朱熹还为杉洋留下很多题字、楹联墨迹，如"忠孝廉节""行仁义事""存忠孝心"等，弥足珍贵。民居古厝里大厅还有一些对联，如"守祖宗一脉真传，克勤克俭；教子孙两条出路，惟读惟耕""礼门义路是一家规矩；经田艺圃真万代根苗"等，都很有哲理，给后人以教益。

溪山书院，因20世纪50年代国家"第一个五年计划"建设古田溪水电站，需要古田县旧城淹没，溪山书院也随之沉入翠屏湖中。后由县领导决定，在溪山书院遗址附近新建一座溪山书院，以纪念朱熹。该书院于2009年落成。让它成为弘扬理学文化的一个基地。

魁龙书院位于古田县城东街道西山村境内。该书院创建于宋代，清光绪年间重修后保存至今。占地面积429平方米，有900多年历史，是朱熹讲学时全县唯一幸存的书院，弥足珍贵。1992年被古田县人民政府公布为县级文物保护单位。

朱熹在古田的名人效应是日久弥坚，古田尊儒重教之风，更是历代流行。全县文化教育事业一直位居八闽前列，不愧为"紫阳过化之乡"。

参考文献

[1]《古田县志》清·乾隆版。

[2]《古田县志》民国版。

林用中：朱熹的古田籍高弟与畏友

游友基

摘　要　林用中是朱熹的古田籍高弟与畏友。他早年中进士，毅然弃举业而致力学问，改从朱子学习理学。参与两次重大讲学论道活动，一为从游潭州，参与岳麓会讲，登衡山与朱子、张栻相唱酬，后集为《南岳唱酬集》，东归与朱子以讲论问辩为事，一路亦有酬唱。二为白鹿讲学，与朱熹相砥砺，成为朱熹的畏友。在朱熹理学集大成与体系化的形成时期，作为朱熹"四大门人"（蔡元定、黄榦、范念德、林用中）之一，起了辅佐、促进的作用，成为朱子理学的辅创者之一。在日常生活、事务方面，是朱熹的得力助手。离开朱熹后，曾执教尤溪，办学古田，入幕闽帅赵汝愚府。"庆元党禁"中，坚定地与朱子站在一起，接朱子来古避难、讲学。朱熹去世后，将溪山书院改为"晦翁祠"，祠中供朱熹遗像及木主，继续宣传朱子理学思想。

关键词　高弟畏友　辅创理学　得力助手

朱熹（1130—1200），是继孔孟之后，中国历史上最为著名的思想家、哲学家、教育家。他一生以建立、弘扬理学为己任，从事教育五十载，门人广布闽浙赣皖湘粤，见于文献有姓名者达400余人，其中古田籍门人20余人。

林用中，字择之，号东屏，福建古田县西山村人，其生卒年不详，有文章认为生卒年为1136—1207年。

林用中是朱熹的古田籍高弟与畏友。

一、改从朱子

林用中早年从学于古田程深父、林大春（字熙之）、林鲁山（字师鲁）三先生。又从学于林光朝。林光朝（1114—1178），福建莆田人，隆兴元年（1163）登进士第，累官至国子监祭酒兼太子左谕德。曾在多个书院讲学，时间长达20余年。其办学在东南独树一帜，被人尊称为"南夫子"。以伊洛之学首倡东南，宋孝宗听其讲《中庸》赞不绝口，是位知名的理学家。

绍兴二十七年（1157），朱熹离同安主簿任，回崇安授徒讲学，从事著述活动。朱熹拜师李侗，承袭二程伊洛之学，建构朱子理学，一时名震闽北。林用中于隆兴元年（1163）赴京应试，中进士，毅然弃举业而致力学问。《古田县志》（乾隆版）载："（林用中）曰：'吾当求所谓明德新民止至善者以毕吾志。'闻朱子授徒建安，遂弃举业往从。"从乾道二年（1166）起，入夫子门而善其学，直到"庆元党禁"，30余年坚贞不渝，"从文公游最久"，终于成为朱子理学的助手和传人。

林用中追随朱熹初始，参与了两次重大的讲学论道活动，展示出卓异的才学风貌。

二、从游潭州

（一）岳麓会讲

乾道三年（1167），朱熹38岁，八月一日偕林用中、范念德（朱熹姻弟）从崇安起程，前往潭州（今长沙）与友人张栻探讨儒学。九月初八到潭州。时张栻官主湖南，并主管岳麓书院教事，亲自主讲于岳麓、城南两书院。他热情款待朱熹师生三人，并邀请朱熹在岳麓书院讲学，一时盛况空前，从各地赶来的听课者多达千人，一时舆马之众，饮池水立涸。"朱张会讲"乃岳麓书院史上一场盛事，开中国学术史、教育史会讲之先河。朱熹为岳麓书院讲堂手书"忠孝廉节"四字，后被书院奉为规训。讲学之间，又共同探讨学术难题。朱、张之间讨论的主要是《中庸》

中的"中和"、《太极》中的"太极"等问题,既有契合,又有分歧,未能相融。林用中经历会讲,拓宽了思路,增长了见识。此即潭州之行的"岳麓会讲"。

(二)南岳唱酬

朱熹和林用中到长沙讲论两个月后,与张栻一起游览南岳。是年十一月初六自潭城出发往南岳,初十至南岳山麓,十三日登山,十六日下山,凡七日。三人完全撇开讲论话题,以十分放松的心态寻求登山之乐,相互唱酬,得诗百余首。

诗词酬唱在中国诗史上已形成传统。北宋闽北人杨亿便编纂《西崑酬唱集》,这是杨亿、刘筠、钱惟演等17人的唱和诗集。景德二年(1005)九月,宋真宗命王钦若、杨亿等人编纂《册府元龟》,册府是宋代的藏书处秘阁,在秘阁参加编纂工作时的唱和诗集,称之为《西崑酬唱集》,取《穆天子传》"天子升于崑苍之丘,至于群玉之山,先王之所谓册府"之意。该集收杨亿诗75首,刘筠73首,钱惟演54首,其他人1至7首不等,计250首。参加酬唱的17人政治观点并不一致,甚至有很大分歧,但都反映了这些文学侍从之臣的思想感情。

《南岳唱酬集》集前有张栻序,称得诗百四十有九篇。朱熹在《东归乱稿·序》中也称得诗百四十余首。但后来收入《四库全书》中却只有五十七题。三人同赋,互相唱和,寄兴自然,抒写怀抱。表现出各自的思想境界、学识水平与诗歌创作艺术,可谓各具特色。而每一组唱酬诗,又能融为一体。论才情,似乎难分高下。林用中写诗之才气,并不亚于其师辈。朱熹与之亦师亦友,彼此之间无尊卑之别。

(三)东归问辩

游罢南岳,十一月二十三日,朱熹、林用中告别张栻,踏上东归之路。"道涂次舍,舆马杖履之间,专以讲论问辩为事。""以见吾党直谅多闻之益,不以游谈宴乐而废。""而间隙之时,感时触物,又有不能无言者,则未免以诗发之。"与林用中、范念德一路唱酬,共达200余篇,

集为《东归乱稿》。①

三、白鹿讲学

鹅湖论辩②归来，朱熹接受陆氏对其学说"流于支离"的批评，全神贯注地致力于理学思想的体系化。淳熙四年（1177）完成《四书集注》，成为他经学思想发展的新起点。

淳熙六年（1179）三月，朱熹受命知南康军州事。淳熙七年（1180）三月，朱熹修成白鹿洞书院，自为洞主，主持院务并亲自执教。林用中作为讲师跟随朱熹在此升堂讲说，黄榦、刘清之、林子武（熙之）等亦在讲师之列。白鹿洞书院内设宗儒祠，祠祀周（敦颐）、朱（熹），并以林用中等人从祀，从南宋至明、清，历代成规。白鹿洞历代祭祀的对象，有先圣、先儒、先贤、朱门等七大类。朱门所祀者即朱熹门人林用中、黄榦等人，以纪念他们为白鹿洞振兴做出的杰出贡献。

---

① 朱、张、林三人游山吟唱的《南岳唱酬集》连同朱熹的《东归乱稿·序》，朱、张两人的《南岳唱酬集·序》，均收入《四库全书》，连带还收入"朱子与林用中书三十二篇，用中遗事十条及朱子所作字序（指朱熹的《林用中字序》与《林允中字序》）二首。"（《四库全书》《提要》，文渊阁影印本，集部八，第1348册，第608页）《东归乱稿·序》见《朱熹集》（七），卷七十五，第3941页。

② 鹅湖论辩：淳熙二年（1175）五月十六日，朱熹、吕祖谦等人从建阳寒泉出发，前往铅山鹅湖寺与陆九渊、陆九龄兄弟相见。在此之前，朱熹在吕祖谦协助下编就《近思录》，简要明晰地阐述了二程的理学体系，与陆九渊兄弟的"心学"形成对立。这次论辩，来者众多，有知名的学者，还有当地知州等达官名流。陆氏兄弟从"道在吾心"出发，主张简易的发明本心，而反对朱熹的格物致知、读书穷理。在"教人"问题上进行争论。朱、陆之辩，两家各持己见，未能达成共识。虽因观点不同不欢而散，但仍体现了"君子和而不同"的气度。这是一次有深刻影响的盛会，开历史上学术辩论之风气。在返闽至闽赣分水岭时，朱熹吟诗赋感，作《过分水岭有感》："地势无南北，水汉有西东。欲识分中异，应知合处同。"对这次论辩活动做了总结。"今武夷响石岩有朱熹题刻：'何叔京、朱仲晦、连嵩卿、蔡季通、徐宋臣、吕伯恭、潘叔昌、范伯崇、张元善，淳熙乙未五月廿一日，晦翁。'（《闽中金石志》卷九、《崇安县志》卷十）此即是朱、吕赴鹅湖经武夷游览所留题，正可见随朱熹赴鹅湖之会之人。"（束景南《朱熹年谱长编》（卷上），华东师范大学出版社2001年版，第529—530页）摩崖石刻没有林用中名字，说明林用中没有参加这次鹅湖论辩的活动。

四、辅创理学

朱熹称林用中为"畏友""仕友""友人""同人"。朱熹在给其高弟、同安学者许顺之(许升)的信中说:"今岁却得择之在此,大有所益,始知前后多是悠悠度日。自兹策励,不敢不虔。"[1]在另一封给许顺之的信中说:"择之所见日精,工夫日密,甚觉可畏。如熹辈,今只是见得一大纲如此,不至堕落邪魔外道耳。若子细工夫,则岂敢望渠也。"[2]朱熹在给他的弟子与学友、邵武学者何叔京的一封信中说:"熹碌碌讲学亲旁,思索不敢废。但所见终未明了,动静语默之间,疵吝山积,思见君子,固所以洒濯之者而未可得。今年却得一林同人在此(名用中,字择之)相与讨论。其人操履甚谨,思索愈精,大有所益,不但胜己而已。"[3]在另一封给何叔京的信中说:"熹近来尤觉昏愦,无进步处。盖缘日前媮堕苟简,无深探力行之志。凡所论说,皆出入口耳之余,以故全不得力,今亦觉悟,欲勇革旧习而血气已衰,心志亦不复强,不知终能有所济否。今年有古田林君择之者在此,相与讲学,大有所益。区区稍知复加激励,此公之力为多也。"[4]朱熹在给林用中的一封信中说:"终日愦愦,自救不了……思与吾择之相聚,观感警益之助,何可得耶?瞻仰非虚言也。"[5]在另一封信中说:"相去既远,难得相聚,相聚往往又不能尽所怀,别后令人常有耿耿不满之意。后会不知复在何时。又不知便得相见,果能廓然,无许多遮障隔否。他人固难语此,而于择之犹不能无遗憾,不知择之又自以为如何也。"[6]"择之所造想日深,累日不闻益论,尘土满襟矣!"[7]给予林用中以高度评价。

---

[1] 郭齐、尹波点校:《朱熹集》(四),卷四十,四川教育出版社,《朱熹集》(四),卷三十九,第1779页。
[2] 《朱熹集》(四),卷三十九,第1781页。
[3] 《朱熹集》(四),卷三十九,第1860页。
[4] 《朱熹集》(四),卷四十,第1862页。
[5] 《朱熹集》(七),卷七十五,第3935页。
[6] 《朱熹集》(九)、《别集》卷六,第5476页。
[7] 《朱熹集》(九)、《别集》卷六,第5479页。

　　林用中在学问上与朱熹相砥砺，成为朱熹的畏友。

　　林用中毕竟是朱熹的门生，无论其理学根基之深广，还是学识之厚重，自不能与朱熹比肩。林用中曾请朱熹为他更名改字，朱熹于乾道二年（1166）三月撰《林用中字序》，曰："古田林子用中过予于屏山之下，以道学为问甚勤，予不能有以告也。然与之言累日，知其志之高，力之久，所闻之深而所至之不可量也。"朱子以"择之"字之，"精择而敬守之耳"。[1]这是对林用中的要求与勉励。朱熹作为严师，对择之治学十分严格，他在致林择之的许多信中，都询问其"不知进学功夫如何？深以为念也"。[2]指出择之缺点，望其改正，《答林择之》云："然择之向来亦颇有好奇自是之弊，今更当虚心下意，向平实处加潜玩浸灌之功，不令小有主张之意，则自益益人，功庶乎其两进矣。"[3]对具体的理论问题，朱子亦曾指出择之偏颇之处，要求他仔细深入考察之。如在另一封答林择之的信中，朱熹说："大抵近见择之议论文字诗篇及所以见于行事者，皆有迫切轻浅之意，不知其病安在？若如此书所论，则凡经典中说性命仁学处皆可删，而程、张诸公著述皆可焚矣。愿深察之，此恐非小病也。"[4]正是由于朱子精心培育，匡谬指正，择之才能学业大进，成为理学重要传人。

　　林用中参与二次重大学术活动时期，正是朱熹理学集大成与体系化的形成时期，林用中作为朱熹四大门人（另三位为蔡元定、黄榦、范念德）之一，他在这一过程中，起了辅佐、促进的作用，成为朱子理学的辅创者之一。林用中博学多思，穷究义理，对儒学的许多问题，都能提出独立鲜明的见解，得到朱熹的赏识。《答林择之》云："所答二公问（指《论语》中齐景公和鲁定公问政于孔子——引者）甚精当，熹亦尝答之，只说得大概，不能如此之密。"[5]又《答林择之》云："所论颜、孟不同处，

---

[1]　《朱熹集》（四），卷四十三，第2031页。
[2]　《朱熹集》（九）、《别集》卷六，第5481页。
[3]　《朱熹集》（九），卷四十三，第2039页。
[4]　《朱熹集》（九），卷四十三，第2054页。
[5]　《朱熹集》（四），卷四十三，第2030页。

极善极善！正要见此曲折，始无窒碍耳。"① 朱熹遇到某些要探究的问题，也会请林用中帮忙解疑，如对佛学的理解，对天文历法的探讨。其疑难之处，朱熹同样写信"更烦择之仔细询考"。又如对"太极"的讨论，其中一些具体问题，众说纷纭，朱熹也是"更请择之亦下一语，便中早见喻也"。②

五、得力助手

在日常生活、事务方面，林用中是朱熹的得力助手。

例一：被聘塾师。宋乾道二年（1166），林用中到崇安五夫里后，便被朱熹聘为塾师，负责其两个儿子的教育。朱熹在《与祝直清书》中提道："恨此中前辈寥寥，幸得古田林择之邀至家馆，教塾、塾二人，其见明切。"③

例二：筹办出书。朱熹"为贫谋食"，自乾道九年（1173）始，在当时被誉为"图书之府"的建阳崇化书市建立同文书院，撰著编印书籍出售。印务中的资金，多由林用中费力筹办。印书业中的编印出售业务，经费往来，朱熹也常交由林用中料理。

例三：代祭友人。林师鲁（芸谷）英年早逝，朱熹撰《祭芸谷文》委托林用中代为祭奠。朱熹门人程深父去世，朱熹也委托林用中代行师职，办礼设祭，"烦为于其灵前焚香点茶，致此微意"。④

林用中著有《东屏集》十五卷，由南宋理学家真德秀作序，惜未能传世。

《朱熹集》中朱熹给林用中的信札达55件，诗词唱和数十首。《朱子语类》问答中与林用中有关的也有数十条。师生文字往来之繁，不亚于张（栻）、吕（祖谦）、蔡（季通）等学者。从中可以想见林用中对朱子理学的形成和发展做出的杰出贡献。

---

① 《朱熹集》（四），卷四十三，第2030页。
② 《朱熹集》（九），卷四十三，第2054页。
③ 《朱熹集》（九）、《别集》卷六，第5481页。
④ 《朱熹集》（九），朱熹别集卷六，第5472页。

六、尤溪执教

宋乾道七年(1171),朱熹的朋友石子重在尤溪任知县,林有中也是石子重的朋友。石子重上任伊始,即延请林用中到尤溪办学。朱熹为石子重写的墓志铭《知南康军石君墓志铭》曰:"县故穷僻,学校久废,士寡见离,不知所以为学。君至,即命其友古田林用中来掌教事,而选邑子愿学者充弟子员……或异邦之人,皆裹粮来就学。……于是士始知学而民俗亦变。"①

据尤溪县《朱熹在尤溪的同道》一文记载,朱子在尤溪的同道共12人,林用中名列其二,所叙文字最多。林用中去世后,尤溪人士把他的神位列入名宦祠从祀名宦。

七、办学古田

林用中在尤溪掌教的时间不长。明万历版《古田县志·人物》载:"石宰尤溪,延掌学政,仅为一往,后不复出。"林用中在尤溪治教取得显著成效的时候遽然离去,其重要原因是,古田林宰为在本地兴学,请林用中回乡掌教。朱熹在答许顺之的信中提道:"尤川(即尤溪)学政甚肃,一方向风,极可喜。择之书来,云古田宰闻之亦欲效颦,果尔则石宰之化不止行于尤川矣!"②林宰果然把林用中请回古田办学。朱熹在给林用中的回信中说:"闻学中已成次第,甚喜。但尤川学者不无恨于遽去耳。更能到彼少留,以慰其意否?"③

林用中在古田掌教,取得可喜成绩。朱熹在给林用中的信中说:"闻县庠始教,闾里乡风之盛,足以为慰。"④林用中因林宰解官离任,很快也辞职。

林用中除了在尤溪和古田掌教一小段时间外,别无他事,仍然潜心

---

① 《朱熹集》(八),卷九十二,第4677页。
② 《朱熹集》(四)卷三十九,第1788页。
③ 《朱熹集》(九),朱熹别集卷六,第5474—5475页。
④ 《朱熹集》(九),别集卷六,第5478页。

他的理学研究。在朱熹身边时，则促膝论道；在古田家居时，则在溪山书院旁另建欣木亭和草堂，在那里精研潜修，有时也设帐授徒，对朱子理学在古田的传播起了引领作用。

林用中深得赵汝愚赏识。赵汝愚，乾道二年（1166）状元及第，南宋宗室大臣，曾任右丞相，系朱熹的好友。淳熙九年（1182），赵汝愚以集贤殿修撰出任福建军帅。林用中是朱熹高足，与朱熹的朋友、门人交谊深厚，学识渊博，从而赢得赵汝愚的器重。《八闽通志·人物》《古田县志》（乾隆版）俱载："赵汝愚帅闽日，尝亲过其门，访以政事。"就因这"亲造问政"，林用中曾被赵汝愚请往福州当幕僚。赵汝愚第二次出知福州时，于绍熙二年（1191）九月二十日写下《同林择之姚宏甫游鼓山》一诗，诗云："几年奔走厌尘埃，此日登临亦快哉。江月不随流水去，天风直送海涛来。故人契阔情何厚，禅客飘零事已灰。堪叹世人只如此，危栏独倚更徘徊。"此诗后刻于鼓山摩崖。

八、患难与共

朱熹曾否到古田等地避难，学界有两种看法：一种认为没有，一种认为有。本文从后者。

庆元初年，奸相韩侂胄专权，朱熹等人的道学被斥为"伪学"，一场严酷的"党禁"拉开帷幕。朱熹等59人都被斥为"伪党""逆党"，及至"死党"。朱熹好友赵汝愚被罢相。朱熹在所谓"伪党""逆党"中名列第五，于庆元元年（1195）遭落职罢祠，回到武夷冲佑观避祸。庆元二年，"党禁"不断升级，与"伪学"有牵连的官员或贬或罢，大批理学经典著作都要被毁。朱熹还被监察御史罗列十大罪状上奏。有人甚至上书乞斩朱熹。朱熹最得意的门人之一蔡元定遭遣送管制，客死途中；朱熹好友赵汝愚罢相后于庆元二世（1196）暴死衡州；朱熹女婿黄榦也被株连问罪。建阳因是朱熹理学的根据地，建阳县令遭降级，并令其永不得任地方官……《宋史》载："方是时，士之绳趋尺步，稍以儒名者，无所容其身。从游之士，特立不顾者，屏伏丘壑；依阿巽懦者，更名他师，过门不入，甚至变易衣冠，狎游市肆，自别其非党。"这些给予朱熹以沉重打击，他在危难之中很希望得到朋友、门人的慰藉。他曾写信给林用中，问"秋冬间能同扩之一来慰此哀苦否"？① 同时，他也十分关心林用中兄弟的安危，写信告诫林用中："某杜门如昨，无足言者。但吾人罪戾踪迹显不可掩，只得屏迹念咎，切不可多与人往来，至如时官及其子弟宾客之属，尤当远避，勿与交涉，乃可自安。此不惟择之当深戒之，如扩之亦不可不知此意也。"②

遭受仇敌猛烈攻击，朱熹随时可能大难临头。

以林用中为代表的一批古田籍朱熹门人，表现了对理学的坚定理念和尊师的一片忠心，他们要和朱熹患难与共。"党禁"方严，林用中和朱熹照常往来，师生互相慰藉，仍坚持理学研究。赵汝愚病逝后，林用中到赵汝愚的故里江西余干吊唁，返乡时到朱熹处议论党禁之祸。考虑到朱熹在闽北的危难，林用中兄弟和其他几位古田籍门人便把朱熹接到古田来避难。庆元三年（1197）年初，林用中等人侍陪朱熹从建阳南下，行舟至古田县水口镇稍事休整。朱熹触景生情，写下《水口行舟二首》。其一："昨夜行舟雨一蓑，满江风浪意如何？今朝试揭孤篷看，依旧青山绿树多。"其二："郁郁层峦夹岸青，春山绿水去无声。烟波一棹知何许，鹈鴃（音：tí jué）两山相对鸣。"朱熹借自然景观的描述，抒写尽管罹难，对理学前程仍充满乐观的心境。

古田县城有溪山书院，该书院始建于宋淳化二年（991），林用中的家乡西山村离书院不远。林用中曾执教其中。后林用中又在书院旁建草堂和欣木亭。朱熹到古田后，林用中兄弟安排朱熹在书院安顿下来，并设帐讲学。

朱熹为溪山书院题"溪山第一"四字，后刻石嵌于书院门顶，并在报恩寺书"不贰室"三字。据《古田县志》（民国版），朱熹还游览了平湖镇富达畲族村，写下《蓝洞记》一文。朱熹在乾道四年（1168）曾为林用中所建的欣木亭作《题林择之欣木亭》诗："危亭俯清川，登览自晨暮。

---

① 《朱熹集》（九），别集卷六，第5482页。
② 《朱熹集》（九），别集卷六，第5482页。

佳哉阳春节，看此隔溪树。连林争秀发，生意各呈露。大化本无言，此心谁与晤？真欢菽水外，一笑知乐儒。聊复共徜徉，殊形乃同趣。"此次得以亲临观赏。

其时，他除了在溪山书院讲学外，还"往来于三十九都徐、廖二大姓，尝书'大学户庭，中庸阃奥；文章华国，诗礼传家。'螺峰、浣溪、杉洋诸所，皆其游息而训诲也。文公尝曰：'东有余李，西有黄魏。'盖自纪其众乐云"。①

风声仍紧，古田县城亦非久安之地。于是，依杉洋的门人余隅、余范等人邀请，林用中等人护送朱熹到边远的杉洋镇避难。在杉洋期间，朱熹在林用中等人陪同下，浏览了的几处名胜，如杉洋的三井瀑布、卓洋乡的廖厝温泉森林等。

在古田，朱熹加紧其《楚辞集注》的撰述。他在古田时"得古田一士人所著《补音》一卷，亦甚有功"，因而朱熹又编写了《楚辞音考》，计划附于《楚辞集注》一书之后。朱熹在蓝田书院讲学之时，还为蓝田书院留下了许多珍贵的墨迹。如题"文运昌明"横匾置于文昌阁阁门之上；题"引月"二字，署"茶仙"，后刻石于留云洞不远处天然泉水池，等等。

之后，应长溪（今霞浦）等地的门人坚请，由林用中、余隅等人一路护送朱子至长溪，继续在闽东避难、讲学。

庆元五年（1198）朱熹回到建阳考亭。朱熹病重期间，林用中兄弟到建阳问候。林用中的同乡、同门林子武在朱熹易箦之日还侍奉在侧。庆元六年（1200）三月朱熹病逝，享年71岁。

朱熹去世后，林用中将溪山书院改为晦翁祠，祠中供朱熹遗像及木主。

作为朱熹的高弟和畏友，林用中去世后，古田县令洪天锡匾其门曰"通德"，并为之在县城立牌坊，后改为"承流"。林用中神座也被邑人祀于晦庵祠，"历元迄明，有常享"。同时，其神位还以教谕的身份入福州府先贤祠。

---

① 福建省古田县地方志编纂委员会整理：乾隆《古田县志》，1987年版，第340页。

闽都文化与朱子理学

明代一统志所载朱熹与福州关系史料考

刘 涛

摘 要 针对《寰宇通志》《大明一统志》所载朱熹与福州关系史料,目前学术界尚未对此进行研究,通过考证其内容真实性,考察其内容变迁、书写特点、史料来源,揭示其史料价值、存在的问题、产生的历史影响、明朝对朱熹和福州渊源的态度及其变化,还原其文本书写过程,分析其成因与目的。据此提出新时期朱熹与福州关系研究,应在文献分析的基础上,重点进行文本分析,方能达到重建史实的建议。

关键词 《寰宇通志》 《大明一统志》 朱熹 福州 文本书写

《寰宇通志》《大明一统志》最早版本是目前所见最早记载朱熹与福州关系史料的一统志,反映了福州在朱子理学的历史地位,对后世地方志书写产生了深远的影响。

目前,学术界关于朱熹与福州关系研究,虽已述及《寰宇通志》《大明一统志》,却未进行系统考察。刘崴《〈寰宇通志〉的价值及其缺陷》一文引用朱熹《林用中字序》,考证《寰宇通志》所载林择之字用中有误,却未述及《大明一统志》沿用《寰宇通志》记载,导致以讹传讹,直至《八闽通志》已对此做出修订。[①]廖明飞的《陈荣捷(朱子门人)商兑》一文述及朱熹福州籍门人杨复,引用《大明一统志》作为早期史料认为陈荣捷的《朱子门人》一书怀疑杨复是朱熹门人立论不足,却未述及《寰宇通志》的已载杨复事迹。[②]

朱熹门人以福建籍为主,作为福建省城的福州,具有重要的意义与现实价值。鉴于此,本文主要运用景泰七年(1456)《寰宇通志》、天顺五年(1461)《大明一统志》以及正史、地方志、文集等史料,还原《寰宇通志》《大明一统志》所载朱熹与福州关系史料生成的历史情境,以期达到为新时期朱熹与福州渊源研究提供新的路径。

一、《寰宇通志》所载朱熹与福州关系内容及其问题

《寰宇通志》所载朱熹与福州关系涉及《书院》《楼阁》《名宦》《人物》等四个部分,可分成建筑、人物两大类。

(一)建筑

1. 书院

首先,《寰宇通志》所载朱熹相关书院,述及朱熹题匾书院,即时属福州的古田县浣溪书院、螺峰书院、蓝田书院等三座书院。

浣溪书院,在古田县西,宋时建。螺峰书院,在古田县西,宋时建。蓝田书院,在古田县东,宋时建。以上三书院俱朱文公书匾。

该志所载未见淳熙《三山志》以及《舆地纪胜》《方舆胜览》,目前所见《元一统志》亦未见相关记载,该志所载应出自元朝致和元年(1328)《三山续志》,但该志未见《寰宇通志》所列"引用书目"名单。

(1)浣溪书院

[①] (明)彭时等纂修:《寰宇通志》第17册,卷45《福建等处承宣布政使司·福州府》,天津图书馆藏,景泰七年(1456年)刻本,第8页。按,中国国家图书馆版本项作"明景泰(1450—1456)",未明确刻本具体时间,根据该志卷首明代宗《御制寰宇通志序》"景泰七年五月十五日",予以修订,详见(明)彭时等纂修:《寰宇通志》卷首《寰宇通志序》,第5页。

[②] (明)彭时等纂修:《寰宇通志》第1册,卷首《寰宇通志引用书目》,第1页—4页。

朱熹为该书院题匾实则位于该书院当中的夫子庙。《八闽通志》载：

> 浣溪书院，在八都伪闽附马魏鹏祠堂之旁。宋时建。中有夫子庙，朱文公书匾。①

此"伪闽"指闽国。"附马"应改作"驸马"。该书院位于古田县八都闽国驸马魏鹏祠堂旁，宋代时兴建书院，书院中有夫子庙，朱熹为之题匾。

（2）螺峰书院

该书院在明代中期已废。《八闽通志》载：

> 螺峰书院，在县西九都螺坑，宋时建，今废，唯存"文昌阁"三字，朱文公所书也。②

此"今"指该书院在《八闽通志》修纂之际已无存，唯独保留朱熹为该书院所题"文昌阁"匾额。

（3）蓝田书院

该志最早记载该书院建于宋代。蓝田书院兴建时间先后出现宋代说、南唐说。宋代说始载《寰宇通志》。南唐说始载《八闽通志》：

> 蓝田书院，在县东三十六都杉洋。南唐员外郎余仁椿创建，中有夫子庙，朱文公书匾，盖其门生余隅所立也。③

此二说孰是孰非？《寰宇通志》是目前所见最早记载蓝田书院史料，

---

① （明）黄仲昭修纂，福建省地方志编纂委员会旧志整理组、福建省图书馆特藏部整理：《八闽通志》（下册），福建人民出版社1991年版，第5页。
② （明）黄仲昭修纂，福建省地方志编纂委员会旧志整理组、福建省图书馆特藏部整理：《八闽通志》（下册），第6页。
③ （明）黄仲昭修纂，福建省地方志编纂委员会旧志整理组、福建省图书馆特藏部整理：《八闽通志》（下册），第6页。

应以较早成书的《寰宇通志》始载为是。但《八闽通志》述及朱熹为该书院题匾具体方位是夫子庙，以及朱熹题匾与其门人余隅有关是可信的。

《寰宇通志》所载朱熹福州书院题匾是目前所见最早史料，然而，该志也存在不足，如该志未载朱熹两处题匾书院。

《八闽通志》载：

> 兴贤斋，在三十五都龙津境，朱文公门人余范建，文公为其门匾曰"兴贤斋"。①

> 西斋，在三十六都杉洋镇之西。朱文公门人余隅、余范读书之所。其匾亦朱熹所书也。②

兴贤斋、西斋之所以未载《寰宇通志》，究其原因应与此二斋其时已成民居有关。《八闽通志》载："自嵩高书院至此凡七所，元季俱废，其址今为民居"，③"嵩高书院至此凡七所"依次是嵩高书院、蓝田书院、螺峰书院、魁龙书院、东华精舍、兴贤斋、西斋，④兴贤斋、西斋在元末已废，此"今"指《八闽通志》修纂之际，二斋其时已成民居，无论《寰宇通志》修纂之际是否已成民居，但元末已废，因此未被列入福州书院名单。

2. 楼阁

《寰宇通志》所载朱熹相关楼阁，述及朱熹曾为之撰写记文的福州儒学经史阁。

---

① （明）黄仲昭修纂，福建省地方志编纂委员会旧志整理组、福建省图书馆特藏部整理：《八闽通志》（下册），第6页。
② （明）黄仲昭修纂，福建省地方志编纂委员会旧志整理组、福建省图书馆特藏部整理：《八闽通志》（下册），第6页。
③ （明）黄仲昭修纂，福建省地方志编纂委员会旧志整理组、福建省图书馆特藏部整理：《八闽通志》（下册），第6页。
④ （明）黄仲昭修纂，福建省地方志编纂委员会旧志整理组、福建省图书馆特藏部整理：《八闽通志》（下册），第6页。

经史阁,在府学,宋教授常濬孙建,朱文公作记①。

该志所载采自朱熹《福州州学经史阁记》。

经史阁沿革。淳熙《三山志》载:"有《御史》《稽古》阁二(即旧九经阁也。后改名经史)。"②正德《福州府志》载"崇宁元年""有《御书》《稽古》阁二",③又云"绍熙四年重修经史阁,即旧《御书》《稽古》阁也",④经史阁初名九经阁,后改名《御书》《稽古》阁,建于崇宁元年(1102),绍熙四年(1193)重修。

所谓"朱文公作记",指朱熹所撰《福州州学经史阁记》,⑤该记述及"绍熙四年,今教授临邛常君濬孙始至""又为之益置书史,合旧为若干卷,庋故御书阁之后,更为重屋以藏之;而以书来请记其事""凡阁之役,始于庆元初元五月辛丑,而成于七月戊戌",⑥"今教授临邛常君濬孙始至"指时任福州儒学教授常濬孙。经史阁于庆元元年五月十七日辛丑(1195年6月26日)动工修建,在是年七月十五日戊戌(8月22日)落成,朱熹应请为之作记。

《寰宇通志》所载经史阁为常濬孙所建,实则重修并改名,非其所"建",应改作"初为九经阁,后改名《御史》《稽古》阁,教授常濬孙重修,改名经史阁"。

(二)人物

《寰宇通志》所载与朱熹相关的福州历史名人,见载《名宦》《人物》两方面,即宦游福州的朱熹门人、朱熹福州籍门人两部分,分述如下。

---

① (明)彭时等纂修:《寰宇通志》(卷45)《福建等处承宣布政使司·福州府》,第8页。
② (宋)梁克家纂修:淳熙《三山志》,中华书局编辑部编:《宋元方志丛刊》第8册,中华书局1990年版,第7857—7858页。
③ (明)叶溥、(明)张孟敬纂修,福州市地方志编纂委员会整理:正德《福州府志》(下册),海风出版社2001年版,第547页。
④ (明)叶溥、(明)张孟敬纂修,福州市地方志编纂委员会整理:正德《福州府志》(下册),第548页。
⑤ (明)黄仲昭修纂,福建省地方志编纂委员会旧志整理组、福建省图书馆特藏部整理:《八闽通志》(下册),第930—931页。
⑥ (明)黄仲昭修纂,福建省地方志编纂委员会旧志整理组、福建省图书馆特藏部整理:《八闽通志》(下册),第931页。

1. 名宦真德秀

《寰宇通志》所载朱熹门人名宦仅真德秀一人。该志称"真德秀，仕宋知福州，专务宽民力"。① 真德秀是朱熹高足，该志却未提及其朱熹门人身份。

事实上，真德秀与福州籍朱熹门人及其后人交往密切。根据《寰宇通志》所载福州《人物》相关朱熹门人，真德秀先后为朱熹门人林择之文集、郑自诚文集《日湖文集》作序，推荐朱熹门人陈孔硕之子陈铧（音：wěi）出任要职等。

（1）为林择之文集作序。

《寰宇通志》载："林择之，字用中，古田人。与建安蔡季通齐名，朱文公每称用中为畏友""有《草堂集》，真德秀为序"。② 林择之是福州古田县人，为朱熹"畏友"，所著《草堂集》获真德秀作序，《西山文集》未见真德秀为林择之所撰《草堂集》序，该志可填补这一空白。

（2）为郑自诚文集《日湖文集》作序及其与郑自诚后人交往。

《寰宇通志》所载"郑自诚"，③ 即郑性之。《八闽通志》载："郑性之，字信之，初名自诚，后改今名。侯官人。弱冠游朱文公之门。"④ 真德秀在绍定二年（1229年）撰写《日湖文集序》，"《日湖集》者，故观文殿学士长乐郑公所为文也"，⑤ 此"长乐郑公"指郑性之，实则长乐县人，⑥ 其时为"绍定二年九月甲申"。⑦ 真德秀回顾与郑自诚交往以及应郑自诚

---

① （明）彭时等纂修：《寰宇通志》（卷45）《福建等处承宣布政使司·福州府》，第13页。
② （明）彭时等纂修：《寰宇通志》（卷45）《福建等处承宣布政使司·福州府》，第15页。
③ （明）彭时等纂修：《寰宇通志》（卷45）《福建等处承宣布政使司·福州府》，第15页。
④ （明）黄仲昭修纂，福建省地方志编纂委员会旧志整理组、福建省图书馆特藏部整理：《八闽通志》（下册），第447—448页。
⑤ （宋）真德秀撰：《钦定四库全书》（集部四·别集类三·宋），乾隆四十六年（1781年）抄本，卷28，《序中》，第24页。
⑥ （明）黄仲昭修纂，福建省地方志编纂委员会旧志整理组、福建省图书馆特藏部整理：《八闽通志》下册，第468页。
⑦ （宋）真德秀撰：《钦定四库全书》（集部四·别集类三·宋），乾隆四十六年（1781年）抄本，卷28，《序中》，第26页。

之子郑逢辰邀请，为郑自诚文集作序，"岁在己卯，以文编见寄温陵，属使序引。念公方舆，闻大政不敢剧为也。岁月飚驰，距今十稔，而云门之木拱矣。公之子逢辰，又数征前诺，挂剑之谊，其敢有忘，辄论次说如此"。①

（3）与陈孔硕之子陈铧交往密切。

陈铧，字子华，孔硕子。与真德秀善，德秀荐为福建提刑招讨使，悉平闽寇，一道安堵。②

此"孔硕"指陈孔硕，其是"福州人。朱文公高弟"。③真德秀推荐陈铧出任福建提刑招讨使，真德秀有此举实则源于陈孔硕曾派陈铧率领招募来的义士击破引金兵攻打淮东的胡海。《八闽通志》载：陈孔硕"在淮东，叛寇胡海挟金虏来袭，遣子铧将募死士迎击破之"，④此"铧"指陈铧，陈孔硕时任淮东提举常平。陈铧淮东事功为真德秀所知，据此加深了对陈铧军事才能的了解，促使其推荐陈铧，陈铧不负真德秀期望，最终平定福建动乱。

真德秀《招捕使陈公平寇录序》，⑤此"陈公"指陈铧，述及"绍定四年，汀、剑、邵之寇平，剑人生祠陈公，予书其事于石后二年，太守黄侯又辑其事为录，属予序之"，⑥真德秀于序中虽未述及其与陈铧共同的朱熹渊源，实则真德秀序文字背后即此渊源，正是此朱熹渊源促使真德秀先后两次歌颂陈铧平乱事功。

2. 朱熹福州籍门人

《寰宇通志》先后为朱熹福州籍门人林择之、陈孔硕、潘柄、黄榦、

---

① （宋）真德秀撰：《钦定四库全书》（集部四·别集类三·宋），乾隆四十六年（1781年）抄本，卷28，《序中》，第26页。
② （明）彭时等纂修：《寰宇通志》（卷45）《福建等处承宣布政使司·福州府》，第16页。
③ （明）彭时等纂修：《寰宇通志》卷45《福建等处承宣布政使司·福州府》，第15页。
④ （明）黄仲昭修纂，福建省地方志编纂委员会旧志整理组、福建省图书馆特藏部整理：《八闽通志》（下册），第457页。
⑤ （宋）真德秀撰：《西山文集》（卷29）《序下》，第22页—24页。
⑥ （宋）真德秀撰：《西山文集》（卷29）《序下》，第22页。

杨复、余隅、林夔孙、程若中等八人立传。其中，林择之传述及其弟林允中亦师从朱熹，该志记载九位朱熹门人。

（1）林择之

林择之，字用中，古田人。与建安蔡季通齐名，朱文公每称用中为畏友，季通为老友。弟允中，从文公游。有《草堂集》，真德秀为序。①

（2）陈孔硕

陈孔硕，字肤仲，福州人。朱文公高弟，仕宋为尚书郎，卒，祠于学。②

（3）潘柄

潘柄，字谦之，侯官人。年十六有志于道。朱文公悉以所学授之。平生多有著述，如《易解》《尚书解》之类，号瓜山先生。卒，祠于三山书院。③

（4）黄榦

黄榦，字直卿，闽县人，号勉斋先生。师事朱文公，文公以女妻之。官至太府寺丞，有《讲义》及《论语》《口释》，文集行之世。④

（5）杨复

杨复，字志仁，长溪人。受业朱文公，与黄榦相友善。著《祭礼》十四卷、《仪礼图》十四帙，又有《家礼杂说附注》二卷。⑤

（6）余隅

余隅，字占之，古田人。朱门高弟，有《克斋文集》传于世。⑥

---

① （明）彭时等纂修：《寰宇通志》（卷45）《福建等处承宣布政使司·福州府》，第15页。
② （明）彭时等纂修：《寰宇通志》（卷45）《福建等处承宣布政使司·福州府》，第15页。
③ （明）彭时等纂修：《寰宇通志》（卷45）《福建等处承宣布政使司·福州府》，第15页—15页。
④ （明）彭时等纂修：《寰宇通志》（卷45）《福建等处承宣布政使司·福州府》，第15页。
⑤ （明）彭时等纂修：《寰宇通志》（卷45）《福建等处承宣布政使司·福州府》，第15页—16页。
⑥ （明）彭时等纂修：《寰宇通志》（卷45）《福建等处承宣布政使司·福州府》，第16页。

（7）林夔孙

林夔孙，字子武，古田人，号蒙谷。朱文公门人，有《蒙谷集》《书本义》行于世。①

（8）程若中

程若中，古田人，师事朱文公，躬行无伪，终身不违于礼，卒，有《槃涧集》。②

上述九位福州籍朱熹门人是目前所见最早记载福州籍朱熹门人的史料，为解决朱熹门人传承问题多有裨益。如该志《杨复传》是目前所见最早记载杨复师承关系史料，应以该志所载为是，即杨复实则仅是朱熹门人，与黄榦相友善，并非黄榦门人。

3. 文本书写存在的问题

然而，《寰宇通志》所载朱熹福州籍门人亦存在一些问题，除"林择之，字用中"应改作"林用中，字择之"外，主要体现在以下三个方面：

其一，所载福州籍朱熹门人生平事迹不完整，体现在以下两人：

（1）林择之

该志所载林择之生平事迹不完整。《八闽通志》载林用中"张栻守潭州，文公偕用中往访之，聚首年余，有《南岳唱酬集》"。③

（2）潘柄

该志未载潘柄与其兄潘植奉其父潘滋之命师从朱熹。《八闽通志》载：

> 潘植，字立之，怀安人。父滋，贡于乡，为李樗、林之奇高弟，黄干尝受学焉。植以父命与弟柄往武夷从朱文公游。工于文，不赴

---

① （明）彭时等纂修：《寰宇通志》（卷45）《福建等处承宣布政使司·福州府》，第16页。

② （明）彭时等纂修：《寰宇通志》（卷45）《福建等处承宣布政使司·福州府》，第16页。

③ （明）黄仲昭修纂，福建省地方志编纂委员会旧志整理组、福建省图书馆特藏部整理：《八闽通志》（下册），第457页。

场屋，励志前修，专以务实为己为本，师友交称之。①

此"黄干"应作"黄榦"，是朱熹的门生兼女婿，曾师从潘滋，加深了潘滋对朱子学说的了解，促成潘滋命其二子潘植、潘柄师从朱熹。"师友"指潘植所在的朱门师友。《寰宇通志·潘柄传》应补"父滋命与兄植，从文公游"。

（3）敖陶孙

该志所载敖陶孙传未述及敖陶孙与朱熹的交往情况。该志仅载敖陶孙就读太学期间曾题诗悼念赵汝愚，"宋禁伪学，陶孙为太学生，赋诗吊赵汝愚"。②

然而，事实上，敖陶孙就读太学期间曾题诗相赠朱熹。《八闽通志》载：

> 敖陶孙，字器之，福清人。……弱冠魁乡荐，遂补入太学。韩侂胄用事，逐朱文公，陶孙首以诗送之。③

（4）郑自诚

该志未载郑自诚师从朱熹：

> 郑自诚，字信之，闽清人，宋嘉定初进士第一，后更名性之，官至枢密院事，有《端平奏议》及与陈均同修《宋编年备要》行于世。④

---

① （明）黄仲昭修纂，福建省地方志编纂委员会旧志整理组、福建省图书馆特藏部整理：《八闽通志》（下册），第460页。
② （明）彭时等纂修：《寰宇通志》（卷45）《福建等处承宣布政使司·福州府》，第15页。
③ （明）黄仲昭修纂，福建省地方志编纂委员会旧志整理组、福建省图书馆特藏部整理：《八闽通志》（下册），第474页。
④ （明）彭时等纂修：《寰宇通志》（卷45）《福建等处承宣布政使司·福州府》，第15页。

郑自诚实则朱熹门人。《八闽通志》载：

> 郑性之，字信之，初名自诚，后改今名。侯官人。弱冠游朱文公之门。①

为何该志未载郑自诚曾师从朱熹？究其原因应与《宋史·郑性之传》未载郑性之师从朱熹有关。②

二、《大明一统志》对《寰宇通志》的改写

《大明一统志》所载朱熹与福州关系涉及《书院》《宫室》《名宦》《人物》等四个方面，可分成与福州有关的非福州籍历史名人、朱熹福州籍门人两大类。

（一）与福州有关历史名人

《大明一统志》所载与福州有关的非福州籍历史名人包括朱熹及其非福州籍门人，即名宦，主要体现在该志所载《书院》《宫室》《名宦》三个部分，具体分述如下。

1. 建筑

《大明一统志》所载与朱熹有关的福州建筑，体现在《书院》《宫室》两部分。

（1）书院

该志仍然述及时属福州的古田县浣溪书院、螺峰书院、蓝田书院等。

> 浣溪书院，在古田县西，宋时建。螺峰书院，在古田县西，宋时建。蓝田书院，在古田县东，宋时建。以上三书院俱朱熹书扁。③

---

① （明）黄仲昭修纂，福建省地方志编纂委员会旧志整理组、福建省图书馆特藏部整理：《八闽通志》（下册），第447—448页。
② （元）脱脱等撰：《宋史》（第36册），中华书局1977年版，第12549页。
③ （明）李贤等修：《大明一统志》（卷74）《福建布政司·福州府》，中国国家图书馆藏，天顺五年（1461）刻本，索取号：地87/734，第9页。

该志引用《寰宇通志》所载，述及朱熹题匾书院，但将"朱文公"改作"朱熹"。

（2）宫室

该志仍载福州儒学经史阁。

经史阁，在府学，宋教授常濬孙建，朱熹作记。①

该志将经史阁由《寰宇通志》所载《楼阁》移入《宫室》，②并将"朱文公"改作"朱熹"。

2.朱熹门人中的福州名宦

《大明一统志》增补朱子门生真德秀福州宦绩，又为朱熹门人傅伯成立传，述及傅伯成连江宦绩。

（1）真德秀

真德秀，端平初知福州，戒所部无滥刑横敛，无徇私黩货，罢市令司。属县里正苦督赋，革之；苦贵籴，便宜发常平振之；海道寇纵横，次第禽之。③

该志虽然沿用《寰宇通志》记载，继续为真德秀立传，但该志《真德秀传》内容却采自《宋史·真德秀传》。

《宋史·真德秀传》载真德秀福州宦绩：

> 弥远薨，上亲政，以显谟阁待制知福州。戒所部无滥刑横敛，无徇私黩货，罢市令司，曰："物同则价同，宁有公私之异？"闽县里正里正苦督赋，革之。属县苦贵籴，便宜发常平振之。海寇纵横，次第禽殄之。④

该志《真德秀传》采编《宋史·真德秀传》时做了部分改动，体现在以下三个方面：

---

① （明）李贤等修：《大明一统志》（卷74）《福建布政司·福州府》，第10页。
② （明）李贤等修：《大明一统志》（卷74）《福建布政司·福州府》，第10页。
③ （明）李贤等修：《大明一统志》（卷74）《福建布政司·福州府》，第15页。
④ （元）脱脱等撰：《宋史》（第37册），中华书局1977年版，第12963页。

其一，增载真德秀知福州时间。该志将"弥远薨，上亲政"之际到任福州，即权臣史弥远去世后，宋理宗亲政之际，改为"端平初"。

其二，将闽县问题泛称为属县。该志将"闽县里正里正苦督赋"改作"属县里正苦督赋"。

其三，该志省略部分内容。该志将"海寇"改作"海道寇"，又将"次第禽殄之"改作"次第禽之"。

（2）傅伯成

《大明一统志》增载朱子门生傅伯成知连江县宦绩：

> 傅伯成，知连江县。东湖溉田余二千顷。堤坏，即下流南港，为石堤三百丈，民蒙其利。①

傅伯成是朱熹高足，"少从朱熹学"②。

该志《傅伯成传》采自《宋史·傅伯成传》，《宋史·傅伯成传》载：

> 改知闽清县。丁父艰，服除，知连江县。东湖溉田余二千顷，堤坏。即下流南港为石堤三百尺，民蒙其利。③

傅伯成知连江县前已宦游福州，知闽清县。该志将"三百尺"写作"三百丈"，到底孰是孰非？根据《八闽通志》作"三百尺"④，应以《宋史》所载为是，《大明一统志》所载有误，"丈"应改作"尺"，究其原因应是抄录之误所致。

（二）福州籍主要朱熹门人

《大明一统志》以黄榦作为朱熹福州籍门人代表。

---

① （明）李贤等修：《大明一统志》（卷74）《福建布政司·福州府》，第15页。
② （元）脱脱等撰：《宋史》（第36册），第12441页。
③ （元）脱脱等撰：《宋史》（第36册），第12441页。
④ （明）黄仲昭修纂，福建省地方志编纂委员会旧志整理组、福建省图书馆特藏部整理：《八闽通志》（上册），福建人民出版社1990年版，第787页。

黄榦，闽县人，父瑀，高宗时御史，以笃行直道著闻。榦师事朱熹，熹以女妻之。历官汉阳军、安庆府，皆有善政。在位者忌其声誉，群起挤之，榦遂归里，弟子日盛，没谥文肃。所著有经解、文集。①

1.针对《寰宇通志》改动

该志《黄榦传》虽然参考《寰宇通志·黄榦传》记载，内容上却大加改动，体现在以下三个方面：

其一，省略传主字号。该志省略黄榦字号。

其二，增加两处史料。首先，该志增加黄榦之父黄瑀生平事迹。其次，该志增加黄榦主要任职及其宦绩、仕途折戟原因、谥号、讲学，并改动其著述，将"《讲义》《论语》《口释》"改作"经解、文集"。

其三，直书朱熹名讳。该志将"朱文公"改作"朱熹"，又将"文公"改作"熹"。

2.据《宋史》增补史料

《大明一统志·黄榦传》增补史料采自《宋史·黄榦传》，体现在以下四个方面：

其一，黄榦之父黄瑀仕宦及宦绩。《宋史》载黄榦"父瑀，在高宗时为监察御史，以笃行直道著闻"，②该志将《宋史》所载黄瑀任职"监察御史"简称"御史"，摘抄《宋史》所载黄瑀宦绩"以笃行直道著闻"。

其二，述及黄榦仕宦情况。该志述及黄榦汉阳军、安庆府任职及其宦绩，究其原因应与黄榦汉阳军、安庆府宦绩较为突出有关。

（1）知汉阳军

《宋史》详载黄榦知汉阳军宦绩：

> 寻知汉阳军。值岁饥，籴客米、发常平以赈。制置司下令，欲移本军之粟而禁其籴，榦报以乞候榦罢然后施行，及援鄂州例，十之一告籴于制司。荒政具举。旁郡饥民辐辏，惠抚均一，

---

① （明）李贤等修：《大明一统志》（卷74）《福建布政司·福州府》，第21页。
② （元）脱脱等撰：《宋史》（第36册），第12777页。

春暖愿归者给之粮，不愿者结庐居之，民大感悦。所至以重庠序，先教养。其在汉阳，即郡治后凤栖山为屋，馆四方士，立周、程、游、朱四先生祠。①

此"周、程、游、朱四先生祠"指供奉周敦颐、程颐、游酢、朱熹四位理学先贤的祠堂。朱熹宦游汉阳军期间，一心为民，不唯上，勇于担当，积极赈济饥民，深得民心；重视文教，礼贤下士，纪念先儒。

（2）知安庆府

《宋史》详载黄榦知安庆府宦绩：

寻起知安庆府，至则金人破光山，而沿边多警。安庆去光山不远，民情震恐。乃请于朝，城安庆以备战守，不俟报，即日兴工。城分十二料，先自筑一料，计其工费若干，然后委官吏、寓公、士人分料主之。役民兵五千人，人役九十日，而计人户产钱起丁夫，通役二万夫，人十日而罢。役者更番，暑月月休六日，日午休一时，至秋渐杀其半。榦日以五鼓坐于堂，濠寨官入听命，以一日成算授之：役某乡民兵若干，某乡人夫若干；分布于某人料分，或搬运某处土木，应副某料使用；某料民兵人夫合当更代，合散几日钱米。俱受命毕，乃治府事，理民讼，接宾客，阅士卒，会僚佐讲究边防利病，次则巡城视役，晚入书院讲论经史。筑城之杵，用钱监未铸之铁，事毕还之。城成，会上元日张灯，士民扶老携幼，往来不绝。有老妪百岁，二子舆之，诸孙从，至府致谢。榦礼之，命具酒炙，且劳以金帛。妪曰："老妇之来，为一郡生灵谢耳，太守之赐非所冀也。"不受而去。后二年，金人破黄州沙窝诸关，淮东、西皆震，独安庆按堵如故。继而霖潦余月，巨浸暴至，城屹然无虞。民德之，相谓曰："不残于寇，不滔于水，生汝者黄父

---

① （元）脱脱等撰：《宋史》（第36册），第12778—12779页。

也。"①

黄榦宦游安庆府期间，居安思危，巩固城防，布置得井井有条，最终使百姓免于战火，躲过洪灾，被百姓尊称为"黄父"；尊老爱幼，深受百姓爱戴；重视文教，推动教化。

其三，述及黄榦仕途折戟原因。《宋史》载黄榦仕途遭遇起因：

> 初，榦入荆湖幕府，奔走诸关，与江、淮豪杰游，而豪杰往往愿依榦。及倅安丰、武定，诸将皆归心焉。后倅建康，守汉阳，声闻益著。诸豪又深知榦倜傥有谋，及来安庆，且兼制慕，长淮军民之心，翕然相向。此声既出，在位者益忌，且虑榦入见必直言边事，以悟上意，至是群起挤之。②

黄榦由于深得人心，树大招风，引起上司的嫉恨，加上黄榦个性耿介，众多僚臣担心黄榦据实相告边防事务，群起而攻之。《大明一统志》作者对黄榦遭遇痛惜不已，为此秉笔直书，揭露黄榦仕途折戟原因。

其四，述及黄榦归里讲学及深得门人爱戴为之请谥情形。《宋史》详载黄榦故里讲学情形：

> 榦遂归里，弟子日盛，巴蜀、江、湖之士皆来。编礼著书，日不暇给，夜与之讲论经理，亹亹不倦，借邻寺以处之，朝夕往来，质疑请益如熹时。……既没后数年，以门人请谥，又特赠奉郎，与一子下州文学，谥文肃。有经解、文集行于世。③

黄榦故里讲学，声名远扬，吸引了来自巴蜀、江浙、荆湖等海内士子前来求学，黄榦孜孜不倦，犹如朱熹当年讲学情形，影响深远。

---

① （元）脱脱等撰：《宋史》（第36册），第12779页。
② （元）脱脱等撰：《宋史》（第36册），第12782页。
③ （元）脱脱等撰：《宋史》（第36册），第12782页。

（三）其他朱熹福州籍门人的改写与增补

《大明一统志》所载朱熹福州籍门人除黄榦外，沿用《寰宇通志》记载，先后为林择之、陈孔硕、杨复、余隅立传，却将《寰宇通志》所载林夔孙、程若中二人传记并入余隅传。

1. 沿用《寰宇通志》记载为朱熹福州籍门人立传

（1）林择之

林择之，古田人。与建安蔡季通齐名，朱熹每称为畏友，季通为老友。弟允中，从熹游。有《草堂集》，真德秀为序。①

《大明一统志·林择之传》采自《寰宇通志·林择之传》，导致以讹传讹，但又有不同，体现在以下三个方面：

其一，省略传主表字。该志省略林择之表字。

其二，省略传主其名。该志出于简化而删除"用中"。

其三，直呼朱熹其名。该志将"朱文公"改为"朱熹"，又将"文公"改为"熹"。

（2）陈孔硕

陈孔硕，侯官人。师事朱熹，为高弟，累官尚书郎。卒，祠于学，同邑叶子仪文章博洽，所著有《绛毫集》《易玄神契》。②

《大明一统志·陈孔硕传》采自《寰宇通志·陈孔硕传》，却大刀阔斧进行改写，体现在以下三个方面：

其一，省略传主表字。该志省略陈孔硕表字。

其二，增载史料。《大明一统志》于此增载两处史料，首先是增载陈孔硕"同邑"，即同为侯官县人叶子仪情况；其次是增载陈孔硕两部著作《绛毫集》《易玄神契》。

其三，更改两处文字表述。该志将陈孔硕籍贯具体到县，将原载"福州人"改作"侯官人"；该志又直书朱熹名讳，将"朱文公"改为"朱熹"。

（3）潘柄

---

① （明）李贤等修：《大明一统志》（卷74）《福建布政司·福州府》，第20页。
② （明）李贤等修：《大明一统志》（卷74）《福建布政司·福州府》，第20页。

潘柄，侯官人。年十六有志于道。朱熹悉以所学授之。平生多著述，如《易解》《尚书解》之类，号瓜山先生。卒，祠于三山书院。①

《大明一统志·潘柄传》采自《寰宇通志·潘柄传》，却有两处不同：

其一，省略传主表字。该志省略潘柄表字。

其二，直书朱熹其名。该志将"朱文公"改作"朱熹"。

（4）杨复

杨复，长溪人。受业朱熹，与黄榦相友善。著《祭礼》十四卷、《仪礼图》十四帙，又有《家礼杂说附注》二卷。②

《大明一统志·杨复传》采自《寰宇通志·杨复传》，但在内容上做了部分改动，体现在以下两个方面：

其一，省略传主表字。该志省略杨复表字。

其二，文字表述。该志将"朱文公"改作"朱熹"。

2.针对《寰宇通志》的大规模调整

（1）余隅

《大明一统志》合并《寰宇通志》所载朱熹福州籍门人传记，《大明一统志》未为林夔孙、程若中立传，而将其载入余隅传中。

余隅，古田人。朱熹高弟，有《克斋文集》。同邑林夔孙、程若中皆朱熹门人，夔孙有《蒙谷集》《书本义》，若中有《槃涧集》。③

（2）郑性之

《大明一统志》沿用《寰宇通志》所载未述及朱熹福州籍门人师承，将《寰宇通志》所载郑自诚改作郑性之，仍未述及郑性之曾师从朱熹。

郑性之，闽清人。初名自诚，后改今名。嘉定四年进士第一，尝以虚心纳善劝于上，终知枢密院事，兼参知政事、观文殿学士。有《端平奏议》，及与陈均同修《宋编年备要》。④

《大明一统志》沿用《寰宇通志》所载，述及郑性之是"闽清人"，却

---

① （明）李贤等修：《大明一统志》（卷74）《福建布政司·福州府》，第20页。
② （明）李贤等修：《大明一统志》（卷74）《福建布政司·福州府》，第20页。
③ （明）李贤等修：《大明一统志》（卷74）《福建布政司·福州府》，第21页。
④ （明）李贤等修：《大明一统志》（卷74）《福建布政司·福州府》，第21页。

有相关变动，主要体现在以下四个方面：

其一，简略传主表字。该志省略郑性之表字。

其二，增载传主中状元具体时间。该志将"嘉定初"改作"嘉定四年"。

其三，增载传主宦绩。该志增载"尝以虚心纳善劝于上"。

其四，增载传主官职。该志在原有"官至枢密院事"的基础上，增载"兼参知政事、观文殿学士"等官职。

《大明一统志》认为郑性之在嘉定四年（1211）中状元有误，应作嘉定元年（1208）。《宋史》作郑性之"嘉定元年，进士第一"，①《寰宇通志》载"郑自诚，闽清人，送嘉定元年状元"，②《八闽通志》亦云"嘉定元年戊辰，郑自诚榜"，③郑性之（郑自诚）实则嘉定元年状元，《大明一统志》所载有误，应改作"嘉定元年进士第一"。

《大明一统志·郑性之传》增补史料出自《宋史·郑性之传》，主要体现在以下三个方面：

其一，直书郑性之。《宋史》载："郑性之字信之，初名自诚，后改今名"。④

其二，郑性之中状元时间。《宋史》载："嘉定元年，进士第一"。⑤

其三，郑性之宦绩。该志所载郑性之"尝以虚心纳善劝于上"，采自《宋史》郑性之"擢左谏议大夫，言……惟虚心纳善，若决江河，则激者自平矣"。⑥

其四，郑性之官职。《宋史》载郑性之"寻知枢密院事兼参知政事，加观文殿学士，致仕"。⑦

---

① （元）脱脱等撰：《宋史》（第36册），第12549页。
② （明）彭时等纂修：《寰宇通志》（卷45）《福建等处承宣布政使司·福州府》，第31页。
③ （明）黄仲昭修纂，福建省地方志编纂委员会旧志整理组、福建省图书馆特藏部整理：《八闽通志》（下册），第77页。
④ （元）脱脱等撰：《宋史》（第36册），第12549页。
⑤ （元）脱脱等撰：《宋史》（第36册），第12549页。
⑥ （元）脱脱等撰：《宋史》（第36册），第12549页。
⑦ （元）脱脱等撰：《宋史》（第36册），第12549页。

《大明一统志》未采《宋史》所载郑性之为"福州人",[①]却沿用《寰宇通志》所载"闽清人"。

结　语

综上所述,可归纳为以下两点结论。

第一,《寰宇通志》所载朱熹与福州关系史料未见淳熙《三山志》《舆地纪胜》《方舆胜览》记载,实则大多出自元致和《三山续志》。《大明一统志》所载朱熹与福州关系史料沿用《寰宇通志》所定框架,部分内容采自《宋史》。《寰宇通志》《大明一统志》所载朱熹与福州关系史料变迁是特定历史时期的产物。《寰宇通志》是明代宗出于寻找统治合法性需要,对朱子理学大加推崇,采取避朱熹名讳,尊称其为"朱文公"的策略,用心书写经济实力排名第七的福建省城朱熹史料。《大明一统志》是明英宗出于支配维护朱明理学统治的舆论话语权,[②]虽直书朱熹名讳,实则明确朱熹历史地位。《大明一统志》针对明朝军事重要性排名十六的福建,增补了大量朱熹与福州关系史料,反映了福建省城福州与朱熹渊源深厚,仍是明王朝心目中的朱子理学重地。

第二,《八闽通志》沿用《寰宇通志》记载,继续为林夔孙、程若中立传,[③]称朱熹为"朱文公""文公",除运用到获《寰宇通志》立传的黄榦、林用中(林择之)、潘柄、林夔孙、余偶(余隅)、程若中等朱熹福州籍门人外,[④]还运用到未获立传的林学蒙、陈枅、潘植、蒋康国、林宪卿、曾逢震、刘砥、刘砺、林大春、许偊等其他朱熹福州籍门人传中;[⑤]在传记内容上参考《大明一统志》引用《宋史》方式加以补充;修订《寰

---

① (元)脱脱等撰:《宋史》(第36册),第12549页。
② 巴兆祥:《试述〈大明一统志〉的刊本及其历史贡献》,《中国地方志》2015年第1期,第34页。
③ (明)黄仲昭修纂,福建省地方志编纂委员会旧志整理组、福建省图书馆特藏部整理:《八闽通志》(下册),第457、461—462页。
④ (明)黄仲昭修纂,福建省地方志编纂委员会旧志整理组、福建省图书馆特藏部整理:《八闽通志》(下册),第456—457、461—462页。
⑤ (明)黄仲昭修纂,福建省地方志编纂委员会旧志整理组、福建省图书馆特藏部整理:《八闽通志》(下册),第457、460—462、478页。

宇通志》《大明一统志》所载林择之的名、字错误,改作"林用中,字择之"。①

参考文献

[1]刘葳.《寰宇通志》的价值及其缺陷[D].西安:陕西师范大学硕士学位论文,2005:30。

[2]廖明飞.陈荣捷.《朱子门人》商兑[J].思想与文化,2017(1):172—173。

---

① (明)黄仲昭修纂,福建省地方志编纂委员会旧志整理组、福建省图书馆特藏部整理:《八闽通志》(下册),第457页。

朱熹与地方志关系初探

郭进绍

摘 要 在中国地方志进入了定型和繁荣发展的时代背景下,宋代著名理学家朱熹与地方志产生了颇深的渊源关系。朱熹在南康为官时,留下了"下车伊始问志书"的历史佳话,他频繁地借助当地志书(图经)来施政教化,为后代树立了官员积极读志用志的生动榜样。同时,朱熹及其理学思想对后世的地方志事业发展也有着重要影响。

关键词 朱熹 地方志 图经 南康

朱熹是中国古代著名的哲学家、教育家,宋朝理学之集大成者,被后人尊称为朱子。他的学问博大精深,在众多领域都取得了杰出的成就。在朱熹生活的宋朝,中华文化空前发达,作为中国优秀文化传统的地方志编修事业也进入了繁荣期。朱熹与地方志有着颇深的渊源关系,他非常重视志书的作用,在读志用志方面的表现尤其突出,对后世方志事业的发展产生了积极的影响。

一、地方志在宋朝的发展简况

中国地方志最早可追溯到先秦时期,经历了两汉"地记"和隋唐"图经"的演变,到宋朝进入了全盛时期。在朝廷的持续重视下,全国、路、州郡、县邑等各级志书编纂成风。且有大批文人学者参与编修志书,如宋敏求、刘攽、范成大、李焘等,使得志书的学术价值更为提高,内容更加充实,体例更趋完善。在朱熹生活的南宋时期,中国地方志的体例

基本定型，地方志书的名称也由"图经"，逐渐转变为"志"。（按：朱熹仍习惯用"图经"来称呼志书。）

由于内容的扩充，宋代方志从传统的地理书转变为涵盖地理、政治、人文等各方面情况的综合地情书，志书拥有的功能作用也得到了拓展。北宋郑兴裔在《广陵志序》中写道："郡之有志，犹国之有史。所以察民风，验土俗，使前有所稽，后有所鉴，甚重典也。"[①]将志书的地位与史书并列，突出其资政借鉴作用。宋朝地方官员在上任之后，往往要将当地志书作为施政参考。在这种时代背景下，朱熹作为好学深思的一代大学者，又有在地方为官的经历，自然与地方志产生了一些渊源关系。

二、朱熹与地方志的渊源

（一）重视读志

南宋淳熙六年（1179）三月，朱熹到江西南康军担任知军。南康军下辖星子县、都昌县、新昌县，是一个比较贫瘠荒凉的地方。为尽快进入角色，了解当地情况，朱熹一上任即找来南康的志书（当时称为"图经"）阅读，还专门写了一首诗，诗名即为《入南康界阅〈图经〉，感陶公李勃刘凝之事戏作》。[②]在朱熹文集中，我们还可以找到"到任之初，考按图经"[③]和"视事之始，考诸图经"[④]等记录。可见朱熹出任地方官的时候，非常看重地方志作为"官书""政书"的资治辅政作用。

朱熹"下车伊始问志书"的故事后来成为历史典故，被方志界传为美谈，在历代志书序言中，屡有提及。据说毛泽东同志在庐山会议期间，也曾饶有兴致地讲起了朱熹这一故事。民国著名方志学家黎锦熙将朱熹问志的事例与韩愈并举："韩愈过岭，先借《韶州图经》；朱熹下车，便问《南康军志》。"[⑤]朱熹与韩愈同为儒学宗师，虽不同时代，却同样重

---

① 转引自仓修良：《方志学通论》，方志出版社2003年版，第243页。
② 朱熹：《晦庵集》（卷七）。
③ 朱熹：《晦庵集》（卷十六）《缴纳南康任满合奏禀事件状》。
④ 朱熹：《晦庵集》（卷八十六）《告熊孝子墓文》。
⑤ 黎锦熙：《方志今议》，中国展望出版社1982年版，第6页。

视志书,创造了一段宝贵的历史佳话。

(二)善于用志

"治天下者以史为鉴,治郡国者以志为鉴"。在南康任上,朱熹充分利用志书来资政、教化,从《晦庵集》中,我们可以看到他频繁、熟练地引用志书(图经)的记录,给后世留下了地方官员以志为鉴、善于用志的生动实例。

利用志书反对迁衙。在朱熹任职南康期间,朝廷曾计划对南康军的区划设置进行调整,打算把南康军军治由星子县移到湖口县。朱熹从南康实际情况出发,以志书(图经)等文献为依据,上书朝廷提出了反对意见。"照《图经》及签判厅旧题名记,并询访士民,检到皇宋咸平本军判官兼通判余致尧撰《新创利民桥记》……指斯邑也,为拯溺之地,公于是度其便,则沂流之要冲,相其宜,则上游之枢会,非鸣鼓角、树牧帅以守兹土,则观风之政几致阙如。由是纪事实以入奏,请改其邑为军。"[①]

在此文中,朱熹引用志书(图经)等文献记载,回顾了北宋初期在星子县设置南康军的必要性与合理性,认为现在迁移军治的做法是劳民伤财,有害无利,请朝廷收回成命。

利用志书重修白鹿洞书院。位于江西南康军境内的白鹿洞书院被誉为中国古代四大书院之首,朱熹与白鹿洞书院的渊源关系更是千古流传。但不为人注意的是,志书在该书院的重建过程中也发挥了重要作用。

白鹿洞书院(学馆)始建于南唐,北宋有所发展,后毁于战火。朱熹到任南康之后,从志书中了解到白鹿洞书院在本地的历史情况,于是产生了修复书院的想法。他发文向百姓征集书院遗址线索,"按《图经》,白鹿洞学馆虽起南唐,至国初时犹存旧额,后乃废坏,未委本处目今有无屋宇?"[②]最终成功找到了遗址所在,白鹿洞书院才得以在原址重建。在新修白鹿洞书院告成之时,朱熹写下了《白鹿洞成告先圣文》,文中有"按国朝故事及郡《图经》,得白鹿洞之遗址于城东北十五里"[③]之句。

---

① 朱熹:《晦庵集》(卷二十)《申免移军治状》。
② 朱熹:《晦庵集》(卷九十九)《知南康榜文·又牒》。
③ 朱熹:《晦庵集》(卷八十六)《白鹿洞成告先圣文》。

在南康军任满之时，朱熹还写道："考按《图经》，询究境内民间利病，乃知书院正在本军星子县界。"①这些文字，都清楚反映了在寻访白鹿洞书院遗址的过程中，志书（图经）起到了重要作用。

3.利用志书访求先贤足迹。在南康志书中，朱熹得知东晋历史名人陶侃、谢安、陶渊明等都曾在南康住过，有的还建有庙宇。朱熹认为这些历史文化资源有助文教，值得挖掘开发，于是发出官方牒文，向当地百姓征询相关遗迹现状。在牒文中，朱熹不厌其烦，逐人介绍，而且都以志书（图经）为据。

> 晋侍中太尉长沙陶威公，兴建义旗，匡复帝室，勤劳忠顺，以没其身，今按《图经》，公始家鄱阳，后徙浔阳，见有遗迹在本军都昌县界，及有庙貌在本军城内及都昌县，水旱祷禳，皆有感应，未委上件事迹是与不是？
>
> 晋太傅庐陵谢文靖公，始自隐沦，已推时望，及登宰辅，优有武功。今按《图经》，公始封建昌，即本军之建昌县，未审本县曾与不曾建立祠宇？
>
> 晋靖节征士陶公先生，隐遁高风，可激贪懦，忠义大节，足厚彝伦，今按《图经》，先生始自柴桑，徙居栗里，其地在本军近治三十里内。未委本处曾与不曾建立祠宇？②

除了名人，朱熹还认为志书中记载的南康历史上的一些孝子、节妇、高士事迹同样能够淳化风俗，教化民众，于是也向百姓征集了解这些先贤的坟墓、牌坊、故居等相关遗迹情况，在牒文中，几乎每一项都以志书（图经）为据。

> 按《图经》，建昌县有陈太中大夫司马暠、司徒从事中郎司马延义，皆以孝行见于陈书，有墓在本县界。又有唐宜春县令熊仁瞻，

---

① 朱熹：《晦庵集》（卷十六）《缴纳南康任满合奏禀事件状》。
② 朱熹：《晦庵集》（卷九十九）《知南康榜文·又牒》。

亦以孝行，旌表门闾，未委其墓及唐朝所表门闾有无损坏？

按《图经》，建昌县义门洪氏，本以累世义居，婺妇守节，尝蒙太宗皇帝赐以宸翰，宠以官资，旌表门闾，蠲除徭役，未委其家目今有无子孙依旧义居？所藏御书见作如何崇奉？所表门闾曾与不曾修葺？

按《图经》，西涧旧有刘居士庵，及访闻城西能仁寺侧有刘公墓及太史范公所撰秘丞墓碣，独冰玉堂无所登载，未审其墓是与不是？庵堂墓碣曾与不曾损坏？①

之后，朱熹即着手各种先贤遗存的寻访、保护、修缮。如获知东晋名臣陶侃在南康的庙宇香火颇旺，已然成为当地神明，朱熹为此向朝廷上书申请赐予封号，文中回顾之前根据志书（图经）记载，探访陶侃庙宇的过程，"谨按《图经》……有庙貌在本军城内及都昌县"。②得知孝子熊仁赡的坟墓仍然尚在，朱熹下令加以保护，并撰写文章祭奠熊孝子，文中亦提及按照志书寻访孝子坟墓的经过，"考诸《图经》……按图以求其故迹……府君之墓宅学基犹有遗处"。③

4.利用志书教化民众。朱熹是一位具有深厚理论素养的理学宗师，但他并不空谈理论。在宣传维护封建礼教、儒家伦理时，他很注重引用当地志书的记载，用本土乡贤作为道德榜样，使得宣传教育工作更为贴近百姓生活，更接地气，从而更好地起到"厚人伦、美教化"的作用。

在向南康百姓发布的官方榜文中，他就说道，据志书记载（"按《图经》"），我们南康在前朝不乏孝子、节妇，有的还曾受到朝廷表彰，可见民风民俗颇为淳厚。希望父老乡亲们以本地先贤为榜样，弘扬优良传统，加强对年轻人的教育，"使后生子弟咸知修其孝悌忠信之行……敦厚亲族，和睦乡邻……庶几风俗之美不愧古人"。④

---

① 朱熹：《晦庵集》（卷九十九）《知南康榜文·又牒》。
② 朱熹：《晦庵集》（卷二十）《乞加封陶威公状》。
③ 朱熹：《晦庵集》（卷八十六）《告熊孝子墓文》。
④ 朱熹：《晦庵集》（卷九十九）《知南康榜文》。

后来,南康军的建昌县刘氏兄弟和都昌县陈氏兄弟,都因争夺家产而打起官司。朱熹看到诉状,批评了这种"违礼法、害风俗"的事情,说自己上任以来,"寻访民俗,考按《图经》,曾以司马大夫、司马中郎、熊县令、洪义门孝行义居事迹,劝谕士民务修孝悌忠信之行……(令)其兄弟依旧同居共财,上奉母亲,下率弟侄,协力家务"。①在文章中,朱熹援引志书(图经)所载孝子事例,劝诫当事人要效法家乡先贤,共同侍奉老母,友爱兄弟。

总之,朱熹充分利用地方志书全面性、权威性、本土性等特征,学以致用,活学活用,最大限度地发挥了志书资政、教化等积极作用。而且他在相关文书中频繁提及志书(图经),既反映了朱熹对地方志的重视,也不断强化了志书的重要地位。

(三)计划修志

虽然朱熹很重视地方志,也曾为武夷山的志书写过序言(《武夷山图序》),但可惜的是,他没能亲自编修出一部完整的方志。其实在南康军任上,朱熹曾有过修志的想法。当时他觉得南康志书不够齐全完备,想加以修整,但因为忙于政务,缺少时间、精力与帮手,只能付之一叹。"此邦《图经》不齐整,而都昌为甚。数日来欲略为修整,而不得工夫,又无人能为物色图画。诸邑供来,皆不可晓,甚觉费力也。"②

朱熹离开南康之后,后来的知军朱端章(福建福州人)在淳熙年间修好了新版南康志,特意写信告诉朱熹。朱熹为此写道:"朱守书来示及新编《图经》,乃知其郡政从容绰有余力如此。大凡区区向所欲为而不暇者,今皆备矣。"③可见编修南康志一直是他的一大心愿,乃至于得知南康新志修成而感慨万千。在欣慰之余,仍有一丝对于自己未能完成修志的遗憾之意。

---

① 朱熹:《晦庵集》(卷九十九)《晓谕兄弟争财产事》。
② 朱熹:《晦庵别集》(卷三)《黄商伯》。
③ 朱熹:《晦庵别集》(卷三)《叶永卿吴唐卿周德之李深子》。

三、朱熹对后世修志的影响

（一）理学思想对修志的影响

程朱理学在南宋以后成为官方意识形态，从国家到社会都以理学（道学）作为人生观、价值观，这自然会对修志产生重大影响。而且这种影响是全方位的，贯穿于志书的指导思想、篇目设置、收录标准、内容表述、人物评价等各个方面。由于这个理论课题涉及范围太广，也不是本文重点，为简便起见，笔者以福州古代旧志里的人物卷设置为例，简略说说理学思想对志书人物传的影响。

在南宋淳熙年间修纂的福州《三山志》里，人物类只收录官吏和科举人员。[①]而在理学盛行的明清时代修纂的《福州府志》里，人物类除了官吏和科举人员，还收录了许多符合理学思想的人物。如明万历《福州府志》人物卷增加了"理学""忠节""清操""孝友""儒林""列女"等类别，[②]清乾隆《福州府志》人物卷增加了"道学""儒林""忠义""孝义""列女"等类别。[③]这些"存天理，灭人欲"的模范人物被地方志书分门别类地大量收录记述，明显是程朱理学影响方志编修的一个表现。特别是将"理（道）学"人物从"儒林"人物中单列出来，并位于各类人物之首，无疑体现了理学对修志的重要影响力。

（二）《通鉴》纲目体与志书纲目体

《资治通鉴纲目》是朱熹编纂的一部史学著作，它首创了史书纲目体，因而在历史学界有重要地位。方志学者韩章训认为朱熹的通鉴纲目体影响了后世地方志编纂，甚至说："许多修志者皆仿效（朱熹）《纲目》而创造了志书纲目体。"[④]笔者以为，这种说法值得商榷。

---

① （宋）梁克家：《三山志》，海风出版社2000年版，目录页。
② （明）喻政：《福州府志》，海风出版社2001年版，目录页。
③ （清）徐景熹：《福州府志》，海风出版社2001年版，目录页。
④ 韩章训：《谈理学和朱熹对福建明代修志影响》，《福建史志》，2020年第5期，第9页。

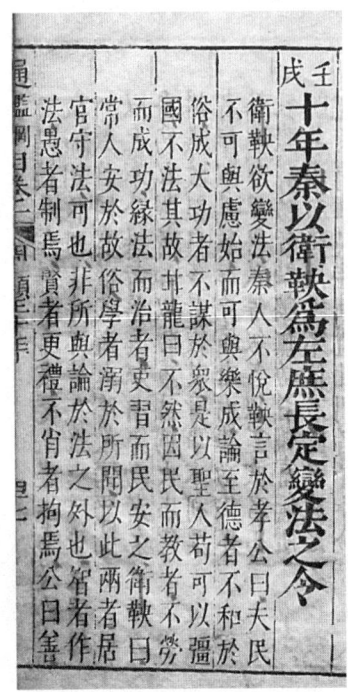

朱熹《资治通鉴纲目》书影

朱熹《资治通鉴纲目》是一部编年体史书,它的"纲目"是指"大书以提要,分注以备言"(朱熹《资治通鉴纲目序》),意思是说用大字书写大事要事,用小字书写细节详情。如上图所示,右边大字"十年秦以卫鞅为左庶长定变法之令"即是反映大事的"纲",它的左边小字"卫鞅欲变法,秦人不悦……"则是反映相关情况的"目"。这种大小字分列的编排模式,层次清楚,简明易读。读者如想了解历史主要脉络,只需阅读大字的"纲"即可;如想进一步了解相关详情,则再去阅读小字的"目"。

而志书的纲目体是一种篇目结构,具体指"全书先立若干大纲,每纲再分诸多细目,以纲统目的结构方式",①跟朱熹《资治通鉴纲目》里的"纲目",两者虽然都叫"纲目",但其实没有什么共同点。尽管韩章训先生列举了一些旧志声称效仿朱熹"纲目"的例子,但那些例子要么是模仿朱熹纲目"大书提要,分注备言"的编排方式,要么是遵从朱熹纲目维护正统的"春秋笔法",②实在称不上是志书纲目体。所以笔者认为,朱熹的史书纲目体跟志书纲目体无关,不宜相提并论。

(三)朱熹相关志书在修志体例上的突破

由于朱熹在历史上的重要地位,其居住地、祖籍地、出生地都以朱子为荣。这些地方编纂的志书在记载朱熹时,经常会给予其特殊礼遇和突出反映。

---

① 中国地方志指导小组办公室:《当代志书编纂教程》,方志出版社2010年版,第94页。
② 详见韩章训:《谈司马光、朱熹对志界影响》,《新疆地方志》,2019年第4期,第5页。

如在朱熹主要居住地福建建阳县，嘉靖版《建阳县志》为朱熹专设"朱子世家"，与普通人物卷同级并列。①在朱熹祖籍地徽州，康熙版《徽州府志》在人物卷中专列"朱子世家"，将朱熹的传记单独提出来与"儒林列传""名贤列传"等并列。②在朱熹出生地福建尤溪县，康熙版《南溪书院志》虽然名为"书院志"，却在第一卷设置"本源""年谱""本传"，直接将朱松、朱熹父子作为记述主体。③这些体例上的突破，反映了朱熹对后世修志实践的重要影响，在方志编修史上也留下了重要一笔。

朱熹《资治通鉴纲目》书影

综上所述，朱熹生活在方志繁荣发展的宋朝时代，与方志发生了密切的渊源关系。朱熹和他的理学思想，都对后来的地方志编修产生了重要影响。他在出任地方官时，能够积极发挥地方志资治辅政之强大功能，给后世为官者树立了读志用志的良好榜样，至今仍然值得我们广大领导干部认真学习效仿。

参考文献

[1]仓修良.方志学通论[M].修订版.北京：方志出版社，2003年版。

[2]翟屯建.徽州方志与朱熹理学在徽州统治地位的确立[A]，福建省闽学研究会.朱子学与文化建设学术研讨会论文集[C]，福州：2012年8月.第127—135页。

---

① （明）冯继科、朱凌：《建阳县志》（卷之八·朱子世家）。
② （清）丁廷楗、卢询：《徽州府志》（第十二卷·人物志一·朱子世家）。
③ （清）杨毓建：《南溪书院志》（第一卷·本源、年谱、本传）。

闽都文化与朱子理学

朱熹设计的民间社会自治制度的历史影响及特点

甘满堂[①]

摘　要　当代国人往往只注意到朱熹在理学、哲学,以及教书育人实践取得的成就,其实朱熹还有社会治理方面的制度设计与实践成果,其设计的祠堂和祭田、乡约和社仓制度等为宋以后民间社会自治体制打下坚实的制度基础,同样也对后世社会治理形成巨大影响。因此,朱熹也是一位伟大的社会治理学家,其制度设计注重激发民间自治力量,注重继承中创新,注重维护皇权国家统治,其优秀门人弟子众多,也有利于其制度推广与落实,值得后世借鉴。

关键词　朱熹　祠堂　乡约　社仓　社会治理

一、朱熹也是一位伟大的社会治理学家

朱熹(1130—1200),南宋时期人,祖籍徽州府婺源县(今江西省婺源),生于南剑州尤溪县(今属福建省尤溪县),中国古代著名的理学家、思想家、哲学家、教育家。他的理学思想影响很大,成为元、明、清三朝的官方哲学。钱穆指出:"在中国历史上,前古有孔子,近古有朱子,此两人皆在中国学术思想史及中国文化史上,发出莫大声光,留下莫大影响。观瞻全史,恐无第三人可与伦比。"当代国人往往只注意到朱熹

---

① 甘满堂(1969—),福州大学嘉锡学者特聘教授,福州大学社会学系教授。电子信箱:ganthomas@sina.com;基金项目:国家社科基金重大招标项目《乡村振兴背景下我国农村文化资源传承创新方略研究》(项目编号:18ZDA117)。

在理学、哲学，以及教书育人实践取得的成就，其实朱熹还有社会治理方面的制度设计与实践成果，为宋以后民间社会自治体制打下制度基础，同样也对后世社会形成巨大影响。

朱熹青年时代科举成功，一生都在从政、著述与讲学中度过。朱熹理学强调格物致知论，提出"知行相须"说；对待经典理论方面，拥有敬重经典，活化经典的学术自觉；对于现实社会方面，继承忧时爱国，关注民生的学术传统，其社会治理思想就是来自实践的总结。朱子从政时间合计20余年，但多在基层为官，他每到一地都深入了解民间疾苦，振兴经济，恤民抚民，反腐倡廉，发展教育，移风易俗。朱熹在从政中发现社会治理需要通过制度改革来引领，这与其理学思想"以礼化人"是相通的。理论只有走向社会，走向民间才有真实的价值，才拥有持久的生命力。朱子一生致力于建书院讲学，通过书院教育，将理学思想普及化，同时，朱熹也非常注重理学思想落地，促进社会自治水平与社会福利水平提升。朱熹在世时设计社仓制度，亲自推动社仓制度落实之外，他还设计了祠堂与义田制度、乡约制度等，虽然自己没有亲自推动实施，但后来由他的学生推动实施，到明清时期，已成为普遍的民间社会制度安排。

宋朝是中国传统社会实施科举选官第二个王朝，一大批出身贫寒的普通士子通过科举制度踏上仕途，他们在从政过程中，既有宏大的治国平天下的抱负，也有细微的关爱家乡的情怀，推出诸多涉及基层社会治理措施。在北宋时期，范仲淹捐出一生全部积蓄，苏州购置千余亩田地，创立范氏义庄，救济范氏族人，一直传承至民国年间，其做法得到后世诸多官绅的效法。吕大均兄弟创设《吕氏乡约》，为中国最早的成文乡约，在家乡推行乡约自治，得到朱熹重视并改编后，得到进一步推广。司马光编写《书仪》，指导士庶家庭礼仪建设，对后世礼仪编撰产生了深远的影响。欧阳修与苏洵开创民间家族标准格式，同时也改革原来只有门阀士族和官府才有资格编修族谱的传统，开创民间普通家族也可以修撰的新时尚。欧阳修与苏洵认为修家谱是为了维护同族血缘的亲情，重在"尊祖敬宗收族"，以保持家族内部的团结互助，也推动民间宗族社

— 337 —

闽都文化与朱子理学

会的兴起。南宋时期的朱熹也是其中的杰出代表,且也是集大成者,他的民间自治制度也是借鉴北宋先贤的成果。

朱熹的民间社会自治制度设计并非完全是原创,而是在前代社会基础上进行改良创新,这种创新属于传承创新,因为有前期社会基础,也易于推行,影响后世千年。《朱子家礼》有祠堂与祭田设计,应当有受到范仲淹、司马光、欧阳修与苏洵的影响。乡约制度直接来自吕大均《吕氏乡约》。社仓既受官府常平仓影响,也受民间义仓的影响。因此,中国民间社会自治能力,经过朱熹的努力,制度得到重整,朱熹制度设计无疑起着承上启下的作用。朱熹的民间自治的制度设计是奠定中国民间社会自我治理的基础。因此,朱熹不仅仅是南宋著名理学家、思想家和教育家,也是社会管理学家。有关朱熹祠堂与祭田制度、乡约制度与社仓制度都有专题论文讨论,但目前较少看到全面讨论其社会治理思想的研究成果,本文在此尝试全面讨论朱熹有关祠堂、乡约与社仓制度的设计思想、特点,以及对后世的影响,以进一步丰富朱熹学术思想研究,改变我们对于朱熹的刻板印象,朱熹不仅仅是理学家、教育家、哲学家,也是社会治理学家。

二、朱熹的仕途经历与社会治理思想的形成

朱熹入仕较早,在南宋官场沉浮进出五十年,但真正任职从政的时间并不长,也就断断续续二十余载,而且绝大部分时间都是在基层任职,这也导致他对基层社会认识加深,有些民间社会自治制度就是基层社会治理实践中提出的,因此,其制度设计理念并非空中楼阁,有坚实的社会基础。

朱熹出身于基层官宦之家。绍兴十八年(1148),19岁的朱熹考取了进士。绍兴二十三年(1153)秋,朱熹赴任泉州同安县主簿。为了发挥自己济世救民的治国理念,朱熹协助县令提出"敦礼义、厚风俗、劝吏奸、恤民隐"的治县之道,竭力推行"正经界",核实田亩,随地亩纳税;排解同安、晋江两县械斗;整顿县学、倡建"教思堂",在文庙大成殿倡建"经史阁";主张减免经总制钱,减轻农民负担。虽然"正经界"、

减免税钱等没有得到落实,但其他基本得到实现,特别是整顿县学,办教育,这让朱熹觉得教育在改造社会中大有可为,从此爱上教育行业。四年任满后罢归崇安。

绍兴二十七年(1157),朱熹回归崇安后,朱熹主要以讲学为务,其年获得差监潭州南岳庙的闲职。

绍兴三十二年(1162),宋孝宗即位,诏求臣民意见。朱熹应诏上书,力陈反和主战、反佛崇儒、任贤修政的意见。朝廷任朱熹为国子监武学博士,但朱熹辞职不就,请归崇安。

乾道四年(1168),崇安发生水灾。朱熹力劝豪民发藏粟赈饥,还向官府请贷粮食六百斛散发于民,使民免于挨饿。乾道七年(1171)五月,立社仓于所居之里,后虽遇灾年,人不缺食。朱熹还积极向宋孝宗推荐,户部认为可行,宋孝宗立刻就同意推行于天下。

淳熙六年(1179),宋孝宗任朱熹知南康军兼管内劝农事,此为朱熹第一次担任地方主官。当年适逢大旱,灾害严重,朱熹到任后,即着手兴修水利,抗灾救荒,奏乞蠲免星子县税钱,使灾民得以生活。朱熹修复庐山白鹿洞书院,使白鹿洞书院名气大增。

淳熙八年(1181)八月,时浙东大饥。因朱熹在南康救荒有方,宰相王淮荐朱熹赈灾,提举江南西路(浙东)常平茶盐公事。为解救灾民,朱熹迅速采取了几项有力措施,但因朱熹推行的荒政直接或间接损害了富豪劣吏的利益,朱熹在浙东任职仅9个月即离任回家。

淳熙十六年(1189),诏命朱熹知漳州,次年(绍熙元年,1190),61岁的朱熹到漳州赴任。朱熹在漳州的全部施政变革,主要体现在"正经界"、蠲(免)横赋、敦风俗、播儒教和劾奸吏等方面,而正经界则是他全部变革的灵魂。南宋朝廷推行的"正经界",即核实地亩纳税,制止大地主隐匿田产避税,但此举遭到大地主的强烈反对,地方官在执行时难度很大。绍熙二年(1191)正月,朱熹长子朱塾卒。闻噩耗后,朱熹无奈以治子丧请辞。

绍熙五年(1194),湖南瑶民蒲来矢起义,朱熹临危受命,任潭州(今湖南长沙)知州,兼荆湖南路安抚使。朱熹采取招抚的怀柔政策,平

定瑶民起义。另外，朱熹改建、扩建了岳麓书院，并亲自到此讲课，使岳麓书院成为南宋全国四大书院之一。

绍熙五年（1194）八月，宋宁宗任朱熹为焕章阁待制兼侍讲，为自己讲课。但后来宋宁宗听信谗言，罢去朱熹待制兼侍讲之职。十一月，朱熹还居建阳考亭。庆元二年（1196），监察御史沈继祖弹劾朱熹"十大罪状"，斥理学为"伪学"，朱熹为"伪学魁首"，朱子门人流放、坐牢者甚众，史称"庆元党禁"。庆元六年（1200）春，朱熹在忧愤中去世，享年71岁。

回顾朱熹官场生涯，作为地方主官共有三次，分别是南康、漳州、潭州，合计时间为五年。地方副职有同安县主簿、江南西路（浙东）常平茶盐公事等，合计时间也只有五年。朱熹在同安任职较长，四年期满才离职，其他地方都较短，南康和漳州主官不到两年去职；潭州主官与江南西路常平茶盐公事等都不到一年就去职。朱熹从政20余载，大都在州县做官，非常熟悉基层社会现状，抱着济世救民的理念，"为官一任，造福一方"，每到一地当官，都深入了解民间疾苦，振兴经济，恤民抚民，捕匪缉盗，发展教育，移风易俗。也许是尽职为民服务，得罪地方权贵，故无法任职期满，也无法得到升迁，仕途总是断断续续，飘忽不定。丰富的地方社会治理经历，让朱熹认识到家族礼制、社区礼制的重要性，这也是编订《家礼》《增损吕氏乡约》的出发点。

朱熹关注民间疾苦，也这是在这种精神引导下，才有社仓制度设计。乾道四年（1168），崇安发生水灾。朱熹劝导当地富豪发放藏粟赈饥，还向官府请贷粮食六百斛散发于民，使灾民免于挨饿。受此经历影响，乾道七年（1171）五月，朱熹改革历史上的常平仓、义仓设置办法，在五夫创建"社仓"，并制定《社仓事目》作为社仓建设指南，实践效果良好，后奏请朝廷并得到推广。

朱熹热衷于办学与教学，培养很多门生，也有利于其思想传播。第一次做官任同安主簿时，他就修整当地的县学，提高县学办学水平，从此热衷于办学与讲学。朱熹在南康做地方主官时，修复庐山白鹿洞书院，建章立制、置田建屋、购置图书、聘请名师，亲自讲学，使白鹿洞书院名气大增。朱熹拟订的《白鹿洞书院学规》对教育目的、训练纲目、学习程序及修己治人道理，都做了明确的阐述和详细的规定，成为后续中国封建社会700年书院办学的模式。在潭州做地方主官时，朱熹重整岳麓书院，使岳麓书院成为南宋全国四大书院之一。朱熹弟子门生很多，其中也有不少通过科举入仕，这也有利于其思想理念的传播与落实。

三、朱熹的三大民间自治制度设计及对后世的影响

（一）祠堂与祭田制度

《家礼》首创祠堂制度，把建祠堂，祭祀祖先的礼仪放在《家礼》第一条，然后才是冠婚丧祭四礼，被称为"儒家礼仪世俗化、平民化"的简明实用礼仪手册，在近世中国及东亚社会有着广泛而深远的影响，其最大影响就是通过祠堂与祭田制度设计，导致家族社会的兴起，成为中国基层社会最主要的自治主体。朱熹设计的家礼，在其在世之时并没有推行，而是他在去世之时得到广泛的推行。

朱熹《家礼》非常重视礼仪中心——祠堂的建造，使祠堂成为家礼践行的礼仪中心、神圣空间，是祖先灵魂神主的居所，是家族公共活动的中心。《家礼》首篇"通礼"规定，"君子将营宫室，先立祠堂于正寝之东"。"祠堂之制，三间外为中门，中门外为两阶，皆三级。""若家贫地狭则止为一间，不立厨库。""凡祠堂所在之宅，宗子世守之不得分析。"宋以前，家庙一般设于城邑，祠堂多见于墓旁，两者在主祀与祭享上亦存在一定的差别，且只有贵族之家才能设立家庙祭祀先祖。但在宋朝以后，由于朱熹倡导，所有士庶阶层都能在家设立祠堂祭祀祖先，实现了朱熹"施之有所""祭之在祠"的愿景。

《家礼》不仅制定了祠堂在房屋中的位置以及应有的规制，还规定了祭祀的次数和祭祀礼仪，形成一套完整、系统的祭祖仪式，从祭祀对象、时间安排、空间布局到具体操作过程，都有细致的描述，正是"祭之在祠、祭之以时、祭之以物、祭之以诚"，构建了祠堂空间的神圣性。在《家礼》所有礼仪中，祠堂空间和祭祖仪式扮演了最重要的角色，通过祠堂空间祭祖活动将宗族团结在一起，围绕修建祠堂、管理祠堂、开

展祭祖活动,宗族组织化就应运而生。

祠堂活动要有经济基础,朱熹特设计祭田制度:"置祭田。"《家礼》指出:"初立祠堂,则计见田,每龛取其二十之一以为祭田,亲尽则以为墓田,后凡正位、祔者,皆放此,宗子主之,以给祭用。上世初未置田,则合墓;下子孙之田,计数而割之,皆立约闻官,不得典卖。"作为家族公共财产,祭田通常是家族成员平均分摊。祠堂初创时,按照每个神龛来募集,若血缘亲属关系尽了,这些田产则作为墓田充公。如果祠堂创建时没有田产,则从"墓下"子孙处按照拥有田产的数量分割入祠堂。祠堂田产一般由宗子负责经营管理,其收入用于祭祀,不得典卖。为了保证祭祀田产的世代相传,必须"立约闻官",即在官府的监督下订立契约。朱熹的祭田设计也使祠堂祭祀活动有经济基础,这也是非常高明的设计。在农业社会中,一般家庭主要的收入来源还是种地。祠堂祭祀经费主要靠祭田出租收益,通常约定好租额出租给本家族农户耕种。

根据后人考证,乾道六年(1170),朱熹为母丧守孝时写《家礼》成。但原稿在朱熹草定不久即遭人窃走,复稿直至其会葬之日方才出现。朱子的弟子门人廖德明(南剑州顺昌人)、黄榦(福州闽县人)、陈淳(漳州龙溪人)、杨复(福州长溪人)等先后将其整理刊行。据郑振满、小岛毅、常建华等学者研究,南宋《家礼》刊行不久,福建仙游、建阳即出现依《家礼》祠堂制度而建的祠堂,相关的祭祖礼仪与家祭、墓祭和其他类型的祠祭并行流传。元朝时,民间建祠堂的风尚得到进一步普及。明朝成化年间以后,部分士大夫突破《家礼》的束缚,祠堂开始祭祀始祖。明嘉靖年间,经过"大礼仪"辩论,品官和平民都可建家庙或祠堂祭始祖,朝野开始将宗族组织视为维护地方秩序支柱的思潮兴起。

祭田(族田)最主要的作用就是祭祀和恤族,正因为如此,每个宗族都非常注重添置祭田,保护族田。明清时期,政府也非常支持宗族祠堂置祭田,以强化宗族的收宗功能,以稳定民间社会秩序,如政府通过税收优惠,实行旌表、议叙等政策激励族田制度发展。在政府支持下,民间义庄、义田、学田等地位逐渐提高,明清政府支持族田的政策给中国基层社会的稳定提供经济基础。

明清时代祠堂具有祭祀、修谱、教化、兴学、司法、抚恤、举办活动等多方面的功能，而祭祀则是祠堂最基本、最重要的功能，祭祖不仅成为生者和死者之间建立联系的重要渠道，而且是凝聚同姓子孙的重要方式。祠堂祭祖活动的普及和推广，强化了宗族凝聚力，巩固了宗族组织和宗族制度。祠堂是宗族的标志和精神核心的物质载体，是民众血缘崇拜的圣殿。民众对以血缘崇拜为根基建立起来的祠堂具有高度的心理认同，并形成鲜明的宗族意识。由于祠堂的凝聚力作用，乡村社会的宗族因而具有了浓厚的政治色彩，一直发挥着维护地方秩序、进行思想教化和承担赋役的社会治理功能，成为传统基层社会最重要的社会组织。

（二）乡约制度

乡约是传统社会乡民基于一定的地缘和血缘关系，为某种共同目的而设立的生活规则及组织。以宋代《吕氏乡约》为代表所构建的乡约组织是地方士绅基于地方安定，社区合作而组织的一种道德约束组织，目的在于以礼教的方式加强基层社会控制。它与国家权力自上而下对基层社会控制不同，是乡村社会中以士绅为核心的权力场域对地方的自我控制，或者可称之为士绅自治。

中国最早的成文乡里自治制度，是宋代陕西省蓝田县吕大钧制定的《吕氏乡约》。《吕氏乡约》在关中推行没有多久，北宋就被金人所灭，昙花一现的乡约也被人遗忘了。到了南宋时，朱熹重新发现了这个乡约的社会价值，考证出其作者是吕大钧，在保持《吕氏乡约》主要内容的基础上编写出《增损吕氏乡约》。由于朱熹在学术上的名气，以及他的弟子门生大力实践推行，使吕氏乡约在出世后的一百年，重又声名远播。

朱熹《增损吕氏乡约》主要是依据《吕氏乡约》并有所发挥，从"德业相劝、过失相规、礼俗相交、患难相恤"等四大方面对乡民的行为思想与日常生活进行规范，以期达到乡村社会自治的目标。朱熹对《吕氏乡约》原来的文本作合理化调整，将乡约、乡仪两部分打通整合，使其条理更为清晰，同时又改聚会为月旦集会读约之礼，对乡约发展起到了积极作用，可谓意义重大。与原作相比较，《增损吕氏乡约》有许多创新。一在《增损吕氏乡约》在篇首介绍乡约内容、执行主体以及奖罚措施等，

在《吕氏乡约》则没有总体介绍，有关执行主体与奖罚措施则放在篇末。二在"德业相劝"条中，《增损吕氏乡约》增加了"畏法令，谨租赋"，把遵守国家法令，完成国家税收当成一项重要的德业加以约定，反映出乡约力求与国家政令保持一致的特点，以换取争取国家政权的支持。三在"礼俗相交"条中，《吕氏乡约》规定较为简单，《增损吕氏乡约》则从"一曰尊幼辈行，二曰造请拜揖，三曰请召送迎，四曰庆吊赠遗"这四个方面做了详细的规定，突出礼俗教化实践与细节。四在关于违约的处罚方面，《吕氏乡约》在文末集中规定违约的处罚有开除约籍、当众批评、罚金和书籍（记过），《增损吕氏乡约》在每个部分中增加奖罚措施，但删除了罚金的规定，注重发挥约众的道德自律。《增损吕氏乡约》增添不为《吕氏乡约》所有的"月旦集会读约之礼"，详细规定了月旦读乡约、纠过、旌善、会食的各种仪节，体现出以礼仪实践来促进民间群众交流，教化群众等目标。

现代学者杨开道认为《吕氏乡约》有四个特色："以乡为单位，而不是以县为单位""由人民公约，而不是由官府命令""局部参加，自由参加，而不是全体参加，强迫参加""成文法则"。《增损吕氏乡约》还有四个特点：一是民主选举推选约正，"约正一人或二人，众推正直不阿者为之，专主平决赏罚当否。直月一人，同约中不以高下、依长少轮次为之，一月一更，主约中杂事"。二是通过聚会的形式，使乡人相亲，风俗淳厚，"每月一聚，具食；每季一聚，具酒食"。三是赏罚公开，"遇聚会，则书其善恶，行其赏罚"，即用记录在案督促众人，用开除惩罚不可救药的。四是议事民主，"若约有不便之事，共议更易"。由此来看，乡约是由士绅自下而上而非官府倡导推行的民间自治组织，具有自治性、组织性、公共性等基本特征。在治理手段上突出自愿参加、伦理化原则，对于违背乡约的乡民，没有采取肉体与经济处罚。

杨开道也高度评价朱熹的贡献，他认为："假使没有朱子出来修改，出来提倡，不惟《吕氏乡约》的条文不容易完美，《吕氏乡约》的实行不容易推广，恐怕连《吕氏乡约》的原文、《吕氏乡约》的作者，也会葬送在故纸堆里，永远不会出头。中国民治精神的损失，中国乡治制度的损失，那是多么重大呢！"不过，朱熹在世时并未实地推行乡约。笔者认为这主要是朱熹在地方做主官的时间较短，且忙于著术与教学，没有时间推行，而并不是现在学界所说的朱熹觉得实地推行困难，故没有推行。朱熹去世后，他们的再传弟子阳枋、吴昌裔、李大有、程永奇等都在地方进行实地推行，其中推行乡约最有力度的则应是阳枋。阳枋曾在家乡四川巴县后觉里邀约同志，讲行乡约，还将乡约经验在渝中地区进行了推广。这些资料均证明，乡约曾在士大夫中流行，也有局部推行的可能。正是这些局部的实验，才最后导致了明清时代乡约的发达。

明太祖开始注重社会教化，发布大诰和教民榜文，内容与乡约所践行的道德相似。明代王阳明颁布《南赣乡约》，此时乡约已由民间组织开始具有官方性质，标志着乡约从"民办"走向"官办"。有学界据此认为《南赣乡约》开始背离创建时的民间性、自治性等基本精神，出现精神"蜕变"。但笔者认为，乡约推动靠政府，但具体实施还是靠民间力量，"民办"性质并没有改变。如明清时期乡约制度普遍与里社制度相结合，里社是社区行政与祭祀合一的民间组织，借助民间里社组织，使得乡约更富有神圣性，增加乡约遵守的自觉性。明《洪武礼制》"里社"规定："凡各处乡村人民，每里一百户内立坛一所，祀五土五谷之神，专为祈祷雨旸，时若五穀丰登，每岁一户轮当会首，常川洁净坛场，遇春秋二社预期率办祭物，至日约聚祭祀。其祭用一羊一豕酒果香烛，随用祭毕，就行会饮，会中先令一人，读抑强扶弱之誓，其词曰，凡我同里之人，各遵守礼法，毋恃力凌弱，违者先共制之，然后经官。或贫无可赡，周给其家，三年不立，不使与会，其婚姻丧葬有乏，随力相助。如不从众，及犯奸盗诈伪，一切非为之人，并不许入会读誓词，毕长幼以次就坐，尽欢而退，务在恭敬神明，和睦乡里，以厚风俗。"

以上关于里社祭祀规定，也将乡约中的"德业相劝、过失相规、礼俗相交、患难相恤"精神全部纳入里社祭祀中，这样乡约就具神圣性，促进人们自觉遵守乡约。明代叶春及的《惠安政书》记载，明朝基层政权建设的制度设计是要恢复周代"政农合一"的里社制。"社"除承担社区祭祀组织的作用外，还起着类似于"乡约"的作用。《惠安政书》云："凡

立乡约、延教读、编保甲等,皆告于社。民自他境来,初预乡约保甲者,谓之入社,亦以告;告毕,即书姓名于籍。其有过,罚而不悛者,逐之出社,亦以告之;告毕,约正会众,于籍除名。"里社的作用还有:"有求则祷、有疑则誓、有过则罚、有患则禳、有庆则会。"明初的里社是在建筑上是社坛形式,但后来多变成社庙,民间将社坛改变为社屋,并将"社"人物化为"社公",肖像祭祀。尽管里社建筑样式上有变化,但里社仍有公共事业兴办的主体,为行政与祭祀合一的民间组织,为跨越宗族血缘的地缘组织,承担祭祀、乡约、娱乐(迎神赛会、酬神演戏)、公益慈善、守护乡里等多重功能。明清时期,在区域社会管理中,社庙组织的功能超越祠堂组织,成为民间社会最重要的自治组织。

(三)社仓制度

朱熹设立社仓,是中国救荒史上的一件大事。他为社仓的运行和管理设计了详细的规章,制定的《社仓事目》后来成为国家推行社仓制的基本模板,影响深远。自南宋之后,人们对于社仓的践行,大多声称源仿于朱熹的社仓之设。

乾道四年(1168),崇安发生水灾。朱熹力劝豪民发藏粟赈饥,还向官府请贷粮食六百斛散发于民,使民免于挨饿。乾道七年(1171)五月,朱熹改革历史上的常平仓、义仓设置办法,在五夫创建"社仓",并制定《社仓事目》作为社仓建设指南。朱熹的社仓做法可以明显减轻灾民困难,缓和社会矛盾,也减轻朝廷的财政压力,后为许多地方所仿效。

朱熹在做地方官时,发现从汉到隋唐承接古法而来的常平仓、义仓,其设置和管理存在明显的不足,存在三大问题,一是常平仓设置在州县,其恩惠所及,只能便宜了州县街道上的游手好闲之辈,真正需要救济的乡村劳动人民却很难得到;二是发放粮谷的规章过于琐细不好把握,官吏为避免发放不当而担责,竟坐视灾民饿死而不肯发放,以致粮谷烂在仓里;其三,常平仓米经常被地方官府挪作他用,如充抵军粮、税粮,这就大大降低了常平仓、义仓原先所设计的社会功效。

朱熹所倡导的社仓是一种官府与民间协作运行的粮食救荒形式。社仓由民间善心人士所发起,民户自己经营,其支贷、收纳皆由社首、保正副负责，乃由民户轮流担任。民间出资在自己的乡里建造社仓，官府则从常平义仓中拨借米谷给社仓，或借出钱文给社仓籴买米谷，从而改变以往常平仓米、义仓米只能赈济州县城郭附近灾民的被动局面，而把常平米向穷乡僻壤散发，惠及全境的贫困百姓。社仓最终根据春夏借出、秋冬纳还的原则，向需要借贷的乡民接济度荒的粮食。如此则官粮、官钱不亏，民间也可比较平稳地度过青黄不接的时光。为了达到这一目的，朱熹设计的社仓还有一系列相互配套的事目条款。社仓设置于乡间村社，有明确的操作章程，由官方与民间共同管理，救济对象是真正的灾民，息米控制在可接受的范围，借贷有社首、保队长等具保；而且因地制宜，"如有乡土风俗不同者，更许随宜立约，申官遵守"，如此，"实为久远之利"。当朱熹向宋孝宗奏请推广社仓时，户部以为可行，宋孝宗立刻就同意推行于天下。

我国历来是一个灾荒频繁的国度，荒政一直是历代统治者和士大夫们十分关注的问题。朱熹所创立的社仓制度得到不断传承发展。不过，学者们认为，元明时代社仓制度还没有得到全国推广，只在浙江及江西两地较为普及。到了清代，康熙、雍正和乾隆皇帝对于社仓之设都比较重视，加上这三朝的社会经济总体状况比较良好，所以朝廷推行社仓制度比较容易得到施行，从此社仓制度在全国得到普及，这种制度一直实施到民国年间，成为造福饥民的重要善举。

四、朱熹民间社会自治制度设计的特点

（一）注重培育民间社会自治力量成长

朱熹的社会治理思想注重培育民间社会的自治力量的成长，有问题让民间社会自我协商解决，相关经费也由民间自筹解决，这种社会治理思路，不会增加政府的财政负担。中国传统社会能保持"皇权不下乡"，行政成本低，这是由于这些民间自治力量的存在。朱熹对于宋代重建家族制度最大的贡献在于祭祖的祠堂与祭田设计，为宗族组织运行提供了场所空间与经济基础。祠堂制度的设立，直接导致宋以后民间家族社会的兴起，成为民间自组织社会的重要主体。尽管有学者说族权是为王权

服务的,但族权的存在,也构建起民间社会的基础,使民间社会保持有活力,整个社会运行就有比较好的民间基础。家族社会在一定程度上也可以与王权形成张力,使统治者有所忌惮。在乡约制度中,则纯粹是民间乡绅自治。社仓制度中,社仓是一种官府与民间协作运行的粮食救荒形式,由于是官府与民间协作办理的体制,其社仓事目即考虑到官府对于社仓的监督作用。

朱熹非常重视乡绅的领导作用,祠堂礼仪由"宗子"负责,同时对宗子品德与才干提出要求。

> 凡为家长,必谨守礼法,以御群子弟及家众。分之以职(谓使之掌仓廪厩库庖厨舍业田园之类),授之以事(谓朝夕所干,及非常之事),而责其成功。制财用之节,量入以为出。称家之有无,以给上下之衣食及吉凶之费,皆有品节,而莫不均壹。裁省冗费,禁止奢华,常须稍存盈,馀以备不虞。

对于乡约与社仓,则明确要选拔民间贤良担当。"众推有齿德者一人为都约正,有学行者二人副之"。即由全体乡民共同推选出道德品行和年龄辈分都高的一人担任都约正,由众人推选出学问好的、品行端正的二人担任副约正,他们有社会威望,可以服众。关于社仓管理,朱熹提出"责付出等人户主执敛散"的主张,所谓"出等人户",即指乡官(为有官阶无官职的"寄禄官")、士人(为编入"士籍"的人,也称举子、举人)或致仕辞官的乡绅。在朱熹看来,依靠乡官、士人主持社仓,较之单纯依靠社首、保正长利多弊少。乡官、士人有忧君忧民思想,他们家庭富有,不会借主持社仓的机会营私舞弊,贪图蝇头小利;另外,他们在地方有一定的社会威望和组织号召力,同时他们与地方官府有一定联系,办事方便等等,这也是社首、保正长所不能比拟的。

民间社会组织需要有德行的管理人或带头人,如果没有清廉公正、热心公益事业的人,再好的民间社会组织制度也不能自行发挥作用。朱熹在设计家礼、乡约、社仓时,强调要发挥乡绅的作用,这也为乡绅参与社会治理提供了平台。宋代以后，士绅已成为传统中国基层社会秩序与社会治理的核心力量，是宗族、乡约、善堂、书院、团练等各类民间组织的领导者、组织者，提高了社会治安、民间教育、仓储救济、桥梁和道路修建等基层公共事业发展水平。

（二）制度设计是在继承的基础上创新

朱熹创设的三大民间自治制度，都有前期理论（制度）与实践基础，并非完全原创，而是属于继承中创新，社会接受度相对高，推行起来就相对容易。这种传承中创新也与朱熹治学的方法是相通的，如朱子理学也是在孔孟儒学基础上发展出来的。

《朱子家礼》关于"先立祠堂"的思想来自周代《礼记》，冠婚丧祭四礼借鉴司马光《书仪》。周代《礼记》曾指出："君子将营宫室，宗庙为先，厩库为次，居室为后。"朱熹继承了周代关于"君子将营宫室，宗庙为先"的礼制精神，主张"先立祠堂"，地址在"正寝之东"，即祠堂设置在住处房屋的东首。朱熹改革了只有贵族之家才能设立家庙祭祀先祖的规定，另外提出增设祭田，提供经费保障机制，无疑具有创新性。北宋时期范仲淹设义庄、欧阳修与苏洵修族谱等或都曾影响过朱熹撰写《朱子家礼》。

关于乡约制度，《增损吕氏乡约》源自《吕氏乡约》，由北宋陕西蓝田吕大均所创，后经南宋朱熹的增损和明代王阳明的推行，并与保甲法等制度结合以及儒家学者的讲学推广，逐渐获得官方认可并在嘉靖后得到广泛实施。乡约的出现是中国古代基层社会治理的积极尝试，是建立于儒家政治哲学基础上的民间规约和社会组织形式，对中国乡土社会的风俗醇化和传统延续起到了重要作用。

关于社仓制度，朱熹在做地方官时，发现从汉到隋唐承接古法而来的常平仓（义仓），其设置和管理存在明显的不足。朱熹为社仓在理论渊源上可追溯到王安石的"青苗法"，本来也是有针对性地进行补救。社仓之藏米乃借自官府，或由富豪出米斛存入仓以备用，春夏之交放贷，至秋冬回收，并加收二分息，如遇凶年则免息，等息米积累到相当数量，即以息米作谷本，以贷贫户，只是新米未完全干好，至来年会有耗损，

所以受贷户要预交百分之三耗米，如此年年放贷受纳，可以长期维持。

（三）制度设计注重为皇权国家服务

朱熹的民间社会自治制度指导思想都是儒家的忠孝仁义思想，在解决民间社会问题时，注重为皇权国家服务，以换取皇权国家对于民间自治制度的支持。《家礼》突出孝道，但儒家也强调"移孝作忠"，孝是所有道德的基础；《增损吕氏乡约》突出儒家仁义思想；《社仓事目》突出儒家仁爱思想。三项制度在实施时，也有具体条款突出皇权国家在场或为其服务。

《家礼》在序言中说，本书目标在于"庶几古人所以修身齐家之道，谨终追远之心，犹可以复见，而于国家所以崇化导民之意，亦或有小补云。"即讲究修身齐家之道，为国家教化民众服务。宗族自治也需要政府支持，《家礼》规定，祠堂田产由宗子负责经营管理，其收入用于祭祀，不得典卖；为了保证祭祀田产的世代相传，必须"立约闻官"，即在官府的监督下订立契约，保护祭田不被他人侵占。明清时期，中国家族社会发展到鼎盛时期，族权成为仅次于政权的权力体系。强宗大族在某些场合会同地方政府发生利益冲突，但在乡绅主持下，宗族都不会发展到与皇权对抗。族权与政权互补互用，是中国的皇权传制社会得以长期延续的重要原因。

《增损吕氏乡约》在篇首介绍乡约执行主体须是德才兼备的长者，并在"德业相劝"条中，《增损吕氏乡约》增加了"畏法令，谨租赋"，把遵守国家法令，完成国家税收当成一项重要的德业加以约定，反映出乡约力求与国家政令保持一致的特点，以换取国家政权的支持。

朱熹的社仓运作采取官府与民间协作的体制，《社仓事目》规定社仓要在官府监督运作，又规定了社仓的管理人选必须是当地的士绅及有行义者，两者相互配合、相互牵制；同时还兼顾到官府和民间的经济效益问题，既要使社仓发挥赈济贫困、储蓄备荒的功能，又不能让官府的常平义仓缺额亏本。朱熹的这种社仓设计，可以说是充分考虑到了社会各个方面的效果与功能，因而得到官府的支持与推广。

（四）朱熹设计的民间自治制度得到门生的积极传播与落实

好的制度需要落实，社仓制度是朱熹在世时推动实施的，但祠堂和祭田制度、乡约制度都是朱熹去世后，由其弟子门人推动实施的，后来引起政府注意，注重推广实施。朱熹是成功的教育家，优秀弟子门人众多，既有潜心于教书授业的，也有科举入仕做官的，注重将朱熹思路传播与落实。据学者统计，在朱子门人群体中，进士及第者共计92名，多数是在朱熹生前中进士，共69人，而在朱熹之后为20人，不确定的3人，入仕人数有147人。这些人对南宋时政都产生巨大影响，大幅提升朱子学说的社会影响力，同时亲身实践推动朱子社会治理思想实践落地，也起到关键性作用。

总　结

朱熹作为教育家与社会治理学家，既关注个体社会化，也关注家庭、家族与社区治理，其关注个体社会化的成果，代表著作是《童蒙须知》《小学》；关注家庭与家族建设，代表作是《朱子家礼》《朱子家训》；关注社区建设，代表作是《增损吕氏乡约》；关注民间公益事业的著作是《社仓事目》。《朱子家礼》有关祠堂与祭田制度设计，直接导致家族社会兴起，使宗族组织成为民间最重要的社会组织。《增损吕氏乡约》推动民间乡约组织兴起，后与社庙组织相结合，提升民间社会管理能力提升。《社仓事目》则推动民间慈善事业发展。宗族组织依托宗祠，突出血缘；乡约组织依托是里社，突出地缘与神缘；社仓组织则是地方官民互动，进行救助活动。这些民间组织的负责人都是乡老，也是士绅发挥作用的平台。朱熹的理学思想成为元明清官方哲学，其所设计的民间社会治理制度也是被元明清政府所采用，提高了民间社会的自治能力，实现"皇权不下乡"，但民间社会仍可良行运行、自我治理。

明清时期，各类民间组织承担维护基层社会秩序的功能，有的是自发承担各类公共事业，如家族修祠堂，置祭田与学田，救济困难族人，资助族人读书等；有的属于官府委托，如社庙、保甲、里甲受托负责地方社会治安管理职能等；牙行、官中、歇家等市场主体完成赋税征收与公共管理事务等。这种自生自发的基层自治遗产，为西方历史与当今中国所少见。这种民间自治机制在宋代得到逐步成形,明清时期成熟,也促进皇权专制社会的长期稳定,朱熹设计的民间自治制度贡献起到承上启下的作用。

朱熹青年时代科举成功,一生都在从政、著述与讲学中度过的,其从政也是在基层州县为官,其民间社会自治制度就是基层社会治理实践中提出的,有坚实的社会基础。综合来看,朱熹也是一位伟大的社会治理学家,其制度设计注意激发民间自治力量,特别是乡绅的力量;注重继承中创新;注重维护皇权国家统治;其优秀门人弟子众多,率先实施,后才得到政府重视推广。这种民间制度设计策略值得后世借鉴。

参考文献

[1]钱穆:《朱子新学案》(第一册),九州出版社2011年版。

[2]陈支平:《朱熹及其后学的历史学考察》,商务印书馆2016年版。

[3]周鑫:《〈朱子家礼〉研究回顾与展望》,《中国社会历史评论》,2011(12)。

[4]王志龙:《倡导、激励和保护:清政府的族田政策》,《江海学刊》,2014(06)。

[5]杨开道:《中国乡约制度》,商务印书馆2015年版。

[6]杨建宏:《〈吕氏乡约〉与宋代民间社会控制》,《湖南师范大学社会科学学报》,2005(05)。

[7]黄熹:《乡约的命运及其启示——从吕氏乡约到南赣乡约》,《江淮论坛》,2016(06)。

[8]童旭:《国家与社会:明清的里社制与乡村秩序——以徽州"社会"为线索的考察》,《中国农业大学学报》(社会科学版),2019,36(06)。

[9]叶春及:《惠安政书》,福建人民出版社1987年版。

[10]赵世瑜:《历史过程的"折叠"与"拉伸"——社的存续、变身及其在中国史研究中的意义》,《清华大学学报》(哲学社会科学版),2020(02)。

[11]郑振满:《神庙祭典与社区发展模式——莆田江口平原的例证》,《史林》,1995(01)。

[12]张品端:《朱熹社仓法的基本内容及其社会保障作用》,《中国社会科学院研究生院学报》,2009(03)。

[13]向世陵,Hou Jian:《"同体"之爱与朱熹社仓的创设》,《孔学堂》,2021,8(02)。

[14]陈支平:《朱熹的社仓设计及其流变》,《中国经济史研究》,2016(06)。

[15]王德毅:《朱熹的社仓法及其对元明的影响》,《国际社会科学杂志》(中文版),2016,33(03)。

[16]朱熹:《家礼》《朱子全书》,上海古籍出版社、安徽教育出版社2002年版。

[17]张品端:《朱熹社仓法社会保障作用》,《朱子学刊》,2016(02)。

[18]龙登高、王明、陈月圆:《明清时期中国的民间组织与基层秩序》,《民族研究》,2021(06)。

[19]邓庆平:《朱子门人群体特征概述》,《中国哲学史》,2012(01)。

[20]龙登高、王正华、伊巍:《传统民间组织治理结构与法人产权制度——基于清代公共建设与管理的研究》,《经济研究》,2018(10)。

闽都文化与朱子理学

试论朱熹的抗灾理论与实践及其福州情节

徐心希

摘　要　两宋时期我国进入自然灾害高发期。其原因主要有：战乱波及地区的人户减耗、水利工程的破坏，因森林砍伐、垦殖过度、生态环境失调等。面对严重的防灾减灾形势，朱熹不断更新理论架构并且深入抗灾一线，采取多种措施抗御灾害并将灾害造成的损失尽量减轻。以朱熹为代表的官员集团在防灾减灾方面也做出了独特的贡献，保护了福州百姓的家园。

关键词　朱熹　抗灾　理论　实践　福州

众所周知，两宋时期我国进入了自然灾害高发期。其原因主要有：战乱波及地区的人户减耗、水利工程的严重破坏，因森林砍伐、垦殖过度、生态环境失调以及权贵的强取豪夺等。面对严重的防灾减灾形势，范仲淹不断更新理论架构并且深入抗灾一线，采取多种措施抗御灾害并将灾害造成的损失尽量减轻。以朱熹为代表的官员集团在防灾减灾方面也做出了独特的贡献，并且取得较好的效果。

一、两宋时期我国进入自然灾害高发期

据邓拓统计，"两宋灾害频度之密，盖与唐代相若，而其强度与广度则更过之"。①这里必须要排除的是，即宋朝因印刷术发明后，各种官私著述大幅增加而导致对灾害的记述也同时大幅增多的人为因素。从两

---

① 详见邓云特：《中国救荒史》，商务印书馆，1993年版。

宋时期的各种背景来说，邓拓的这一结论是可靠的。学术界在总结两宋时期的经济波动规律时，对造成波动的诸种因素作了几点归纳。其中，造成灾荒的因素有：战乱波及地区的人户减耗、财产损失以及水利工程的破坏，因森林砍伐、垦殖过度、生态环境失调而导致的农业生产条件的恶化和水旱灾害频率的急剧升高，专制国家重赋繁役对生产者的压榨和私家地主对小农经济的挤迫等诸多方面。其中，劳动者的普遍贫困化导致社会抗灾能力下降。这些都与这一时期自然与人文背景紧密相关。

1. 气候背景

据气候史的研究结果，五千年来中国历史上一共出现过五个气候异常期，其中一个在12世纪上半叶，即北宋末至南宋初。但其危害却要超出这一时期，向上下时段扩展。即两宋大部分时间的气候多偏于干冷，沙漠扩展。由于气候变得干冷，使得旱灾在两宋时期明显增多。据统计，从10世纪开始，旱灾数量明显增多，到11世纪上升到每百年21次的水平。由于沙漠的扩展，北方的自然环境加速向不良化方面转化，加上其他不利因素，使得北方人口不断南迁。如"北宋初太平兴国年间到北宋后期元丰三年期间的产数年平均增长率，南方为10.24%，北方为8.08%。由于增长速度大大快于北方，南方在全国总数中所占比重由60.9%，上升至65.8%，而北方则由39.1%，下降至34.2%"。[①] 说明北方人口在此期间不断南迁的趋势。

2. 战乱影响

自8世纪中叶的"安史之乱"以来，中原地区一直是各个割据政权征战厮杀的主战场。这场持续了200多年的大混战，导致北方地区生产设施遭到严重破坏，加剧了自然灾害的发生频率和负面影响。北宋建立以后，中原地区虽获得了喘息机会，但宋夏、宋辽在西北及北方的长期缠斗，使北方地区的生产难以完全恢复，导致这一地区自然灾害持续增加。其中，黄河在北宋年间的多次泛滥，即与此有关。延续到南宋时期，战乱加剧，北方蒙古族贵族的南下促使环境恶劣。

---

① 段有成：《宋代农民问题与社会控制》，《经济研究导刊》，2014年第13期。

3.人为破坏

据统计,我国历史上经历了三次大规模的森林砍伐的高潮时期,第一次为战国至秦汉时期,每年森林的减少面积在43000—63000亩之间;第二次为唐宋时期,每年森林约减少45000—81000亩之间;第三次为18至19世纪,每年森林减少约45000亩左右。在这三次砍伐的高潮时期,以唐宋两朝的森林减少量最高。这种乱砍滥伐现象,必然加剧本已恶化的自然环境,导致灾害的频繁生成。

4.过度垦殖

北宋以前,我国人口峰值长期在六七千万上下徘徊。北宋人口剧增,以崇宁元年(1102)为例,当年全国总数为20264307户。按每户5口计算,总数在1亿以上。但这种分布却是不均衡的,如北方的人口密集度就比南方的要小,"人口密度较高的路基本都集中在东南和四川。南方人口密集地区,由于人均占有耕地较少,已开始出现一定数量的少地或无地人口,不少人被迫向外迁移以寻找新的耕地和就业机会"。[①]南宋时期的户数,嘉定十六年(1223)为1267万户。按每户5口计算,人口总数在6000多万以上。由于人口压力不断增大,迫使人们向山区和森林地区进发,或进行围湖造田,破坏了长江流域的生态环境,形成过度垦殖,导致长江流域灾害增多。为此,宋朝曾于隆兴、乾道年间(1162—1173)颁布过禁止围湖及退田还湖令,但迫于人口压力,开禧年间(1205—1207),又废除了这一禁令。两宋时期,水灾、旱灾、蝗灾、地震、疾疫,以及风、雹、霜灾等六类主要自然灾害共发生1219次。其中,水灾465次,占38%;旱灾382次,占31%;蝗灾108次,占9%;地震82次,占7%;疾疫40次,占3%;风、雹、霜灾142次,占12%。[②]在以上所列各种灾害中,水灾居第一位,其次为旱灾。这两者就占了整个灾害的69%,无疑是最具危害的两种灾害,而且主要是对农业生产造成严重负面影响。

---

① 梁方仲:《中国历代户口、田地、赋役统计》,"序言",中华书局2008年版。
② 参阅王德毅《宋代灾荒的救济政策》的统计数字,台北商务印书馆1970年版。

这个时期，灾荒显著增加，实际多达2000次以上。北宋河道泛滥高达100余次。政和七年（1117）瀛、沧州河决，民死者百余万。大中祥符九年（1016）和次年，黄淮海平原连续两年大蝗，其中第二年受灾有130州军。景祐四年（1037）十二月，忻、代、并3州大地震，地裂涌水，压死3.23万人，伤5600人，损失牲畜5万头。南宋伊始，旱灾明显增多。淳熙七至九年（1180—1182），江南连续3年大旱。嘉定三年至六年（1210—1213），金辖山东、河北、河东诸路连续4年大旱。绍定五年（1232）汴京大疫，死亡90余万。

天禧三年（1019）和熙宁十年（1077）的黄河向南侵害淮河流域内的州县，受灾面积广阔。天禧三年的黄河南致使32个州县受灾。而熙宁十年的五月、七月、八月黄河多次决溢，七月的决溢造成45个郡县被淹没水浸，十多万顷的田地被毁坏。①水灾成为头号天敌。

二、朱熹创立抗灾理论并且不断更新

南宋学者朱熹，是我国历史上著名的思想家、政治家、文学家和教育家。短暂从政生涯中，朱熹不遗余力地恤民隐、行荒政，其抗灾救灾活动足迹遍及崇安、南康、浙东等地，抗灾救灾治理经验被朝廷誉为"朱熹政事却有可观"，并一度被下令予以全面总结推广，同时也在民间广为传颂，"大江分左右，万口说朱钱"。②针对南宋"灾异数见，饥馑荐臻"的困难危局，朱熹企图力挽狂澜，拯救南宋危局，拯救黎民于水火。朱熹特别强调国家治理应该"以求政事之得失，民情之休戚"，③直言进谏，殚精竭虑。他在南康军知军、浙东常平提举等不同任上，都能一直给皇帝上奏札或封事，乃至当廷面奏，反复陈述"天下之务莫大于恤民""爱养民力"和"格君心之非"等良政善治的重要性，主张把解决当时社会经年饥荒、百姓逃难饿死等痼疾的方法，要放在"正君""黜邪""恤民"等一系列措施下通盘考量和谋划。朱熹本人曾经多次被朝廷派去办理荒

---

① 详见陈茜《北宋时期淮河流域自然灾害研究》，安徽大学2018年硕士学位论文。
② （宋）赵蕃：《春雪四首其一》。
③ （明）黄仲昭：《八闽通志》。

政,"于救荒之余,随事处画,必为经久之计",特别重视将处理地方性的抗灾救灾活动经验同整个国家的长治久安愿景相结合,每次都有所成效。例如,在浙东提举任上,他安顿饥民生活生产,请求朝廷发放赈粟六百石救济灾区,"凡丁钱、役法之政,有不便于民者,悉厘革之"。①又如,南康军遭遇特大旱灾,朱熹坚持把旱灾之年减免百姓税赋和蠲免历年旧账作为最重要的抗灾救灾举措之一。

1. 朱熹倡导"天人合一"的天灾观

朱熹所谓感召和气,以致丰穰,是自古以来救荒之一说,追根溯源可以上溯至商周时代。其时先民确信在自然界中有一个支配自然万物的最高主宰者即"天帝",认为一切灾害和饥荒,都是天帝有意降罚于人间.《卜辞》中记载的"庚戌卜贞,帝其降堇",《尚书·微子篇》中的"天毒降灾荒",反映了那种以为水、旱、饥馑,都是天帝降罚平民的手段,如果想免除灾害,唯一做法即祷禳于"天帝"。②战国诸子百家学术发展,万物有灵观念定型且"天人合一"思想日臻成熟与演化,"禳弭论"成为古代救荒思想中不可或缺的组成部分。③朱熹的抗灾救荒思想既是对前人的继承,也有自己对历次抗灾的终结。《宋史》(卷429.列传188)记载:

> 会浙东大饥,宰相王淮奏改熹提举浙东常平茶盐公事,即日单车就道,复以纳粟人未推赏,辞职名。纳粟赏行,遂受职名。入对,首陈灾异之由与修德任人之说,次言:"陛下即政之初,盖尝选建英豪,任以政事,不幸其间不能尽得其人,是以不复广求贤哲,而姑取软熟易制之人以充其位。于是左右私亵使令之贱,始得以奉燕间,备驱使,而宰相之权日轻。又虑其势有所偏,而因重以壅己也,则时听外廷之论,将以阴察此辈之负犯而操切之。陛下既未能循天理、公圣心,以正朝廷之大体,则固已失其本矣,而又欲兼听士大

---

① 详见元脱脱等:《宋史》(卷429."列传"卷188)中华书局1985年版。
② 详见邓拓:《中国救荒史》,北京出版社1998年版,第103—107页。
③ 参阅赵世超:《"天人合一"述论》,收入《21世纪中国历史学展望》,中国社会科学出版社2003年版,第148—151页。另见李华瑞、王海鹏《朱熹禳弭救荒思想述论》,《中国农史》2004年第3期。

夫之言，以为驾驭之术，则士大夫之进见有时，而近习之从容无间。士大夫之礼貌既庄而难亲，其议论又苦而难入，近习便辟侧媚之态既足以蛊心志，其胥史狡狯之术又足以眩聪明。是以虽欲微抑此辈，而此辈之势日重，虽欲兼采公论，而士大夫之势日轻。重者既挟其重，以窃陛下之权，轻者又借力于所重，以为窃位固宠之计。日往月来，浸淫耗蚀，使陛下之德业日隳，纲纪日坏，邪佞充塞，货赂公行，兵愁民怨，盗贼间作，灾异数见，饥馑荐臻。群小相挺，人人皆得满其所欲，惟有陛下了无所得，而顾乃独受其弊。"上为动容。所奏凡七事，其一二事手书以防宣泄。

熹始拜命，即移书他郡，募米商，蠲其征，及至，则客舟之米已辐辏。熹日钩访民隐，按行境内，单车屏徒从，所至人不及知。郡县官吏惮其风采，至自引去，所部肃然。凡丁钱、和买、役法、榷酤之政，有不便于民者，悉厘而革之。于救荒之余，随事处画，必为经久之计。有短熹者，谓其疏于为政，上谓王淮曰："朱熹政事却有可观。①

要解读朱熹的抗灾救荒思想，首先应明确他对"天人合一、天人感应"思想的发展。众所周知，"天人之际，合而为一"是汉儒董仲舒之首创。但直至北宋理学形成时期，张载、程颢等人却仍然对这个命题的解释颇有微词，张载说："天人异用，不足以言诚；天人异知，不足以尽明。"② 程颢则说"天人本无二，不必言合"。③ 朱熹集理学之大成，自然发扬张、程之说"天人一物，内外一理，流通贯彻，初无间隔"。④ 显然程朱理学在天人观上有了进一步的发展。李泽厚先生用简略的语言指出汉儒与宋儒之间关于"天人"关系的哲学分野："前者是宇宙论即自然本

---

① 详见元脱脱等：《宋史》（卷429."列传"卷188），中华书局1987年版。
② 张载：《张载集》，《正蒙·诚明篇第六》，中华书局1978年版。
③ 程颢、程颐：《二程集》，中华书局2004年版。
④ 朱熹：《答袁机仲别幅》，《朱文公全景》（卷38.四部丛刊集部），商务印书馆缩印明刊本。

体论，后者是伦理学即道德形而上学。前者的'天人合一'是现实的行动世界，'生生不已'指的是这个感性世界的存在、变化和发展（循环）；后者的'天人合一'则是心灵的道德境界……即将伦理作为本体与宇宙自然相通而合一。它把'天人合一'提到了空前的哲学高度。"①"天人合一"表达的内涵就是人类可以与自然环境和平共处，亦即天灾可以克服的意思。

就文献记载所见，秦汉之后，在天旱之时，已开始举行祭祀苍龙，祷求下降需霖，龙成为官方祭祀的神。入宋以后则正式祭龙求雨，并陆续册封龙神为王。如宋太宗太平兴国二年（977），诏封湫神普济王为显圣王。②《宋史·礼志五》载，真宗咸平二年（999），"旱……内出李扈上《祈雨法》云：'以甲乙日择东方地作坛，取土造青龙。长吏斋三日，诣龙所，汲流水，设香案、茗果、餐饵，率群吏、乡老日再至祝酹，不得用音乐、巫觋。雨足，送龙水中。"据《宋会要》记载，从宋神宗至宋孝宗，宋廷册封各地洞、潭、渊、池为龙女、龙子、龙王及公、侯和为祠庙赐匾额多达178次。③对于这些做法，朱熹是如何看待龙神之类超自然的力量的呢？为此可以先了解文献记载的相关材料。

> 曰："龙，水物也。其出而与阳气交蒸，故能成雨。但寻常雨自是阴阳气蒸郁而成，非必龙之为也。'密云不雨，尚往也'。盖止是下气上升，所以未能雨。必是上气蔽盖无发泄处，方能有雨。横渠《正蒙》论风雷云雨之说最分晓。"④

> 先生谓一僧云，问："龙行雨如何？"曰："不是龙口中吐出。只是龙行时，便有雨随之。刘禹锡亦尝言，有人在一高山上，见山

---

① 李泽厚：《中国古代思想史论》，人民出版社1986年版，第20页。
② 李焘：《续资治通鉴长编》（卷18. 太平兴国二年秋七月壬戌），中华书局1979年版。
③ 徐松辑：《宋会要辑稿》（礼二十之六一至六三），中华书局，1997年影印本。
④ 黎靖德编：《朱子语类》（第一册），中华书局1994年版，第23页。

下雷神龙鬼之类行雨。此等之类无限,实要见得破。"①

又南剑邓德喻尝为一人言:"尝至余杭大涤山中,常有龙骨,人往来取之。未入山洞,见一阵青烟出。少倾,一阵火出。少顷,一龙出,一鬼随后。"大段尽人事,见得破,方是。不然,不信。"②

朱熹专门引用了刘禹锡以及南剑州(即福建南平)一个学者对所谓"龙行雨"的解释。作为他的"天人合一"学说的佐证。

2. 朱熹力排众议、创立荒政理论

中国历史上的荒政思想极为丰富,早在周代就已有较详细的记载。《周礼》卷十《大司徒》云:"以荒政十有二,聚万民。一曰散利,二曰薄征,三曰缓刑,四曰驰力,五曰舍禁,六曰去几,七曰眚礼,八曰杀哀,九曰蕃乐,十曰多昏,十一曰索鬼神,十二曰除盗贼。"其后,历代荒政思想不断完善。大约从宋代开始,凝结着无数志士仁人抗灾救荒等思想的专门文献层出不穷,至清末计有百余种之多。③

朱熹的荒政思想是中国古代荒政思想的重要组成部分,也可以说是精华所在。学术界对朱熹荒政思想的研究主要围绕以下方面,一是有关朱熹竭力推行的社仓思想。二是有关朱熹以安民、恤民为主旨的救荒思想。④然而这些并非朱熹荒政思想的全部。朱熹曾对弟子曰:"而今救荒甚可笑。自古救荒只是两说:第一感召和气,以致丰穰;其次只有储蓄之计。若待他饥时理会,更有何策?"⑤由此可知,以往的研究只注意到朱熹荒政思想中预防为主(即储畜之计)的思想,而忽略了感召和气,

---

① 黎靖德编:《朱子语类》(第一册),中华书局1994年版,第36页。
② 黎靖德编:《朱子语类》(第一册),中华书局1994年版,第35页。
③ 参见李文海、夏明方主编:《中国荒政全书》第一辑,北京古籍出版社2004年版。
④ 详见张全明:《试论朱熹的社仓制》,《华中师大研究生学报》1987年第1期。贾玉英、赵文东:《略论朱熹的荒政思想与实践》,《河南大学学报》2001年第3期。等等。
⑤ 黎靖德编:《朱子语类》(第七册),中华书局1994年版,第2643页。

以致丰穰的思想。朱熹所谓感召和气,以致丰穰,是自古以来救荒之新见,其渊源至迟可能上溯到商周时代。其时先民相信在自然界中有一个支配自然万物的最高主宰者"天帝",认为一切灾害和饥荒,都是"天帝"不意降罚于人间,《卜辞》中记载的"庚戌卜贞,帝其降堇";《尚书·微子篇》中的"天毒降灾荒"就反映了那种以为水、旱、饥馑,都是"天帝"降罚的思想观念,从而要想免除灾害,就只有祷禳于"天帝"。春秋战国时期,随着万物有灵观念的发展和"天人合一"思想的日渐成熟、演化,推崇"天帝禳灾"的理论。朱熹的抗灾救荒思想既是对前人的继承,也是对后人的启迪。

一般地说,秦汉以降在天旱之时已开始举行祭祀苍龙祷求下降霈霖,龙成为官方祭祀的神。入宋以后则正式祭龙求雨并陆续册封龙神为王,如宋太宗太平兴国二年,诏封渊神普济王为显圣王。《宋史·礼志五》载真宗咸平二年(999)旱,李巂上《祈雨法》云:"以甲乙日择东方地作坛,取土造青龙。长吏斋三日,诣龙所,汲流水,设香案、茗果、簺饵,率群吏、乡老再至祝酹,不行用音乐、巫觋。雨足,送龙水中。"据《宋会要》记载,从宋神宗至宋孝宗,宋廷为各地显灵的龙女、龙子、龙母、龙王等祠庙赐匾额和册封公、侯、王或夫人等爵位,多达178次。朱熹强调的是必须"天人合一",动员百姓齐心协力抗击灾害。

三、朱熹推行救灾措施的具体实践

1.兴修水利乃重中之重

朱熹有关未雨绸缪的救荒思想十分突出,尤其是必须抓紧水利工程的建设与维护。他对弟子多次说过"尝谓为政者当顺五行,修五事,以安百姓。若曰赈济于凶荒之余,纵饶措置得善,所惠者浅,终不济事"[①]"若待他饥时理会,更有何策?东边遣使去赈济,西边遣使去赈济,只讨得涿州几个紫绫册子来,某处已如何措置,某处已如何经画,元无

---

① 黎靖德编:《朱子语类》(第七册),中华书局1994年版,第2716页。

实惠及民""到赈济时成甚事"。①所以他特别强调救荒的前期准备，即重视农业，"颁布劝农文，劝谕筑埭岸，申谕耕桑榜，推广星子知县王文林种桑之法。"②更要紧的是，及早讲求兴修水利。"赈济无奇策，不如讲水利"。③其中也牵涉到救济粮的发放："因说赈济，曰：'平居须是修陂塘始得。到得旱了赈济，委无良策。'"④朱熹深有体会地说："然下手得早，亦得便宜。在南康时，才见旱，便划刷钱物，库中得三万来贯，准拟籴米，添支官兵。却去上供钱内借三万贯籴米赈粜。早时余得，却粜钱还官中解发，是以不阙事。旧来截住客舡，籴三分米。至于客舡不来，某见官中及上户自有米，遂出榜放客船米自便，不籴客舡米。又且米价不甚贵。"⑤

朱熹坚持在治理水患的过程中，必须坚持因势利导的治河思想。北宋时黄河频发水患，官府曾三次投入大量人力、资金进行回河东流工程，皆以北流宣告回河失败。虽然南宋已远离黄河之患，但当弟子问及治水、治河决之患时，朱熹通过总结大禹治水和汉朝治河的经验，以为因水势而利导之方是上策。下面有两段议论，可见朱熹的治水、治河思想之精髓：

> 潘子善问："如何可治河决之患？"曰："汉人之策，令两旁不立城邑，不置民居，存留些地步与他，不与他争，放教他宽，教他水散漫，或流从这边，或流从那边，不似而今作堤去圩他。元帝时，募善治河决者。当时集众议，以此说为善。"又问："河决了，中心平处却低，如何？"曰："不会低，他自择一个低处去。"⑥

---

① 黎靖德编：《朱子语类》（第七册），中华书局1994年版，第2643页。
② 梁庚尧：《中国历史上民间的济贫活动》，见《宋代社会经济史论集》（下册），台北允晨文化实业股份有限公司，649页。
③ 黎靖德编：《朱子语类》（第七册），第2643页，中华书局，1994年版。
④ 黎靖德编：《朱子语类》（第七册），第2640页，中华书局，1994年版。
⑤ 黎靖德编：《朱子语类》（第七册），第2640页，中华书局，1994年版。
⑥ 黎靖德编：《朱子语类》（第一册），第31页，中华书局，1994年版。

朱熹又以先秦文献《禹贡》所研讨的水利事业与弟子们申辩：

> 盖禹先决九川之水，使各通于海，又浚畎浍之水，使各通于川，使大水有所入，小水有所归。禹只是先从低处下手，若下面之水尽杀，则上面之水渐浅，方可下手。九川尽通，则导河之功已及八分。故某尝谓禹治水，必当始于碣石九河。盖河患惟兖为甚，兖州是河曲处，其曲处两岸无山，皆是平地，所以溃决常必在此。故禹自其决处导之，用工尤难。孟子亦云："禹疏九河，瀹济漯而注之海。"盖皆自下流疏杀其势耳。若鲧，则只是筑堙之，所以九载而功弗成也。
>
> 禹治水，乃是自下而上了，又自上而下。后人以为自上而下，此大不然。不先从下泄水，却先从上理会，下水泄未得，下当愈甚，是甚治水如此。①

朱熹与弟子们的治河讨论，虽是论及汉人治河和大禹治水，但借题发挥，对北宋朝廷治河不力加以评论，批评北宋时期因人事关系而治河，以至于三次回河失败，也是十分尖锐的。当然适当汲取前人因势利导的治河、治水经验并不为过，朱熹总结了北宋治河走弯路的教训，提醒自己必须引以为戒，不能疏忽了。

2. 建立社仓救灾成效显著并且易于推广

朱熹十分赞同辛弃疾把贫者的劫禾与富户的闭粜联系起来加以调理整治的救荒思路。其实朱熹虽然赞同，但以为"只是粗法"。②朱熹追求的是人人各遂其所生的社会蓝图，贫富相恤正是实现这种蓝图的途径之一。而贫富相恤的中心思想是启动和建立完备的民间救济机制。朱熹为此作出了巨大的努力，至今保留在崇安五夫的社仓说明了朱熹在五夫书院讲学时期，还在不遗余力地推广社仓的民间救济机构，说明了朱熹积极推进民间社仓制的建立。朱熹的入室弟子又是女婿的福建人黄榦在

---

① 黎靖德编：《朱子语类》（第五册），第2023—2024页，中华书局，1994年版。
② 黎靖德编：《朱子语类》（第七册），第2717页，中华书局，1994年版。

《袁州萍乡县西社仓絜矩堂记》中,就站在一定的高度评价他的老师推广社仓的普遍意义:

> 榦闻之师曰:絜,度也;矩,所以为方也。处己接物度之而无有余不足,方之谓也。富者田连阡陌而余粱肉,贫者无置锥而厌糟糠,非方也。社仓之设,辍此之有余,济彼之不足,絜矩之方也。君子之道,必度而使方者,乾父坤母,而人物处乎其中,均禀天地之气以为体,均受天地之理以为生,民特吾兄弟,物特吾党与,则其林然而生者,未尝不方也。①

尤其是在饥荒严重之时,发动民间自救势在必行。淳熙八年(1181)朱熹上书朝廷:"缘绍兴府今年饥荒极重,官司虽已不住措置粜济,窃缘钱米不多终是不能均济,惟有蠲除税租,禁止苛扰,激劝上户最为急务,譬如救焚拯溺不可迟缓。"②富户或称上户在灾荒时愿意提供大量米谷用以赈济或赈粜,救济灾民,这与相当多的人想要获得政府的旌赏有关,宋代官府为了劝谕富家赈粜或赈济,悬有赏赐官爵的赏格,"至于劝谕富民发廪粜济,亦是圣朝不爱官爵以救民命,颁下赏格极于浓厚,以故富民观感视傚,始肯竭其困仓累岁之积以应公上"。③当然也有人不为官爵,而是出于同情心,"此心但欲济邻里,身外浮名非所希"。④对于朱熹来说,前者是他充分利用官府的激劝政策,因而为了能使更多的富户、上户加入贫富相恤的行列,他多次上疏要求朝廷及时兑现劝谕的"推赏"或"推恩"举措,以免"失信本人,无以激劝来者"。"欲乞不候诸司保明早依元降赏格推恩"。⑤至于后者则是朱熹推广儒家的"仁心""仁者"学说的反应。这个所以然者即如度正体会朱熹的思想所言:

---

① 黄榦:《勉斋集》,文渊阁四库全书本,台湾商务印书馆1982年版。
② 朱熹:《乞赈第赈济合行五事状》,朱文公文集,(卷21),四部丛刊初编本。
③ 朱熹:《辞免直秘阁状一》。
④ 朱熹:《癸巳岁邑中大歉三七认捐金散谷》。
⑤ 朱熹:《癸巳岁邑中大歉三七认捐金散谷》。

"人与物并生于天地之间,同于一理,均于一气。故君子以为人者,同胞之兄弟;而物者,相与之侪辈也。视之如兄弟,则必亲之,而有相友之义焉;视之如侪辈,则必爱之,而无暴殄之失焉。知此则知所以为仁,知所以为仁,则知所以仁民爱物矣。"①贫富相恤与推广社仓的原始本意别无二致,只是一个推行在灾荒发生之前,一个推行在灾荒发生之后。应当说朱熹在这方面还是取得了成功。

四、朱熹的防灾抗灾与福州情节

朱熹一生与福州结下不解之缘。朱熹自幼随父亲朱松来福州避难,少年随父来福州会见文士诗友,24岁任同安主簿时专程来福州筹集近千卷书籍,供书院办学之用。后来更多的是专程来问学讲学,有时撰写修订文稿,有时应主政官员邀请商讨治闽政策,有时来访亲探友,有人统计达15次以上。多数时间住在道山路一带,居住时间多为一两个月。朱熹一生除了讲学,在基层为官时期还推广了抗灾救灾的理论和做法。福建是他的出生地,所以对福建眷念之情不仅油然而生,而且感情深厚。"熹登第五十年,仕于外者仅九考,立朝才四十日。"《宋史·朱熹传》说朱熹在考中进士后的50年里,外地做官27年(古代官吏3年一考绩,九考则为27年),朝中做官40日,其他时间"竭其精力,以研究圣贤之经训",著书立说做学问。他为《大学》《论语》《孟子》《中庸》等作注的书,被历代学校作为教材。他四处设馆,讲学传道,足迹踏遍了全国各地。他曾到过福州十余次,其中隆兴二年(1164)、淳熙十年(1183)、庆元二年(1196)至庆元六年(1200)三个时期在福州讲(游)学,留下的遗迹仍然值得后人探寻。

赵汝愚(1140—1196),字子直,宋朝饶州余干(今江西余干县)人。他曾先后两次担任福州知州兼福建安抚使职务,对福州社会经济文化的发展作出了积极贡献。淳熙九年(1182)五月,赵汝愚知福州兼福建安

---

① 傅增湘:《巴川社仓记》,收入《宋代蜀文辑存》。台湾新文丰出版公司1974年版。

抚使，任上他做了不少造福当地百姓的事，受到百姓称颂。当年的西湖，"溉民田数万亩，后为豪猾淹塞为田，遇旱则西北一带高田无从得水，遇涝则东南一带低田沦为巨浸"。赵汝愚甫一上任即行治理。朱熹受赵汝愚之邀来福州商讨治闽方略，二人一起登乌山唱和。朱熹见西湖治理成效显著，风景更加秀美，对赵汝愚的举措佩服之至并极为赞赏，便吟了《游西湖》："越王城下水溶溶，此乐从今与众同。满眼芰荷方永日，转头禾黍便西风。湖光尽处天容阔，潮信来时海气通。酬唱不夸风物好，一心忧国愿年丰。"如今，"湖光尽处天容阔，潮信来时海气通"作为尽显福州地理气势的绝佳对联，镌刻在镇海楼正楼之上。[①]赵汝愚大力度推进社会治理。他发粮米劝谕民户前来附籍，一方面扩大在籍人户，使之安居，另一方面又以粮米赈济穷人，使之安居乐业，达到促进农业发展的目的。《宋史》载："赵汝愚在福州，百废俱举。"

赵汝愚入闽为官共两次。第一次是淳熙九年（1182）五月，赵汝愚以朝奉郎充集英殿修撰知福州兼福建安抚使。到淳熙十二年（1185）十二月离任。在担任福州知州兼福建安抚使四年期间，他做了不少有利于当地经济和社会发展的工作。淳熙十年（1183）他上书说，"州西旧有湖（今西湖），溉民田数万亩，后为豪猾淹塞为田，遇旱则西北一带高田无从得水，遇涝则东南一带低田沦为巨浸，因此请复开浚"。从"臣照得本州地狭民贫，全仰岁事丰登，田畴广殖，小有荒歉，难以枝梧。况田并湖，弥望净是负郭良田，自从水源障塞之后，稍遇旱干，则西北一带高田凡数万亩，皆无从得水；至春夏之交积雨霖霪，则东南一带低田，发泄迟滞，皆成巨浸。致使一方人户，白纳税租，而所谓池户者，公然坐享重利。第以圭撮偿官，其为利害大不相侔矣。今来若不申明朝廷，诚恐向后转见堙废，难以兴复"的疏文来看，足见其对民众生活际遇的深切关注，后"朝廷从之"。

这年冬天，赵汝愚即从州库提钱数百缗彻底开浚西湖，受利的三县（闽、侯官、怀安）民田达14405亩。第二年八月，福州霪雨两个月有余，

---

① 马照南：《朱熹在福州》，《福建日报》2022年1月1日。

三县民田幸赖西湖而不受涝。理学家、赵汝愚的挚友朱熹有诗《伏承事郎使君垂示所与少傅国公唱酬西湖佳句，谨次高韵，聊发一笑》加以称道："百年地辟有奇功，创见犹惊鹤发翁。共喜安车迎国老，更传佳句走邮童。闲来且看潮头入，乐事宁忧酒盏空。会见台星与卿月，交光齐照广寒宫。"从"创见犹惊鹤发翁"之句可以看出，朱熹对赵汝愚疏浚西湖之壮举是发自内心的由衷地称赞和欢喜。赵汝愚还在福建推行以发给粮米劝谕民户自来附籍的办法，此举一方面可扩大在籍人户，使之安居；另一方面又以粮米赈济穷人，使之乐业，达到促进农业发展的目的。赵汝愚第二次入闽担任福州知州兼福建安抚使在绍熙元年（1190）。这年十一月，他"以敷文阁学士、中奉大夫再知"福州，次年十月被朝廷"召为吏部尚书"。[①]虽然这次任期不到一年时间，但他留下了一首七言律诗，是绍熙二年（1191）九月二十日与林择之、姚宏甫等人登游福州鼓山时吟诵的。全诗是："几年奔走厌尘埃，此日登临亦快哉。江月不随流水去，天风直送海涛来。故人契阔情何厚，禅客飘零事已灰。堪叹世人只如此，危栏独倚更徘徊。"抒发了赵汝愚在多年政治生涯中壮志未酬的惆怅心情和对师友朱熹、鼓山住持元嗣等人的思念情怀。如今这首诗在福州鼓山仍有摩崖石刻留存。因为任期短，有关赵汝愚的记载十分有限，业绩也不多见。但从楼钥《攻媿集》卷94《周必大神道碑》"赵汝愚在福州，百废俱举，孜孜国事，殆不多得"的记载看，人们对他的评价还是很高并且很客观的。

榕城平民百姓对赵汝愚在榕任职期间所做的多方举措还是极为认可的。当时福州府学中门之东建有名宦祠，赵汝愚和蔡襄等人就以"名宦"被后人所景仰。从《福建通志》卷29《名宦》前的序言"晋、唐以还，若严高、李茸之兴地利；李椅、常衮之振儒风；蔡襄、辛弃疾、赵汝愚之补偏而救弊"等文辞可以看出后人对他的崇敬之情。

可以说，朱熹由衷地喜欢这个海滨城市，福州的古韵、文学，以及

---

① 以上引文均见元脱脱等《宋史》"赵汝愚传"，卷392，"列传"151，中华书局1987年版。

她的悠久历史深深地打动了他的心灵。只要是保护福州家园的官方举措，他都发自内心的赞赏。

综上所述，朱熹是闻名遐迩的理学大师，他所著《四书》成为历代科举考试的必经之路。他的博学与尚文，曾经令多少学子无法望其项背。然而，朱熹的抗灾理论与实践，却往往被后人所疏落。而他对于海滨城市又涌现众多"海滨邹鲁"的福州一往情深，还是有赖于学术界的继续发掘。

闽都文化与朱子理学

黄榦与高峰书院

黄家鹏

摘 要 黄榦是朱熹的高徒、女婿,朱子理学正宗传人。他的主要贡献在于论定了朱熹的道统地位,并进一步阐述和弘扬了朱熹的理学思想。黄榦在福州创办书院,讲学授徒,主要分三个阶段,第一阶段:绍熙二年(1191),黄榦返回福州,在老家鳌峰山下,开馆授徒,其堂名曰"悦乐堂";第二阶段:庆元三年(1197),黄榦母丧,在箕山父母墓旁选一地,结庐讲学著述,会聚弟子门生朋友修纂丧祭二礼;第三阶段:嘉定十一年(1218),黄榦返回福州,重新开馆授徒,日接乡党后进,讲明身心性情之德,修己治人之方,以开学者始知方向。逐渐形成勉斋学派,进一步发挥朱子理学在福州的影响力。

关键词 黄榦 朱子四大弟子 朱门领袖 创办高峰书院

黄榦(1152—1221)字直卿,号勉斋,南宋著名的理学家、思想家和教育家,"建阳七贤"之一。黄榦是朱熹理学学说的正宗传人,与李燔一起并称"黄、李",《宋史·道学传》也将其列为"朱氏门人"第一人。朱熹在世时一直将其作为自己的接班人加以培养和照顾,并"妻之以女、授之以书、奏之以官",黄榦以"父师"称呼朱熹,两人的关系相当密切。黄榦作为朱子门人的领袖人物和朱熹殁后最具代表的理学家,他的贡献在于论定了朱熹的道统地位,并进一步阐述和弘扬了朱熹的思想,使朱熹理学理论广布大江南北,对后世产生了深远的影响。

黄榦在闽学发展过程的历史地位,在传承朱子理学方面,黄榦更是居功至伟,功不可没,当属朱门第一人。黄榦官江西临川,将朱子理学传何基,何基传"金华四君子",开创金华学派,金华学派是朱子理学的一支重要学派。

黄榦官江西新淦(今新干县),将朱子理学传饶鲁,饶鲁之学为其弟子程若庸、吴澄所继承,开创双峰学派,使朱子学在江西大盛,并成为于元代江西朱子学的源流。

黄榦曾知德安(今湖北汉阳),黄榦把理学传于德安。窦默避元兵逃至德安,县守以程朱性理之书予之。元兵伐宋,入德安,杨惟中为大将军,其幕僚姚枢得俘虏赵复,知其为理学家,携之归燕(北京),使其在太极书院讲学,授程朱所著诸经传注,门徒百余人。程朱理学传至北方由此开始。姚枢在北方刊朱子《论孟或问》《小学》等书,其后姚枢居辉州(今河南辉县)苏门,河南沁阳许衡至,尽录程朱传注以归。许衡以传朱子学为己任,于是,朱子学在北方遂成独尊之势,亦渊源于黄榦矣。

朱子对黄榦也十分倚重,称:"直卿志坚思苦,与之处甚有益。"[①]师徒之间,"诲语谆谆,情犹父兄。春山朝荣,秋堂夜清,或执经于坐隅,或散策于林坰,或谈笑于春容,或切至于叮咛。始受室于潭溪,复问舍于星亭"。[②]师徒之间,情如父子,朱子对黄榦信任有加,"请直卿代即讲席"。朱子不仅在学术上倚重黄榦,在家事上也倚重黄榦,将自己女儿朱兑许配给黄榦,还将三子朱在和两个孙子朱钜、朱钧托付黄榦教育。朱子在临危之际,将自己的深衣和所著之书授予黄榦,含有"衣钵相传"之意,朱子病逝于考亭,黄榦持心丧三年。

黄榦从25岁跟随朱熹学习理学,至朱子卒,始终追随朱子左右。榦自见熹,夜不设榻,不解带,少倦则微坐,一倚或至达曙。"晦翁倡道东南,士之游其门无虑数百人,独勉斋从游最久,于师门最为亲切。"[③]从黄榦一生最后20年情况看,他无论是为官,还是讲学,都始终捍卫朱

---

① 《宋史·黄榦传》。
② 《黄勉斋文集》。
③ 《宋史·黄榦传》。

子道统，他在晚年编撰《朱子行状》，综述朱熹一生，全面论述朱子的学问、道德。"自筮仕以至属纩五十年间，历事四朝，仕于外者仅九考，立于朝者四十日，道之难行也如此。然绍道统，立人极，为万世宗师，则不以为舍加损也。"①把朱子看作是万世宗师。

时"文公退居山谷者三十年，专讨论经典训释诸书，以惠后学，时从游者，独公日侍左右，纂集考定之功居多"。②在儒家道统地位方面，黄榦对朱子给予充分的评价："道之正统，待人而后传。自周以来，任传道之责、得统之正者不过数人，而能使斯道章章较著者一、二人而止耳。由孔子而后，曾子、子思继其微，至孟子而始著。由孟子而后，周、程、张子继其绝，至先生而始著。……先生出，而自周以来，圣贤相传之道，一旦豁然，如日月中天、昭晰呈露。"③确立了朱子在儒家道统的地位，难怪当代著名学者钱穆先生这样评价朱熹："在中国历史上，前古有孔子，近古有朱子。二者皆在中国学术思想史及中国文化史上发出莫大声光，留下莫大影响。旷观全史，恐无第三者堪与伦比。"著名历史学者蔡尚思先生这样判断："东周出孔丘，南宋有朱熹。中国古文化，泰山与武夷。"

清人兰鼎元说："勉斋明睿端庄，造诣纯笃，朱子所望以传道，而勉斋卒能得其传。"

宋人袁桷也说："朱子门人当宝庆、绍定间，不敢以师之所传为别录，以黄公勉斋在也。……顾门户异同，从不出勉斋之口，抑且当勉斋之存使人不敢竞门户。"

嘉定九年（1216），黄榦撰写《汉阳军五先生祠记》，强调"要使此之士知道道统之有传，圣贤之可慕"而"尊其人，读其书，明其道"。④同年，黄榦主管武夷冲佑观之际，赴建阳考亭沧州精舍讲述朱熹生平"教人之意"和"教人之方"。

---

① 《黄勉斋先生文集》。
② 《黄勉斋先生文集》。
③ 《黄勉斋先生文集》。
④ 《黄勉斋先生文集》。

在朱子学研究上，黄榦最能获得师传，对朱熹理学领悟最深。"具体而微者也"；对于朱熹的著作，"纂集考订之功居多"，"文公早知其足任吾道之托，而先生果能不愧负荷"。①

黄榦在讲到自己学习朱熹理学的体会和传承时说："《大学》……且守师言，就本领上看尤为有味也。明德只得如章句所说，然其间亦难看，更以格字、致字、诚字、正字、修字与明字相参见分晓、方理会先生旨意。"②

黄榦为学最守师说，每每称"具持师说""先师言之详矣"等。可见黄榦最忠实朱熹的思想，最得朱熹理学的真谛。

黄榦在继承和发扬朱熹的理学上，提出"有体有用论""认识论""人性论"的自己哲学观点和思想。

黄榦在中国哲学史上的重要地位是传播和推广朱子学。清人张伯行说："观其所以自厉与教人者，确乎至实，懔乎其至严，见道明而守道笃。文公尝谓，南轩云亡，吾道益孤，所望于直卿者不轻。及作竹林精舍成，贻先生书，有他时便可请直卿代即讲席之语。较程子于龟山、和靖等，其依赖有倍重者也。……巴蜀江湖之士，皆来受学。推衍文公之道，以传诸奕世，其功不亦大乎。先生文集凡若干卷……其义理精深，未易窥测。文章亦宏达，与文公气象不异。学者读其书，亦可知所师承矣。"③朱熹殁后，其门人遍于闽、浙、赣、皖等省，他们对朱子学议论纷呈，但是，黄榦在世时，皆莫敢将其所记朱子语录传播出去，唯恐错衍师说而得罪黄榦。

一般说来，初传朱子学大都出于黄榦之门。清人黄百家说："黄勉斋干得朱子之正统，其门人一传金华何北山基，以递传之于王鲁斋柏，金仁山履祥，许白云谦，又于江右传饶双峰鲁，其后遂有吴草庐澄上接朱子之经学。可谓盛矣。"④

---

① 《黄勉斋先生文集》。
② 《黄勉斋先生文集》。
③ 《黄勉斋先生文集》。
④ 《宋元学案》。

在朱熹殁后的若干年中,学者都尊黄榦为道统的继承者,使之居于朱学学派领袖地位达21年之久。清代学者黄震说:朱熹"门人号高弟者,遍于闽、浙和江东,独勉斋先生刚毅自立,足任负荷。同门有误解,勉斋一一辨明"。

朱子在世时,黄榦一直陪伴在朱子左右,伴随朱子北上南康、潭州,南下漳州,协助朱子处理学术著作,点校文字,纂集考订,帮忙处理家务,成为朱子最得力的助手,是朱子最亲近的学生。探讨圣贤之道,朱子问道:"直卿,我最近对论语卫灵公篇,谁毁谁誉章的注解,你有何见解?"《论语·卫灵公篇》是孔子儒家思想的重要篇章,是孔子"君子小人观"的重要政治思想、教育思想及为人处世的哲学思想,其中包括"无为而治""志士仁人,杀身成仁""人无远忧,必有近虑""君子求诸己,小人求诸人""己所不欲,勿施于人""道不同,不相为谋""小不忍则乱大谋"等儒家学说。黄榦答道:"谁毁谁誉,三代直行。先生注解,谁毁谁誉,必须经过时间的考验,夏商周三代就是这样,所以三代能直道而行。学生认为,先生的注解无一字未安,一语未顺,深得圣人的精髓。"

黄榦在福州创办书院,讲学授徒,主要分三个阶段,第一阶段:为了弘扬朱子学说,黄榦本在建阳莒口河坝创办潭溪精舍,招徒授课,但他还不满足,绍熙二年(1191),黄榦返回福州,在老家鳌峰山下,开馆授徒,其堂名曰"悦乐堂",福州及附近县的读书人纷纷前来拜师求学,永泰林学蒙首先登门叩问。林学蒙,字羽,号梅坞,是个好学青年,后来在绍熙四年(1193)、庆元三年(1197)间林羽经黄榦引荐两至考亭问学于朱子,伪学禁起,筑室龙门庵下,讲明性命之旨,不求仕进。陈师复守延平,聘为堂长,朔望设讲,执经帖然,座下者常百余人,所著有《梅坞集》传于世。林羽弟弟林学履,字安卿,亦游文公之门。接着同郡潘谦之、赵舜和、郑成叔、唐去华也登门求教,连浙江丽水叶味道、永嘉徐居父和徐仁父两兄弟都慕名远道前来求学。他们手提束脩,纷至沓来,向黄榦行拜师礼,叩问朱子理学。

当月朔旦,黄榦仿效朱熹在白鹿洞书院开学仪式举行的释菜礼,也在悦乐堂举办一个释菜礼。释菜礼，是古代入学时祭祀先圣先师的一种典礼。《礼记·月令》："〔仲春之月〕上丁，命乐正习舞，释菜。"郑玄注："将舞，必释菜于先师以礼之。"

黄榦在福州开馆收徒讲学后，学生越来越多，为了研究传道讲学，黄榦不断往返于福州与建阳之间，向朱子请求学问之处。这年秋，朱子自漳州请辞南归，道经三山，黄榦跟随朱子至武夷，然后再返回福州。

黄榦一边是做学问，一边还要讲学收徒，随着学生越来越多，叶氏家塾的悦乐堂已经容不下诸多学生求学。于是，黄榦便迁居钟山赵善绰的赵氏馆，赵家大公子赵如腾捷足先登拜黄榦为师。赵家是宋宗室之后，宋太宗八世孙跟随黄榦学习后，学业大进，后来在宝庆二年（1226）进士。历官差主管礼、兵部架阁，迁籍田令。累官权工部尚书兼权中书舍人。不久被罢免。又用为礼部尚书兼给事中。拜翰林学士。晚年号紫霞翁，景定二年（1260）卒。谥忠靖。著有《庸斋集》六卷。

接着江左里象屿人郑文通，字成叔，也来了。文通闻黄榦得朱子之学，往师之，既与俱登朱子之门，命编次《丧礼》。尝观周子《太极图》，悟性善之旨，著有《易学启蒙或问》《春秋集解》《丧礼长编》《庸斋集》等书。

由于黄榦长年跟随朱熹，由此学问日精，他实际上逐渐成为朱子在学术上的得力助手。协助朱子从事一些研究课题，除了朱子交代的礼仪、经传、丧祭部分编纂外，还协助朱子处理日常学术上考定问题。朱子给刘子澄写信说："熹一出三月，归已迫岁。……却是精神困惫，目力昏暗，全看文字不得，甚觉害事耳。旧书且得直卿在此商量，逐日改得些少，比旧尽觉精密。且令写出净本，未知向后得又如何也。"①在信中可以看出，朱子对黄榦的工作给予充分肯定，一些书籍注解经过黄榦修改，比旧本更觉精密。朱子考亭竹林精舍建成后，前来求学的络绎不绝，朱子忙得应接不暇，赶忙给黄榦写信叫他前来分忧："见谋于屋后园中作精舍，

---

① 《朱文公文集》。

规摹甚广,他时归里,便可请直卿挂牌秉拂也。"①秉拂即代为讲席。

绍熙四年(1193),南城包扬率其生徒慕名到考亭竹林精舍求学,包扬恳请朱子为其讲解《论语·有子篇》,而朱子当场指定黄榦为之代讲,他说:"直卿与某相聚多年,平时看文字甚仔细。数年在三山,也煞有益于朋友,今可为某说一遍。"②黄榦见老师如此信任,也不推脱,侃侃而谈,为之宣讲"此章之旨,复历叙圣贤相传之法"。包扬众人听罢,由衷敬佩。

朱子在考亭建立沧州精舍后,希望黄榦能陪伴在他身边。在沧州精舍后园,朱子为黄榦预留了一块空地,写信给黄榦说:"等你精舍盖起来,我们连成一片,规模甚盛。他时归来,便可请直卿挂牌秉拂也。"③意思是等以后精舍建好,由黄榦代替他讲习,将朱子理学的重任交付给黄榦来完成。

朱子又说:"五夫不可居,不如如此相聚为谋,相去又数十步,若作小屋三间尽可居。"④黄榦遵照老师的旨意,也在考亭沧州精舍边建了环峰精舍。

黄榦在福州讲学第二阶段:庆元三年(1227),黄榦母丧,为了表明心志,黄榦仿效朱子当年寒泉精舍边守墓边结庐讲学体例,在箕山父母墓旁选一地,结庐讲学著述,会聚弟子门生朋友修纂丧祭二礼。黄榦的弟子林学蒙、郑文通、赵如腾等闻讯纷纷前来参与修纂。黄榦说:"先生当时,分丧祭二礼于某编纂,某夙夜究心粗成,端绪尝奉而质之先师。先师喜曰,君所创立规模甚善,他日若能,以吾所编家乡邦国王朝礼悉用丧祭礼规模尤佳。于是,读丧礼十一章,终篇注疏有烦冗之文,悉皆亲笔删削,于不杖有大功,章有亲批五条,其他商榷发明不一而足。"⑤

黄榦一边修纂丧祭二礼,一边开馆收徒讲学。黄榦的朋友林仲则闻

---

① 《朱文公文集》。
② 《朱文公文集》。
③ 《朱文公文集》。
④ 《朱文公文集》。
⑤ 《黄勉斋文集》。

讯，亲自将自己的两个儿子林武（字学之）、林庚（字行之）从栗山送到黄榦箕山书塾读书。同时还有士子郑适等学生上门求教。黄榦将开馆收徒教学情况写信给朱子一一禀报。朱子即刻回信："居庐读礼，学者自来，甚喜，但不易，彼中后生，乃能如此。"①同时，告诉黄榦最近朝廷对道学打击的情况，"诸友相向，甚不易得，年来此道为世排斥，其势愈甚，而后生乡之者，曾不少变，自非天意，何以及此"，②向黄榦感叹世道的变化，人心叵测。

师徒俩就开馆办学相互切磋，"彼中学者，今年有几人，可更精切自做，功夫勤于接引为佳，斋馆既开，慕从者众，尤以为喜规绳既定，更又耐烦勉力，使后生辈稍知以读书修己为务，少变前日浅陋还浮之习，非细事也"。为了预防不测，朱子还将自己的两个孙子、朱埜的儿子朱钜、朱钧送到福州黄榦身边读书执经，随信嘱咐："烦直卿钤束之，二孙随众读书供课，早晚教诲之为幸。勿令私自出入，及请谒知，有合去处，亦须令随行，不自令自去，早晚在离，随众读书供课之外，更烦时与提撕，痛加镌戒，勿令怠情放逸，乃幸之甚。"③

书塾开馆后，黄榦在福州、建阳两地奔跑，考亭先生起居生活牵挂着他的心，箕山学生弟子琅琅书声又把他牵回。庆元五年（1199），为了让学生有一个更好的学习环境，黄榦将书塾迁往新河所居，八月朔日，开始课诸生，日讲"易经"一卦，"孟子"两版，课程安排得满满当当的，周末放假，组织学生弟子到新河旧居旁边神光寺庙僧舍聚会会餐，会餐菜肴很简单，自己动手制作汤饼，会餐上气氛浓烈。黄榦要求学生弟子回顾这一周学习内容，讲不通者罚站，黄榦从容终日而罢。十一月又组织学生弟子登栗山访故旧，可见黄榦的讲学生涯丰富多彩，不是那种不通人情，只会死读书、教书的老学究。

朱子逝世后，黄榦将一生心血付于传播先生学说上，继续开馆收徒讲学，弘扬先生理学。新河书塾已经容纳不了越来越多求学的弟子。

---

① 《朱文公文集》。
② 《朱文公文集》。
③ 《朱文公文集》。

黄榦的好友林端仲邀请黄榦到栗山办学，黄榦很喜欢栗山的风景，乐其山川之胜，曾经多次组织弟子门人到栗山游览。这一次，黄榦很爽快答应林端仲的邀请，在林端仲的支持下，在栗山建了栗山草堂，同时收下林端仲的两个儿子林子牧、林子扬为门生，教其圣贤之道。朱子的几个孙子朱钜、朱钧、朱鉴等都到姑父门下为徒。二哥黄东的儿子尚幼，黄榦也收入门下，精心扶教。黄榦于兄弟友爱，尤至亲视犹子如子，通其无所，入不以私诸已。黄东中年早逝，黄榦抚育其孤子，自襁褓以至成年，经常携以自随，教养备至，使有成立。

为了弘扬先师朱子理学思想，将先生平生著述昭之以众，黄榦在好友李筠翁的支持下，在神光寺李筠翁寓所内创办神光书局，刻印先生朱文公所著书籍。创办书局需要得力助手，黄榦以书召门人郑文遹、刘砺、郑维忠、潘徼茂等一起参与刻书刊印。

神光寺在福州乌石山之麓，始建于唐大历三年（768），原名金光明院，唐宣宗五年（851），宣宗夜梦神人发光殿廷，迟明览奏，异之，赐名神光寺。据《八闽通志》记载："唐大历三年拆南涧寺为金光明院。七年，改为大云。会昌间废。大中三年监军孟彪构亭凿池其间，号'南庄'。明年舍为寺，又明年赐今额。国朝两经回禄，随复建。成化十八、九年，镇守太监陈道重建。"

神光寺景色尤佳，有神光塔、石塔、蟆头石、碧云神壑等。欧阳衮《神光寺》诗："香刹悬青磴，飞楼界碧空。石门栖怖鸽，慈塔绕归鸿。有法将心镜，无名属性通。从来乐幽寂，寻觅未能穷。"宋李纲《神光寺》句："法鼓似雷鸣万国，青莲如炬照诸天。"明林世璧《题神光禅院》诗："暂解红尘鞅，来依玉洞香。禅关落钟磬，秋色上衣裳。万象山河列，三天日月光。树含青雨气，村合白云乡。寂灭心同查，纷纭意转伤。人间龙亦静，市远世都忘。听法昙花下，参禅怖鸽翔。夕阳萝径晚，归路绿烟长。"

陈登龙《宿神光寺》诗："入夜闻钟声，迢迢度烟岭。款扉访幽客，共宿招提境。清言味逍遥，不知夜色永。风泻涧泉音，月漏双林影。炉香阒不氛，心与孤云静。"

黄榦在如此美好景色下，讲学刻书，寓情于山水，寄情于书香，度过一段美好的时光。黄榦在神光寺一边讲学，一边刻书，沉浸在传承弘道之中。他将修纂《礼仪》一书分任给各位门人，"盖先修王朝礼一部，家礼次第，礼书目录，尊先生遗言，悉取家礼以下，别为次第。此时，实与诸君商榷其目，追惟此书，终黄榦之世，既不及为，而目录手稿具藏，当以编入先师遗言之内。"

之后，黄榦出仕为官，先后任石门酒库、临川、新淦、汉阳、安庆等职，黄榦每到一地，整顿吏治，赈灾恤民，开馆讲学，弘扬教化。

黄榦在福州讲学第三阶段：嘉定十一年（1218），黄榦返回福州，重新开馆授徒。黄榦回到福州，福州的弟子门生闻讯而来。林学蒙、郑文通带着儿子郑文肃一起上门求教，还有叶士龙、赵师恕、杨复等，杨复还参与编纂仪礼经传续卷，其中《祭礼》就是由杨复完成的。岳阳的方明父不远千里上门求师，黄榦感慨地说："方明父远来相访，志气相笃，殊同爱敬，盖其源流固有自来也，老来只觉存养远索，不可偏废，得明父辈十人。布在四方，吾道庶几矣。"

黄榦日接乡党后进，讲明身心性情之德，修己治人之方，以开学者始知方向。自此，弟子日盛，巴蜀、江、湖之士皆来，编礼著书，目不暇接。弟子多了，黄榦就把诸生移往于山嘉福僧舍。为了讲学，黄榦朝往夕返，日以为常，诸生质疑请益，气象如文公，时或有过于思索者。黄榦说："以心照书，无以书入心，可也。"又对大家说："学者，役精神于文义，而不反求诸心，终未免有口耳之学，故于讲论之际，必婉转而归诸求放心存天理者焉。"

黄榦一边讲学，一边开始编纂朱子行状，通释文公论语。黄榦晚年乞闲方欲成先志，取文公诸书以次通释论语，仅已抱恨九原矣。在此其中，黄榦合文公集注集义，或问三书，而通释之，盖集注之辞简，而严学者未能遽晓，于是，作或问一书，设为问答，以尽其详，且明去取诸家之意。黄榦恐学者不暇旁究，故直取疏解集注之辞，而列之于后，以便观览。然集注或问，间有去取之不同发挥之未尽。黄榦追忆向日，亲炙之语附以已，意名曰：通释。于是始无遗憾矣。黄榦在福州讲学期间，

先后创办书院、精舍、书塾达十几所,从学弟子门生八十多人,逐渐形成勉斋学派,进一步弘扬朱子理学在福州的影响力。

嘉定十三年(1220)庚辰春,黄榦亲自躬相丘宅,终于在福州怀安县灵山乡遵化里林洋寺北山匏牺原看得一块吉地,可以结庐。黄榦有意卜居在北山,以近父兄坟墓为安。遂结庐,其旁榜曰"高峰书院"。还在旁边建亭台阁轩泉榭,其亭曰"求得正",其阁曰"老益壮",其轩曰"笑不答",其泉曰"逝如斯"。表达了黄榦晚年乐观的心情和安于乐命的胸怀。

高峰书院建成之日,黄榦弟子门生纷纷前来祝贺,莆田的陈师复、潘谦之也闻讯前来道喜。黄榦继承朱子理学衣钵,讲学书院,使高峰书院在福建成为名气颇高的书院,"自此,弟子日盛,巴蜀、江、湖之士皆来,编礼著书,日不暇给"。①也使高峰书院与白鹿洞书院、岳麓书院齐名,是嘉定年间全国学子最向往的书院。

这年夏,经过黄榦不懈的努力,《仪礼经传通解续卷·丧礼》书成。嘉定十四年(1221)正月,黄榦历尽数年心血,《朱文公行状》终于完成。这是一部全面客观记载南宋理学大师朱熹的传记。黄榦呕心沥血,完成了《朱文公行状》,像完成了平生的夙愿,不辜负先师对他的冀望。三个月后,嘉定十四年(1221)三月,黄榦在城南寓所安然去世,在去世前六日还写信给弟子杨信斋,云论语读得一过,益见圣人之道大老矣,既不可追,悔朋友间不能刻意求进,一得之智,一偏之见,便志满意足。黄榦素苦痞气,至是发动前属纩之,夕犹诵书,课童孙,晨兴而逝。黄榦为官清正廉洁,无多积蓄。去世的时候,衣衾棺椁皆朋友旧故共成之。黄榦去世安葬的队伍阵容浩大,门人弟子执绋者二百余人,皆衰绖菅履引柩三十余里,至匏牺山间,丧仪如礼,乡人叹息,以为前此未见之。

黄榦死后,华峰寺改名为石牌庵,因寺靠近黄榦墓道石牌而名之。

民国陈衍《福建通志·名胜》记载:"石牌庵,在城东北四十都。"《闽都记》云明万历初建,与宋黄榦墓道石牌相近故名。雍正旧志

---

① 《宋史·黄榦传》。

云:"旧为华峰寺,宋朱子书'华峰'二字,扁(匾)额犹存。《乾隆府志》云清顺治间僧等昱重建。"石牌庵在石牌村通往林阳寺公路南侧山坡上,距石牌村约1公里。石牌庵现已毁,仅存遗址和"文昌□"残碑。2003年,福建博物院考古队对遗址进行考古发掘,发现其遗址保存较完整,占地面积1181平方米。

宋理宗宝庆三年(1227),黄榦的弟子杨复、陈宓等诸生捐款在福州鳌峰黄榦平日读书讲学的地方嘉福僧舍旧址为黄榦建立祠堂,以纪念黄榦的不平凡的一生。

宋理宗皇帝赐赞:"猗欤黄父、绍述文公,圣学之传,独得其宗;四书三礼,赖所折衷;颜曾比匹,洙泗推功;江淮著绩,幕府策勋;游泳德化,不愧斯文;尊祠享祀,瞻彼德容;佑我邦国,万世聿崇。"并追赠黄榦为朝奉郎,诏谥文肃。元裕宗皇帝赠为御书:麟凤龟龙。清康熙皇帝御书:道统斯托。清雍正二年(1724)皇帝下旨:宋儒黄文肃公从祀圣庙。1949年后,政府将其墓地列为省级文物保护单位。隆誉之高,乃历史以来闽地文人之首。

后世人评论朱熹门人弟子聪明卓越固不少,然求其始终不渝、老而弥笃者,唯黄榦也。范寿康在《中国哲学史通论》中,称黄榦"是一个有骨有肉的学者"。作为朱熹的门人、女婿,黄榦从学朱熹前后达25年之久,随侍左右,在朱熹理学思想体系的建构中,发挥极其重要的作用,在朱熹逝世后,为朱子学的普及和传播奠定了坚实的基础。黄榦不仅在传承发扬朱熹理学方面作出卓越贡献,他对朱熹的理学也有新的发展。

在朱熹殁后的若干年中,学者都尊黄榦为道统的继承者,使之居于朱学学派领袖地位达21年之久。

黄榦一生著述颇丰,著作有《周易系词传解》、《续仪礼经传通解》39卷(在《四库全书》经部礼类、《西京清麓丛书》中有此书)、《孝经本义》1卷、《论语通释》10卷、《勉斋先生讲义》1卷、《勉斋诗钞》1卷(在《宋诗钞补》中),另有《黄勉斋文集》8卷、《晦翁先生语续录》。现在可考的黄榦专著有《五经讲义》《四书纪闻》《诲鉴衡》《朱子行状》等。其所著有《书说》10卷、《六经讲义》30卷等,已佚。清《四库全书》录有元刊本《勉斋先生黄文肃公集》40卷，其《闽学渊源》篇录有黄勉斋先生事迹。

参考书目

[1]《朱文公文集》。

[2]《勉斋先生黄文肃公文集》。

[3]《宋史·黄榦传》。

[4]《福建朱子学》。

[5]《朱熹与闽学渊源》。

[6]《闽学渊源》。

[7]《黄榦——朱子学第一传人》。

论黄榦的纲运实践及其改革思想

赖 晨

摘 要 纲运首创于唐代的刘晏。这种分级转运、分段运输的漕运方式，在刘晏以后，一直被历代奉行，影响达千余年。北宋时期对漕运进行了一些改革，产生了一些弊端，尤其是行政管理方面，所实行的转般运纲运法和直达纲运法更换频繁，劳民伤财。黄榦在知江西路新淦县（今新干县）时，通过提前造船和加强监督，整饬了纲运，减少了官吏侵盗的弊端。除此之外，黄榦还针对纲运中出现的问题提出两条建议：一是废弛场务之费；二是恢复转般法。他的建议部分被朝廷采纳，减轻了百姓的负担。

关键词 南宋 黄榦 漕运 纲运 转般法

黄榦是朱熹的高徒、女婿，更是其学说的继承人，世人称他是朱子学（朱熹理学）的第一传人。目前学术界对其有一定的研究，它们是本文的写作基础、思路参考和资料来源。[①]但关于其纲运实践及其改革思想的问题，目前学术界对此尚无专文进行研究，这就留下了一个学术空白点，本文拟就此问题，在梳理相关文献资料的基础上，进行一番粗浅的探讨，以就教于方家。

---

① 黄榦对朱子学的贡献见路漫编：《黄榦——朱子学第一传人》，福建人民出版社2017年版。黄榦的生平思想与行为见单晓娜著：《理念与行止——黄榦研究》，中国社会科学出版社2014年版。黄榦的哲学思想见孙明章《略论黄榦及其哲学思想》，《福建论坛》（文史哲版）1985年第1期。

一、纲运制度的演变

纲运是漕运的一种方式,所谓纲运制度,实际上就是转运制度,即粮食、食盐等货物的运输,采用分批运输的办法,每批都进行编号,分成很多小组,每一小组称为一纲。这种分批分组编号运输货物的办法就称为纲运。

纲运制度是唐代刘晏首创的。他首创"编十为纲"的漕运方法,以及"江船不入汴,汴船不入河,河船不入渭"的"四级转运"、分段运输的原则,后来一直是历代奉行的"漕运"模式,史称"纲运",影响达千余年。

唐代宗宝应二年(763),刘晏出任户部侍郎兼京兆尹,并兼任"度支盐铁转运使",负责主持关东税收和漕运。当时唐王朝刚刚经历长达8年的"安史之乱",全国人口已经从天宝十四载(755),也就是"安史之乱"前夕的将近5292万人,锐减到1692万余人,损失超过68%。国民经济所遭受的破坏更为严重,以致"中外艰食,京师米价斗至一千,官无兼时之积,禁军乏食,畿县百姓乃捋穗以供之"。就是说,当时关中粮食极其匮乏,长安城的米价由每斗(约7.9公斤)13文制钱,猛然飙升到每斗1000文制钱,涨幅达到77倍,官宦之家已经没有粮食积蓄,连禁军的伙食供给也难以维持,京畿郊县百姓只能靠临时捋麦穗应付官方的粮食征集。

刘晏上任之后,立即在扬子(江苏扬州市仪征市)开设十处造船工场,赶造江船2000艘。刘晏设计的江船,船体宽大,底平舱浅,船舱设有盖板,每艘船可以装载粮食1000斛(约79吨),装卸很方便。刘晏按照军队建制组建漕粮运输船队,每10艘船编为1纲,每纲配备300人(包括篙工50人)。船队将江南的漕粮运送到河阴(洛阳市孟津县)之后,改用适合黄河水运的"上门填阙船",用巴蜀的麻竹制作纤索沿岸拉纤挽舟西行。进入渭河之后,又改用另一种适合渭水航行的船舶接力运输,一直到长安(今西安市高新区)。

在北宋时期,朝廷对漕运进行以下的改革。一是在中央增置专门的漕运机构。二是扩大漕运物资的贸易范围。三是漕船上所用的篙工、纤夫实行双轨制，即有长期服徭役的漕卒，又有民众出纳免役钱而雇佣来的雇夫。四是突破唐朝分段运输的框框，以使漕船能出汴河驶入长江。五是实行客舟与官舟分运，互相监察。

宋朝大兴漕运，也随之产生一些弊端。仅据《宋史·食货志上三》《资治通鉴》等所述有关情况加以摘取，编述如下。

最大的弊端就是行政管理方面，所实行的转般运法和直达法频频更换。实行直达法时竟下令拆除沿河所建转般仓库，不久以恢复转般法就又令急建转般仓库。这在宋徽宗时期屡有折腾。其他弊端体现在：行贿媚上、徇私舞弊、中饱私囊与虐待纤夫等方面。

二、整饬新淦纲运

在众多官员的推荐下，宋宁宗嘉定五年（1212），黄榦知新淦县（今江西省吉安市新干县），四月命下，五月到任。

对于当时新淦的情形，黄榦描述说："榦以是月三日交接事，县道败坏之甚，其劳又倍于临川，狱讼更不堪开眼，财赋赤立，亦只得判身判命，硬着脊梁担负，前去更两三月后，当亦少定，所可喜者，无临川奔走台府之劳可以终日坐曹耳。……照得江西诸县惟新淦最为难治，二十年间，为知县者，十政九败……推原其端，皆原财赋窘乏。"[①]

黄榦到任之后尽心毕力穷究弊源，认为新淦最大的问题是纲运，而想要解决纲运问题，必须要解决运输问题。

"纲运"是官物运输的主要形式，在整个宋代起到过重要作用，但其存在的弊端也不少。黄榦就曾指出："国家纲运，资以饷军。比年以来，法度弛坏，非惟军饷不继，抑亦公私受弊。"[②]

在临川县时，黄榦曾"问民俗之利病，皆以为纲运一事大为一郡吏

[①] 黄榦：《勉斋先生黄文肃公文集》（卷三十）《新淦申临江军及诸司乞申朝廷给下卖过职田钱就人户取回状》，书目文献出版社1998年版，第633页。
[②] 《勉斋集》（卷二十三）《代抚州陈守奏·纲运》。

民之害。"① 黄榦在新淦县时，"其为邑凋敝特甚……累莫大于纲运。前后滞久欠折无虑五六万石，为邑者率不满秩而去"。② 由此造成"为新淦之令者十政而九败，为新淦之吏者朝补而夕配。县道不能自立，则豪户控持，奸民欺侮，善良失职，乡井萧条，虽有循良之吏亦无所施"。③

造成这种状况的主要原因在于官吏的贪污。黄榦讲道："自度官吏侵盗，大数已亏。恣情极用，无所顾忌，估籍所偿不能万分之一。"④

纲运一旦败坏，其结果就是"而其既败也，有摊赖平民之弊"。百姓负担加重，小者破家。

黄榦认为纲运之所以欠折，是因为船没有提前造好，这样每年造船的时间很长，使收到米粮的大幅度折损。

在整饬新淦纲运时，黄榦将重点放在了对官吏加强监督上。按旧例，先纳米入仓，而后造船，等涨水后再出运。但因"水无常势"以致"淹延日月"，纲米多被运纲官吏贪用，而民户却要再三纳米。

黄榦不循旧例，"先令造船"待纳米完毕"不复入仓，即令下船"，即提前造船和开场，不让粮食在新淦逗留太久。

黄榦白天治理县务，夜晚下仓亲自监督运米，又亲至船中查验，直到运粮船安全出境才放心离去，使贪吏不得行其奸。自此，新淦纲运之弊尽革。

三、建议废弛场务之费

除此之外，黄榦还针对纲运中出现的问题提出两条建议。一是废弛场务之费；二是恢复转般法。他认为，要断绝官吏的贪污行为，不仅在于官员自身的廉洁守法，也必须从制度上加以改良，根除滋生弊端的温床。

弛场务之费。黄榦经调查得知：每运纲船只"经过场务，虽无税物，

---

① 《勉斋集》（卷二十八）《临川代郡守申纲运利病》。
② 《勉斋集·年谱》。
③ 《勉斋集》（卷三十）《申临江军乞申朝省除豁旧纲欠》。
④ 《勉斋集》（卷二十三）《代抚州陈守奏·纲运》。

必收力胜，留滞诛求，动辄旬日。及其交卸，靡费尤多。若非盗枭官米，费用安出？"

因此，当务之急便是减少沿途场务的阻挠和侵盗之弊。他提出："尽废弛沿河场务之费，不惟税钱可省，而舟行亦不至滞留。坐蠹之害既除，则盗枭之弊亦可以少减。"①

四、建议恢复转般之制

转般之制也叫转般法，是宋代漕运方式之一。起源于唐，自开宝五年（972）起，官府陆续在漕运路上泗、楚、真、扬四州（州治今安徽泗县、江苏淮安、仪征、扬州等地）分设转般仓，即设置专门的固定场所，安排人员负责接受各地纲物，并加以储存和保管，按需发配东南六路的漕粮，再换船转至京师。该法实行后，六路所需淮盐也可利用回空船只。这种专门运送物资，保障军需的"转般制"在北宋时已被广泛应用。北宋宋仁宗嘉祐（1056—1063）后，官船数量减少，雇人运输的需要长年运输，吏卒运输的又多侵盗，宋神宗熙宁（1068—1077）后，转般法逐渐被直达法替代。到了宋高宗赵构南渡后，由于财政紧张，转般法更是全被废弛了，直达法全部代替了转般法。

由于南宋政治、军事、经济地理形势的巨变，东南地区财赋的调拨逐渐形成了中央户部与总领所分掌的格局。南宋军队大多屯集在长江、淮河一带和四川一带，上供漕粮已不再像北宋时期一样要集中于京师，而是分别供输于长江、淮河沿线驻军，形成了除行在临安之外的四个供应中心——总领所，即淮东、淮西、湖广、四川总领所。史载：

> 盖自中兴以来，驻跸吴会，控扼之地，上下数千里，列屯相望，费用不赀，其治粮饷职之主将，主将不自给也。……主将取之漕司，漕司吝于供亿也。然后请之于朝，总领之官出焉。然未以名官也，自收诸帅之兵，目为御前，分屯要害，而后总领之官置焉。……镇

---

① 《勉斋集》（卷二十八）《临川代郡守申纲运利病》。

江诸军钱粮，淮东总领掌之；金陵、池州诸军钱粮，淮西总领掌之；武昌、荆南、江南诸军钱粮，湖广总领掌之；兴元州、金州诸军钱粮，四川总领掌之。四总之官既立，上可以备边境不虞之用，下可以省老弱转运之劳，通融出入，裁制盈虚，其于军用甚便，岂非储于边塞而无乏用之急乎？大抵家用度，多糜于兵，西蜀、湖广、江淮之赋，类归总司，所供京师者惟仰闽浙而已。①

行在临安由闽、浙地区供应，但闽地主要是货币赋入，粮食主要还是来自两浙地区。各地区屯驻军队的粮草等物资分别由四总领所负责。四川总所供剑外大军，成独立单元，南宋其他诸军大致分屯长江及运河沿岸地区，漕运路程的缩短，以及全国性供输京师的漕运的取消，统一的、大规模的漕运不复存在。

南宋漕粮的运输线主要是长江和运河。长江水道分为三段，即长江下游段、长江中游段、长江上游段。

一是长江下游段，西自江州起，经彭泽，向东北流，至池州，达铜陵（今安徽铜陵市北），又东北流经芜湖、太平州，至建康，折向东流至镇江府的京口镇，转东南流向泰兴（今属江苏）、江阴（今属江苏），从静海（江苏南通）起，呈喇叭型汇入大海。二是长江中游段，东起江州，西至峡州，其间经蕲口镇（今属湖北）、黄州（在湖北黄冈东）、鄂州、公安（湖北公安县西北）、江陵府、枝江（湖北宜都市枝城镇）等地区。三是长江上游段，自峡州起，西行进入长江交通航运中最为危险的地段——三峡段（夔州段）至夔州，西行经云安军、万州、叙州、眉州至成都府。

长江漕粮运输主要集中在中下游地区，长江中下游地区是全国粮食主产区和手工业、商业发达的区域，通过长江水运，这些财赋可便捷抵达所需之地，长江因此成为南宋的重要生命线。

---

① 《古今源流至论》（续集）（卷二）《兵粮》，文渊阁《四库全书》本，第W2册，第363—364页。

南宋时期，原北宋的疆域领土被以淮河为界分割为二，南宋所控的运河河段最北端只到淮河入口楚州，运河由扬楚运河、江南运河、浙东运河组成，以临安为中心，向北、向东延伸，向北的江南运河与扬楚运河经嘉兴、平江府、镇江府与长江连接，并北上扬州至楚州，与淮河连通；向东的浙东运河经萧山、绍兴、余姚与甬江相连，直通大海。

南宋的运河虽不及北宋南北运河所发挥的贯通南北方经济交流的作用大，但仍是江南地区最重要的交通运输线。首都临安是南宋运河交通的中心，地处边境的扬楚运河相比于北宋，其所发挥的作用大大被削弱了，但仍是淮河沿线军粮及其他军用物资运输的重要河道；江南运河承接长江，沟通"鱼米之乡"的太湖流域，通达临安，因而成为国家财赋倚仗的重要生命线；浙东运河从过去的支流地位逐渐上升为浙东以及福建、广东地区物资运输的主干线。

早在绍兴年间（1131—1162）初，为供应行在临安及转输军粮，宋廷便有因地制宜置转般仓的做法："以两浙之粟专供行在，以江东之粟饷淮东，以江西之粟饷淮西，荆湖之粟饷岳、鄂、荆南。量所用之数，责漕臣将输，而归其余行在……及于两浙、江东西、四川、泸、叙、嘉、黔间自造官舟，又揆道里之远近，滩碛之险阻，置转般仓，修堰闸，开浚河道，以便漕运。"①但当时只是各地战时的一种权宜之计。

随着南宋政局的稳定，重建漕运秩序便成重要议题之一。北宋后期以来漕运转般法遭破坏，实行直达法而弊病丛生，更影响了京师的粮食供应，鉴于这一经验教训，许多官员建议恢复转般法、建转般仓。

绍兴八年（1138），户部侍郎向子諲就建议在各要处建转般仓，他说："安民固圉，必资储蓄。江西宜于洪州置籴，于江州置转般仓，以给淮西。湖南于潭州置籴，于鄂州置转般仓，以给襄、汉。湖北于鼎州，淮东于真州，仍多造船，则遣戍出兵，无往不利。"②

宋孝宗乾道年间（1165—1173）时，黄榦又建言："国家纲运，资以

---

① 《文献通考》（卷二五）《国用考三·漕运》，第750页。
② 《建炎以来系年要录》（卷118，绍兴八年三月甲辰条），第1986—1987页。

饷军。比年以来，法度弛坏，非惟军饷不继，抑亦公私受弊。其未离岸也，有江水浅涸、坐食糜费之弊；其已离岸也，有监官侵亏、船艄盗窃之弊。而其既败也，有摊赖平民之弊。虽知其弊，莫之能革，是无他，废转般之制而循直达之法故耳。今欲革历年之弊，使官无羡费，而众害悉除，则莫若复转般之制。且以江西一路言之，如抚州、建昌纲之折阅，每以水道浅涸，不能行巨舟，延引岁终，而未能起。隔岁之纲者，一纲吏卒、水手动数百计。又所招集并皆游手无赖之人，自度官吏侵盗大数已亏，恣情极用，无所顾忌，估籍所偿，不能万一，官司不免纵之，摊赖平民、侵削本，为害不细。今若于隆兴置转般仓一所，每岁一路纲运水脚，其费不赀，取其所费，养水军数百人，命一武臣为之长，造数十巨舰，部以军法，责之转输。近里州军止以小舟运载，纳之转般仓。却令水军专一护送，更往迭来，不假招募，纲纪素定，部分素严，舟楫素具，较之乌合，尝试实相万万。如此则非惟可以省官纲之折阅，抑足以增国家之武备，戢江湖之群盗，脱士大夫之罪戾，免平民之摊赖，是一变法而群害悉去，众利并兴。如果可采，乞于诸路推广之。"①

很明显，黄榦所提出的"转般之制"主旨是"以兵代民"，由民运改为军运，目的是减轻百姓的运纲之苦，摆脱州县在军备运输中受到的牵累。如此，军队既可以保障纲运的有效供给，百姓亦可以安心生产，进而实现"一变法而群害悉去"的良效。

也许是因为黄榦的建议，南宋在重建漕运制度时，变通地沿用了北宋漕运的转般法，因地制宜地设置了许多转般仓。

南宋转般仓主要设于长江、运河沿岸，以及河流与长江的交汇处。

位于长江沿岸的自西向东有江州、江州湖口、太平州芜湖、和州、建康府、真州转般仓。江州位于长江中游，湖口为鄱阳湖与长江的接口处，从江州顺流而下至太平州，太平州是水上交通便利的富庶之乡，是舟船往来的中继站，太平所辖芜湖也位于长江沿岸，也是长江水道的重

---

① 《勉斋先生黄文肃公文集》（卷二三）《拟奏·代抚州陈守一纲运》，宋集珍本丛刊（67），第769页。

要中继站。长江自芜湖起改变走向，经和州直到建康折转东流。建康为六朝古都，东南大都会，是交通中转、军事防御之要地。真州地理位置的重要性自不待言，"望于淮右，当东南之水会，江淮之一都会，东南水陆要冲"，①但南宋真州转般仓的规模、地位与北宋已经不可同日而语了。

位于运河沿岸一线从北至南有扬州、镇江府、镇江府吕城镇转般仓。镇江府位于运河与长江的交汇点，南宋时地理位置更显重要；吕城镇有年仓转输镇江府转般仓米供应淮南诸军。

其他流域之转般仓，如无为军南通浦濡须水与长江相连，北通淝水与庐州相连。郢州地处汉水流域，是军事重镇襄阳府与长江漕运的中转站。江南西路是宋代主要的粮食输出区，隆兴府在赣水流域，经鄱阳湖与长江相连，是江西及以南地区交通运输的枢纽。还有一些地方性的小型转般仓，都是州县为方便转输上供而设，如袁州上供支移仓。江西路之袁州，"负山为郡，水分东西流，一自萍乡之卢溪，逾醴陵以西，至于湘江；一自萍乡之宣风，循宜春、分宜而下，并山以东，至于清江"。②袁州上供粮主要向东通过清江进入赣水，转输行在。又如江南东路广德军，"地居高陆，岁上供，民输建平仓，由湖转江，入丹阳闸以达"。③郴州转般仓有所不同，郴州位于荆湖南路南端，其地土瘠民贫，旱灾多，仰给于衡州，在此设转般仓还为转输自衡州而来的物资。

五、余论

黄榦为官一向以行大道、立大功，保国安民为己任，唯有如此，才可称得上是"大丈夫行事"。因此，他对官场之中见利忘义、曲意奉承的风气十分排斥。但是，他这种独善其身的性格却不利于平衡上下级的关

---

① （宋）祝穆：《方舆胜览》（卷四五）《真州》，中华书局2003年点校本，第807页。
② 《永乐大典》（卷七五一五引）《宜春志》，第3442页。
③ （宋）刘一止：《苕溪集》（卷五一）《宋故左朝散郎赐绯鱼袋钱君（观复）墓志铭》，宋集珍本丛刊（34），第359页。

系,尤其是官场上那些投机取巧者将之视为最大的忌讳。因此,他多次受到僚属的非议和排挤。但是黄榦并未因此放弃自己的原则和理念,而是不顾众议,矢志不渝地坚持。

虽然,官场的腐败使黄榦无法施展才华,难以大有作为,但在任职地方官时,黄榦还是政绩斐然的。例如,他通过改革漕运,在一定程度上减轻了人民的负担。此外,他还通过抗旱救灾,保障一方百姓的生计;通过打击豪强,惩奸除恶,维护百姓权益,缓解社会矛盾;参与"开禧北伐"以及修筑安庆城,实现了"忠君报国"的理想。

参考文献

[1]杨芳:《宋代仓廪制度研究》,上海古籍出版社2019年版,第93-102页。

[2]四川大学古籍整理研究所、四川大学宋代文化研究中心编:《宋代文化研究》第8辑,巴蜀书社1999年版,第116页。

[3]廖大珂:《略论宋元时期的纲首》,《海交史研究》,1993,(2)。

[4]夏时华:《宋代市舶香药纲运考述》,《云南社会科学》,2015,(6)。

[5]刘翔:《宋代的纲银及纲运制度》,《东方收藏》,2011,(9)。

[6]陈峰:《北宋漕运押纲人员考述》,《中国史研究》,1997,(1)。

[7]黄纯艳:《宋代民船的管理与征雇》,《河北学刊》,2017,(1)。

[8]黄纯艳:《宋代内河船夫群体的构成与生计——以漕运为主的考察》,《首都师范大学学报》(社会科学版),2017,(5)。

论黄榦对酒务的整顿

赖浩然

摘 要 宋代的榷酤酒法，最为繁苛复杂。到了南宋，酒税仍然是南宋帝国的重要财源，但随着时代的发展，酒法已经出现了许多弊端。黄榦所监的石门酒库就出现营业收入下降、酒户民生艰难等问题。他通过调查，找出了弊端的根源：一是本少息高；二是上下政情不通；三是酒吏贪腐不作为；四是不法拍户造卖私酒，一家独大，垄断了市场。为此，他有的放矢地采取措施：一是增加酒本；二是打击贪腐胥吏；三是严惩不法拍户。通过黄榦一系列的整顿和改革，石门酒务久败而复兴，酒库的收入增加了，市场兴隆了。

关键词 黄榦 酒法 酒务 石门酒库

黄榦是朱熹的高徒、女婿，更是其学说的继承人，世人称他是朱子学（朱熹理学）的第一传人。目前学术界对其有一定的研究，它们是本文的写作基础、思路参考和资料来源。[①]但关于其整顿酒务的问题，目前学术界对此尚无专文进行研究，这就留下了一个学术空白点。本文拟就此问题，在梳理相关文献资料的基础上，进行一番粗浅的探讨，以就

---

① 黄榦对朱子学的贡献见路漫编《黄榦——朱子学第一传人》，福建人民出版社2017年版。黄榦的生平思想与行为见单晓娜著《理念与行止——黄榦研究》，中国社会科学出版社2014年版。黄榦的哲学思想见孙明章《略论黄榦及其哲学思想》，《福建论坛》（文史哲版）1985年第1期。

闽都文化与朱子理学

教于方家。

一、榷酤制度的变迁与石门酒务的衰败

专卖制度是国家干预经济的一种手段。对酒类实行专卖,历史上被称为榷酤(榷沽)。为了充盈国库,以佐国用,从西汉汉武帝开始,国家对酿酒和卖酒之权进行控制与垄断,正式颁布有关酒的酿造、征税、专卖或禁酿等法令,即施行酒法,将酒类生产和消费纳入国家财政计划,同时严禁民间酿酒卖酒,违者严惩。

汉武帝天汉三年(前98年),始行榷酒制度,这是我国酒曲专卖制度的发端。所谓榷酒法,就是规定由官方垄断酒的生产和经销,禁止民间私酿私售。汉昭帝始元六年(前81年),废止榷酒法,改行税酒法,即允许百姓私酿私售,但由官方征收酒税,并限酒价为每升4文钱。西汉末年,王莽改制,于始建国二年(10),又恢复榷酒法。东汉时,又废止榷酒法,仅在某些灾年实行禁酒。

东晋初年,后赵石勒因储粮歉丰,为了保证军粮,又重行禁酒法;南北朝时,南方陈朝因国力不足又行榷酒法;北周也由官方设酒坊,垄断酒业。

唐朝前期,承袭隋代制度,保护酒业发展,对酒类的产销不加任何限制。"安史之乱",饥荒严重,为了保证军粮民食,在唐肃宗乾元元年(758),又行禁酒;唐代宗广德二年(764),因财政困难,令各州按规定量生产和销售酒,酒户每月交税,禁止官方及其他人户酿酒销售;唐德宗建中元年(780),废止税酒法;建中三年,又行榷酒法,由官府设酒店,交付酒利以资军费;贞元二年(786),在长安实行禁酒法,在淮南和河东等地实行榷酒法,其余地区实行税酒法;唐宪宗元和六年(811),又在长安实行税酒法。

在宋代,随着专制主义中央集权的加强,五代藩镇割据的局面得以消除,社会逐步稳定发展。就经济上而言,宋代粮食产品商品化程度提高,有足够的余粮(糯米、小麦和粟)进行酿酒,为榷酒提供了物质基础,实行榷酒制度有其可能性。就军事上而言,宋代实行募兵制,士兵们皆仰天子衣食，军费巨大的开支给财政造成沉重的负担，榷酒制度带来的丰厚酒利可以缓解这项支出，实行榷酒制度有其必要性。

由于酒利很大，宋代对于酒的生产、销售等环节都采取榷酤政策，政府对酒业实行严格把控，来增加财政收入。而宋代的榷酤酒法，最为繁苛。如北宋初年，在推行榷酒法的同时，又按亩征收曲钱。东京开封府、西京河南府（今河南洛阳）、南京应天府（今河南商丘），都由官方制曲，百姓购买官曲制酒。后北京大名府（现属河北省）亦实行此法。这样，全国的酒务、酒坊、酒库均由官府经营，或由军队经营，或由官员私营，或由百姓向官府承包经营。通常均实施专利、划区销售，不得互越。表面上不实行榷酒法的福建、广东等地，实际上亦由当地富豪专擅酒利，官方征收酒税。凡民间私自制曲、酿酒或携外地酒入本地者，均判以苦役、徒刑乃至处死。酒税遂成宋代重要的财政收入，至宋仁宗皇祐年间，酒利收入猛增至1498万贯，大大超过了唐代。

在北宋时期，榷酒法主要形式有官榷、买扑、榷曲和特许酒户等形式，到南宋时期，又新增了隔槽法、赡军酒务、万户酒和酒库等形式的榷酒制度。

官榷，就是为了让官府独享酒利，酒由官府专卖，禁止私自酿贩的行为，同时，官府针对已出现的私酒酿造、贩卖活动予以强烈的打击，确保官榷的顺利实施。

买扑，又称为扑买。买扑中扑字古有"争到曰扑""手相搏曰扑"之意，迁移到经济领域，即买方各自出价在卖方之前，互相竞争，价高者得，有点类似现代的公司竞标。北宋朝廷已经实行了官榷酒制度，为何还要实行买扑制度？究其原因，主要有以下两点：一是因官方酒业生意经营不善，酿酒质量参差不齐，导致官方酒务亏本，所以才招人来承包酒业。二是在一些酒业盈利甚少的地方，利润微薄，朝廷不屑于在此地实行官榷，所以也招人买扑。欧阳修说："衙前、百姓买扑者，皆是利薄之处。"但是如果某地民众买扑，经营良好，一旦获利丰厚，则买扑又会变为官榷。关于扑户的构成，主要包括官宦人家、衙前、富商巨贾、豪民大户、一般民户五类。

榷曲所谓榷曲，就是官府对酒曲实行专卖，等于就是间接专卖酒。当时东京的一部分酒户可以从官府曲院购得酒曲，再自行酿卖，这些酒户大多数都住在榷曲区，被称为京酒户。还有一部分酒户则是通过缴纳税款以获得酒的酿卖权，被称为乡村酒户。

特许酒户，酒户是从事酒的生产和销售的个体户，在严格的榷酒制度管理下，有一批酒户得到朝廷许可，被称为特许酒户。如，在禁地之外的区域，多是离城二三十里的偏远乡村，存在乡村酒户。他们除了向官府交纳酒税，还要履行检举揭发私酒的义务，更不能进入官榷的地区卖酒。乡村酒户较诸京酒户而言，分布相对分散。在酒税的贡献的上，特许酒户交纳税额不如官榷和买扑的多。但对酒户自身而言，酒本身利润很高，如果经营得好，靠卖酒发家致富还是较为容易的。不过，在榷酒政策的高压下，特许酒户的发展具有局限性，其规模注定不能做大。

隔槽法，由官府设立酿酒坊（隔槽），禁止民间私自酿酒，所有的民间酿酒者必须到官方酿酒坊（隔槽）酿制，官府收取相关费用，通常是一石米收3000文，并头子杂用等22文。最先实行此法的四川，酒税一下子翻了几倍。

赡军酒务，所谓赡军酒务乃是在省务之外，另行设置的直隶中央各司的酒务（由官府专营酿造和批发酒务的国企，由户部筹办）。宋高宗绍兴七年（1137）正月，朝廷命令两浙、江南东西路各州、军各权暂添置户部赡军酒务一所，如果已经有比较酒务的州、军则更不创置。绍兴之后，随着宋金休战，州郡多把赡军酒务以及比较酒务各并入都酒务。

万户酒，所谓万户酒，其实是南宋时期收税的一种名称。当时官府实行榷酒，为了保证榷酒收入，也允许民间私自酿酒，而建酒税额按地亩均摊，令民户缴纳，所以称之为万户酒。

酒库，就是官府开办的酒厂，类似现在的国企酒厂，多由地方官府拨款并下达生产任务，"下库酿造"。卖酒所获利润，上交给地方政府，用来养兵与行政开支。

每一个酒库设有两名监官（行政领导），属于朝廷命官，有低级官阶。其下设专吏，即专门负责业务的办事员，酒匠相当于现在的工程师或技术员，再下便是具体操作的工人，由他们直接从事酒的酿造。

每一个酒库又设清界库、煮界库。清界，指的是即酿即售的低度酒。这种酒类似民间的米酒，经过沉淀后沥滤出清汁，即为清酒，酒力甚微，仅是略有酒味的饮料。煮界，指的是工艺复杂、耗工费时的发酵酒。冬酿春成，灌坛堆藏，至少需二三年后才能启封售饮。因为其以陈为佳，所以被称为"老酒"。官库除了酿酒，还自设酒楼，实行自产自销，直接经营酒水的销售，称为"官楼"，因名正店。官库的分部被称为"子库"，正店的分号则叫作"脚店"（另说脚店是兼营住宿的酒店）。

榷酒制度的实行需要专门的机构、职官配套运转。宋代管理酒业的机构有三个层次系统：一是中央的三司和元丰改制后的户部；二是掌管路府财务的监司；三是州县级监酒税官员的专职管理。

中央的三司和元丰改制后的户部。北宋初期的三司机构分为盐铁、度支、户部三个部门，天下财政由其统一掌管，但各部所掌管职能不同。户部作为三司之一，分掌五案，这五案分别包括国家的税收、上供的钱帛、修缮改造的款项、榷酒的酒利、分配衣服粮草。可见，户部掌握着天下百姓的户籍、赋税、榷酒、物资储备等多个重要的方面，以便朝廷进行管理百姓、使用税收、运转、分配、调度物资等方面的工作。其中，榷酒事宜很明确地被安排在户部的工作任务之中。榷酒与两税、衣粮由户部统筹，是因酿酒所需的粮食主要来自租税，有利于协调划拨。宋神宗元丰改制后，罢三司，中央财政大权落到了户部身上。由户部尚书、户部侍郎、左曹、右曹郎中、员外郎等共同掌管榷酒事宜。户部主要负责全国人口、土地、粮食、钱财、赋税、徭役的政策制定。左曹主要负责登记北宋人民的户籍，从全国税收中计划好军费的开支，做好军费预算工作，也掌管土地、酒业等领域的税收。此外，在抑制土地兼并、田务民讼、婚姻孝道等方面也有相应的责任。除此之外，户部在酒业的管理上，还负责监查各地的酒税，根据各地的盈亏情况，进行赏罚。再者，户部也有设置酒税务的权力，并挑选官员监临酒务。

掌管路府财务的监司。代的行政机构层级划分为中央、路府、州县。路级机构设置监司，像我们知道的有转运使司，其的职责之一就是监督

榷酒的运行。转运使司，官司名，又称漕司。它是转运使的廨宇，统治一路的主要机构。转运使掌管一路的钱财赋税，监察赋税的收入与消耗，检查粮食以及其他物资的储备，详细记录在账簿之上。其中，"一路财赋"包括"赋税、榷酤、茶、盐、坑冶之利"。可见，榷酒也在其职责范围内。除此以外，转运使的榷酒职能主要还有以下两个方面：其一，直达上听。转运使可以根据该路榷酒的实际情况，对酒业的生产销售直接向朝廷汇报。其二，专举刺官吏。北宋的酒务监官大多是由漕臣向朝廷举荐产生。

州县级监酒税官员的专职管理。宋代州县一级的榷酒机关叫作酒务。州一级称之为都酒务，县一级称之为酒务。酒务有非常明确的职能，主要是酿造、售卖酒、曲，并且征收酒税。宋代酒务的分布相当广泛，《宋会要辑稿》提道，熙宁十年（1077）前，宋朝就有酒务1861处。其中，按路一级来看，成都府路下辖州县酒务最多，共有168处。按府来看，开封府界诸县镇的酒务最多，共有35处。酒务之多足见北宋酒业繁荣发展。

宋代州县一级的榷酒机关叫作酒务。州一级称之为都酒务，县一级称之为酒务。酒务有非常明确的职能，主要是酿造、售卖酒和曲，并且征收酒税。酒税是朝廷重要的财政收入，榷酒制度的运行离不开各级榷酒官吏的努力，但州县级榷酒官吏处于关键位置。他们上对中央负责，下直接接触底层百姓生活。中央朝廷的榷酒政策需要靠他们在底层大众间深入推行并落实。同样，酒业的生产、销售状况的良好与否，以及酒税的征收能否达到朝廷预先规定的指标，也成为衡量州县级榷酒官吏政绩的重要参考依据之一。那么，州县的酒业管理具体由何职负责呢？州县主要以监酒税为主。宋代把凡是监临各个坊场、院库等多种税收的官员统称"监当官"。他们主要负责的商税的收取，如茶、酒之类，还负责收取房租、木材。对酒务、盐场、茶场进行专卖。这些官员多由选人、使臣差充，也有京朝官责降为监当官者。监当官之中有监酒一职。监酒主要掌榷酤（酒专卖）之课利。另外，乡镇则有监镇掌管火禁、巡逻盗贼，兼征税、专卖酒及其出纳会计。乡野草市的酒利催收，则由耆长管理负责。

综上所述，宋代的酒业管理可谓纷繁复杂，有专门的监酒税，也有兼管分领榷酒事务的职位。尽管如此，宋代的酒业管理体制仍以中央的三司户部——路府的监司——州县镇的监官为主脉。

宋宁宗嘉泰三年（1203），黄榦得监嘉兴府崇德县石门酒库（今属于浙江桐乡市石门镇），初到崇德县，发现石门酒库的营业收入较以往大幅减少，"石门酒课旧额五六万缗常有余，今也岁解一万常不足"。①

经营小酒馆的拍户来酒库购酒的也越来越少，但是前来酒库买糟和糠的人却络绎不绝，"石门酒库以灰和糟，岁以粪田，虽狗彘不食。晨开务门，老稚累累，买糟和糠而食者肩相摩也，无钱而求糟以食者常相半焉。则因食糟之多，而可以知贫民之多也"。②

由此可见崇德县的百姓生活是多么困苦，黄榦一方面上书给两浙运判（转运使的副职，即判官），为石门百姓请命，请求上级察访赈恤。另一方面，积极主动整治酒库，扩大酒库的收入，从而改善民生。

二、幕后原因

黄榦到任石门酒库监官后，面对库务积年久坏的情况，立刻考察分析酒库败政的原因。

其一，黄榦发现酒本少而利息高是石门酒库亏损的主要原因。他发现石门酒库的酒息高达"一钱而取三分息"之多，但是提领所下拨给酒库的本钱却很少，这样势必造成酒库造酒时的浓度降低，拍户购买不到物美价廉的酒，从而市场出现私自造酒、贩卖私酒的现象。黄榦认为，本少息多导致酒库经营日益亏损。"累政之所以败坏者，正以本少息多耳。本少息多，则造酒必薄，私酒必多，拍户必逃移，官课必亏折，此不待智者而后知也。"③

---

① 《勉斋先生黄文肃公文集》（卷4），《石门拟与两浙陈运判》（第67册）第582页。

② 《勉斋先生黄文肃公文集》（卷4），《石门拟与两浙陈运判》（第67册）第582页。

③ 《勉斋先生黄文肃公文集》（卷30），《石门申提领所请截留本钱状》（第68册），第54页。

其二，酒库败坏的另一个原因在于上下政情不通。上下级的官吏对于酒库经营现状毫不知情，为了强行完成政令，而导致酒税课利难办，酒库经营愈加困难。"窃念犒赏诸库所以败坏者，皆生于上下之情不通，监官不恤酒之厚薄，必欲拍户之纳钱；使所不恤本钱之多寡，必欲监官之趁办。上下煎熬，但见追专知、索印纸，对移阁俸，终岁纷纷，而酒课卒不办。"①

其三，酒吏贪腐、不作为也是酒务不兴的重要原因。黄榦来到石门后发现，石门的酒库小吏虽然官职不高，但是往往奸佞狡猾，无所作为，"榦今来贱职石门，老吏十数人往往宿奸巨蠹，轻侮其长，循习已久，恬不为怪"。黄榦分析"盖缘酒吏卑官，素无足畏，而又贪利无耻之人与之为市，往往坐受其侮，以至于此"。②

黄榦初任石门酒库监官，遣人督促石门的库吏责办年计，传书人回话已告知派遣厅子赵泽前去督办。然而赵泽过了十天才回酒库，又以"煮酒岁晚合有预前料理事务"为由将此事推脱给干人和脚夫前来支请酒本，并召集柴米牙人商量价例、较议酒匠，但是过了数日，仍未有人来酒库办理。

通过责办酒库年计这件事，黄榦发现石门的官吏存在"政令不行、执行不力"的问题，酒库小吏偷奸耍滑、不作为的奸弊现状导致石门酒库日益亏空，百姓民不聊生。黄榦不禁感慨："新官之初已怠慢如此，异日到库，何以令之？此职业之所以不举，而官课之所以日亏也。"③

其四，石门的不法拍户造卖私酒，一家独大，独揽了市场。黄榦在观察犒赏诸库趁办使所的格目时，发现唯有石门一库最为费力。崇德县地界百里，居民稀少且贫乏，一县之内有三十几家小酒肆，但是卖酒极少，唯独一家名叫钱福的拍户占据了石门酒库四分之一的地界、三分之

---

① 《勉斋先生黄文肃公文集》（卷30），《石门申提领所请截留本钱状》（第68册），第54页。
② 《勉斋先生黄文肃公文集》（卷27），《申两浙运司催石门库吏责办年计札子》（第68册），第20页。
③ 《勉斋先生黄文肃公文集》（卷27），《申两浙运司催石门库吏责办年计札子》（第68册），第20页。

一的私置拍户。钱福的势力强大导致本库的地界日蹙、拍户日少。经过调查发现拍户钱福是崇德县某乡的充役人,以本库拍户为名,与酒库的官吏勾结公造私酒、多置脚店,勒令乡民到钱福的脚店买酒,经年累月,以致"钱福日厚,则石门日贫,则使所格目日亏"。①

三、整顿措施

黄榦经过一系列的走访调查,在熟悉了石门库务久坏的原因后,开始了大刀阔斧的整顿和改革。

首先,修缮酒库破旧的屋舍、墙垣和器用,以犬马之力,日夜监督。其次,对于酒库无酒本酿造的情况,黄榦上书提领所签厅请求增加本钱,宽容本库,此外还惩治贪官污吏、严禁私自造酒。

一是黄榦认为解决酒库卖酒困难的办法之一,就是要增加酒务造酒的成本。如此,才能保证制造出来的酒能够"缩水加料,使所造之酒于心无愧,则拍户不患其拖欠"。②因此,他向掌管榷货务的提领所申请乞求支拨酒库,多给本钱。二是黄榦对待石门酒库的贪腐胥吏,"凡欺公媚上者,首罢斥之,至是为蠹弊者去矣"严肃惩治。③三是严惩不法拍户。面对崇德县拍户钱福造卖私酒的罪行,黄榦痛斥道:"岂有拍户既不行打酒,而反私立拍户?岂有官酒既不发卖,而反自卖私酒?岂有官司地界而为己私属?岂有官司之人而为己私役?"④他细数了钱福的罪状,总结为四点:"今有拍户钱福不赴库打酒,其罪一;私下造酒,其罪二;多置拍户,其罪三;本库使人告谕不从,反装论诉本库,其罪四。"⑤钱福的行为已经严重影响了石门酒库的政务,但钱福"挟库吏之势,而监官

---

① 《勉斋先生黄文肃公文集》(卷30),《申提领所乞惩治钱福状》(第68册),第55页。
② 《勉斋先生黄文肃公文集》(卷30),《石门申提领所请截留本钱状》(第68册),第54页。
③ 《勉斋先生黄文肃公年谱》,第254页。
④ 《勉斋先生黄文肃公文集》(卷27),《申崇德县乞追究钱福札子》(第68册),第21页。
⑤ 《勉斋先生黄文肃公文集》(卷27),《申崇德县乞追究钱福札子》(第68册),第21页。

莫能察,恃保正之力,而乡民莫敢问,又以金钱买求州县吏胥,而州县亦莫能较之"。①

黄榦不畏地方豪强,力主严厉惩治不法拍户,他向运使及提领所申报钱福的罪状,请求使所派专人来崇德县巡尉司逮捕钱福。此外黄榦还向崇德县上书讲明利害关系。为了迫使崇德县能够秉公执法,他不惜以罢职相威胁,表明力主惩治钱福等不法拍户的决心,"若贵县肯为施行,则尚可俛首趁办国课;若使如前付之吏辈,漠然不顾,则乞径申使所,将榦对移放罢,以快钱福之意。不然,榦亦当径申使司,乞回避钱福,不得复为贵县属吏矣"。②

石门酒库因官吏的贪污和豪绅的把持败坏已久,百姓生活苦不堪言。黄榦任职后,对酒库进行了一系列的整顿和改革,扩大了酒库的收入,市场得到兴盛,最终石门酒库久败而复兴。

嘉泰四年(1204)冬,黄榦因治理石门酒库政绩显著,又兼权新市、乌青诸库。在石门、新市和乌青皆因治理酒政而著称。"先生至,宿弊顿革,酒复醇醲,不行抑卖,罕捕私酤,于是旧户尽复,新课日登,甫一年而旧额补足,又一年而尽还上户所贷。"③

除了整顿酒库,黄榦在知汉阳军时,即使遇到荒政之年,米价腾涌,也不忘优待地方酒务,宁可少收取酒息钱,也不愿酒库因本钱的减少而降低酿酒的浓度。"本军酒务旧是务官自籴米,自造酒,去冬以来,本军为之收籴糯米,务中纳钱出米造酒。本军以三贯文籴米,只粜与务中两贯七百文,并有文历可照。盖宁少取息钱,不使酒味淡薄。"④

---

① 《勉斋先生黄文肃公文集》(卷30),《申提领所乞惩治钱福状》(第68册),第55页。
② 《勉斋先生黄文肃公文集》(卷27),《申崇德县乞追究钱福札子》(第68册),第22页。
③ 《勉斋先生黄文肃公年谱》,第254页。
④ 《勉斋先生黄文肃公文集》(卷31),《申转运司为客船匿税及米价不同事状》(第68册),第67页。

余 论

酒被誉为"天下美禄",说它是上天赐给人类享用的一种美好无比的口福。因为好者众多,所以从汉武帝开始,酿酒卖酒的权力被国家控制和垄断了,实行专卖制度,"赖以佐国用";同时严禁民间酿酒卖酒,违者严惩。北宋末年,又设"比较酒务",对按定额分配给各酒库(官办酒厂)的产量进行评比,实施奖惩。南宋仍然以酒、盐、茶三税,为官方最重要的财源。

黄榦监石门酒库时,对当地酿酒民户的艰辛生活充满怜悯与同情,他通过详细调查发现石门酒库之弊为浙西之最,其根源主要是胥吏的贪腐,酒本被胥吏折辱诛求,酒库的监当官员收受贿赂,无所作为,导致"米曲之用大半入于胥吏之家"。酿酒民户既无本钱酿酒,又无米麦维生,只好到酒库买糟糠以活命。为了整饬酒务,黄榦一方面严惩不法官吏,打击危害百姓的"形势户",把"欺公媚上、中饱私囊"的奸诈胥吏"首罢斥之"。另一方面,取消酒禁,不行抑买,鼓励民户自行酿酒,官课其税,即变榷酒法为税酒法。经过黄榦对酒务一年多的整顿,石门酒务"尽革其弊",不仅政清官廉,酒库日渐充盈,酿酒民户的生计也得到了保障。这一切充分体现了黄榦关注民生、存扶百姓的民本思想。

参考文献

[1]康明官主编:《当代酒典》,经济日报出版社1999年版,第234—235页。

[2]李华瑞:《宋代酒的生产和征榷》,河北大学出版社2001年版,第105—396页。

[3]春明:《一部系统研究宋代酒业经济的力作——〈宋代酒的生产与征榷〉出版》,《中国经济史研究》,1996年,第105页。

[4]路漫编:《黄榦——朱子学第一传人》,福建人民出版社2017年版,第91—116页。

[5]王志峰:《黄榦政法思想及其实践活动研究》[D],河北大学硕

士学位论文，2011。

［6］程燕：《南宋中期黄榦地方司法实践研究》[D]，重庆师范大学硕士学位论文，2018。

［7］刘佳佳：《黄榦事迹著作编年》[D]，山东大学硕士学位论文，2021。

论黄榦的赈荒救灾

李玉林

摘　要　黄榦曾经在临川县、汉阳军赈荒救灾。他在临川县赈荒救灾的具体措施是：一是捕杀蝗虫；二是开仓赈粜，救济灾民；三是对上户实行闭赈粜的政令；四是祷神祈雨，祭祀祈福。他在汉阳军赈荒救灾的具体措施是：一是上书暂缓筑城一事；二是筹集粮食；三是调查民户情况，并分为四等；四是分级赈济；五是救助外地难民；六是向京湖制置使司争取救灾资源。黄榦对灾荒进行了反思，认为导致灾荒的原因除了天灾，还和人事不修有关，为此他主张兴修水利，并付诸实践。

关键词　黄榦　赈荒救灾　临川　汉阳　水利

黄榦是朱熹的高徒、女婿，更是其学说的继承人，世人称他是朱子学（朱熹理学）的第一传人。目前学术界对其有一定的研究，它们是本文的写作基础、思路参考和资料来源。[①]但关于其赈荒救灾的问题，目前学术界对此尚无专文进行研究，这就留下了一个学术空白点。本文拟就此问题，在梳理相关文献资料的基础上，进行一番粗浅的探讨，以就教于方家。

---

①　黄榦对朱子学的贡献见路漫编《黄榦——朱子学第一传人》，福建人民出版社2017年版。黄榦的生平思想与行为见单晓娜著《理念与行止——黄榦研究》，中国社会科学出版社2014年版。黄榦的哲学思想见孙明章《略论黄榦及其哲学思想》，《福建论坛》（文史哲版）1985年第1期。

一、赈救临川的旱蝗之灾

从嘉定元年（1208）正月至嘉定四年（1211）二月，黄榦任临川县（今江西省抚州市东乡县）知县。他在知临川县时，遭遇旱蝗之灾，"细民仰天号泣，无所赴诉"，这使得他忧心忡忡，为此他采取了以下措施。

其一，捕杀蝗虫。黄榦不顾炎炎烈日，亲自率领各乡官吏组织百姓进行捕蝗活动，将捕捉的蝗虫进行焚烧填埋。经过官民的及时行动，才使临川县此次的蝗虫之灾没有给百姓带来不可挽回的损失。

据《勉斋先生黄文肃公年谱》记载："先生下四隅诸乡，遇蝗到处，即鸣铃走报，亲帅乡官监督保甲并力打扑，且埋且焚，无下数十万斛。东驰西骛，盛夏烈日，皆不遑恤，由是蝗不甚为灾。次年，蝗复生，急令保甲捕捉，以米易之，又得数万斛，以致县庭自是其种，遂绝。"①

黄榦不仅带领官吏、百姓打虫灭蝗，以救民于水火，而且"躬行阡陌，虽盛暑有所不惮"，②才使灾情稍有缓解。

其二，开仓赈粜，救济灾民。第二年，因旱灾导致粮食减产，米价大涨。黄榦随即命仓司开仓赈粜，救济灾民。为平抑本地米价，他严禁商人将米麦运出境外，对违法运米的奸商严惩不贷。其"令行禁止，民乐为用"，最终"一邑安然，略无乏食之忧"。③

其三，对上户实行闭赈粜的政令。他在实行赈粜之法的过程中，黄榦发现临川县存在"富室因赈粜而获利，中产以下因赈粜以被害，贿赂纵横于胥吏之门，而小民未必均受其惠"④的现象。对于一县赈粜之法的实施，其真正执行还是依靠胥吏、乡官和保正，县令并不能亲历，这样势必造成富家通过贿赂官吏由殷实之家变为贫乏之家，因此，官府也并不能从上户那里获得足够的米粮来赈济灾民。此外，官府置场下令有

---

① 《勉斋先生黄文肃公年谱》，宁宗嘉定三年（1210）条。
② 石涛主编：《中国灾害志 断代卷 宋元卷》，中国社会出版社2019年版，第369页。
③ 《勉斋集·年谱》。
④ 《勉斋先生黄文肃公文集》（卷30），《临川申提举司住行赈粜状》。

米之家出粜米粮，最终受害的还是中产之家，而富家却因此坐收渔翁之利。

他说："富家积粟多者量其所认以出粜，而其余则闭户而藏之，虽索价十倍，官司无以罪之也。然善良者循法而不敢违，而顽猾者名曰出粜，而又实未尝粜也。至中产之家与夫产出税存之人，官司例令出米，彼既无米可出，则其势必就籴于富家，而其费必至于十倍，于是始有破家鬻产之患。"①

因此，黄榦认为赈粜之法是不能轻易实行的。"故莫若且严出界之禁，申闭粜之令，米不出界，则富人藏粟者不容于不粜；上户不闭粜，则小民乏食者皆得以就籴也。"②

其四，祷神祈雨，祭祀祈福。宋代地方社会经常受到旱涝灾害的影响，于是祷告神灵，向上天求晴、求雨成了民间信仰不可或缺的活动。而作为国家政权代表的地方官员，为了稳定地方社会秩序，维持百姓正常的农业生产活动，通常会借助民间信仰组织祭祀来安抚群众。因此，宋代祭祀的神灵也十分广泛，"州县幸有社、稷、释奠、风、雨、雷师之祭，民犹得以识先王之礼器焉"。③黄榦作为受儒家祭祀观念影响的理学家，也十分推崇和信仰天道鬼神，在地方为政期间，经常有祷雨、祈请、祭祀神灵的活动，为百姓祈福，祈求度过灾害之年。

黄榦在知临川县时，临川的农田突然爆发虫灾，蝗虫漫天遍野，所到之地，庄稼都被啃食殆尽，眼看着就要成熟的庄稼一夜之间被蝗虫侵害，一年的辛苦劳作化为泡影，百姓无不仰天号泣。面对爆发的旱蝗灾害，黄榦心急如焚却又无可奈何，为了感化上天，能够早日及时降雨，缓解临川县的旱情，他多次组织祷告祭祀活动，希望临川百姓能够得到神明的庇佑。"往年大歉，井邑萧然。一稔之余，民穷自若。顾瞻四境，惕然于中。神之聪明，尚克有相"④，"神司此民，而吏治之，惟敬于民，

---

① 《勉斋先生黄文肃公文集》（卷30），《临川申提举司住行赈粜状》。
② 《勉斋先生黄文肃公文集》（卷30），《临川申提举司住行赈粜状》。
③ 欧阳修：《居士集》（卷39），《襄州谷城县夫子庙记》，《宋集珍本丛刊》。
④ 《勉斋先生黄文肃公文集》（卷22），《临川谒社稷文》。

乃敬于神。吏治此民，而神庇之，惟福于民，乃福于吏。故吏之始至，敬谒神祠，非有所祈，惟民是祷"①。为了挽救临川的旱情，除了向神明祷告庇佑临川百姓之外，黄榦还主持祈雨活动，祷雨不成，又亲自跑到城外二百里的龙潭祷告。

他说："今岁之春，雨旸时若，禾黍芃芃，民生有乐。及兹大夏，不雨逾月。早禾之入，已乖所望；晚稻方茂，田又告拆。天之于民勤矣，胡为而至此极耶！将吏职有不恭欤？民情有不通欤？是非有不明欤？听断有不公欤？赋役或太烦欤？刑罚或失中欤？此吏之愆，匪民之罪也。使者守令反躬自责，靡神不举，卒不获应。岂天神人鬼之不歆非祀欤？抑兴云雨润万物固有其职欤？此榦所以犇走数舍，而有祷于神也。肤寸之云，足以泽百里之广；三日之霖，足以慰终岁之望。神亦何惮，而不惠我民耶？"②

最终临川旱情得以控制，"先生自到任值旱蝗，相仍祷雨不验，先生露宿于野，亲往二百里外祷于龙湫，跻攀险阻必造其巅，卒至感应"。③

在今天看来，祭祀活动虽然不能改变自然天气，但是在当时对于规范官员和百姓的日常生活行为，以及安抚百姓情绪、控制地方社会秩序起着十分重要的作用。

二、赈救汉阳的旱蝗之灾

嘉定七年（1215）十月至嘉定九年（1217）二月，黄榦任汉阳军知军。

嘉定八年（1216），湖北发生大旱灾，汉阳的情况尤其严峻，一年之中得雨不过十来天。从二月份开始，农作物种子不能入土。到了秋天，蝗虫遍野，黑虫又生，野外的青草和秋种全部被蝗虫、黑虫吞噬得一干二净。

汉阳多湖泽荻林，湖泽有鱼虾，荻林有藤根，都可以充饥。平常大

---

① 《勉斋先生黄文肃公文集》（卷22），《临川谒城隍文》。
② 《勉斋先生黄文肃公文集》（卷22），《临川祭龙潭文》。
③ 《勉斋先生黄文肃公年谱》。

旱之年，安州、复州、光州、黄州的几千老百姓在九月、十月都聚集在这里，搭盖临时草棚，捕捞鱼虾，采摘野菜、藤根充饥，直到次年春草复生，农事既兴而再归老家。而在嘉定八年（1216）六月以后，上述四州的老百姓便来到汉阳捕捞鱼虾，采摘野菜、藤根，直到九月、十月间，所有的鱼虾、野菜、藤根等被吃光了。

此次之旱甚于往年，河流干涸，此物尽竭，致使百姓"初则鬻子，次则卖妻，又次则饿死。延喘者则挟持以来，坐于谯门之外，日不下百余人。皆人形鬼状，去死无几，见之使人蹙额酸鼻，不觉涕泪之横流也"，而"官司又无力可以接济，则枕藉而死，理所必至"。①

黄榦目睹此状情不自禁地为之忧心，他在汉阳军赈恤救荒主要采取了以下措施。

其一，以抗旱救灾、解决百姓饥荒为先，上书暂缓筑城一事。黄榦初到汉阳之时，环顾周边郡县皆有城壁，唯独汉阳作为军事要冲，却荡无藩篱可守，因此竭力主张修筑城壁，为筑城一事奔走于诸司之间。但忽然赶上汉阳遭遇百年不遇的大旱，面对汉阳灾荒遍野、米价腾涌、百姓饱受饥饿之苦的情形，黄榦立即停止动土兴役，以爱恤百姓，讲求荒政作为首要之事。

他说："本军自春间计料陈请之后，忽值大旱，种不入土，野无青草，米价踊贵，细民嗷嗷。目今如此，向后事体尤有可虑。盖本军人户不事耕农，专恃鱼利，今湖池亦已干涸，则鱼利亦无可望。人户既无盖藏，而客旅兴贩不敢越界，数月之后，必有流离转死之患。一郡官吏朝夕奔走，且以救荒为急，所有筑城之役既是议论不同，而兴役之后便用米粮，今尚无米可救饥民，安得有余以兴大役？欲乞备申朝廷，且候秋成日别行相度，庶得一意讲求荒政，以无负朝廷爱恤百姓之意。"②

其二，筹集粮食。为了筹集更多的粮食，黄榦一面上书朝廷请求发米赈灾，一面以官银购买富家之米，以常价粜于贫民。另外，他召

---

① 《勉斋集》（卷三十一），《申朝省乞候救荒结局别行措置筑城事》。
② 《勉斋先生黄文肃公文集》（卷三十一），《申帅漕两司为旱荒乞别相度筑城事状》。

集各地粮商,热情款待,并为之"革官吏抑勒,牙侩邀阻之弊",希望他们尽力运米以救汉阳百姓。换言之,为了保证汉阳军能有充足的米粮赈济百姓,解决饥荒,黄榦向朝廷及各界多方筹集米粮。一方面,向上级申请乞求发放常平米来赈济汉阳百姓;另一方面,向城内外日夜收籴粮食。

最终,在黄榦的努力下,"船商辐辏,帑廪充积,及诸寺观、官舍皆满"。①经过多方努力,在旱灾之初,汉阳军就由客船籴到米约二万五千硕、汉阳县诸村籴到米一万五千硕、汉阳知县籴到米一万余硕。此外,汉阳军尚有前政孙知军、王知军各储备的桩积米一万石,黄榦到任后收籴的桩积米八千石。

不过,汉阳受灾者达二十余万家,所需甚多。因此,不能无目的地发放,而是先要确定赈济对象。

其三,调查民户情况,并分为四等。黄榦派遣官员深入乡村,要求"所委官先遍行所管乡分,相度合行事宜,见得人家户口曲折……逐乡画出地图,山川道路,各注人户于路之傍",②根据贫富程度把人户分为甲、乙、丙、丁四等,并以四种颜色标注清楚。

以能自食而又有余备粟劝粜者为甲户;以无可劝粜而能自食者为乙户;不能自食而藉官中赈粜者为丙户;以官中虽有粟出粜而其人无钱可籴者为丁户。为了易于辨识,他又命每村各画一图,做上标记加以区分。其中:人能自食者用红圈,不能自食合粜官米者用黑圈,又于能自食之中有粟可籴以备赈粜者用黄圈,又于不能自食之中亦无钱籴米者用白圈。

同时,黄榦在汉阳军建立保伍组织,分级管理赈恤救荒的工作,统计出赈灾数量。

黄榦将汉阳军管辖下的乡村划分成七组,委派知县、司理、司法、监镇、县尉等专门官员负责赈荒事宜,并将乡村人户编排成小甲、大甲、

---

① 《勉斋集·年谱》。
② 《勉斋集》(卷三十一),《汉阳军管下赈荒条件》。

都，设立甲首、都正及乡官负责每乡的赈粜纲纪及粜米之事。例如，在东西湖境域内，西倪、凤栖两村由汉阳县知县负责，长乐、北丰乐、锯垅三村由司理（掌管狱讼的官员）负责。

其四，分级赈济。黄榦根据各地受灾程度，将其分为甲、乙、丙、丁四等，将粮食逐等分发：甲乙等人户官司可以不问，丙户每月粜之六斗，丁户乃是鳏寡疾病不能自济之家，官司支常平米寄之都正之家，量其户之多寡每月给米三斗。

对于丙户，黄榦规定："丙户从十一月初一日开始赈粜，至次年三月终……官米之价，减当时市价一半……每户合粜三硕，每月粜六斗。其粜以每旬二斗为率，或一次或三五次就粜，合从其便。"①

对于丁户，黄榦规定："丁户自九月初一为始，官司先支常平米，寄之都正之家，量其户之多寡，每月给米三斗，每旬以一斗为率。"②

为了便于百姓能就地籴米，黄榦先预算各地粮价，将粮食运送到一家，进行集中分配。又差官员从中调度"有余则移之，不足则补之"，以保证各乡村都能及时出粜和分发粮食。

为了加强对粮食的监管，黄榦又差官每月巡视各乡。如发现"有不用官司升斗或杂以糠碎及粜不如数者，许人户陈诉当酌量惩治，能用心助官司赈粜者当薄赏之"。③通过这些措施，使"乡下之民可接至二麦成熟，城内之民可接至早禾成熟，不致有流离饿死之患矣"。④

其五，救助外地难民。对于外地难民，黄榦下令，选择其不能自存者，立即逐一收养，给予钱米。"择其尤甚者逐旋收养，给以钱米。自嘉定八年冬至至九年正月，收养共二千七百余人……至正月以后乃为之区处，愿归者给以裹费使之复业，其不愿者为之结庐，使之营生。"⑤对乞丐、孤幼及鳏寡残疾之人，黄榦也无一例外地每日为之发放粮食，加

---

① 政协东西湖区文史学习委员会编：《纵览东西湖》，武汉出版社2015年版，第40页。
② 张明祥编：《东西湖区专志 艺文志》，武汉出版社2007年版，第9页。
③ 《勉斋集》（卷三十一），《汉阳军管下赈荒条件》。
④ 《勉斋集》（卷三十一），《申省赈粜月日及米价》。
⑤ 《勉斋集》（卷三十一），《申省豁常平米》。

— 411 —

以赈恤。

其六，向京湖制置使司争取救灾资源。湖北初旱时，漕使（掌握一路财赋，监察地方州府官吏，保障供给的官员）问黄榦之策，黄榦以早收籴之说告之，漕使不用。不久，鄂州米价高于汉阳三倍，漕使不能平定米价，差官强迫汉阳商船到鄂州；制帅命令汉阳军将所蓄积的大米发给鄂州，又命令"尽将客船米发过鄂州"，严重干扰汉阳的赈灾。

黄榦上疏激辩，气势夺人。当时朝廷下拨赈灾米，制帅拨给鄂州而忽略了汉阳，黄榦据理力争。他说："数日以来，忽有相传以制使司捐米四万石以济鄂州所总之乏，市井乡村饥羸小民，莫不扶杖而起，以为吾亦将有更生之赐也。或者乃曰总领运使皆大官，故制置使司特以济之，汝蕞尔小郡，谁复尔怜哉！是不然。制置大使之发粟为百姓也，岂为总领运使哉！东西两州相望，使东人饱、西人瘠，东人喜、西人愁，岂制置大使之心哉！或曰鄂州地大人伙，故捐粟以赈之，非汉阳比也。鄂州人固众矣，汉阳亦当十分之一。鄂州可给二万，则汉阳亦当给以二千石。制置大使不当赈其大而（贻）〔遗〕其细民也。今一路监司既皆不问，而制置大使亦不问，则此郡之生灵枕藉而死，亦命也哉！百姓既不当言，而郡守又不为之言，则是坐视其死也。……制置大使以公平广大为心，何爱米二千石，而不以慰汉阳百姓之心哉！故敢冒昧控陈，尚冀台慈少垂怜念，不胜一郡百姓之幸。"①

由于不愿意介入官场的争斗，黄榦于嘉定九年（1217）的六月、九月、十一月三次以身体衰老为缘由请求辞去官职，十二月最终获得批准。在这期间，漕使多次上书挽留他，略云："考其政事，实为本路十五郡之冠。黄知军有奉祠（宋代官员因老病而退养的安排）之请，阖郡士民皇皇然皆恐其去，如赤子之慕慈母，前来本司陈乞举留者数十百人，深恐黄知军既去之后，一方百姓失所依赖，必至狼狈。"②

从这场赈灾中可以看出：黄榦在为官中不仅善于谋划和经营，而且

---

① 张明祥编：《东西湖区专志 艺文志·勉斋集》，武汉出版社2007年版，第16页。
② 政协东西湖区文史学习委员会编：《纵览东西湖》，武汉出版社2015年版，第42页。

处理事情井然有条。更重要的是他能视民如伤,时刻以百姓生计为念,既能知晓百姓利病,关心百姓疾苦,又能做到不辞劳苦,身体力行,使百姓即使面临灾荒亦"悠然不知旱荒之苦"。对官府而言,仓司虽然暂有亏缺,但"向后丰熟日补足,不得妄有移用,以为永久之利",[①]真正做到了公私俱兴,官民两利。

三、对赈救旱蝗灾荒的反思

通过抗旱救灾,黄榦也对救灾中的问题进行了反省和思考。

他认为,旱蝗之灾固然有天灾的因素,但官吏的不作为也是一个重要的因素。百姓之所以频遭旱蝗之灾,饱受流离饿死之患,既有天灾的因素,也是官吏的不作为所致。他说:"国家频年以来常苦旱,是虽天时之适然,而亦人事不修之过也。人事既尽,则虽天灾流行亦有不得而胜者。"[②]

黄榦所言"人事不修",主要是指地方官对水利设施的忽视。他接着说:"陂塘之利,所以灌注田亩。如江西之田,瘠而多涸,非藉陂塘井堰之利往往皆为旸土。比年以来,饥旱荐臻,大抵皆陂塘不修之故。"

在黄榦看来,地方官与百姓最为贴近,对其疾苦利病也最为了解。要使百姓得到实惠,既要解决其现实问题,还要心存远见,做到有备无患。

为此,黄榦建议官员要组织百姓兴修水利。他在代抚州陈守的奏书中提议要修建陂塘,既有利于抵抗旱灾又能灌溉良田,发展农事。在奏书中,黄榦言修筑陂塘是利国利民的重要举措,历代良吏皆因开渠灌田被后世称颂至今,并以东晋太傅谢安修筑的召伯埭及唐代江州刺史李渤在甘棠湖修筑堤坝为例。"谢安镇广陵,见步丘地势西高东下,每春夏湖水涨,东侵民田,而西又苦旱。安为筑埭义界之,高下两利,名邵伯

---

① 《勉斋集》(卷三十一),《申省椿米八千硕》。
② 郑仲兵,孟繁华,周士元主编:《中国古代赋税史料辑要 言论篇(下)》,中国税务出版社2004年版,第504页。

埭"，①谢安筑埭渲蓄，解决了西易泄水，常苦干旱，东难排水，农田易淹的忧患。谢安也因治水有功，被百姓称为周代召伯。唐代刺史李渤面对江州大旱，庄田颗粒无收的民情，组织修筑堤坝，并建桥安闸，既便利了百姓交通又起到控制调节水位、灌溉农田的作用。江州人为赞颂李渤的功德贤能，将其比作召公，颂其甘棠。

通过对比先代良臣兴修水利的功绩，黄榦认为如今江西的农田大多干旱贫瘠的原因除了天时不利还在于陂塘井堰不修，因此他提议州县长官应重视农田水利设施的修建，赶在泉水干涸之前，带领农闲的百姓开浚陂塘，以保证旱荒之年农田不至于无水灌溉，百姓不至饱受旱灾之苦。

他说："莫若申严旧法，在州委通判，在县委县丞，先于每乡籍记陂塘之广狭深浅，方水泉涸缩之时、农事空闲之际，责都保聚民浚深其下，而培筑其上。积水既多，则虽有旱暵，而未始枯竭。巡行考察，课其勤惰而为之赏罚。其始虽若劳，而其终乃所以利民。如此，则天灾不能为害，丰登可以常保，而不至于上勤朝廷赈恤之劳矣。"②

他建议在农闲时，官吏要充分调动百姓的积极性，大力修缮陂塘，使百姓不再受此旱蝗之苦。唯有如此，才可保民永久之利。

黄榦主动兴修水利，以预防灾荒。黄榦通判安丰军时十分关注河道水利之事。安丰军就是否可以开浚安丰县内旧有河道以灌注安丰军之事争论不休，"安丰县在本军之南六十里，县之东有芍陂，芍陂之北旧有河道可以决水，北流至军城之南，堙塞不通，乡人以为今百年矣。"③

州郡皆认为开通河道既可以灌溉沿路田地，又能通放舟楫，因此申请朝廷开通旧有河道。但是有人提出异议，认为"若开河之后，又欲筑安丰县城，则河道既通，泄去安丰县之水，反为安丰县城之害矣"。④

正当安丰军为是否开浚河道左右不定时，黄榦经过沿途访问，实地

---

① 《勉斋先生黄文肃公文集》（卷三十），《申朝省相视开浚河道状》。
② 《勉斋先生黄文肃公年谱》。
③ 《勉斋先生黄文肃公年谱》。
④ 《勉斋先生黄文肃公文集》（卷三十一），《申朝省罢筑城事状》。

— 414 —

考察，认为开浚河道之事利大于弊，因此力主破土动工，疏通河道。"安丰县去本军六十里，县东有芍陂，今欲决芍陂之水以达于军城之南，可以注本军城壕，可以灌沿路民田，可以通放舟楫。古迹见存，湮塞日久，若用工疏通，以复其旧，不为无益。"① 对于开浚河道会对安丰县带来不利影响的说法，黄榦认为"或者又以为恐泄芍陂之水，有妨本县灌溉民田，此不过上疏水源，下置堰闸，使陂水盈溢，然后泄其有余，以时启闭，而注之河，决不至陂水干涸"，② 于是向朝廷申请等待开春天气变暖立即筹措疏浚河道之事。

余 论

黄榦的秉承儒家民本思想，主张关注民生，发展地方经济。其主要措施有：关注民事，赈荒救灾；减免和籴，减轻税赋；整顿经济促进生产。

就其赈荒救灾而言，黄榦为保障百姓能安定生活，他殚精竭虑、深谋远虑。无论在抗旱中救济灾民抑或在旱后修筑陂塘，无不体现出他保民爱民之情。

参考文献

[1] 杨倩描主编：《宋代人物辞典·上》，河北大学出版社2015年版。

[2] 杨凡主编：《闽都文化青少年读本·闽都历史名贤》，福建教育出版社2010年版。

[3] 石涛主编：《中国灾害志·断代卷·宋元卷》，中国社会出版社2019年版。

[4] 李尾咕：《武夷文化胜览》，厦门大学出版社2017年版。

[5] 本书编委会：《文白对照二十五史精华》（全3册），海南出版社、

---

① 《勉斋先生黄文肃公文集》（卷三十一），《申帅漕两司为旱荒乞别相度筑城事状》。
② 《勉斋先生黄文肃公文集》（卷三十），《申朝省相视开浚河道状》。

三环出版社1993年版。

[6]福州市郊区建设局编:《福州市郊区建设志》,中国建筑工业出版社1994年版。

[7]林克敏编:《读者看朱熹》,武夷山朱熹研究中心,2016年5月。

朱子祭祀礼仪探源

郑 炜

摘 要 南宋理学家朱熹及以其为代表的朱熹文化与福建本土历史文化息息相关,在中国文化史上留下了浓墨重彩的一笔。对于朱子的祭祀礼仪是朱熹文化的重要一环,具有重要的意义和时代价值。本文从祭祀礼仪的源流、朱子祭祀礼仪的发展及详细流程中,探寻和论述朱子文化对于当代中国文化传承的重要意义。

关键词 朱熹 祭祀礼仪 源流 意义

南宋理学家朱熹,在中国儒家文化中有其重要的地位,被尊称为朱子。朱熹文化与福建本土历史文化息息相关。福建除了作为朱熹诞生、成长之地,在历史上,朱子学说更以闽学的称谓在中国文化史上留下了浓墨重彩的一笔。

2021年3月22日,习近平总书记在闽考察期间到访武夷山朱熹园。在考察中,习近平总书记强调:"如果没有中华五千年文明,哪里有什么中国特色?如果不是中国特色,哪有我们今天这么成功的中国特色社会主义道路?我们要特别重视挖掘中华五千年文明中的精华,弘扬优秀传统文化,把其中的精华同马克思主义立场观点方法结合起来,坚定不移走中国特色社会主义道路。"

习近平总书记的这段论述,不但肯定了朱子文化在中华传统文化中的地位,更指出了中华悠久的传统文化对于当代中国的重要意义,点明了中国特色社会主义的"中国特色"正来自我们五千年的文明积淀,来

自我们璀璨的中华文明,更鼓励了我们去学习和继承包括朱子文化在内的优秀传统文化。

作为朱子文化的重要一环,朱子祭祀礼仪是历代表达对朱熹纪念、怀念、崇敬之情的重要文化活动,研究朱子祭祀礼仪有着重要的文化意义。本文初探朱子祭祀礼仪的源流,并探寻其在福建历史文化中的发展脉络和所起到的重要作用。

一、祭祀的起源及意义

祭祀,是众多民族共通的一种文化活动,在古人的视角里,有着沟通人神,传递祈愿的作用。中华文化对于祭祀一直都十分重视,《左传·成公十三年》之中一句"国之大事,在祀与戎,祀有执膰,戎有受脤",将祭祀礼仪的地位提升到了最重要的国家大事层面。

《孔子家语·问礼》曰:"夫礼,初也始于饮食,太古之时,燔黍擘豚,污罇抔饮,蒉桴土鼓,犹可以致敬鬼神。"将礼仪的起始与祭祀联系在了一起。而中国最早的民歌集《诗经》中,将许多祭祀乐舞记载进了《国风》之中,如《周颂·维天之命》《商颂·那》等诗篇都是祭祀礼仪留下的文化记忆。

在这些上古的记载中,祭祀礼仪被赋予了沟通人神的意义,更可以通过祭祀礼仪流程、祭品准备等表现祭祀举办者、参祭者对"国之大事"的重视程度。

二、朱子对祭祀的研究和发展

作为一代有影响力的大儒,朱熹在治学中特别重视祭祀礼仪,重视通过祭祀礼仪宣传和推广各项儒家文化。

朱熹在福建同安县任职期间,曾为当地县学及书院考证、整理祭祀礼仪。《朱熹年谱》中记载朱熹在同安任上"求《政和五礼新仪》印于本县,无之,乃取《周礼》《仪礼》《唐开元礼》《绍兴祀令》更相参考,画成礼仪、器用、衣服等图,训释辨明,纤悉毕备,俾执事学生朝夕观览,临事无舛",体现了朱熹对祭祀礼仪细节的重视。

绍熙五年（1194），在朱熹主持下，沧州精舍，也就是后来的考亭书院建设竣工，朱熹组织学子完整执行了"释菜礼"，并将仪程过程整理记录，后来以《沧州精舍释菜仪》之名收录在《朱文公文集》第六十九卷，成为福建乃至整个东亚地区书院祭祀礼仪的蓝本，由此开启了书院以"释菜礼"祭先贤先师的传统。

在朱熹写就的《沧州精舍告先圣文》中这样写道：

后学朱熹，敢昭告于先圣至圣文宣王：
恭惟道统，远自羲轩。集厥大成，允属元圣。
述古垂训，万世作程。三千其徒，化若时雨。
维颜曾氏，传得其宗。逮思及舆，益以光大。
自时厥后，口耳失真。千有余年，乃曰有继。
周程授受，万理一原。曰邵曰张，爰及司马。
学虽殊辙，道则同归。俾我后人，如夜复旦。
熹以凡陋，少蒙义方。中靡常师，晚逢有道。
载钻载仰，虽未有闻。赖天之灵，幸无失坠。
逮兹退老，同好鼎来。落此一丘，群居伊始。
探原推本，敢昧厥初。奠以告虔，尚其昭格。
陟降庭止，惠我光明。传之方来，永永无斁。

在文中，朱熹表达了对历代先师的尊敬，更将自己所推崇的儒学传承谱系予以强调，以展现自己"继承道统"的信心，并希望通过祭祀礼仪，让学子继承先圣先贤的学术与精神。

三、祭祀朱子的礼仪源流和发展

因为朱熹的历史地位，在其去世后，各地书院逐步开始祭祀他，相关礼仪流程也逐步规范。朱子祭祀最初的记载是宋嘉熙元年（1237），尤溪地方官员下令在朱熹出生地的南溪书院文公祠举办朱子祭祀典礼。明弘治四年（1491），朱子祭祀的时间频次被提升为一年三祭，即春秋

两祭加上朱子诞辰祭祀。

在包括福州在内的福建各地区开展的朱子祭祀,一般是在各处书院的朱子祠、文公祠等设施中开展的,具体表现为各书院的敬拜先师礼仪。其礼仪规范,也脱胎于朱熹自身对祭祀礼仪的考证。在宋代理学家、朱子高弟、同时也是朱子爱婿勉斋先生黄榦的倡导下,福州诸多朱子讲学过的书院开始坚持祭祀朱子,四郊乡儒耆老每逢农历九月十五朱熹生辰,也会"合具菲仪,恭申祭享",举办朱子祭祀典礼。

各类朱子祭祀礼仪也传承至今天。这些祭祀礼仪不但凸显了朱熹的历史文化地位,更以其中祭祀礼仪的庄重和严谨,展现出中华文化的传承之美。2007年,朱熹出生地尤溪县开始举办当代的朱熹祭祀典礼,他们结合历史资料研究,挖掘整理,简化完善了"朱子祭祀大典",在南溪书院开展活动,把朱子祭祀活动打造成了文化品牌,现已入列"福建省级非遗名录"。

而作为朱熹故里的南平市,则于2015年8月将"朱子祭祀大典"列入"非物质文化遗产项目",并从2016年起,举办"朱子祭祀大典"活动,也取得了较好的成果。

在福州,朱熹同样留下了讲学、建设书院的足迹,这其中的濂江书院可谓当代福州保存最好的宋代朱熹讲学遗迹。《福州郊区教育志》载:"南宋时朱熹曾到书院讲学,并题'文明气象'匾。后人于书院右侧建朱子祠,祀朱熹。"福州市传统文化促进会历年来多次在这里举办朱子祭祀典礼,表达对先贤的敬意,也凸显了朱子文化之于福州城市文化的重要意义。

四、朱子祭祀的仪程

根据各地文献记载和复原考证,祭祀朱子的礼仪在不同的时代略有不同,但其本源均来自朱熹生前考证完整的释菜礼仪程序。"释菜礼",亦作"舍采""祭菜"。古代凡始入学,须向先师行"释菜之礼",以苹蘩之属奠祭之,而不用牲牢币帛。这是一种从简的祭礼,更是自古以来两大祭祀先师仪典之一,仅次于每年春秋两次祭拜孔子的"释奠礼"。

以"释菜礼"祭祀朱子，符合朱熹在儒家文化中次于孔子的文化地位，如历史记载，祭祀活动多于春秋两祭及朱熹诞辰举行。

礼仪准备工作的第一步，需要设置祭器与祭品。依据古礼，其具体要求如下。

首先是朱子神案，需面南而设，一般需要陈设酒爵三只，其中左右二爵需要先注满酒，留中间一爵行礼时再注酒。

同时，在神案面前设品物四只，一字排开，也就是盛装祭拜先师祭品的容器。先秦时期，品物多用笾、豆等礼器，但后世并未严格按此执行，但求统一规整即可。如《沧州精舍释菜仪》中记载的用漆盘替代笾豆。

品物中填充的祭品，历代略有不同。但根据《礼记·学记》郑玄注所说"祭菜，礼先圣先师，菜谓芹藻之属"，一般选用素菜，包括芹、枣、栗、菜羹等。《沧州精舍释菜仪》中将其简化为两只品物，列出的祭品是脯果、笋菜。考究一些的仪式，则会专门采来韭菜花，腌制"菁菹"，用以祭拜。

其次是酒樽所。酒樽所是传统儒家祭祀中，在每次祭祀官献爵之前取酒爵的场所，设专人负责酌酒，其位置一般在祭祀现场的东南侧。

酒樽所使用的祭器包括酒樽、酒爵、幂等物。其中，酒樽按古礼需用牺樽和象樽，而《沧州精舍释菜仪》中认为，用瓦樽代替牺樽即可，但求仪程规范。酒樽所使用的幂就是舀酒勺，用以酌酒。

再次则是盥洗所。中华礼仪重视洁净，祭祀礼仪更要充分盥洗清洁。盥洗所用以在祭孔仪式中执行盥洗礼，一般设在祭祀现场之外。按《沧州精舍释菜仪》的规范，盥洗所设在东阶之东，分为盥洗和爵洗，分别用以洗手和清洗酒爵。祭祀官盥洗后方可入殿献祭。

盥洗所使用的洗具包括三大类别，分别为奉水器、承水器和擦拭用巾。一般用匜、罍、枓等取新鲜的水洗手，用盘、盆、洗等承水器承接洗过手的水，最后奉上帨巾擦手。而在爵洗所，需要用同样的器具清洗擦拭酒爵。

礼仪人员方面，依据《沧州精舍释菜仪》中的记录："设献官位于堂下北面,分奠者二人次之,诸生又次之,皆北向西上。及期,献官以下序立于东廊下,掌仪帅执事者升堂实酒馔。赞者一人引献官升堂点阅,降就堂下位。分奠官及诸生各就位。书院"释菜礼"设置有诸多礼仪人员,包括献官、分奠、掌仪、执事、赞者,并有观礼诸生等列席。

实际执行时,按如下详情分工。

祭祀官:又称献官,根据祭祀对象,设主献、分献(也称分奠),主要负责按祭祀礼仪的要求献祭行礼。

通赞:即礼仪的司仪,负责宣读仪程,主持全场礼仪。

引赞:每位献官配以引赞,负责引导献官完成礼仪,约设置三或五人。

执事:祭祀活动中担当礼仪服务,递送祭品、礼器的人员,一般多为青年学子担任。设掌仪一人,率领全部执事,其余执事根据服务场所不同,各有称谓。

酒樽所,设司樽2名,委任以酌酒之职责;

香案前,设司祝1名,委任以呈递祝帛之职责;

盥洗所,设司洗2名,委任以浴手进巾之职责;

爵洗所,设司洗1名,委任以清洗酒爵之职责。

此外,还有读祝官,位列执事者队列,在献官完成祭献后,就位读祝。

多位陪祭官,位列祭祀队伍的最后,根据礼仪流程一同参与祭祀。

一场庄重的祭祀礼仪,需要配合适当的服饰。朱熹在《民臣礼议》中写道:"州县惟三献官有祭服,其分献、执事、陪位者皆常服也。古今杂糅,雅俗不辨,而县邑直用常服,不应礼典,此礼之所以不合者四也。"指出当时举行的祭典礼服不合古制,或者参与者常服与祭服杂糅,认为应该予以改正。而规范的服饰,据《沧州精舍释菜仪》记载:"前期献官以下皆盛服(今用深衣凉衫)。"所谓盛服,包括官员常服、公服或专用的祭服,一般用于官学举办的"释菜礼",其中的祭服形制为上衣下裳,符合儒家典籍记载的上古服制。上衣青罗皂缘,下裳赤罗皂缘,也就是说采用上蓝下红的配色。

典礼中，无官职者及杂职人员则穿深衣，需戴方巾或仪巾，配大带。礼生以及观礼儒士着幅巾深衣或其对应的生员功名巾服。当代举行朱子祭祀，一般祭祀官穿着汉服形制的祭服，执事者身着深衣参与。

至此，朱子祭祀典礼的准备工作就已完成。古礼祭拜朱子，献供仅用一献，祭品无非芹藻，但却用庄重的仪式与诚敬的心态来体现礼仪的神圣性。接下来，就对朱子祭祀典礼的流程进行梳理。

（一）唱名排班

作为庄重的祭祀礼仪，无论是入选祭祀官还是列席观礼者，均需要整齐排班。此流程由通赞执行，对现场人士一一唱名，依序入列。

（二）正衣冠

《礼记》曰："礼义之始，在于正容体，齐颜色，顺辞令。"祭拜先师朱子的礼仪对此更为重视。唱名之后，祭祀官与乐礼生整肃衣冠，各就其位。

（三）启户

祭祀礼仪前，殿堂大门多为关闭状态。在礼仪开始的时刻，由执事礼生动手开启殿门，也以此作为仪式开始的标志。

（四）盥洗

中华礼仪，重视洁净，祭祀这种重要的礼仪之中，盥洗礼是不可或缺的。以浴手、净巾依次盥洗，表达对礼仪的重视。

（五）取爵

盥洗后，引赞引导献官至爵洗所，领取酒爵，随后至酒樽所，由司樽酌酒，随后登阶入殿。

（六）献爵

入殿后，献官至神位前，北向跪，执酒爵三拜，奠爵于神位前，以爵酒献祭朱子。

（七）献帛

献爵后，献官继续北向跪，取一筐丝帛，执帛三拜，献帛于神位前。此时用的帛，是白色的丝织品，在祭祀中代表着布匹、财富、文书等多重意义。

（八）释菜

献帛后，献官继续北向跪，取一品物，执祭三拜，献品物于神位前。品物之中所装的即为"释菜"用的"菜"，包含脯果、笋菜，亦有按古礼腌制"释菜品"的传承。

（九）读祝

完成后，读祝官就位，在献官左，以祝文汇报文教情况，并表达对朱子的敬意。

（十）礼成退班

完成读祝后，行礼送神，合户，关上殿门，完成全部祭祀礼仪，全体参礼者依序退班。

五、祭祀朱子的意义和时代价值

一场庄重的典礼，带来的不仅仅是其仪式本身的庄重感，更多的是其背后蕴含的意义。

其一，是展现朱子文化及其背后的闽都文化底蕴。

福州作为一座历史文化名城，拥有着诸多与朱熹有关的历史文化遗迹，朱子祭祀礼仪便是其中之一。根据《宋史·朱熹传》等历史文献的记载，朱熹一生到访福州十余次，其中隆兴二年（1164）、淳熙十年（1183）、庆元二年（1196）至庆元六年（1200）三次在福州停留时间较长，并在福州各处开展讲学活动，也留下了许多历史足迹。他在福州讲学授课，建设书院，让朱子文化成为闽都文化不可或缺的一部分。

如福州东门外的紫阳书院，便是朱熹所创办的，更多次在此讲学。由此留下了"紫阳""讲堂""讲堂前"等地名，更在福清朱熹草堂、古田蓝田书院、闽清"闽山岳祖"题刻等地留下了历史遗迹，让朱子文化融入闽都城市文化之中。朱子祭祀礼仪最初是以"拜先师礼"的形式出现在福州各书院中。尤其是朱子讲学过的各书院，在宋代理学家、朱子高弟、同时也是朱子爱婿的勉斋先生黄榦的倡导下，逐步形成了朱子祭祀典礼稳定的传承。

通过对朱子祭祀礼仪的研究和传承，乃至复原举办，能在吸引当代人以此为窗口更深入地了解闽都文化，了解闽都文化与其他传统文化的联系，实现闽都文化更加有序的传承，有着十分重要的意义。

其二，是朱子祭祀典礼本身传承的中华文化内涵。

严谨的祭祀典礼，如历史研究中所言，表达的是主办者与参与者对祭祀对象的敬意和对相互关系的重视。通过对朱子祭祀典礼的研究考证和举办，能让直接参与者领会和传承其中的中华文化内涵，学习到祭祀礼仪的意义。

许多优秀的传统文化都蕴含在朱子祭祀仪式之中，如朱熹所推崇的在祭祀中"以漆盘代品物"所代表的传统漆器工艺、各类祭品所传递的中国古代食品工艺、祭祀礼仪涉及的传统音乐艺术、祭祀礼仪所用的传统服饰工艺等，都因祭祀典礼的传承而得以发展和呈现。

其三，是朱子祭祀典礼仪程所展现的朱子文化历史底蕴。

祭祀朱子的礼仪植根于尊师重教的文化传统，其本身就来源于朱熹所推崇和考证的儒学文化，以此敬拜朱子更能展现朱子文化的历史底蕴，发挥庄重礼仪所带来的教育意义。通过祭祀活动所体现出来的神圣性与庄严性，可以展示朱子一直倡导的尊师重教、以先圣先贤为楷模与目标的品德，也是我们展现以朱子文化为代表的一系列传统文化中精华部分的重要方式。

其四，是通过朱子祭祀典礼沟通海内外内的友谊和感情。

朱子文化在历史上影响范围遍布全国各地，更传播至日韩等"汉字文明圈"的覆盖范围之内，在海内外都有着较大的影响，至今仍是东亚各国情感联系的重要纽带。

如尤溪、南平等地举办的朱子祭祀活动，均邀请日韩等国儒学文化人士出席，通过举办朱子祭祀礼仪，让中外各国尤其是海丝沿线国家和地区，通过朱子文化建立更深入的交流和沟通，已经牵起"汉字文明圈"之中更紧密的文化亲缘，也能实现包括朱子文化在内的福建"福"文化更广泛的传播。

闽都文化与朱子理学

从《洗冤集录》看朱熹对宋慈法治思想的影响

林　宇

摘　要　宋慈是南宋时期杰出的法医学家，他撰写的《洗冤集录》是世界上现存最早的一部较完整、卓有成效的法医学专著，在世界法医学史上占有重要地位，宋慈也因此被誉为"法医学之父"。该书所体现的宋慈"恤刑慎狱""皆凭实据""宽严相济"和"避嫌戒忌"等法治思想，其影响来自朱熹，对当今中国社会主义法治建设具有积极的现实意义和启示作用。

关键词　宋慈　《洗冤集录》　法治思想

一、宋慈生平行历略述

宋慈（1186—1249），字惠父，南宋建阳县童游里（南平市建阳区童游南山下）人，与理学大师朱熹同乡。南宋孝宗淳熙十三年（1186），宋慈出身在一个官宦之家，其父宋巩，字宜卿，"以特奏名授广州节度推官"，[①]专管刑狱。宋慈自幼聪明伶俐，敏而好学，10岁起受业于朱熹的弟子吴稚，[②]因此有了与黄榦、蔡渊、蔡沉等朱熹门下的儒家名流交流的机会，学问日益精进。南宋开禧元年（1205），20岁的宋慈进入南宋最高学府——太学学习，因其"博记览善辞令"，深得当时主持太学的博士真德秀的器重，并被收在门下。真德秀的学术源流是朱子之学，对

[①]　陆心源：《宋史翼·循吏传》，中华书局1991年版。
[②]　黄蓉：《宋慈述论》，《安徽师范大学学报》（人文社会科学版），2005年，第579页。

医学也颇有研究，这使得宋慈对朱子理学和医学的理解更为深刻。

嘉定十年（1217），宋慈以优异成绩"中进士乙科"，[①]朝廷派他去浙江鄞县任尉官（掌一县治安），恰逢父亲过世，宋慈在家守孝，因此未赴任就职。

宋理宗宝庆二年（1226），宋慈出任江西信丰县主薄（典颁文书，办理事务），从此正式踏上了仕宦生涯。宋慈为官，廉政爱民，执法严明。在江西任上，积极参与军事活动，平定叛乱，安定百姓，参赞居多。

绍定四年（1231），宋慈任长汀县令。当时汀州盐的价格居高不下，因汀州属于福州盐区，闽盐运进汀州需要一年的时间，再加上中间商层层盘剥，所以境内百姓因盐价高昂无力购买。宋慈体恤民情，了解情况后断然奏请改变运盐路线，从潮洲沿韩江、汀江而至长汀，往返仅仅3个月，大大节省了运费，降低了盐价，百姓无不感恩拥戴。至今长汀汀江的乌石山上还耸立着宋慈亭，诉说着宋慈当年的功绩。

嘉熙元年（1237）宋慈任邵武军通判（州府长官的行政助理）。次年，因政绩突出调任南剑州通判。时值闽浙干旱歉收，"饥民夺食于路"，当地豪强巨室，趁天灾而囤积居奇，导致"斗米万钱"，百姓因饥饿死亡者甚多。宋慈向朝廷提出"济粜法"，[②]建议"折人户为五等，上者半济半粜，次粜而不济，次济粜俱免，次受半济，下者全济之，全济之米从官给"，[③]意思就是把当地居民按贫富分为五等户，最富有者出存粮，一半用于济助，一半出粜；较富有者只出粜不济助；中等者不济也不粜；次贫者半济助；赤贫者全济助，济米由官府发给。此举公平合理，富者不敢违抗，贫者则安然度过灾荒。

嘉熙三年（1239），宋慈升任提点广东刑狱（主管司法刑狱和监察），这是他一生中首次出任提刑一职。此时，广东疑难积案甚多，当地官吏"多不奉法"，"有留狱数年未详覆者"，[④]民怨颇深。初入此地，宋慈

---

① 陆心源：《宋史翼·循吏传》，中华书局1991年版。
② （宋）刘克庄：《后村先生大全集，卷一百五十九》，四部丛刊初编本1928年版。
③ 陆心源：《宋史翼·循吏传》，中华书局1991年版。
④ （宋）刘克庄：《后村先生大全集 卷一百五十九》，四部丛刊初编本1928年版。

就深入实地调查,仅八个月就迅速清理了一大批冤案、错案、悬案、屈打成招的假案,从200多名待决的死囚中,拯救了一批无辜受害者。同时也惩处了一批贪赃枉法的吏役和逍遥法外的罪犯。宋慈断狱长于证据,以"听讼清明,决事刚果"①而闻名遐迩,备受百姓的敬重,宋人称其"声望与辛(弃疾)、王二公相颉颃焉"。②此后,宋慈又相继调任江西、江苏、湖南提点刑狱官。

淳祐八年(1248),宋慈任宝谟阁直学士,奉命巡回四路(宋分天下为各路,相当于现在的省份),掌管刑狱。淳祐九年(1249),升任焕章阁直学士、广州知州与广东经略安抚使(掌管一路之军事和行政)。同年三月初七,宋慈病逝于广东经略安抚使任上,享年64岁。次年,归葬于宋氏祖居地建阳崇雒昌茂坊。宋慈逝世后,宋理宗赵昀对其大加褒封,誉其为"中外分忧之臣",特赐"朝议大夫",并亲自书写墓门"慈字惠父,宋公之墓",③以表其功绩。

宋慈在二十余年的官宦生涯中,历任四省提刑官,后来进直宝谟阁奉使四路,也是"皆司皋事"。宋慈判案,证据第一,司法慎狱,公正裁判,"狱无冤囚,野无流民","居官所在有声"。④

在长期办案过程中,他亲眼看到不少法官缺乏法医检验知识,世间蒙受不白之冤者甚多,为了"雪冤禁暴""洗冤泽物",他广泛搜集近世所传诸书,"会而粹之,厘而正之,增以己见,总为一编,历时三年撰写成《洗冤集录》"⑤,并于淳祐七年(1247)撰成并刊于湖南。该书是宋慈一生经验、思想的结晶,不仅是中国,也是世界第一部法医学专著,它比意大利人佛图纳图·菲得利写成于1602年的同类著作要早350多年,宋慈也因此被誉为"世界法医学奠基人"。

2016年是宋慈诞辰830周年,中国邮政于2016年4月13日发行《世

---

① (宋)刘克庄:《后村先生大全集 卷一百五十九》,四部丛刊初编本1928年版。
② (宋)刘克庄:《后村先生大全集 卷一百五十九》,四部丛刊初编本1928年版。
③ 刘通:《宋慈与洗冤集录研究》,海峡文艺出版社2016年版,第8页。
④ 姚有刚:《建阳县志》,上海书店出版社2000年版。
⑤ 宋慈:《宋提刑洗冤集录·序》,丛书集成初编本,商务印书馆1937年版。

界法医学奠基人——宋慈》纪念邮票一套二枚，图案内容分别为"宋慈像"和"著书立说"，由著名画家范曾设计，用中国画的形式表现，线条遒劲有力，设色高古典雅，充分表现了宋慈作为"世界法医学奠基人"的精神和气质。

二、宋慈的法治思想

《洗冤集录》共5卷，53目，基本总结和囊括了当时所有的法医学知识。该书内容充实，案例丰富，说理简明，分析透彻，一经问世便成为当时和后世刑狱官员的必备之书，一直被我国法医界视为"金科玉律"，其权威性甚至远远超过封建朝廷颁布的有关法律，并发展成"格""式"法律形式。《洗冤集录》是宋慈在长期担任提点刑狱的监司重任中，大量纠正冤、假、错案的真实记录和宝贵治狱断案经验的科学总结，因而它的历史价值不仅体现为法医学上的"术"，更体现为法律思想上的"道"。

（一）"恤刑慎狱"的人本思想

宋代是理学发展极为繁荣的时代，其中最典型的代表人物非朱熹莫属，朱熹的"恤刑""慎狱"的法律思想对宋慈影响极大。朱熹说："狱讼，系人性命处，须吃紧思量，犹恐有误也。""明慎用刑而不留狱。"[1]即刑事司法关乎人命，必须多方权衡，谨慎考量，唯恐出现误判、错判。朱熹慎重对待刑罚的思想一直为宋慈所继承，并体现在其《洗冤集录》一书中。宋慈在《洗冤集录》的序文中就开宗明义指出："狱事莫重与大辟，大辟莫重与初情，初情莫重与检验。盖死生出入之权舆，幽枉屈伸之机括，于是乎决。"[2]意思是说，"大辟"（杀头）是最重的刑罚，这种刑罚是由犯罪事实所决定，而犯罪事实又必须经过检验才能认定，因而检验的结果对当事人来说是生死攸关极为重要的，切不可麻痹大意。所以，究竟委派什么样的人来理刑办案，是一件慎之又慎的大事情。宋慈

---

[1] 郑颖慧：《论朱熹的司法思想及其对清朝法制的影响》，《集美大学学报》（哲学社会科学版），2007年，第30—31页。
[2] 宋慈：《宋提刑洗冤集录·序》，丛书集成初编本，商务印书馆1937年版。

坚决反对将关系到人命的案件交给一些初任的官员、检验资历低的官员和一些武职官员去处理，特别对当时一些地方官吏因受贿而弄虚作假而造成大量冤假错案的行为极为深恶痛绝。宋慈告诫所有的检察官要认真对待检验工作，决不能敷衍了事，要做到"贵在审之无失"。他自己断案断狱总是以民命为重，视民情为天。他常说自己没有什么本事，唯独专注断案，"审之又审，不敢萌一毫慢易心"。① 这充分体现了宋慈"恤刑慎狱"的人本思想。

（二）"皆凭实据"的证据原则

注重证据是宋慈办理刑事案件的特点，他始终秉持"皆凭实迹、方可保明"的证据理念，这在《洗冤集录》中也多有体现。例如，由于致命伤的检验对加害人的定罪量刑关系重大，宋慈强调检验时一定要仔细勘验。对那些没有明显伤痕的尸首，要求"又有尸首无痕损，只是黄瘦，亦不得据所见只作病患死检了。切须仔细验定因何致死"。② 特别要注意那些被打后"服毒身死""自缢身死""投水身死"的案件，"须仔细点检死人在身痕伤，如果不是要害致命之处，其自缢、投水及自服毒皆有可凭实迹，方可保明"，③ 以免罪犯将人打死后再把毒药灌入其口中，或打死后用绳子吊起，或打死后推入水中等等。《洗冤集录》指出，"告状切不可信，须是详细检验，务要从实"。④

除了检验结论之外，宋慈认为其他证据也要经过验证核实，"参会归一"之后方可使用。例如，在言辞证据的采信上，首先要求实地勘查，"唤集邻保，反复审问"，如果众多言词"归一"，那就可以合理采用；如果出现了不一致甚至自相矛盾的供述，那么主审官就应该要求证人"各供一款"，再结合罪犯的供词，"邀申本县及宪司"，经过大家共同讨论，结合其他证据，最终"务令参会归一"，得到众人的共同认可后

---

① 宋慈：《宋提刑洗冤集录·序》，丛书集成初编本，商务印书馆1937年版。
② 宋慈：《宋提刑洗冤集录·疑难杂说下》，丛书集成初编本，商务印书馆1937年版。
③ 宋慈：《宋提刑洗冤集录·疑难杂说下》，丛书集成初编本，商务印书馆1937年版。
④ 宋慈：《宋提刑洗冤集录·初检》，丛书集成初编本，商务印书馆1937年版。

才可确认,绝对不可轻易采信少数人的言词,以防其中有弊。宋慈的"证据为本原则",在当时的司法环境下可谓是开证据裁判之先河。

(三)"宽严相济"的司法理念

朱熹提倡"以严为本而以宽济之"的司法理念。[①]他所主张的"以严为本",就是指法律政令一旦制定出来,就应该不折不扣地严格执行,做到令行禁止。他认为,要罚当其罪,反对重罪轻罚。如果罚不当其罪,也就是惩罚抵挡不上罪过,就会使罪犯逃离法网,其实质就是包庇、纵容违法犯罪分子,也会让大量无辜的人受到到伤害。"以宽济之"是指在法律执行过程中,可以根据案件的不同情况和特殊情形,灵活掌握法律执行的幅度。宋慈"宽严相济"的司法理念显然深受朱熹法律思想的影响。不过,他所倡导的"宽严相济"与今天我们在刑事司法中所贯彻的"宽严相济"的刑事政策有所不同,它指的不仅是严格司法,该严则严,罚当其罪,更强调当宽则宽,严中有宽,宽严有度,宽严审时,既不能姑息养奸,让为恶者逃脱法外,又要防止无辜者蒙受不白之冤。这种理念一直贯穿于《洗冤集录》之中,因为《洗冤集录》本身就受到《内恕录》以下诸书(包括《疑狱集》《折狱龟鉴》《棠阴比事》等)的影响。[②]"内恕"就是"恕心用则可寄枉直矣","恕心用实为平刑审断之本"。宋慈一再强调,司法人员要谨慎辨别案情,做到反复探究、证据确凿、定性准确、程序合法、不枉不纵,否则,宁纵勿枉。他最担心的是司法官吏的职业病——"意在深刻""利在杀人",所以他说:"疑信未决,必反复深思,惟恐率然而行,死者虚被涝瀧。"[③]这种裁判审慎、反复考量、为被害人着想的态度,正是宋慈用法宽仁法律思想的一个缩影。

(四)"避嫌戒忌"的制度要求

古有"君子防未然,不处嫌疑间;瓜田不纳履,李下不整冠"之说,这实际上是司法对程序正义的要求,它主要体现在回避原则和杜绝不当

[①] 郑颖慧:《论朱熹的司法思想及其对清朝法制的影响》,《集美大学学报》(哲学社会科学版),2007年,第30—31页。
[②] 宋慈:《宋提刑洗冤集录·序》,丛书集成初编本,商务印书馆1937年版。
[③] 宋慈:《宋提刑洗冤集录·序》,丛书集成初编本,商务印书馆1937年版。

接触的基础之上。《洗冤集录》在规范初检和复检程序的过程中均体现了上述这两个要求。一是办案人员回避制度。"诸检复之类应差官者,差无亲嫌干碍之人。"意思就是应该派遣与本案没有亲故关系以致会妨碍公正处理的人进行复检活动。二是检验官吏等不得私下接触可能会影响公正办案的人:第一,宋慈提出,"凡检验承牒之后,不可接见在近官员、秀才、术人、僧道,以防奸欺,及招词诉"①,即要求检验官员接到验尸公文之后,不可再接见案发附近的官员等人,防止被他们所欺骗,招致当事人的指控。因为这些官员、秀才、僧道等在地方上势力很大,上能通官府,下能聚民众,如果他们参与到案件中来,必将对查明案情真相极为不利。第二,要求严加约束随行的吏员、差人等,不能让他们离开检验官员身边,以免私下和当事人接触,即便是到了夜晚,也要让随行人员把记载检验情况的文书上交后,方能住宿,以免其夜里被收买后篡改文书。第三,"凡检官遇夜宿处,须问其家是与不是凶身血属亲戚,方可安歇,以别嫌疑"。②即要求检验官员不得投宿在嫌疑人的亲属家里,以免产生徇私枉法、司法不公的嫌疑。同时,为了进一步确保检验的公正性,宋慈提出,初检和复检的官员和仵作(专职鉴定人员)等之间不得相互见面,以防止影响复检。宋慈的这些做法与当代司法公正、司法为公的理念不谋而合。

三、宋慈法治思想的当代价值

中华法律文化是中华民族数千年法律实践活动的经验和智慧总结,体现了人类法律实践的科学性和规律性,有许多优良成果值得发掘和借鉴。宋慈《洗冤集录》所蕴含的法治思想对我们今天加强社会主义法治建设具有重要的当代价值和启示作用。

(一)彰显公平正义的司法理念

---

① 宋慈:《宋提刑洗冤集录·检复总说上》,丛书集成初编本,商务印书馆1937年版。
② 宋慈:《宋提刑洗冤集录·检复总说上》,丛书集成初编本,商务印书馆1937年版。

公平正义是司法的灵魂和生命，司法公正是维护社会公平正义的最后一道防线。冤假错案是对社会公平正义的极大伤害。因此，要维护司法的公平正义，就必须在司法检验过程中，尊重生命，尽量还原事实真相，严守证据裁判、疑罪从无等原则制度，坚守司法良知和底线，夯实举证、质证、认证等各个环节，不畏权贵，不徇私枉法，正确地断案和判决，严禁冤假错案。宋慈在《洗冤集录》的序言中，开篇就提出写作此书的动机与目的是为了"洗冤泽物"。洗冤，顾名思义，雪洗冤屈；泽物，乃恩泽万物，他期望此书能够替死者"代言"。在具体的治狱断案的实践中，宋慈"以民命为重"，坚持"据状断之"，司法慎狱，公正裁判。在那个时代，宋慈就能够提出这样富有内涵的法制公平正义理念，对我们今天坚持司法公正，反对司法腐败，严防错判误判和坚决平反冤假错案，无疑具有极其重要的价值。

（二）坚守审慎求实的职业操守

《洗冤集录》是我国第一部法医学专著，也是世界上第一部系统的司法检验书。宋慈在书中对如何进行检验进行了详尽阐述并提出明确的要求。诸如，要求"躬亲看验"，无论案发何处，检验官都必须躬亲案发现场，仔细审察、判别、监督；要求在检验中区分各种不同的情况，把握好不同类型的表现特征，做出认真细致的检验；要求在检验中分清真伪，做出正确的判断，不被假象和伪证所迷惑；要求对一些疑难问题和特殊例外情况进行慎重而细致的分析，以防止主观片面和误判；要求依规侦检和回避原则等等，这些都充分体现了宋慈严谨、求真、求实的检验态度和一丝不苟的职业操守，这对我们改进工作作风和端正工作态度仍然具有宝贵的借鉴作用。

（三）善于学习借鉴的进取精神

《洗冤集录》能成为世界法医学史上的第一部巨著、宋慈能成为"法医学之父"，皆与宋慈勤于学习、乐于借鉴、善于总结是分不开的。宋慈在编撰《洗冤集录》时，重视学习和吸纳前人的研究成果，该书就是在收集、整理、甄别前人的《内恕录》等书内容的基础上，再结合当时法医实践写就的。宋慈重视在实践中博采众长，广纳他人意见和经验，不断补充、丰富和完善该书内容；重视在刑侦检验经验的基础上，运用科技原理和手段来进行检验和侦破案件；重视全面总结先秦以来刑狱检验的实际经验，并使之条理化、系统化和理论化。宋慈这种不满足现状、善于学习借鉴的进取精神，对加强社会主义法治队伍建设具有积极的启迪意义。

追昔抚今，见贤思齐。今天当我们重新审视宋慈在700多年前写就的《洗冤集录》，依然可看出其宝贵的历史价值和现实意义，尤其是宋慈身上所展现出的这种对法律的敬畏之心，对公平正义的不懈追求以及求真务实的职业精神，仍然带给我们历久弥新的昭示和启迪，值得我们进一步发扬光大。

论朱子文化对福州建设山水城市的影响

李善旺

摘　要　朱熹作为宋代理学的集大成者,其所创立的闽学体系包含丰富的哲学思想、人文精神、道德理念,被称为朱子文化,对后世影响深远,是中华传统文化的重要组成部分。福州作为福建省省会,朱熹曾多次来榕居住、讲学、会友、游历,对闽都文化产生广泛而深刻的影响。朱子理学的"天人合一"思想与"源头活水"精神,是福州建设山水城市理念的重要组成部分。

关键词　朱熹　福州　闽都文化　山水城市

福州作为"闽中首邑",拥有得天独厚的自然山水生态要素,优良的教育与文化资源,荟萃众多的政治和文化精英,儒、佛、道文化氛围浓烈,而朱熹多次来福州游历讲学,促进了闽都地区学术文化的传播与繁荣。山水之城福州成为"儒学最盛之地",理学重镇、文化辐辏的首善之区。朱熹讲学、游历在闽都山水间的同时,也影响了榕城山水人文空间格局的勾勒,对福州打造高品质山水城市产生重要理念支撑。

一、朱熹与福州

福州是我国东南一大都会,曾是地方政权的都邑,郡、州、府、县的驻节地以及福建省会所在地,历来是福建政治和文化中心,号称"八闽首府"。因北宋福州太守张伯玉"编户植榕,绿荫满城",故别称"榕城"。福州别名"三山",城内于山、乌山、屏山三山鼎立,白塔、乌塔

两塔以峙,闽江横贯城区,构成"三山两塔一条江"的独特城市格局。

朱熹(1130—1200),祖籍江南东路徽州府婺源县(今江西省婺源县),出生于南剑州尤溪(今福建省尤溪县)。小名沈郎,小字季延,字元晦,又字仲晦,号晦庵,晚称晦翁,又称紫阳先生、考亭先生、沧州病叟、云谷老人、逆翁。19岁考中进士,曾任江西南康、福建漳州知府及浙东巡抚等职,做官清正有为,振举书院建设。官拜焕章阁待制兼侍讲,为宋宁宗皇帝讲学。谥号文,世称朱文公。南宋著名的理学家、思想家、哲学家、教育家、诗人,闽学派的代表人物。

(一)时代背景

宋时福州,包括侯官、闽县、怀安三县。经过唐末五代闽王王审知的苦心经营,福州已发展成为繁华的都市。宋代三百多年,福建比较安定富庶。福州作为中国最早种植并推广双季稻的地方,仅田税收入就占福建当时六分之一的赋税,经济的重要性进一步巩固了福州的闽都地位。高度发展的农业使得南宋时期的福州人口超过了59万,其中城内人口超过10万。人口、经济、文化都达到一个高峰,福州迎来了历史上的黄金时代,成为宋朝六大城市之一。

宋代,在"民以食为天"的社会生活中,闽都农耕文化的发展为传统儒家耕读思想奠定了坚实基础,稳定的经济保障和长久的安定,使得闽都百姓有了更高的物质与精神追求。经济的发展促进了文化的繁荣,福州成为文化精英荟萃之地,大批知名文人云集闽都,蔡襄、张伯玉、程师孟、曾巩、黄裳、李纲、陆游、梁克家、辛弃疾、赵汝愚、朱熹等名流大师先后来福州任职、讲学或访问,对闽都形成浓郁的习儒文化氛围起了积极的引导作用。书院随之兴起,推动儒学发展,福州也达到了一个文教的黄金时期。

朱熹通过对儒学的改造,如出版《四书章句集注》,将儒学民间化和世俗化等,把中华文化重新拉回孔孟之道。不仅继承和发扬了儒家思想,而且还吸取了佛、道思辨哲学,总结了北宋以来理学的成就,为理学之集大成者,是继孔子、孟子以来最杰出的儒学大家,世尊称为朱子。

朱熹在中华文化中,尤其是儒家文化发展起到重要作用:"为天地立心，为生民立命，为往圣继绝学，为万世开太平"。朱熹一生著述颇丰，其中《四书章句集注》被元、明、清三代钦定为官学的主要教材和科举考试出题的主要依据，而他的思想也成为元、明、清三代王朝的正统哲学，深深影响后世。

朱熹与福州有着非常密切的联系。曾十多次来到福州，其多数时间住在三坊七巷道山路一带的来里巷，后改名来魁里。据《榕城考古略》载："螺女巷，一名来里巷，内通石塔巷，东大县治前，内有先贤石室，祀朱子。按郡志：有石室在天王岭下，朱子讲学处，题名尚存，或即此地。"朱熹在福州常与文人志士交往，纵论国事。遍游城区郊县，登山览胜，吟诗作赋，协助办学，大兴教育，宣传理学，培养了大批弟子。

宋绍兴十二年（1142）九月，年仅12岁的朱熹随父朱松游历福州，拜访程迈、张元幹、傅自得等文士诗友。

绍兴二十二年（1152）五月，朱熹赴泉州同安县任主簿时，在榕期间拜访福州的《诗》学名家李樗，《尚书》学名家林之奇和《礼》学名家刘藻、任文荐等人。

绍兴二十三年（1153），朱熹任同安县主簿兼管学事时，专程来福州筹集近千卷书籍，供办学之用。

绍兴二十五年（1155）春，吕祖谦的父亲吕大器到福州担任福建提刑司干官，吕祖谦随父到福州求学，师从三山林之奇。年底，在泉州同安县任主簿的朱熹，因父亲朱松与吕大器为契旧故交，前往福州拜见吕大器，与吕祖谦相识。

绍兴二十六年（1156）十二月，朱熹从同安携家北归，途经福州，拜会吕祖谦。

绍兴三十二年（1162），汪应辰知福州，招朱熹来福州问政，拟由福建帅司差遣，未能如愿。

隆兴元年（1163），朱熹应汪应辰之请到福州，讨论抗金和福建盐法等政事。

隆兴二年（1164）二月，朱熹到延平（今南平市延平区）吊祭老师李侗后，转赴榕向汪应辰问安。四月，汪应辰特地派兵丁到崇安（今武夷山市)延请朱熹到福州商讨政事,滞留较长时间,朱熹得以在福州东门创办紫阳讲堂。

淳熙十年(1183),朱熹受赵汝愚之邀来福州商讨治闽方略。朱熹还特地到福州东门浦下村看望女婿黄榦一家,并写下一首著名的《葱汤麦饭》诗。期间游历闽中数县,讲学扬道,为时4个多月。

淳熙十四年(1187)正月,因受谤而隐晦多年的朱熹,辞去江西提刑职务。在赴莆田吊陈俊卿,途经福州,本想拜访知州赵汝愚,不料赵汝愚已于一年前调任四川制置使去了。于是,朱熹便率领学生王子合、陈肤仲、潘谦之、黄子方四人,登鼓山拜谒涌泉寺方丈元嗣。

绍熙元年(1190)十一月,61岁的朱熹赴知漳州,途经福州,携黄榦等人游历鼓山。

庆元二年(1196),"禁伪学"正式发生,朱熹去职回建阳考亭讲学,后避伪学之禁,遁迹三山,讲学于福州及周边。

(二)朱熹对闽都文化发展的影响

北宋的三次兴学运动,使得官办的府学、县学普遍建立,福州各乡里都设有乡学、义学和书社,读书风气浓厚。闽中举业发达,"家有庠序之教,人被诗书之泽"。看到福州文教欣欣向荣的盛况,朱熹的挚友、南宋大文豪吕祖谦赋诗道:"路逢十客九青衿,半是同袍旧兄弟。最忆市桥灯火静,巷南巷北读书声。"

福州人历来重视科举仕途,重视读书上进,通过科举进入仕途,对王朝政治产生影响,"仕于朝为天子侍从亲近之臣,出牧大藩持节居方面者亦常半""内膺辅从台谏之选,外任监司牧守之寄,磊磊相望,声称赫奕"。[1]南宋,随着大批宗室士族和民众南迁,闽都教育处于全盛时期,人文发达,人才鼎盛,状元频出。同时,研究、传播义理之学的书院在福州盛行。福州文人与宋理学联系非常早,甚至参与理学构建。北宋初,福州的陈襄、郑穆、陈烈、周希孟等人致力于孔孟学说,倡导儒家伦理纲常,在闽中开一代新学风,成为理学先驱,被尊为"滨海四先

---

[1] 林山:《闽都文化概论》,福建人民出版社2011年版,第12页。

生"。游酢、杨时立程门、载道南归之后,在闽中传播理学;其后还有罗从彦、李侗、朱熹传承二程理学;至朱熹集其大成,发展而为闽学。而产生深远影响的是经朱熹本人和他女婿黄榦等人传播闽学,福州成为儒学闽学学派的重镇。

理学的发展使得地方办学变为以书院为主,书院逐渐成为学派活动的场所,著述宏富的朱熹不时游历讲学福州,撰写的《福州州学经史阁记》等诗文,培养了大批闽都学子,对闽都文化贡献良多。朱熹和他的弟子及崇拜者在福州和周边建有十多所书院。据《榕城考古略》载,朱熹在福州期间,亲自创办或协助办学的有紫阳讲堂、竹林书院、贤场书院、高峰书院、濂江书院、龙津书院、龙峰书院、闽侯吟翠书院、罗源文公书院、连江丹阳书院、闽清梅溪书院等。朱熹来福州开堂讲学和办学活动,广纳门生,授业解惑,带动了福州书院的建设和学习风气的形成。

福州地区成为"儒学最盛之地",据《淳熙三山志》载,福州"凡乡里,各有书社……多至数百人,少亦数十人"。朱熹对此赞赏有加,在《福州州学经史阁记》中说:"福州府学在东南为最盛,弟子员常数百人。"何振岱《西湖志》引《闽都记》等旧志记载称,朱熹曾为福州城西门(迎仙门)"大书'海滨邹鲁'四字,悬于楼上"。

朱熹在闽清讲学期间,郑性之拜其为师。郑性之乃郑穆后裔,生于侯官。据《侯官地方志》载:"郑性之少年家贫,得母亲倪氏恤,入梅溪书院,师承朱子。"郑性之曾居住在三坊七巷中的吉庇巷。吉庇巷旧名耆德魁铺坊,又称魁铺里,"魁铺"二字相当于今日"精英摇篮"之意。郑性之官至参知政事(宰相),感恩老师朱熹,为朱熹理学"解禁"奔走呼号,并将朱熹理学上升到南宋官方哲学高度,影响中国历史数百年。[①]

闽都文化借教育而兴起,闽都人才亦由教育而化成。福州在两宋时期共产生文武状元21位,宋太平兴国五年(980)至淳熙八年(1181)的202年间,以科目进者共计1339人,从建中靖国(1101)到淳熙九年

---

① 岫云:《朱熹讲学福州遗迹探寻》,《福州晚报》,2020年10月29日A12版,11月1日A07版,11月4日A08版,11月8日A07版"闽海神州"。

（1182），在这82年里就有1037人，居全省之冠，成为我国出状元最多的城市之一。①曾出现"三科三状元""六子科甲""五子登科""一榜三鼎甲"等科举奇迹，奠定了福州科举文教在中国领先、成为科甲福地的地位。此后，重视文教的传统在福州从未间断。明代学者黄仲昭云："闽虽为东南僻壤，然自唐以来，文献渐盛，至宋，大儒君子接踵而出，仁义道德之风，于是可以无愧于邹鲁矣。"

省会福州因讲学读书"风气进而益上，彬彬郁郁，衣冠文物之选，遂为东南一大都会"，是朱子理学的核心地区，对朱子理学的研学传承与传播起到了不可替代的作用。尤其对于海外传播，福州更是具备包容开放的文化传统与地理优势。朱子理学在宋元之际传播到朝鲜、日本等国，17世纪欧洲人开始注意朱子理学，18世纪初有人翻译了朱熹的某些作品，朱子理学已成为有世界影响的哲学理论。利用好朱熹的国际影响力，加强人文交流互鉴；与在福州留下的宝贵人文资源，充分展现福州的山水、人文、发展之美，助力福州建设人与自然和谐共生的现代化国际城市。

二、朱熹对闽都山水人文的影响

闽中多山，闽在水中。闽人有福，寄居于山水之间。对于闽都环境的描述《闽都记》曰："三峰峙于域中，三绝标于户外。甘果方几，莲花现瑞。襟江带湖，东南并海。二潮吞吐，百河灌溢。山川灵秀所都耶。逢兵不乱，逢饥不荒。沙合路通河口，海滨邹鲁，而自古记之。"自然与人文环境的结合，造就良好的福州山水城市形象。

（一）朱熹与闽都山水

在宋代，一种适合浅溪行驶的平底小木船"鼠船"成为当时闽江上的主要交通工具，穿梭于闽江源头至福州马尾出海口间。朱熹借助"鼠船"之便，从闽北沿闽江顺流而下，来到闽都。

朱熹热爱大自然，讲学之余，常与文人志士徜徉于山水之间，登山

---

① 赵麟斌：《宋代：闽都文化发展的鼎盛时期》，《闽都文化》2022年第3期。

临水、探幽访胜、吟咏风物是其生命活动的重要部分。闽都讲堂书院多设在山水优美、环境清幽之处。山水之间的书院，自然与勤思巧妙兼容，山光水色赋予了朱熹无穷的诗情与哲思。

淳熙九年（1182），赵汝愚知福州，任上他开浚西湖，使闽县、侯官县、怀安县三县的万余亩田地受利。淳熙十年（1183），朱熹见赵汝愚治理西湖成效显著，在西湖观赏荷花时，满心欢喜，便吟了《游西湖》："越王城下水溶溶，此乐从今与众同。满眼芰荷方永日，转头禾黍便西风。湖光尽处天容阔，潮信来时海气通。酬唱不夸风物好，一心忧国愿年丰。"其中"湖光尽处天容阔，潮信来时海气通"写出了福州城湖光山色、海天相连、海纳百川、开放包容的恢宏气度，作为联句被镌刻在福州镇海楼正楼上。乌山是朱熹题刻最多的地方之一，除了朱熹与赵汝愚一同登乌山，留下的"赵子直、朱仲晦淳熙癸卯冬丙子同登"题刻，还有"清隐""石室清隐""光风霁月""福"字题刻。朱熹还到闽侯吟翠书院讲学，《闽侯七里志》载："是年朱熹在闽县尚干乡下卓村结庐讲学，称'吟翠山楼'。"讲学之余，与友人游方山（今五虎山），寻觅仙踪，留下"怡山良石、神仙所居"八字题刻。写下《方山》诗一首："到山不识山面目，但见九鼻盘溪曲。归来兀坐小窗下，倚天百尺堆寒玉。"

淳熙十四年（1187），因受谤而隐晦多年的朱熹，辞掉江西提刑职务，匆匆来到福州拜访知州赵汝愚。不料此前一年赵汝愚已调任四川制置使去了。于是，朱熹便率领门人王子合、陈肤仲、潘谦之、黄子方四人，登鼓山拜谒赵汝愚礼请来主持涌泉寺的元嗣方丈。又登水云亭，在亭的外墙上朱熹看到赵汝愚于淳熙十三年（1186）调任四川前的题刻："灵源有幽趣，临沧擅佳名。我来坐久之，犹怀不尽情。褰裳步翠麓，危绝不可登。豁然天地宽，顿觉心目明。洋洋三江汇，迢迢众山横。清寒草木瘦，翠盖亦前迎。山僧好心事，为我开此亭。重游见翼然，险道悉以平。会方有行役，邛蜀万里程。徘徊更瞻眺，斜日下云屏。"朱熹睹物思人，感慨万千。于是，在灵源洞观音阁东边石门附近的岩壁上留下了一气呵成、潇洒飘逸、表达强烈的思友之情的行书题刻："淳熙丁未，晦翁来谒鼓山嗣公，游灵源，遂登水云亭，有怀四川子直侍郎。同游者：清漳

王子合、郡人陈肤仲、潘谦之、黄子方、僧端友。"

三年后,赵汝愚再度入闽知福州。次年他又登鼓山,看到朱熹留下的题刻,思念之情油然而生,想到远方的朱熹和已圆寂的元嗣禅师,思绪万千。于是,在朱熹题刻旁留下自己的诗文:"几年奔走厌尘埃,此日登临亦快哉。江月不随流水去,天风直送海涛来。故人契阔情何厚,禅客飘零事已灰。堪叹人生只如此,危栏独倚更徘徊。"赵汝愚题刻抒发了壮志未酬的惆怅心情和对师友朱熹、鼓山主持元嗣等人的深深思念。

然而不到一个月,赵汝愚又调离福州。

绍熙元年(1190),朱熹到福州,携黄榦游历鼓山,看到自己题刻旁边有赵汝愚的新诗,心潮如海,就从"江月不随流水去,天风直送海涛来"的诗句中,节选"天风海涛"四字镌刻于鼓山绝顶峰,题款特别注明:"晦翁为子直书。"朱熹"天风海涛"题词,被认为是描绘石鼓名山最有气势的佳句,赵汝愚的诗也被历代文人墨客所赞赏。①

朱熹在北峰贤场书院讲学时,留有《题莲花峰》诗两首:"群峰相接连,断处秋云起。云起山更深,咫尺愁千里。""流云绕空山,绝壁上苍翠。应有采芝人,相期烟雨外。"

朱熹曾在濂江书院讲学,据《福州郊区教育志》载,南宋时朱熹曾到濂江书院讲学,并题"文明气象"匾,赞扬这里的师生。还在附近城门题刻《岩屏》诗一首:"青碧晋奇胜,登高四望平。天光笼雾障,佳气列云屏。结屋宁楼鹤,纹苔却照萤。藏书多乐事,奕叶踵芳声。"

朱熹在闽清游历留下《水口行舟》诗二首:"昨夜扁舟雨一蓑,满江风浪夜如何?今朝试卷孤篷看,依旧青山绿树多。""郁郁层峦夹岸青,春山绿水去无声。烟波一棹知何许,鹁鸠两山相对鸣。"据《闽清县志》载,淳熙年间,朱熹为避学禁多次来闽清,在梅溪坪、鼎峰、广济岩、珠峰、后峰、白岩山等处分别题刻"梅溪""龙门""溪山第一""观云岫""留云""八闽岳祖"等题刻。

---

① 马照南:《朱熹在福州》,《福州日报》,2022年1月1日第6版"闽江潮"。

朱熹曾留迹于瓜山书院，在芋原古渡留下墨宝"芋原"榜书。[1]有《宿石崐馆》两首："春江日东注，我行遡其波。扬帆指西滢，两岸青山多。青山自逶迤，飞石空嵯峨。绿树生其间，幽鸟鸣相和。搴篷骋遐眺，击楫成幽歌。独语无与晤，兹怀竟如何。""停骖石崐馆，解缆清江滨。中流棹歌发，天风水生鳞。名都固多才，我来友其仁。兹焉同舟济，讵止胡越亲。舞雩谅非远，春服亦已成。相期岂今夕，岁晚无淄磷。"朱熹还到访乌龙江上的金山寺，留下了联句"日夜长浮，不用千篙争上水；乾坤屹立，独能一柱砥中流"。

连江县潘渡镇朱步村，因朱熹曾到连江讲学，路过此地而得名。绍熙四年（1193）秋，朱熹到连江，在小仓七里村养病，开始了《楚辞集注》的撰写。庆元年间，朱熹几度到连江讲学。据《连江县志》载：宋，朱晦翁于庆元间遭伪学之禁，遁迹三山，转之长乐。与其徒刘砥、刘砺抵连，寓宝林寺。复至官地村结庐讲学。今犹名其村曰"朱步"。在宝林寺留有朱熹墨迹"天下第二虎跑泉"和雷移石上的"雷移""降虎峰"摩崖题刻。[2]

朱熹曾到福清讲学，据《福清县志》载："草堂山，在光贤里新兴寺之西北……昔朱夫子筑草堂读书于此，故名。""绵亭岭，宋朱晦翁大书'绵亭'二字，绵亭村在江兜村附近。""闻读山，在福唐里……宋朱熹过此，题曰'闻读'。"朱熹曾住在灵岩寺，在山中留有"灵石山"题刻，留下墨宝"苍霞亭"匾额，写有《游灵石》："百尺楼台九叠山，个中风景脱尘寰。危亭势枕苍霞古，灵石香沾碧藓斑。佳境每因劳企仰，胜游未及费跻攀。何当酬却诗书债，遂我浮生半日闲。"

闽都是朱熹的精神家园。朱熹在闽都山水间讲学、游历，抒发情怀，传递友情，书写出福州城市气质与城市精神，成为闽都重要的山水人文景观。其"国以民为本，社稷亦以民而立"的思想深刻影响着闽都人的价值观念与生活方式，并具有穿越时空的魅力与影响力。

---

[1]《南台岛上千年渡口　守望繁华往事背影》，https://news.sina.com.cn/s/2006-11-11/003910466349s.shtml。

[2]《说朱熹　道连江》，http://szb.mnw.cn/html/2014-05/29/content_4259288.htm。

（二）朱熹与闽都茶文化

闽都自古出产名茶，唐朝陆羽《茶经·八之出》称："……岭南，福州，生闽方山山阴县也，往往得之，其味甚佳。"闽都独特的山水灵气孕育出清雅鲜灵的福州茉莉花茶。

朱熹自幼受茶风熏染，年少即好茶，对茶文化有很多论述。据《朱文公全集》载："年少时，曾戒酒，以茶修德。"朱熹晚年给自己取了个雅号"茶仙"，这也是他最后一个自号。朱熹曾在福州十邑之一的古田县蓝田书院讲学，在书院附近的水池石壁上亲书"引月"二字，其落款即为"茶仙"。据《古田县志》载，朱熹晚年虽受"庆元党禁"牵连，但仍有大量的友人请他题匾赋诗。为不累及友人，又不忍拒绝，于是取"茶仙"为笔名落款。

北宋，两度知福州的名臣蔡襄在《茶录》中曰："茶有真香，而入贡者微以龙脑和膏，欲助其香。建安民间试茶，皆不入香，恐夺其真，若烹点之际，又杂珍果香草，其夺益甚，正当不用。"

朱熹作为理学大家，性法中庸，好茶而有度，不奢侈糜费。朱熹讲学常以茶喻学。朱子对学生讲，治学有如这盏茶，"一味是茶，便是真才，有些别的味道，便是事物夹杂了"。在《朱子语类》中曰："物之甘者，吃过必酸；苦者吃过却甘。茶本苦物，吃过却甘。"问："此理如何？"曰："也是一个道理。如始于忧勤，终于逸乐，理而后和。盖礼本天下之至严，行之各得其分，则至和。又如'家人嗃嗃，悔，厉，吉；妇子嘻嘻，终吝'，都是此理。"

但宋人认为，闽都茉莉花洁白无瑕、淡雅幽香、超凡脱俗，与那时士大夫淡泊名利的生活态度相似，对素有天香之称的茉莉花总是百般喜爱，留下了许多赞美茉莉花的诗词。

北宋，福州知府蔡襄曾在乌石山手植茉莉，并赋诗云"素馨出南海，万里来商舶。团栾末利丛，繁香暑中拆"来赞美茉莉。这也使得茉莉花栽培技艺得到一定的提升与推广。茉莉在福州被百姓所喜爱，得到广泛种植，茉莉花成为闽都特产。宋朝梁克家《福州三山志》称茉莉"独闽中有之，夏开，白色、妙丽而香"。

宋徽宗年间，受蔡襄《茶录》里有以茶吸取各种香气制茶等记载的影响，太守柯述在福州亲自负责茶叶监制，经过多方尝试，研制了数十种香茶，开创了福建不同的花茶品种。乌山至今仍有柯述他们同游神光寺留下关于茉莉花的题刻"天香台"。①

朱熹喜欢茉莉花，有诗《茉莉花》云："旷然尘虑尽，为对夕花明。密叶低层幄，冰蕤乱玉英。不因秋露湿，讵识此香清。预恐芳菲尽，微吟绕砌行。"

辛弃疾与朱熹乃莫逆之交。绍熙二年（1191），辛弃疾被朝廷起用为福建提刑，次年，前往建阳考亭向朱熹问政，朱熹赠他："临民以宽，待士以礼，驭史以严。"辛弃疾虚心听从朱熹的忠告，在福建做了许多于民有利的事。绍熙四年（1193），再次任福建安抚使。辛弃疾在福州期间特别喜欢茉莉花，便在《小重山·茉莉》中曰："倩得熏风染绿衣。国香收不起，透冰肌。略开些个未多时。窗儿外，却早被人知。越惜越娇痴。一枝云鬓上，寻人宜。莫将他去比荼蘼。分明是，他更韵些儿。"

于是乎，茶中加不加香在当时一直处于矛盾中，但可以肯定的是，加香茶首先是被宫廷和官宦所喜爱，所享用的。茉莉花的气质成为最理想的花香茶原料。闽都人的"开先"精神，使"窨得茉莉无上味，列作人间第一香"成为制茶人的追求目标。

福州茉莉花茶制法起源于南宋，时人赵希鹄《调燮类编》详细记述了茉莉花茶的制作过程。时人施岳《步月·茉莉》记载"古人用此花焙茶"，这是最早关于茉莉花茶的正式记载。

福州茉莉花茶问世虽早，但其商品性生产发展始于1851年前后，至今有170多年的历史。"旧时王谢堂前燕，飞入寻常百姓家。"如今福州茉莉花茶作为"福茶"被老百姓所享用。

1985年2月8日，福州市第八届人大常委会第十二次会议决定命名茉莉花为市花。

---

① 中共福州市委党史和地方志研究室编：《福州茶志》，福建科学技术出版社2020年版，第76页。

2011年,福州茉莉花茶窨制工艺入选"福建省第四批省级非物质文化遗产代表性名录";10月,国际茶叶委员会授予福州"世界茉莉花茶发源地"称号。同年,"福州茉莉花茶"传统加工工艺被列入"福建省非物质文化遗产代表性名录"。

2012年,在中国农产品发展推进会上,福州茉莉花茶被授予"最具影响力的中国农产品区域公共品牌";10月,福州茉莉花茶被国际茶叶委员会授予"世界名茶"称号。

2013年1月,正式启动"福州茉莉花与茶文化系统申报全球重要农业文化遗产"工作。5月,福州茉莉花种植与茶文化系统入选第一批"中国重要农业文化遗产"。

2014年,福州茉莉花茶窨制工艺入选"第四批国家级非物质文化遗产代表性名录";4月,在意大利罗马举行的"联合国粮农组织全球重要农业文化遗产指导委员会和科学委员会"上,福州茉莉花与茶文化系统被联合国粮农组织列为"全球重要农业文化遗产"保护项目。这是福州获得的首个世界遗产项目,也是中国首个省会城市获得"全球重要农业文化遗产",凸显福州的生态优良。

福州茉莉花茶是福州这座历史文化名城的一个标志符号,也是这座山水之城、有福之州的城市名片。

三、朱子文化对福州建设山水之城的重要性

福州是一座符合中国山水文化思想的"山水城市"。"东南福地"有容乃大,赓续文脉传承,合力绘就一幅"绿城、水城、古城"交相辉映的闽都美丽画卷,以展示福州山水城市风貌、闽都文化气质。

(一)秉承朱子理学"天人合一"理念

朱子认为人类与自然万物是一个和谐整体,人类与自然界合为一体,不可分开。人类应该尊重自然万事万物的生命价值和生存权利,以此构建人类与自然的和谐关系。《福州市国土空间总体规划(2021—2035)》规划提出,以"生态优先、绿色发展,区域协同、山海联动,民生为重、品质宜居,传承文化、彰显特色,管理导向、共建共治"为原则,以建

设生态山水之城为愿景,以山海廊道联通和流域治理为重点,筑强生态功能本底。

以人与自然和谐为中心的儒家生态观为启示,构建人与自然和谐的山水城市;以朱熹在福州留下宝贵的人文资源,将山脉、水脉与文脉融合,打造以人的精神和文化价值观为核心的山水城市;以人为本,围绕"显山露水"做文章,焕发闽都神采,提升民生福祉,让有福之州更好地造福于民。福州的城市内河水网体系在宋代形成,城内河道纵横交错,内河外环内绕。现城区有107条内河,如白马河、晋安河、安泰河、华林河、磨洋河、湖前河等,总长度达244公里,河网密度居国内城市前列。[①]丰富的水系、水资源,彰显福州城市"首善之区"的特色。近年来,福州突出山水主题,加强内河整治改造,让内河的水动起来、活起来、清起来,沿岸的路通起来、亮起来,岸边的景绿起来、美起来,使老百姓切身感受到城市美好的环境。晋代开凿的晋安河,是福州市历史最为悠久的人工运河,通过挖掘河畔蕴藏的历史文化,2019年建造的晋安河公园"讲堂胜境",屹立河畔。"讲堂胜境"是福州人为纪念朱熹在大桥村办学授业而建立的,也就是现在的地名"讲堂前"。如今,历经一系列景观改造,晋安河成为了福州最美内河景观带,"东门乐游""福新问渡""讲堂胜境"等"晋安八景",无一不透着"碧波荡漾、闽韵古风"的气质,点亮市民河畔乐居的新生活。

(二)在实践中不断创新"源头活水"

福州的江、河、湖、海,是展示山水城市风貌、闽都文化气质的"主角",也是让百姓尽享福气的福地。

凝结着中华优秀文化精华,蕴含着人类尊重自然、顺应自然、保护自然,追求人与自然和谐共生的人文生态,"海绵城市"理念,也成为福州滋养城市"绿心"的源头活水,彰显山水和谐共生的城市名片。牛岗山公园的建设充分融入了"海绵理念",集休闲娱乐、防洪调蓄等多种功能于一体。2021年,福州市获得"福建省节水型城市"称号。总库容量达

---

① 林蔚、卢雅:《榕城内河新生记》,《福建日报》2012年1月9日。

159万立方米的晋安湖,与临近的牛岗山公园、鹤林生态公园连成一体。牛岗山落款"晦庵"的"凤丘""鹤林",朱熹题刻,今还在。"鹤林"村地名由此而来,故有鹤林生态公园。晋安湖公园"北山南湖、一水贯穿"的城市中央生态绿轴,美丽的山水融入百姓生活,让"天光云影共徘徊"的美景人人可享。2021年,福州获评中国十大"大美之城"。

(三)赓续闽都文脉

2021年7月,以闽越文化为基础,以儒学为主体,以理学、闽学、侯官新学为一脉相承的闽都文化,在赓续闽都文脉中,赋能福州建设山水之城。

作为国家级历史文化名城,福州拥有丰厚和连续的历史文化遗产,呈现中国山水城市的独特魅力。三江口城门镇梁厝是当年朱熹为梁氏五祖梁汝嘉选址之地,环靠燕山,依山面水,风光秀丽。其选址与山水环境的关系,展现了中国传统文化观念中对理想人居环境的理解。梁汝嘉是朱熹的挚友,朱熹曾题赠堂号——贻燕堂。梁厝自古以来文风鼎盛,人才辈出,是理学传家文化的重要传承地。

2021年7月,第44届世界遗产大会"世遗林"植树活动在梁厝特色历史文化街区举办,由中外嘉宾共同种下的"世遗林",为福州增添新景,传播"绿色世遗"理念和构建生态世界的共同愿望。

结　语

"人不负青山,青山定不负人现代。"——习近平总书记2022年新年贺词深刻诠释了"人与自然和谐共生"的至简大道。福州秉承"绿水青山就是金山银山"的发展理念,科学规划绿色发展空间,持之以恒治水护水,努力护好城市山水格局,在现代城市建设中践行当年朱子理学的"天人合一"思想与"源头活水"精神,呈现人与自然和谐共生的山水之城。

全域旅游视角下的朱子文化与福州长乐晦翁岩景区可持续融合发展研究

黄鹤权

摘 要 本文通过梳理朱熹名人故居及文化遗址在长乐区晦翁岩景区的基本现状,分析得出该地在文化资源的保护与传播过程中存在的问题,并结合目前我国名人故居、书院开发的成功经验,力图创新性地提出促进朱熹文化与福州长乐晦翁岩景区可持续融合发展的四条针对性对策,力图为福州乃至全国名人故居深度融合开发提供参考,起到抛砖引玉之效。

关键词 长乐区晦翁岩 朱子文化 名人故居 对策

引 言

正如习近平总书记所强调的:"没有中华文化繁荣兴盛,就没有中华民族伟大复兴。"在高度重视文化自信的今天,在文化与旅游深度融合的当下,长乐区传承弘扬朱子文化,是丰富旅游内涵,也是提升城市魅力,更是振兴朱子文化义不容辞的责任。我们有义务依托丰富的朱子文化遗存,让它用起来、活起来、新起来,走进大众生活、融入传统习俗、挺进学术高地。鉴于此,如何推动长乐一个地方文化印记与名人互相辉映并逐步向旅游资源转化,闪现于长乐人民精气神中,是摆在我们面前一道既艰巨又有深具感召力的课题。

一、长乐区晦翁岩与朱子文化融合开发现状

长乐区的晦翁岩景区距离201省道2.8公里,沿201省道可直达福州

国际机场,福州东绕城高速公路潭头出口边,距长乐城区25公里。晦翁岩又叫龙峰岩、二刘岩、朱子岩、三宝岩。其坐落潭头镇二刘村龙峰山上,这里因山奇岩异,水秀洞幽,且多奇花异草,古木参天,人称长乐的小武夷。历代文人墨客、贤良志士多有慕名而登,留下了许多诗词歌赋、豪迹书癫,这在刘润生、刘晃等先生主编的《晦翁岩志》中,已作了系统而详尽的介绍。

早在宋庆元元年(1195),宋朝理学家朱熹为避伪学禁,寓居二刘村龙峰山,设立文峰书院,著书立说,授经讲学。因朱熹号晦翁,故该地得此名,至今已有800多年历史。随后,经李侗的学生刘嘉誉引荐,二刘村乡人刘砥和刘砺同拜理学宗师朱熹为师。在朱熹精心教诲下,刘氏两兄弟刻苦攻读儒家圣贤书,双双同登进士榜,蜚声儒林,二刘村因之得名。紧接着,龙峰书院也因朱熹收徒讲学而闻名遐迩,慕名求学者络绎不绝。

现在的龙峰书院是20世纪80年代初陆续修复的,三贤祠里正中高挂朱熹宗师的画像,两旁分别挂着身着朝服的刘砥和刘砺画像,从而引来无数学子参拜不绝。900多年来,二刘村刘氏重文化、重教育,除了晦翁岩文峰书院之外,各房支、房室都办起了大大小小十几所书斋、书院,历代文人辈出。

近年来,长乐区政府、潭头镇、二刘村、企业家等多方借智借力,联动出资修缮了村落里一两所文化古民居书斋,但仍还有大部分古民居书斋、私塾、书院旧址只能大概复原基本形制,其结构、空间、装饰或未能复建成原貌。

二、长乐区晦翁岩与朱子文化融合开发中存在的问题

由上文可以发现,长乐区晦翁岩景区的旅游基础较好,文化底蕴深厚,但总体上,目前长乐区该地朱子文化开发基础仍旧薄弱,回头客遍地开花现象较少,数量和质量还有较大提升空间。主要制约因素表现在以下几个方面。

（一）缺少统一规划，配套支持政策不足。1.缺乏相应的领导机构统筹管理。在一些项目的规划、立项、审批过程中，缺乏统一的规划调控，导致项目布局零散，关联度不高，没有形成完整的产业链条，产业特色和竞争力需要进一步提升。2.经费保障欠缺。目前长乐区对朱子文化在当地落地可持续融合发展的扶持政策具体化程度和落实程度欠缺，没有出台针对朱子文化发展的扶持政策，投资积极性不高，最终表现为晦翁岩景区落地投资少，诸多旅游项目建设启动缓慢。

（二）宣传力度不够，品牌效应较差。晦翁岩景区宣传旅游力度和开拓客源市场能力还不强。目前，省内外许多游客除对晦翁岩知晓外，对晦翁岩景区及二刘村历史文化名村的其他旅游项目了解不多。该地区近些年虽通过一些途径对朱子文化进行了宣传和推广，但推广的力度和效果有限，如所做的广告多为平面广告，覆盖的人群有限；在央视频道、省级卫视等具有较高影响力和宣传力的电视媒体上基本上没有进行广告推广，对游客的吸引力有限。目前，该地区客源市场比较狭窄，游客主要来自长乐区及周边市县，域外游客较少。

（三）产品结构单一，基础设施不够完善。1.旅游产品种类相对简单。景区文化旅游资源开发不够，多呈点状开发，单一产业孤立发展，经营模式单一，造成了资源浪费，朱子文化链条不完善，未形成成熟的系统。同时，产品开发程度不足，该景区虽以文化旅游为开发重点，但在开发中对朱熹文化、当地民艺民俗的开发挖掘还不充分，大多数景点还停留在游览观光这一产品层次上，没有对朱子和当地海防文化进行充分展示；书院内展品较少，对朱熹生活、学习的场景的展现不够，缺少对游客的讲解和互动，游客的体验性较差。2.基础设施建设不够完善。在基础设施方面，主要包括交通基础设施和信息普及设施两方面均存在一定问题。首先，在交通方面应该进一步强化晦翁岩景区的可达性，加强晦翁岩景区和区域内其他旅游资源和购物消费地的交通连通度，更加方便游客休闲、娱乐、消费的便捷性；其次，晦翁岩景区部分基础设施陈旧，可开发资源未被利用，旅游者询问服务、居住招待、饮食、交通转换、休闲度假的服务体系需要进一步推动发展。同时对现有旅游接待

设施的维护升级不够全面。

（四）主体地位不明确，专业人才储备不足。近年来，景区经营机制守旧死板，缺乏市场竞争力，处于无人监管状态。日常主要由龙峰寺对寺庙管理，整体状况不佳，游客无处咨询。目前管理理念和水平仍处于较为落后的阶段，且缺乏景区运营管理人员。景区有较深的文化底蕴，旅游线路也比较明确，但是没有运营管理人员为游客提供相应服务，游客无法深入了解景区，无法切身体验朱子文化。

三、国内其他地区发展名人故居的经验

近年来，在因地制宜的基础上，国内外涌现出了一批致力于发展古民居和名人融合发展的先驱城市，在它们身上有许多经验值得我们借鉴。为有效进行可持续融合的案例分析，笔者通过阅读大量资料，并进行一系列的整合与探索，整理出国内外五个地区开发的成功案例，旨在深入探讨朱子文化与福州长乐晦翁岩景区可持续融合发展的新动能、新思路、新路径。

第一个成功案例为郴州安陵书院模式。它的旅游开发过程中，成功的秘诀有很多，最重要的是所有权和经营权分离。当地政府将书院的所有权和经营权分离，其在通过市场公开招标的形式，将书院文化旅游项目经营权，让渡给有经济实力和开发管理能力大企业集团，进行整体开发和运行。同时在项目合同中明确约定投资公司对书院资源开发和环境保护的责任，确保书院文化资源不因旅游开发而遭受破坏。如2007年，深圳元亨创投公司投资2亿多元重建郴州安陵书院。新建的安陵书院占地5万平方米，总建筑面积近6000平方米，所有建筑全部是仿古式建筑，具有"苏州园林"式的复古特色，院内藏书可达20万册。据有关专家称，这是目前中国南方最大的由民营企业投资承建的书院。

第二个成功案例为山西平遥模式。当地的成功经验是政府主导。平遥自成为世界文化遗产后，政府开展了彻底的改革。首先是对城内居民进行外迁，为保护明清时期城市格局及传统风貌取得显著效果。其次是建立古城旅游股份有限公司，引进保护资金、进行古城宣传活动、文物

保护等工作。最后，自1997年开始，平遥每年举办平遥古城文化国际旅游节，开展各种民间传统表演。2001年，当地开始举办平遥国际摄影节，吸引国内外摄影爱好者来访，成功提升了平遥古城的知名度。同样，试举金华市武义县的郭洞村为例。该地也是政府投资经营模式。郭洞村在1999年承包给当地的旅游局，成立景区村委会进行日常经营管理，政府在这其中既充当经营者又是管理者。在这期间所得收入上交给政府，由政府分给村民一部分资金作为补偿。

第三个案例是北京通州宋庄模式。它们的优越点更在于采取科技与旅游结合发展。宋庄是一座种下了自由艺术的种子的城市级艺术区，最宝贵的艺术资源是艺术家。一方面，宋庄通过土地、房屋制度规范化创新，支持服务型民间组织运作，引入专业孵化机构，举办宋庄文化艺术节，整合、推出宝藏店铺资源等多重硬核举措，尽可能全面地覆盖艺术家们从底层生存到艺术生态扩展的多层次需求，留住了艺术区升级发展最核心的驱动力。另一方面，宋庄也通过强化城市更新中的设计力，鼓励、引导、组织宜游化业态的发展，招引抖音打造宋庄抖音书画直播基地，引进大视觉产业、传感器高科技产业，以有限的力量，活化、扩大艺术产业圈层，巧妙地用艺术内瓤来吸引更多人、产业入驻。

第四个案例是法国巴黎近郊的巴比松。这个地方走上了"更少人走的那条路"，那就是创意。这是一个诞生了一个画派、一系列大艺术家的油画小镇，选择将名人故居作为主要抓手、艺术场景作为辅助手段发展怀旧旅游。较少的商业化使得小镇的岭上原野风貌得以保留，这个仅有1000余人的迷你小镇每年吸引着上百万人前来驻足，被称为当今世界唯一的"艺术原乡"。

第五个案例，是英国莎士比亚故居。在英国，当地政府将将名人故居挂上蓝牌，由"蓝牌委员会"进行审核。英国保护和开发最典型的名人故居便是莎士比亚故居。它的特色是将整个城镇都作为保护对象，还原莎士比亚所在年代的真实面貌，并上演莎士比亚的戏剧作为吸引游客的方法。

四、朱子文化与晦翁岩可持续融合发展提升策略

可以看出,该景区围绕朱熹名人效应和依托当地资源打造了相关旅游产品,旅游开发取得了一定的成绩,也受到了当地及相关政府部门的支持和肯定。但还应该看到,朱子文化主要包含有旧居文化、书院制度文化、朱子精神文化等,而该地对朱子文化的开发还处于起步阶段,存在开发片面、定位不清晰等问题,且在旅游产品的质量、景区营销宣传、配套服务等方面也存在着许多问题和不足,这些都亟待进一步解决。基于此,笔者提出以下四点建议。

一是找准目标定位,优化开发环境。

1.建立规划标准。长乐区要借鉴山东曲阜孔子文化开发、福建武夷山朱子文化开发的经验得失,从长乐实际出发,整合优势资源,成立专业化的行政管理机构,编制《长乐区朱子文化保护规划》,研究制定扶持政策,出台文化古民居书斋、书院、私塾保护管理办法,及时研究解决朱子文化产业和文化事业发展中存在的问题。要把朱子文化开发规划与全域旅游规划衔接起来,以全域旅游的理念带动名人故居周边环境的旅游开发建设,充分考虑朱子文化在旅游、体育、工业等产业中的作用,通过合理规划,实现"朱子文化+"的互补互动、有机衔接。

2.拓宽多元化融资渠道。旅游开发应被认为是对朱子文化和景区进行保护的重要措施。政府相关部门可通过企业债、公司债等融资渠道扶持晦翁岩景区旅游项目,提供开发资金。可设立文化古民居保护基金,单列预算、专项管理。同时,按照"政府引导+社会参与"的思路,探索PPP(Public-PrivatePartnerships)型市场运作方式,积极引导民间力量通过捐赠、资助等方式参与文物保护利用或指导民众运用地方材料,采取传统营造技术进行修复保护,构筑合作共赢之路。

3.建立机制。(1)建立摸排机制。继续研究制定指导意见,仔细对普查建筑进行分级分类,摸清家底。建议由长乐区文旅局、镇、村有关部门对二刘村的古文化民居书斋、书院进行一次详细的普查和摸底,组织专业人员,搜集、整理古代文化教育书斋、书院文化古民居资料,及

时发布和推广新的研究成果。(2)建立文化传播机制。要扎牢朱子文化的根基,重点是要加强朱子文化进学校、进机关、进社区等"六进"工作,先在景区所在地潭头镇试点,再逐步推广至全区让人人了解朱子,学习朱子文化,争当朱子文化的追随者、遵从者、宣扬者,在潜移默化中改善村风民风。同时,实事求是地全面改写导游词,引导长乐区各大宾馆、酒店、民宿参与朱子文化宣传。另可与区乡村振兴办联系,在其推进乡村振兴建设中,自然而然、循循善诱地将朱子文化软植入到各条道路、村落、景区。(3)建立修缮与保护同步机制。名人和名人故居是传承和弘扬优秀传统文化的根脉,是展示历史底蕴的重要名片,是不可再生的宝贵资源。所以特别要做好朱子文化遗址等建筑群的保护工作。一方面要坚守最少干预原则,对单日最大访客量进行限制,防止超出旧居的接待极限,另一方面要提升朱子文化展陈。要秉承"修旧如旧"原则,对旧居进行保护,防止旧居受到人为破坏。对旧居的开发,要注重原真性和整体性,要注重对旧居周边的自然环境、人文风貌的保留和保护;要突出文化原真特质,深入挖掘文化名人的精神内涵,屋内可借助影片、老照片、器物等来诠释文化名人的生活、学习、创作等场景。

二是打造核心产品,树立品牌形象。长乐区要想在朱子文化与文旅深度融合这块做出特色,需建立好理念识别系统(MIS),真正挖掘出本地朱子文化的个性化特色,突出朱熹文化旅游形象,形成差异化的文化主题和文化品牌,增强市场竞争力。可从以下几个方面着手。

1.延伸文化产业链。可围绕朱熹作品中的人物、动物等进行泥塑、剪纸等方面的创作;设计制作印有晦翁岩图案或朱熹经典语句的帽子、衬衫等纪念品,展映朱熹的电视纪录片,举办朱熹的诞辰或逝世周年纪念活动。可打造朱子理学小镇,建设一系列朱熹主题特色的休闲度假项目,推进精品主题餐厅、主题客房、主题营地、朱子文化园等娱乐项目,丰富产品业态,满足游客深度体验的需求;可策划举办朱子文化高峰论坛、朱熹文化微电影大赛、"朱熹之乡与名人故居"演讲大赛等活动,编排一场朱子还乡的闽剧;鼓励当地文艺家创作以朱子文化为背景,以朱子事迹为题材的文学作品、电视、电影等作品,设计众多具有乡村特色

的观演空间，提升游客参观的热情度。

2.借助新媒体传播。名人文化旅游是一种高端的文化消费活动，需要加强对朱熹文化旅游目标客户群进行准确定位，借助先进的传播手段，将系统化的视觉形象和文化标识理念，向目标客户群有效传输，产生消费引导和消费刺激作用，最终促成书院文化旅游活动。（1）名人故居可通过微博这样的网络社交平台，发布名人生前历史故事，名言语录，奇闻轶事，积累起一定的人气后，达到传播名人故居的文化价值和教育意义的作用。名人故居通过微博传播，不但能有力传达名人故居的历史文化，还能在与当地其他景点的旅游部门形成产业联动，增加经济效益。（2）在综合性门户网站、地方性政府网站或区域网站、专业旅游网站上投入旅游广告和介绍。如专业的商务旅游网站，如携程旅行网、途牛旅游网、中国旅游网；旅行社网站，如中国旅行社总社、青旅在线；还有一些中间性的网络旅游频道，如新浪旅游频道、乐途旅游、搜狐旅游频道等等。（3）建立书院文化旅游专业网站，实施网上虚拟文化旅游。如建立自己的网站，设置书院概况、人才培养、学术研究、文博旅游等专栏，同时建成数字博物馆，在数字博物馆中陈列大量书院文物古迹图片和书院文化知识介绍，让游客可以从网络上提前体验到晦翁岩文化旅游感受，了解书院特有的文化氛围，更加激发实地旅游的兴趣。只有通过打造"互联网+科技"的故居文化传播方式，运用AR、VR、多媒体影像等新技术，探索文物保护、学术研究、展览陈列、教育推广、文化交流再到故居衍生品的开发，才能保持朱熹文化在长乐的热度，扩大对外影响。

3.开发文化互动体验产业。在进行保护与更新的过程，需要充分考虑到当地的码头文化、海防文化、渔稻文化，将它们进行融合。笔者认为，抓住游客特殊体验的这个特点是十分重要的。所以在规划及后期的运营时，在展览朱熹相关作品、人生经历、潭头镇民艺民俗等内容时，要融合多元文化基因，通过静态观赏、动态参与、语态表演、心态引导等方式，让游客进入一个可视、可闻、可参与的原真体验境界中。可开启朱子文化研学之旅，设置周末研学一日游、二日游路线，主要是通过书院这一载体，以书院文化旅游的形式，让游客体验到古代书院的学生、老师的学习和教学场景，体会到地方独特的文化生活和民族风情。可打造"朱子＋田园＋茶叶＋党建"研学线路，开发寒暑假夏令营产品，让游客能够回归自然，领略到古人"天人合一"的哲学探求，以及自然环境对于人格品性的陶冶和塑造。可引进文创团队，打造"卡通朱子"文化IP。还可以将"亲子教育"融入其中，借助书院重大祭祀、纪念活动，吸引和集中展示书院文化以及民俗文化等，打造开放式、互动式、体验式的教育展馆，达到寓教于乐的效果。同时，高标准推出生态意蕴游，打造山林游赏区、湖畔休闲区、童趣乐园区等休闲娱乐场所，让游客在文化体验的同时可以进行休闲娱乐。

三是强化保障体系，完善配套设施。该地配套应重点从游客体验相对较差的餐饮、住宿、购物等方面完善提升。

1.餐饮方面。应重点从餐点的数量和餐饮的质量方面进行完善。一方面，要在景区附近商业街上增加餐点的数量；景区内部可打造一两家以提供宋朝时代朱熹喜欢的特色饮食的精品餐馆并常年营业。另一方面，景区应在提供本地特色饮食的同时提供不同档次、种类、风格的饮食，最大限度满足不同游客的需求。

2.住宿方面。针对目前该地酒店、旅馆少的现状，可在晦翁岩附近，通过对当地部分民宅的改造以及新建，打造包含主题客房、乡土景观庭院、理学等内容的乡土主题民宿。

3.其他方面。进一步对景区内的供水、供电、照明等基础设施进行完善，对一些道路进行硬化；对导游图、景物介绍牌、指示牌等进行制作更新；对相关游乐设备设施及时进行检修，确保安全运行；加强景区的绿化景观种植、管理保护工作，确保景观效果；采取地下走线的方式对景点内及附近商业街上的各类线路进行改造，确保道路整洁有序。

四是加强人才培养，树立共享理念。景区朱子文化研究、开发和建设，对景区经营者都提出了较高层次的要求，景区需要在文化旅游活动中作出一定程度的文化审美方面的引导、解析，增强旅游消费者的审美和感知能力。可从以下几个方面入手。

1.加强人才引进和储备。(1)选择学术上的方向标。通过宗亲里面的带头人,成立有号召力、影响力的顾问团,请这些专业的人来指导,既能少走弯路,也能通过他们代言,依托他们的平台,招徕更多国际国内活动在长乐开展,让长乐进入朱子文化圈的中心。(2)积极开展产学研合作。发挥高校、科研院所的理论研究优势和人才智力支持,加强人才的引进和储备;推动福州外语外贸等一批相关高校将晦翁岩景点作为教学实践基地,开展多样化的教学实践活动,增添书院的文化教学气氛,确保该景区朱熹文化与文化旅游活动科学、协调发展。2.加强人才教育和培训。可建立人才竞争机制。制定相关的人才引进政策,实行公开招聘制度,在待遇、使用等方面出台政策,吸引从事朱子文化研究的人才。可调动从业人员积极性和活力。定期遴选一批专业技能高强、政治觉悟过硬的人员前往朱子文化开发较好的南平、婺源等地展开对外考察、交流、研讨等学习交流,开阔眼界。

结 语

总而言之,名人故居具有独特的历史文化底蕴和魅力,是一座城市引以为傲的文化资本。发挥名人故居资源优势的最大化,要做到"以人为本"。包括以名人为本、以当地居民为本和以游客为本三个层面。只有积极运用新思路、新方法,不断深厚挖掘、合理保护与利用,才能赋予历史文化名村新的活力与生机,从而建立起人们对长乐的文化认同。最后,祝愿朱子文化和晦翁岩故居在新时代一起彰显个性、追求创新,为长乐这座城市展现出一幅精彩纷呈的人文图景,让它更有温度,更富魅力!

参考文献

[1]谢莉:《南岳衡山生态文化旅游发展初探》,《热带地理》,2002,09.

[2]李文明:《庐山儒家文化的内涵——旅游价值及深度开发策略》,《江西财经大学学报》,2004,06.

[3]李晋宏:《平定县冠山儒家文化开发研究》,《太原师范学院学报》(社会科学版),2009,11.

[4]崔海波,彭蝶飞,胡大胜:《岳麓山风景名胜区文化旅游资源深度开发研究》,《中南林业科技大学学报》,2011,5(3).

[5]李晓琼:《浅谈庐山书院文化旅游开发策略》,《九江学院学报》,2009,08.

[6]许雅娟,刘文君:《江西书院文化旅游价值分析》,《商丘职业技术学院学报》,2009,06.

[7]杨林:《浙江永康五峰书院景区旅游策划》,《金华职业技术学院学报》,2009,05.

[8]刘永生:《论文化旅游及其开发模式》,《学术论坛》,2009,3.

[9]杨艳,黄震方:《名人文化旅游开发的品牌化与网络化》,《经营与管理》,2006,6.

[10]柳肃,李哲:《岳麓书院古建筑修复设计的文化思考》,《华中建筑》,2010,04.

[11]王发志:《陈氏书院建筑文化微探》,《广东省社会主义学院学报》,2008,4.

[12]杨振之,邹积艺:《旅游的"符号化"与符号化旅游——对旅游及旅游开发的符号学审视》,《旅游学刊》,2006,5(21).

[13]凌丹:《旅游传播:内涵、类型与案例分析》,《湖南大学》,2007,12.

闽都文化与朱子理学

关于以朱子文化为代表打造闽都文化国际品牌的思路与建议

毛立平

摘 要 从朱子理学的精华及其在世界上的影响,探讨打造以朱子文化为代表的闽都文化国际品牌的内涵与意义,架构与规划,内容形式与路径措施以及具体建议,整合文化旅游资源,培育以朱子文化为代表的闽都文化国际品牌之旅游经济。

关键词 朱子 闽都 国际品牌

为贯彻习近平总书记2021年3月22日考察朱熹园时有关弘扬中华优秀传统文化的重要讲话精神,响应福州市委、市政府提出打造闽都文化国际品牌的号召,拓展闽都文化学术研究领域,以"朱子文化与福州"为主题,研究探讨以朱子文化为代表,加上福州还有的黄檗文化、梦文化、船政文化、马祖文化等一起打造闽都文化国际品牌的思路与建议很有意义。

近几年来,福州市加大历史文化遗产保护力度持续加大,建成开放17个特色历史文化街区。成功创建国家公共文化服务体系示范区、国家文化和旅游消费试点城市。当前福州市正在打造海上福州、数字福州、新型材料、海港空港、闽都文化五大国际品牌,重点建设福州滨海新城、福州大学城、东南汽车城、丝路海港城、福州(长乐)国际航空城、现代物流城等六个现代城。如何全面规划落实打造五大国际品牌,至关重要,不仅是实现福州现代化国际化山水城市的具体目标,而且也是体现福州市"马上就办、真抓实干"的具体落实,而打造闽都文化是重中之重。

一、以朱子文化为代表打造闽都文化国际品牌的内涵与意义

朱熹，南宋诗人，哲学家，教育家。朱熹在武夷山生活、著述、教学达50余年，集孔子以后学术思想之大成，形成儒学思想文化的杰出代表——朱子理学。宋代理学的集大成者，继承了北宋程颢、程颐的理学，完成了"理气一元论"的体系。朱熹是理学的集大成者，中国封建时代儒家的主要代表人物之一。他的学术思想，在中国元、明、清三代，一直是封建统治阶级的官方哲学，标志着封建社会意识形态的更趋完备。元朝皇庆二年（1313）复科举，诏定以朱熹《四书集注》试士子，朱学定为科场程式。朱元璋洪武二年（1369）科举以朱熹等"传注为宗"。朱学遂成为巩固封建社会统治秩序的强有力精神支柱。它强化了"三纲五常"，对后期封建社会的变革，起了一定的阻碍作用。朱熹的学术思想在世界文化史上，也有重要影响。朱熹的主要哲学著作有《四书集注》《四书或问》《太极图说解》《通书解说》《西铭解》《周易本义》《易学启蒙》等。此外有《朱子语类》，是他与弟子们的问答录。在中国历史上，前古有孔子，近古有朱子，这两个人都在中国学术思想史及中国文化史上发出莫大声光，留下莫大影响。孔子大家耳熟能详，南宋的理学集大成者朱熹对儒家文化所作出的贡献也举世瞩目。至今武夷山的山间溪畔仍留有众多的理学文化遗址、石刻，对研究朱子理学和儒学思想的兴衰演变以及中国哲学思想史都是非常珍贵的，是中国传统文化的瑰宝。

（一）朱子理学与福州

武夷山是朱子理学的摇篮，朱熹是中国历史上的思想家、哲学家和教育家，是儒学思想的后期代表人物。朱熹的理学思想孕育、形成、发展在武夷山。朱熹在武夷山生活、著述、教学达50余年，集孔子以后学术思想之大成，形成儒学思想文化的杰出代表——朱子理学。朱熹在武夷山创办学院，聚徒讲学。在他的影响下，宋至元朝在武夷山创办学院、传播理学思想的著名学者达43位，使武夷山成为"三朝（宋、元、明）理学驻足之薮。"

朱熹一生与福州结下不解之缘。朱熹自幼随父亲朱松来福州避难，

少年随父来福州会见文士诗友,24岁任同安主簿时专程来福州筹集近千卷书籍,供办学之用。后来更多的是专程来问学讲学,有时撰写修订文稿,有时应主政官员邀请商讨治闽政策,有时来访亲探友,有人统计达15次以上。多数时间住在三坊七巷道山路一带,有时一住一两个月。

朱熹对福州文化贡献良多。我们通常称福建福州为"海滨邹鲁",据说就是朱熹大笔书写后,悬挂在福州西关谯楼上。朱熹培养了大批闽都学生,他撰写的《福州州学经史阁记》等诗文,极大地推动了福州文化教育的发展。宋时福州,包括侯官、闽县、怀安三县。在鼓山,在福州城区,依稀可见朱熹留下的许多文化遗址和传说。

朱熹曾受赵汝愚之邀来福州商讨治闽方略,二人一起登乌山唱和。朱熹见西湖治理成效显著,风景更加秀美,对赵汝愚的举措满心欢喜并极为赞赏,便吟了《游西湖》:"越王城下水溶溶,此乐从今与众同。满眼芰荷方永日,转头禾黍便西风。湖光尽处天容阔,潮信来时海气通。酬唱不夸风物好,一心忧国愿年丰。"作为尽显福州地理气势的绝佳诗句,镌刻在福州镇海楼正楼之上。1187年,因受谤而隐晦多年的朱熹,辞掉江西提刑的职务,匆匆来到福州拜访知州赵汝愚,赵已赴江西,朱熹睹物思人,十分感慨,于是留下了一方一气呵成、潇洒飘逸的思友行书题刻:"淳熙丁未,晦翁来谒鼓山嗣公,游灵源,遂登水云亭,有怀四川子直侍郎。同游者:清漳王子合、郡人陈肤仲、潘谦之、黄子方,僧端友。"朱熹"天风海涛"题词,被认为是描绘石鼓名山最有气势的佳句,赵汝愚的诗也为历代文人墨客赞赏。

朱熹还曾游览了位于福州闽清县白岩山后,称这座山为"八闽岳祖"。可见,在这位大咖的眼里,白岩山是福建省内诸多"山峰之祖"。朱熹曾称:"福州之学,在东南为最盛。"北宋初年,诗人龙昌期应邀从四川到福州讲学,写下《福州》一诗:"等闲田地多栽竹,是处人家爱读书。饮宴直尝千户酒,盘餐唯候两潮鱼。"诗人说,福州有酒有鱼有海鲜有竹子,更奇特的是"是处人家爱读书"。该诗与朱熹的挚友、南宋大文豪吕祖谦的"路逢十客九青衿,半是同袍旧弟兄。最忆市桥灯火静,巷南巷北读书声"可谓异曲同工。吕祖谦与朱熹、张栻并称"东南三贤",

朱熹曾把儿子朱塾送到吕祖谦门下做学生。

朱熹来福州开堂讲学，广纳门生，带动了福州书院建设和学习风气的形成。福州人崇敬朱熹，直接把朱熹夫子讲课的地方命名为"紫阳"。紫阳社区至今还保留着讲堂古建筑，称"讲堂胜境"。紫阳社区之外，福州还有紫阳路、地铁紫阳站以及以紫阳命名的酒店、楼盘。福州人民以这种方式表达对朱熹这位文化伟人的敬意。紫阳地名的延续，也就是朱熹思想的延续。朱熹思想已经融到生活在这里的福州人的血脉中，代代延续。

（二）以朱熹理学思想和格物致知论为核心、以朱子文化为代表打造闽都文化国际品牌的内涵

朱熹的学术思想在世界文化史上有着重要影响。因此以朱子文化为代表打造闽都文化国际品牌的内涵就是以朱熹的思想主张为主，朱熹的理学思想主张通过人的自我发展来不断促进社会的和谐发展。构建和谐社会受着方方面面的因素影响，而作为文化软实力方面的因素在很大的程度上受到重要的文化传统、文化思想、风俗习惯影响。朱熹对于儒学的解析被认为是儒学的正宗解释，在此后的元、明、清三代，它占据了不可动摇的统治地位。朱熹的理学思想主张主要是：

1.理是先于自然现象和社会现象的形而上者。他认为理比气更根本，逻辑上理先于气；同时，气有变化的能动性，理不能离开气。他认为万物各有其理，而万物之理终归一，这就是"太极"。

2.理是事物的规律，理是伦理道德的基本准则。

3.理在人身上就是人性。朱熹又称理为太极，是天地万物之理的总体，即总万理的那个理。"太极只是一个理字"。太极既包括万物之理，万物便可分别体现整个太极。这便是人人有一太极，物物有一太极。

4.理和气的关系有主有次。理生气并寓于气中，理为主，为先，是第一性的，气为客，为后，属第二性。

5.每一个人和物都以抽象的理作为它存在的根据，每一个人和物都具有完整的理，即"理一"。气是朱熹哲学体系中仅次于理的第二个范畴。天下万物都是理和质料相统一的产物。

6."格物致知"的具体内容是"穷天理，明人伦，讲圣言，通事故"。（《文集》）这里的"天理"主要是指仁、义、礼、智等封建道德，"人伦""圣言""事故"则是天理的阐发应用。

（三）朱子文化的特点与文化影响及意义

朱熹是继孔子之后在海内外影响最大的文化圣哲。礼乐是中华文化的重要组成部分，中国素来有"礼乐之邦""礼仪之邦"称谓。朱子的重农务本、兴文重教、清正廉洁、循理守制、忠孝爱亲的思想体系在当今社会都具有重要的教育意义，得以后人的敬仰。他的一生著述甚多，其中《朱子家礼》是朱熹对礼学进行整理和研究的过程中，对古礼进行了改造和重建，是当时家礼发展的又一成果，并成为家庭和社会伦理、仪式的规范性实践行为，对当下提倡优良家风、家训、家教，规范礼仪习俗，弘扬中华优秀传统文化具有一定的借鉴意义。

朱子文化是中国人民最为基本的文化基因，我们要加强对包括朱子文化在内的中华优秀传统文化的挖掘和阐发，在去粗取精的创新性发展下，使这些基本的文化基因适应现代社会的发展，以人们喜闻乐见的方式传播开来，成为中华优秀传统文化的代表性标识。朱子（闽学）文化是中华优秀传统文化的重要组成部分，是培育和践行社会主义核心价值观、彰显文化自信的重要载体。福建是朱子（闽学）文化的发源地之一、传播发展的核心区。

特别是朱熹的《观书有感》诗："半亩方塘一鉴开，天光云影共徘徊。问渠那得清如许，为有源头活水来。"池塘里因为有活水流来，像明镜一样，清澈见底，映照着天光云影。这种境界，同一个人在读书时，新鲜知识源源入脑，有一种豁然开朗的感觉是相通的。诗中以象征的手法，将这种内心感觉化作可以感触的具体形象加以描绘，让读者自己去品味。这首极富哲理的小诗，既是朱熹的读书体会，也是他的治学精神。朱熹主张读书要活学深钻，他说："读书，始读未知有疑，其次则渐渐有疑，中则节节有疑。过了这一番后，疑色渐渐解，以致融合贯通，都无所疑，方始是学。"这正是朱熹能成为大学问家的治学奥秘。

1.朱子文化对福州的影响

朱熹以"兴办教育，以礼导民，以理教化"的理学教育观念，移风易俗，使理学思想对福州的民风民俗产生直接而深刻的影响；福州民间盛传的关于朱熹的诸多故事体现出理学思想，使得理学尊师重教的风尚在福州蔚然成风；福州所保留的许多与朱熹有关的民间传统习俗及其所传达出的理学观念，是朱子理学思想的重要内容，也是传统文化的组成部分，其已成为闽文化、福州民间文化的重要遗产和宝贵资源，值得传承和发扬。

朱熹讲学是引起轰动的大事。当年朱熹到湖南岳麓书院讲学，数百名两湖学子不远千里赶来聆听，以至于把岳麓书院的水都喝光了，还留下"朱张渡""赫曦台"等传说和遗迹。八百多年过去了，湖南学子至今还把当年他与张栻对讲时的讲堂保留下来。当然，朱熹在福州讲学，十里八乡的学子们也都来听课，盛况空前。

朱熹来福州开堂讲学，广纳门生，带动了福州书院建设和学习风气的形成。福州这一带宋代有书院11所，除了紫阳讲堂，还有竹林书院、贤场书院、高峰书院、濂江书院、龙津书院、龙峰书院、文公书院、吟翠书院、丹阳书院、梅溪书院，多与朱熹及其弟子有关。比如贤场书院在晋安区北峰岭头乡的前洋村。据说，"前洋"便是"贤场"的谐音。朱熹在北峰有诗《题莲花峰》两首："群峰相接连，断处秋云起。云起山更深，咫尺愁千里。""流云绕空山，绝壁上苍翠。应有采芝人，相期烟雨外。"

朱子除了对福州官方影响外，在民间也产生影响。明朝末期台湾的儒学教育应被视为闽学入台的起点，当时的台湾儒学教育注重朱子学内涵。清朝统一台湾后不到30年即在台湾的孔庙基础上建立朱子祠，这并非偶然事件，而是历史和文化的延续和传承。福州是朱子理学南传重镇，福州闽都文化给年轻朱子以文化滋养，形成体系的朱子理学又教化了福州闽都大地。朱子文化与福州闽都文化的影响是双向的。朱子文化极大影响了福州闽都文化的同时，福州闽都文化对朱子理论体系的形成和发展也起到了极大的促进作用。确实，世代喜好读书的基因造就了福州人的灵秀气质。史书记载，福州人"多向学，喜讲诵，好为文辞，登科第

者尤多"。宋代福州人由进士及第而入仕途者比比皆是，有状元14名，进士2247名，还出现"一科三鼎甲"的千古佳话。古代福州还出了一个4岁能诗的进士。福州因讲学读书"风气进而益上，彬彬郁郁，衣冠文物之选，遂为东南大都会"。

2. 朱子理学在世界上的影响

朱熹是我国封建社会继孔子之后又一位伟大的思想家和教育家，是新儒家的代表。朱子学是具有世界影响的思想学说，朱子理学在世界上的影响早在明末清初就由黄榦整理编辑的朱子著作，经传教士漂洋过海，得以在欧洲广为流传，影响深远。

在中国古代历经元、明、清三代，13世纪越过国界传入朝鲜、日本、越南及东南亚其他国家和地区；16世纪朱子学传入西方，18世纪进入美国。朱子学延续时间之长，地域之广，影响之众，中外学术史上都少有可与之比拟的；朱子理学对东西方诸多国家的历史发展都产生过程度不同的影响，成为14世纪后东方文化主流，在朝鲜和日本都被视为国学，奉为主要道德信条。近代，朱子学传入欧美，对西方国家也产生了不同程度的影响。所以，朱熹（文公）荣登"千禧名人录"，被选进对世界最有影响力的50名杰出人物之一。朱子学在世界各地的传播情况及其途径与朱子学对世界诸多国家的古今经济、政治、文化教育、道德文明的影响广泛而且深远。

朱子理学在世界上的影响，早在明末清初就由黄榦整理编辑的朱子著作，经传教士漂洋过海，得以在欧洲广为流传，影响深远。作为朱熹的门人、女婿，黄榦从学朱熹前后达25年之久，随侍左右，在朱熹理学思想体系的建构中，发挥极其重要的作用，在朱熹逝世后，为朱子学的普及和传播奠定了坚实的基础。黄榦把"传承道统"看成是朱熹的最大成就，给朱熹以"绍道统，立人极，为万世宗师"的高度评价，从而确立了朱熹"道统"的地位。经过黄榦的发幽阐微，朱子学最终冲破"伪学"的禁锢，成为南宋之后的正统思想。从此，朱熹对于儒学的解析被认为是儒学的正宗解释，在此后的元、明、清三代，它占据了不可动摇的统治地位。至元代，金履祥在《濂洛风雅》中尊周敦颐为理学开山祖师，以周敦颐—二程—杨时—罗从彦—李侗—朱熹—黄榦—何基—王柏为理学传承的正统世系。

公元1700年左右，一位叫作白晋的法国传教士，送给他的德国朋友莱布尼茨一件礼物。这是一本朱熹的著作《周易本义》，里面的数张"易图"，引起了这位绰号Lovenix，即什么也不信的人的浓厚兴趣。莱布尼茨面对"伏羲八卦图"左思右想，最终悟出了二进制数之真谛。钦佩激动之余，莱布尼茨写信给当时的中国清朝皇帝康熙，他称赞康熙尊崇儒学，导倡程朱，是最具有理性的皇帝，要求加入中国国籍。在莱布尼茨看来，中国宋儒思想的"理"与基督教的"上帝"简直就是同一个概念，这个"理"超越了智慧，是一种超智慧。他也正是从中国理学家的智慧中，受到启发，系统地提出了二进制的运算法则，为计算机的现代发展奠定了坚实的基础。通过莱布尼茨的传入，通过孟德斯鸠、伏尔泰、狄德罗等先贤的启蒙，朱子理学思想被有机地融入现代文明中，焕发出生机和活力。

3.朱子理学在当今的影响

朱熹的思想蕴含着丰富的哲理，对于世人看待自身、看待社会有很积极的引导作用，而人作为社会活动的主体，人的文化水平的高低、道德素质的好坏、职业素养的深浅、看待事物的角度与思想都直接作用于社会的发展与构建。

在南宋以后600多年的宋、元、明、清历史进程中，历代统治者多将二程和朱熹的理学思想做为官方统治思想，因此程朱理学也成为人们日常言行的是非标准和识理践履的主要内容。

程朱理学在促进人们的理论思维、教育人们知书识理、陶冶情操、维护社会稳定、推动历史进步等方面，确实发挥了积极的作用。程朱理学的主要思想："理"是宇宙万物的本原；"存天理，灭人欲"；"格物致知"等。程朱理学在宋朝时期并没有得到重视，南宋以后才成了占统治地位的官方哲学。

程朱理学对后世产生了很多积极的影响：注重和谐，人与自然的和谐，人与人的和谐；注重气节，使人们更加有了骨气和节操，使读书人

更心怀天下，更有了担当；崇尚道德，使社会更加文明进步。程朱理学有些地方也是需要批判的，"三纲五常"加强了封建统治，束缚了人们的思想，扼杀了人们的创造精神；"三从四德"加强了重男轻女的观念，增强了对女性的束缚。程朱理学总的来说还是发展了儒学，为中国社会发展做出了重要贡献，并且深刻影响了朝鲜和日本，甚至影响到了欧洲。

通过朱熹的主要思想，我们可以深刻总结出他主张的关于人们"修身""灭欲"来加强自我道德修养，提升自身个人价值的观念，由于其主旨思想明确，论述翔实，作为历史悠久的儒家文化的重要领域和思想不断传承，它的传播与教育有利于提高现代人们的道德水平，完善个人素养。程朱理学在促进人们的理论思维、教育人们知书识理、陶冶情操、维护社会稳定、推动历史进步等方面，确实发挥了积极的作用。但同时，它对中国封建社会后期的历史和文化发展，也有较大的负面影响。不少人把程朱理学视为猎取功名的敲门砖，他们死抱一字一义的说教，致使理学发展越来越脱离实际，成为于世无补的空言，成为束缚人们手脚的教条，成为"以理杀人"的工具，从而反映出它的阶级和时代的局限性。

二、以朱子文化为代表打造闽都文化国际品牌

（一）架构

朱熹作为宋代理学的集大成者，其所创立的闽学体系包含丰富的哲学思想、人文精神、道德理念，被称为朱子文化，对后世影响深远，是中华传统文化的重要组成部分。今天，我们理应研究朱子与福州闽都文化关系，进一步发掘朱子文化的当代价值，激活福州闽都文化特色资源，讲好福州闽都文化故事，推进两岸文化融合。

福州打造朱子文化为代表闽都文化国际品牌的架构主要是：

1.理学思想。理学又称道学，是以研究儒家经典的义理为宗旨的学说，即所谓义理之学。（1）理是先于自然现象和社会现象的形而上者。（2）理是事物的规律，理是伦理道德的基本准则。（3）理在人身上就是人性。（4）理和气的关系有主有次。理生气并寓于气中，理为主，为先，是第一性的，气为客，为后，属第二性。（5）每一个人和物都以抽象的理作

为它存在的根据，每一个人和物都具有完整的理。

2.教育思想及讲学活动。朱熹精心编撰了《四书集注》等多种教材，培养了众多人才。他的教育思想博大精深，其中最值得关注的具体架构是（1）论述"小学"和"大学"教育。（2）关于"朱子读书法"。（3）科学思想。朱熹认为对天文、地理、生物、农业、气象等万事万物都应该研究。（4）美学思想。朱熹的哲学体系中含有艺术美的理论。他认为美是给人以美感的形式和道德善的统一。基于美是外在形式的美和内在道德的善相统一的观点，认为文与质、文与道和谐统一才是完美的。他对《诗经》与《楚辞》的研究，也经常表现出敏锐的审美洞察力。

（二）主体内容形式与路径措施

朱熹是中古文化巨人，是杰出的思想家，哲学家，教育家。他生在福建小山城——尤溪，长在闽北山乡，主要学术活动也在福建闽北。在边远山乡孕育出这位文化巨子，朱熹创立的闽学与福建地区文化关系密切；在福建文化发展史上的贡献和历史地位等。福州是福建闽都文化的核心展示区和集大成之地，被视为福建文明的发源地。保护好、传承好、弘扬好闽都文化，将极大推动福建文旅文创融合战略走深走实，叫响"行走福州·读懂福建"文化品牌。

朱子理学思想的形成、发展、实践、完善与多元一体的福州闽都文化息息相关，福州是朱子理学南传重镇的观点，获得专家们一致赞同。朱熹理学思想主体来自儒家思想，来自多源广采博纳，来自社会民间。福州闽都是朱熹理学思想形成重要来源地之一，福州是晚年朱熹主政之地。在历史进程中，朱子理学教化福州闽都大地，福州闽都沃土滋养朱子理学，福州闽都文化与朱子理学传播至海峡两岸，传播至东南亚，传播至世界各地。朱子理学是中华文明、东南亚文明乃至世界文明的重要体现。

朱子文化是享誉世界的中华文化，福州立足自身文化资源优势，树立文化品牌形象，打造世界级文化地标，丰富文化产品业态，加强国际营销与合作，是福建打好闽都文化牌，树责任、立担当的现实路径。

当今时代，文化与经济、政治相互交融，日益成为推动经济社会

发展的重要力量。文化产业的经济潜力和对其他产业的拉动作用越来越大。朱子文化为我们提供很好的经验,这些地方依靠朱子金字招牌,宣传造势,提升理学规格,得到了海内外华人的认同,实现了文化旅游产业的强力突破。而我们守着人朱子文化,并且得到各民族共同认可的"理学",一直没有达到应有的轰动效应。因此,举全市之力,强力宣传造势,确立朱子的"理学"地位,打造朱子文化强势品牌是建设文化强市、实现文化旅游产业突破的关键之举。

(三)具体建议

随着唐宋间中国古代社会向后期过渡,国家文化的基本形态儒、释、道汇集于武夷山一带。朱熹活动于武夷山50多年,他以儒学为主干,融合释、道,重新树立起中华民族的主体意识——儒家的正宗地位,集濂、洛、关新儒学(理学)之大成,对古代典籍进行新诠释,创立闽学,建立起完整的新儒学思想体系,实现中国文化重心南移,在闽、浙、赣交界之武夷山一带形成国家的新的文化重心。他把中国文化"内圣成德之教"推至成熟形态,由内圣而外王事功,格物穷理,萌发近代意识,开辟出中国文化发展的未来方向。宋、元间,朱子学由南至北而全国,汪洋澎湃以至东亚,成为东方文化的主体意识,是"东亚文明的体现"。朱子学是近代文明的契机之一,是东方现代化模式的重要理论渊源。

1.尽快研究制定《福州市朱子文化为代表打造闽都文化国际品牌保护传承弘扬规划》。

朱子文化无论在闽都文化还是福建文化中都曾居于中心地位。我们建议省市有关部门尽快研究制定《福州市朱子文化为代表打造闽都文化国际品牌保护传承弘扬规划》,真正从时间表、路线图与施工图落实,福州市朱子文化为代表打造闽都文化国际品牌,推动朱子文化为代表的闽都文化在推动生态保护、经济发展、社会进步等方面将发挥越来越重要的作用。将闽都文化的历史价值转变成现实生产力;如何将闽都文化的历史价值转变成今天的现实生产力?我们建议:(1)应以"兴文化工程"为抓手,以"寻根铸魂"为核心,对闽都文化进行全面系统深入地研究与规划。(2)挖掘闽都文化中的黄檗文化、妈祖文化、石竹山梦文化以及周易文化、禅宗文化价值，同时，结合新时代改革开放的新形势、朱子文化发展的新态势，研究提炼闽都精神、福建精神。

2.重视制度习俗层面：既要重视精神价值层面，也要重视艺术审美层面再研究。

以大历史、大格局、大视野去观照闽都文化，用全面、客观、发展、变化的观点，辩证看待朱子文化与其他文化的关系。建议：（1）朱子文化为代表打造闽都文化国际品牌过程中，既要重视物质生产层面，也要重视制度习俗层面；既要重视精神价值层面，也要重视艺术审美层面；既要重视历史上的辉煌，也要反思现实中的不足；既要重视地域文化的特殊性，也要超越地域文化的偏狭性；既要重视传统文化的传承，也要重视传统文化的突破。（2）要以大历史、大格局、大视野去观照闽都文化，用全面、客观、发展、变化的观点，辩证看待朱子文化与其他文化的关系，闽都文化与中原文化的关系，闽都文化与长江文化的关系，闽都文明与世界河流文明、海洋文明的关系，礼乐文化与法制文化的关系，"中庸"文化与"变革"文化的关系，以生态保护与高质量发展为出发点，以人为本，以文化人，兼收并蓄，改革创新。

3.持续提升闽都文旅活动品牌影响力，应充分运用现代科技手段进行营销策划，进一步提升朱子文化在闽都文化活动中的品牌知名度和影响力。

如何打造具有国际影响力的福建闽都文化品牌？建议：（1）挖掘福建闽都文化中朱子文化品牌特征，重新梳理定位福建闽都文化品牌形象。深入挖掘闽都文化蕴含的时代价值，启动文化旅游带建设；国际闽都旅游节着力培育有世界影响力的闽都节庆品牌。（2）应充分运用现代科技手段进行营销策划，进一步提升朱子文化在闽都文化活动中的品牌知名度和影响力，创新带有福建闽都流域特色与传统习俗的文旅活动，设计多层次、分众化的朱子文旅消费，同时利用虚拟现实、全息投影、智能交互等现代技术，发展沉浸式朱子文化体验。（3）以福州古城为核心先行先试打造朱子研究交流基地，推动朱子文化研究传播和两岸文化融合发展。福州是拥有2200多年历史的国家历史文化名城和福州闽都文化生

态保护区，是福州闽都文化主要发祥地，具有鲜明对台文化资源交流优势。作为朱子府衙所在地福州古城，尚存丰富的史迹和故事。未来将以福州古城为核心先行先试打造朱子文化研究交流基地，推动朱子文化研究传播和两岸文化融合发展。

4.切实落实2022年福州市政府工作报告中提出的繁荣闽都文化的一系列措施。

加快群众艺术馆、少儿图书馆、美术馆、博物馆、科技馆等新馆建设。高标准建设世遗展示馆、世遗教育平台，加快三坊七巷、福建船政等项目申遗进程。强化历史文化街区、古厝等遗产保护利用，成立三坊七巷历史研究会、福州市古厝研究会。力争完成福建协和大学历史建筑群保护修复。支持寿山石雕、脱胎漆器、软木画技艺、闽剧等非物质文化遗产传承发展。培育福州海峡交响乐团等本土一流艺术团队，营造高雅艺术氛围。加强文艺精品创作，推动哲学社会科学、新闻出版、广播影视、文学艺术等事业持续发展。

5.以理学为纽带，以朱子为主题，整合全市各种力量及资源，全力扶持。

做大做强朱子文化，为代表打造闽都文化国际品牌，吸引世界华人寻根认祖，扩大对外开放，培育壮大福州旅游经济打下坚实基础。近年来，随着对中华文明起源研究深入，学术界对朱子的地位和文化贡献有了更清楚的认识。中华文化节及一系列活动的举办，把朱子文化做成强势品牌打下了坚实基础，为我们以理学为纽带，以朱子为主题，吸引世界华人寻根认祖，扩大对外开放，培育壮大福州旅游经济打下坚实基础。文化是城市的灵魂，城市的发展要靠文化领跑。立足福州文化资源现状，朱子文化具有根源性、原创性、包容性、基础性和开放性等特点，在产业的开发上具有唯一性、排他性和权威性，对经济社会的发展具有重要的认识、引领、推动和支撑作用，应该整合全市各种力量及资源，全力扶持，做大做强朱子文化。建议：（1）建立完善研究机构。尽快成立朱子文化研究会，对福州朱子文化节活动的深层次开展起到重大的推动作用。（2）组织系列活动。定期在福州等地及海内外举办朱子文化高层论坛，邀请海内外著名专家学者参与，在理论界确立朱子文化的源头地位，确立朱子的历史定位。继续加大有关朱子文化申遗活动的宣传造势力度，按照申遗程序，编制文字资料，逐级向上申报。（3）提高纪念规格。"寻根经济"仅靠民间团体的力量远远不够。在弘扬民族文化方面，政府必须发挥主导作用。打好寻根牌，提升纪念规格。争取朱子文化节由福州市政府主办，以此确立朱子文化的地位。成功之日，将是我市文化旅游产业火爆之时，届时，闽都旅游线将成为全球华人的旅游目的地。

6.整合旅游资源，培育旅游经济，培育以朱子文化为代表的闽都文化国际品牌之旅游经济。

福州市朱子等文化旅游资源的开发有很好的基础，各有关部门也做了大量工作。但是，还存在保护不好、利用不好、整合不够，没有串成线、连成片以及宣传不到位、氛围不浓厚等问题。建议：（1）应该加强组织领导，成立以市委、市政府主管领导为组长，市委宣传部、市发改委、市文旅局等相关职能部门领导参加的文化旅游发展领导小组，负责组织、规划、协调全市文化旅游资源的开发工作。（2）在领导小组的统筹安排下，对全市文化旅游资源深入调查研究，制订详细工作方案，按照统筹规划、重点突出、分步实施、整体推进的原则，围绕创立朱子文化品牌这个主题，对全市所有文化资源进行跨地域整合，在政府主导下，面向市场进行公司化运作，吸引社会资金重点开发，彻底改变条块分割、投资分散、发展缓慢的状况，加快发展福州市文化旅游产业。（3）强力宣传促销。福州在文化旅游宣传促销方面虽然做了大量的努力，但由于宣传的集中度和叠加度不够，还没有真正形成有影响力的系统朱子品牌宣传。除了大规模的、专业性宣传促销外，在此提出实现朱子文化为代表的闽都文化国际品牌建设的几个宣传方式：一是做好扎实的学术论证。邀请和组织有影响的专家学者，在国内大报（如《光明日报》）或核心学术期刊上发表学术文章，论证朱子的地位和文化的价值意义，造成学术影响。二是制作响亮有力的旅游促销口号，拍摄反映朱子历史功绩的电视专题片，上大台、上大报，并在全国各地轮番播映。三是在各大城市及港澳地区举办旅游产品推介会。（4）培育以朱子文化为代表的闽都文化国际品牌之旅游经济。一是突出朱子文化的龙头地位,打好朱子牌,研究、尊重、顺从和把握旅游业发展的内在规律,抓紧制定旅游业发展的具体措施和配套政策,创优发展环境,加强基础设施建设,突出朱子文化的龙头地位,打好朱子牌,带动全市旅游经济发展。二是把以朱子文化为代表的闽都文化旅行社作为福州支撑旅游业发展的市场主体和关键点,鼓励发展多种所有制形式的旅行社,加强与外地旅行社的联系,和世界各大旅行社实行对接,用市场运作的方式吸引他们促销我市旅游产品,组织旅游团体,广辟客源市场,增加客流量。三是积极开发以朱子文化为代表的闽都文化旅游相关产品,挖掘围绕朱子文化在闽都文化吃、住、行,拉长朱子文化产业链,促进交通、餐饮、住宿、娱乐、购物等相关产业发展,推动福州市以朱子文化为代表的闽都文化旅游产业跃上一个新台阶。

参考文献

武夷山市人民政府:《武夷山概况》,2021-6-4。

后　记

第十一届闽都文化论坛"闽都文化与朱子理学"由福州市闽都文化研究会、厦门大学南洋研究院、华侨大学国际关系学院、世界十邑福州同乡总会联办，旨在贯彻习近平总书记2021年考察福建福州所做的重要讲话精神，进一步挖掘朱子文化在福州的传承发展与传播，继承中华优秀传统文化，包括闽都文化推进现代化城市发展的重要作用，持续深化闽都文化学术研究，助力打响闽都文化国际品牌，加快建设现代化国际城市等。

本届论坛得到全国各地专家、学者的广泛关注和积极参与，共收到论文66篇，内容涉及朱子理论、影响、行迹、交游、后学等诸多方面。限于篇幅，从中精选39篇汇编成册，以飨读者。

因编者水平所限，遗珠之憾，在所难免，还请未能入选的作者海涵。其他未尽善之处，也请方家和读者批评指正。

编　者

2023年6月30日